KB164443

장기불황

어떻게 일어났고,
왜 일어났으며,
이제 무엇이 일어날 것인가

마이클 로버츠 지음 _ 유철수 옮김

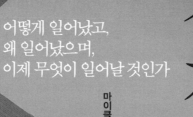

THE LONG DEPRESSION

연암서가

옮긴이 유철수

경상대학교 사학과를 졸업하고 동 대학교 정치경제학 대학원에서 경제학 박사 과정을 수료했다. 2013년 진주자본읽기모임에서 공동 운영자로, 2015년 서울자본읽기모임에서 강사로 활동했으며, 경기대, 아주대, 오산대에서 경제학 강의를 했다. 현재 서울서부 비정규노동센터 회원으로 활동하고 있다. 잉여가치율 추계에 관한 석사논문을 썼으며, 2013년과 2015년 한국사회경제학회 학술대회와 2016년 일본 게이오 대학 마르크스주의 여름학교에서 마르크스 공황 이론과 관련하여 발표했다. 번역서로『다른 유럽을 향해서: 유럽 경제통합에 대한 계급적 분석』이 있다.

장기불황

2017년 7월 15일 초판 1쇄 인쇄
2017년 7월 20일 초판 1쇄 발행

지은이 ㅣ 마이클 로버츠
옮긴이 ㅣ 유철수
펴낸이 ㅣ 권오상
펴낸곳 ㅣ 연암서가

등 록 ㅣ 2007년 10월 8일(제396-2007-00107호)
주 소 ㅣ 경기도 고양시 일산서구 호수로 896, 402-1101
전 화 ㅣ 031-907-3010
팩 스 ㅣ 031-912-3012
이메일 ㅣ yeonamseoga@naver.com
ISBN 979-11-6087-008-4 93320

값 23,000원

역자 서문

　사람들은 누구나 경제에서 어떤 일이 일어나고 있고, 앞으로 경제가 어떻게 전개될 것인지 궁금해 한다. 왜냐하면 경제는 먹고 사는 문제를 말하는 것이고, 경제에서 일어나는 일은 삶과 직결되기 때문이다. 그런데 경제현상을 올바르게 분석하는 경제학자나 경제기구는 거의 없다. 또 공식 기구들에서 발표하는 통계가 우리의 삶과 동떨어져 있다고 느끼는 경우가 많다. 새로운 해를 맞이하는 시점에 공식 경제기구들은 거의 언제나 장밋빛 전망을 내놓지만, 시간이 지나면 다시 예측치를 낮추기 일쑤다. 경제예측과 관련해 가장 실망스러운 사례 가운데 하나는 2008년 세계 경제위기이다. 경제학을 지배하는 주류경제학자나 엄청난 규모의 재정으로 운영되는 공식 경제기구들에서는 세계 경제위기가 닥쳐온다는 것을 전혀 예측하지 못했으며, 신용경색이 벌어지고 있고, 경제 상태가 나빠지고 있는데도 고비를 넘겼다거나 상황이 좋아질 것이라는 헛소리를 늘어놓았다. 이런 주류경제학자들이나 공식 경제기관들은 신고전파 경제학과 케인스 경제학이라는 주류경제학의 양대 흐름을 이론의 토대로 삼고 있다. 따라서 주류 및 공식 경제학자들이 경제 상태를 제대로 진단하지 못하고, 경제 전망이 번번이 어긋나는 것은 주류경제학의 이론 체계에 문제가 있음을 보여준다.

2011년 세계 주류경제학을 지배하는 대학 가운데 한 곳인 하버드 대학 경제학과 학생들은 자본주의 체제 옹호에 치우쳐 있는 경제학 교육에 비판하는 뜻으로 그레고리 맨큐(Gregory Mankiw) 교수의 수업 거부 시위를 벌인 적이 있다. 사실 주류경제학은 경제현상(현실)을 객관적으로 관찰하고 분석하여 본질을 밝혀내기보다는 부차적이고 지엽적인 부분에 집중하거나 자본주의 체제와 자본가를 옹호하기 위한 관념과 표현을 만들어내는 데 애쓴다. 그래서 주류경제학은 스스로 교과서에서 주장하는 것과 다르게 과학이 아니라 잘못된 믿음, 즉 미신이 되었다. 학문이 과학이 되려면, 마이클 로버츠가 말하듯이 그 체계가 가지고 있는 이론을 계속해서 증거를 가지고 검증해야 한다. 그러나 주류경제학의 가장 큰 문제는 입증 절차가 제대로 이루어지지 않고 있으며, 오류로 밝혀진 것이라고 해도 학문에서 거머쥔 권력을 이용해 그냥 들은 체 만 체 자신들의 이론이 옳다고 우기면서 밀고 나갈 뿐이라는 것이다. 그 대표적인 사례가 '자본논쟁'이다. 이런 비판은 꼭 주류경제학에만 적용되는 것은 아니다. 어떤 학파의 이론체계라고 해도 입증을 위해 노력하면서 오류를 개선하지 않으면 미신이 될 수밖에 없다.

마이클 로버츠는 바로 주류 또는 공식 경제학이 가지고 있는 그런 핵심 문제에 도전한다. 그의 이론은 마르크스 경제학의 원리를 핵심으로 하고 있으며, 경험적 분석을 위해 통계학을 접목하고 있다. 그는 마르크스 경제학에서 이윤율 저하 경향의 법칙을 자본주의 운동을 파악하는 핵심 원리로 보고 있으며, 이윤율이 자본주의 경제의 건강상태를 나타내는 핵심 지표라고 생각한다. 이윤율이 상승하면 투자가 증가하여 자본의 축적이 증가하고, 즉 경제가 성장하며, 이윤율이 하락하면 경제위기가 일어난다고 본다. 그의 경험적 분석에 따르면, 이윤율이 꼭짓점을 찍고 하락하면 침체가 일어났다. 왜냐하면 이윤율 하락 또는 이윤량 감소가 지속되면 투자가 감소하고 투자가 감소하면 수요가 감소하고, 이는 매출감소와 부채상환의 문제를 야기하여 금융위기와 경제위기를 일으키기 때문이다. 이는 이윤율의 하락이 경제위기의 원인이라고 경험적 분석으로 입증한 것이다. 그는 여러 학자들의 이윤율 순환 분석을 검토하여 받아들이고 여기에 더해서 원료와 재고의 증가와 축소를 나타내는 키친순환, 투자·고용·산출로 구성된 운동에 기초해서 호황과 침체로 이루어진 쥐글라르 순환, 주요 공장·사회기반시설·주택의 건설 순환의 쿠즈네츠순환, 생산 가격 및 상품가격으로 구성된 세계 무역의 변동으로 인한 주기인 콘드라티예프 순환, 그 외 증권시장 순환과 신용순환을 종합하여 경제의 흐름을 파악하고 전망한다.

이런 과학적인 분석틀을 가지고 그는 2005년 초에 대침체가 일어날 것임을 예측했다. 그때 그는 2009년 출간된 『대침체*The Great Recession*』에 들어갈 내용을 쓰면서 "콘드라티예프 가격순환의 하강파동 내에서 이윤율의 하강파동이 수반될 것이기" 때문에 "2009~2010년에 경기는 바닥이 될 것"이고, "1980~82년 이후 볼 수 없었던 아주 심각한 경제침체"[1]가 있을 것이라고 전망했다. 세계 금융위기가 2007~2008년에 걸쳐 일어났고, 대침체가 2008~2009에 있었던 것을 보면 정확성이 높은 예측이었다.

현재 세계경제는 저자가 말하는 장기불황(Long Depression)에 빠져 있다. 침체(recession)와 대비되는 것으로서 불황(depression)은 앞서 얘기한 모든 순환이 하강국면에 함께 있을 때 일어난다고 경험적 분석을 통해 저자는 밝혔다. 그런 역사적 사례가 1873년 시작된 19세기 장기불황, 1929년

---

1   Michael Roberts, *The Great Recession* (London: Lulu Publications, 2009), 72.

시작된 20세기 대불황, 2008년 시작된 21세기 장기불황이다. 이 세 차례의 장기불황은 콘드라티예프 순환의 겨울과 함께 일어났는데, 세계 자본주의를 다른 단계로 발전시키는 계기로 작용했다. 그래서 인민들이 자본주의를 끝내고 새로운 사회경제 체제를 세울 정치권력을 얻는 혁명을 일으키지 않는다면, 현재의 장기불황이 끝나면 자본주의가 새로운 단계로 접어들 것이라고 예상할 수 있다.

저자는 세계경제가 1997년에 시작된 이윤율의 하강국면에 있으며 2010년대 말이나 조금 더 일찍 바닥을 찍을 수 있다고 보고 있다. 이는 또 다른 커다란 경제침체를 의미한다. 그리고 저자는 올해 하반기가 지나기 전에 주요 경제국에 커다란 경기하강을 겪을 수 있다고 자신의 블로그에서 밝히고 있다.

역자가 이 책을 번역한 이유는 첫째, 마르크스가 정치경제학을 과학으로 발전시킨 자본론을 출판한 150년이 된 해에 마르크스의 그런 업적을 계승한 저자의 노력을 본받아서 현실과 동떨어진 교리체계로 이루어진 주류경제학이 지배하고 있는 잘못된 현실을 타파해나가자는 의미에서다. 둘째, 마르크스 위기이론에 대한 훌륭한 이해를 바탕으로 탄탄한 경험적 연구 방법과 여러 순환을 종합한 분석의 틀을 결합하여 마르크스의 정치경제학 연구방법론에 발전을 만들었다는 생각에서다.

이 책을 처음 접한 것은 2016년 7월이었다. 박사 논문을 써야 하는데, 논문 준비는 하지 않고 그의 글을 읽었다. 1873년 장기불황부터 불황을 주제로 자본주의의 경제사를 다루고 있는 이 책이 재미있었고, 경제현실과 경제학에 대해 많은 지식을 알려주고 있었기 때문이다. 시의성을 가진 책이어서 번역해야겠다는 마음을 먹고 연암서가에 번역출판 기획서를 보냈고, 책의 진가를 알아본 권오상 대표는 나의 제의를 받아들였다. 저자와 헤이마켓북스(Heymarketbooks) 관계자와 권 대표와 같이 소통

하며 판권 계약을 순조롭게 끝냈다. 다른 출판사에서 출판된 역자의 다른 역서의 마무리 작업 때문에 이 책의 번역은 올해 1월 10일부터 착수하여 3월 10일까지 했다. 그런데 2월 21일 한 공공도서관에서 번역을 하는 도중에 노트북의 하드디스크에 고장이 나서 하마터면 그때까지 번역한 본문 210쪽까지의 모든 내용을 날릴 뻔했다. 서비스 센터에 가보니 SSD가 인식이 되지 않는 물리적 손상을 입었다는 진단을 받았는데, SSD의 복구율이 50% 정도라 걱정을 많이 했었지만, 다행히 (주)씨앤씨 심재문 님이 잘 복구해주셨다. 이때 SSD 복구 정보를 얻기 위해 약 1주일간 이런 저런 컴퓨터 전문가들을 방문하고 여기저기 인터넷과 전화로 수소문해서 정보를 얻느라 발을 동동 구르던 것을 생각하면 아직도 아찔하다.

마지막으로 이 책을 번역할 때까지 머무를 곳을 마련해주고 많은 지원을 해준 친구 김태수에게 고마움을 전한다. 그리고 이 책이 출판되기까지 마음을 다해 고생하신 연암서가 편집자분께도 감사의 마음을 전한다.

2017년 5월
유철수

한국어판 저자 서문

이 책의 한국어판 서문을 쓰고 있을 때 한국 사람들은 부패 혐의가 있는 박근혜 대통령을 탄핵했다. 이는 전례 없는 전개인데, 아마 여러분들이 이 글을 읽게 될 때쯤에는 새로운 대통령이 뽑혔을 것이다.

한국 정치의 혼란은 2007년 세계 금융붕괴와 2008~2009년 대침체가 일어나고, 2009년 장기불황이 시작된 이후부터 정부가 이 불황에서 비롯된 실패와 위험 노출의 대가를 얼마나 치렀는지 보여주는 또 다른 예이다.

영문판 독자라면 아시겠지만 전달하고자 하는 주된 말은 현재 세계 주요 경제국들이 필자가 일컫는 장기불황(Long Depression)에 빠져 있다는 것이다. 필자는 장기불황을 경제국들이 커다란 침체를 겪은 뒤 산출에서 이전의 추세 성장률로 회복하는 데 실패하여 장기 평균에 훨씬 못 미치는 상태에 머물러 있는 것이라고 정의한다. 그리고 무엇보다도 이 경제국들의 자본주의 부문의 이윤율이 대체로 마지막 꼭짓점보다 아래에 머물러 있는 것을 의미한다.

이윤율 지표가 중요한데, 왜냐하면 자본주의 경제국들이 어떻게 성장하고, 왜 산출과 투자와 고용이 침체에 빠지고, 그리하여 왜 수많은 사람들의 생활수준을 파괴하는지에 관한 주요한 이론적 분석을 이 책에서는 주로 마르크스의 이윤율 저하 경향의 법칙에 기초하고 있기 때문이다.

필자는 마르크스 법칙의 이론 기초를 자세하게 파고들지 않지만, 대신에 경험적 증거와 함께 그 법칙을 세계 경제의 전개와 개별 국가경제의 분석에 적용한다. 필자는 그렇게 하면 왜 세계 경제가 2008~2009년 커다란 침체에 빠졌는지와 지난 10년간 불황상태에서 빠져 나오는 데 고군분투하고 있는지에 대해 가장 날카로운 통찰력을 얻을 수 있다고 주장한다. 이것은 정말 장기불황이다.

이 책에서는 많은 국가들과 지역들을 다루고 있으며, 그 국가들과 지역들의 경제가 대침체와 장기불황을 어떻게 겪었는지를 담고 있다. 하지만 한국은 포함되어 있지 않은데, 이 생략은 심각한 것이다! 그러나 한국어판에 한국 자본주의에 관해 필자의 짧은 설명을 제공함으로써 조금이나마 그런 실수를 만회할 수 있게 되어 다행스럽게 생각한다.

주류경제학의 관점에서 한국은 성공 사례에 속한다. 1950년 이후 시기의 이른바 다른 '신흥경제국'들은 미국이나 영국 또는 일본과 같은 주요 제국주의 국가들과의 산출 및 생활수준의 격차를 메우느라 고군분투했는데, 한국은 상당한 진전을 이루었다. 1960년대와 1980년대 사이 한국의 경제는 실질 총산출에서 연평균 9% 성장했다. 1인당 국내총생산은 1962년 104달러에서 1989년 5,438달러로 증가했고, 세계 금융붕괴가 일어나기 직전에 2만 달러에 도달했다. 1인당 소득은 1960년에 미국의 5%였는데, 세계 금융위기 때까지 55% 증가했다.

이런 진전은 한국이 정부주도 산업 투자 및 수출 전략에 착수하여 거의 50년 동안 지속했기 때문에 가능했다. 제조업 부문이 국내총생산에서 차지하는 비율이 1962년부터 1987년까지 14.3% 증가했다. 두 세대 내에 한국은 경제개발협력기구 회원이 되었고, 한국의 재화와 서비스는 전 세계에 알려지게 되었으며, 한국의 성공한 기업들은 세계에서 가장 인정받는 기업군에 들어갔다. 2012년에 한국은 세계에서 7번째 20~50클럽(인구가 5천만 명이 넘고, 1인당 소득이 2만 달러를 유지)의 회원국이 되었는데, 이는 주요 자본주의 경제국으로 여겨진다는 정의이다.

이 책 전체에 사용되고 있는 마르크스의 이윤율 법칙은 마땅히 한국전쟁 후부터 1970년대 말까지 시기에 걸친 한국 자본주의의 성공에 대한 근본적인 설명을 제공해야 한다. 그리고 실제 그렇다. 1960년대 중반 즈음부터 1980년대 초반까지 주요 자본주의 경제국들은 이윤율의 하락을 겪었지만 한국의 자본은 높고 상승하는 이윤율을 누렸다. 필자를 포함해서 몇몇 연구자들이 한국의 이윤율을 측정했었는데, 아마도 가장 좋으면서 완전한 측정은 에스테반 마이토[1]와 『마르크스주의 연구』 편집위원장인 정성진일 것이다.

마이토는 한국의 이윤율이 1960년대부터 1970년대 종반까지 상승했다고 밝혔다. 그리고 이때가 꼭짓점이었다. 아래 이윤율은 마이토가 측정한 것으로 한국 자본의 평균 이윤율을 10년 단위로 보여준다.

정성진은 한국의 자본 이윤율 추세를 가장 포괄적으로 분석하여 발표했다.[2] 정성진은 이윤율이 1978년 꼭짓점에서 2002년 바닥으로 장기적으로 하락했다는 것을 밝혔다. 그리고 1980년대와 1990년대에 걸친 이윤율 하락은 이른바 아시아 위기의 한 부분인, 1997년 위기와 침체의 근본 원인이었다고 밝혔다. 정성진은 "1997년 위기는 자본주의 부문의 이

1 E. E. Maito, The downward trend in the rate of profit since XIX century, 2014.
2 *Marxist perspectives on South Korea in the Global economy*; Edited by Martin Hart-Landsberg, Seongjin Jeong and Richard Westra, published by Routledge as an Ashgate book, Alternative voices in Contemporary Economics. Hardback, published 2007, paperback 2016.

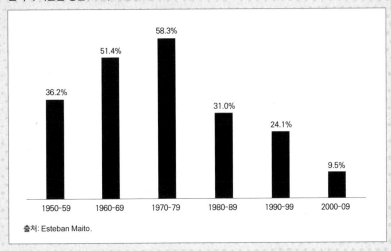

한국의 이윤율 평균(10%, 10년 단위)

- 1950-59: 36.2%
- 1960-69: 51.4%
- 1970-79: 58.3%
- 1980-89: 31.0%
- 1990-99: 24.1%
- 2000-09: 9.5%

출처: Esteban Maito.

윤율 하락에 있는 광범위한 문제와 긴밀하게 관련되었다. 위기 이후부터 이윤율은 회복되었다"며 이윤율의 2002년 수준은 여전히 1978년 수준의 고작 1/3에 머무르고 있다. 이는 한국 경제가 여전히 장기 침체 상태에 있다는 것을 시사한다."고 했다. 여기에 정성진이 측정한 한국의 이윤율이 있다.

정성진은 또한 자본의 유기적 구성의 상승에 기초하고 있는 마르크스의 이윤율 법칙(이 책에서 이것에 대한 설명을 볼 수 있다)이 이윤율의 근본 원인을 제공한다는 것을 보여준다. 마르크스의 법칙은 자본의 유기적 구성이 노동력 착취율 상승이라는 상쇄요인 보다 많이 상승하면 이윤율이 하락한다고 말한다. 박정희 시대는 (이윤율의 제한된 안정성을 보여주었는데) 한국 노동계급에 대한 착취 강화 때문에 가능했고, 마르크스가 말하는 잉여가치율 또는 착취율의 상승을 만들었다. 하지만 상쇄요인들은 1990년대 이윤율 하락의 재개를 멈출 수 없었으며, 마침내 1997년 침체 때 그 하락은 절정을 이루었는데, 역설적으로 주요 경제국들의 이윤율은 꼭짓점에

한국의 비농업 기업 부문 이윤율

출처: 정성진 측정.

도달했다. 1997년 아시아 금융위기 때 한국 경제는 유동성 위기를 겪었고, 국제통화기금의 구제금융에 의존했다.

한국을 아주 심하게 강타한 아시아 위기는 자본의 급격한 가치하락(파산 기업들의 가치감소, 실업 증가를 통해)을 만들었는데, 이는 결국 이윤율을 북돋워 주었다. 또한 이는 마르크스의 법칙을 따르는데, 이윤율 하락이 침체를 낳았고, 그런 다음 침체 때문에 이윤율이 얼마 동안 회복되었다. 호경기 불경기의 순환이다.

1997년 후 김대중 정부 때는 새로운 기술 도입에 속도를 높였다. 하지만 마이토와 필자의 이윤율 측정에서 보여주듯이 2001년 세계 침체 후 한국의 이윤율은 다시 하락했고 2008년 세계 금융붕괴 때까지 그랬다. 2009년 경제 성장이 멈추었다.

그때부터 한국 자본주의는 이 책에서 서술한 장기불황의 한 부분이 되었다. 성장의 근본 추세가 1990년대 연간 7%에서 현재 고작 3%이다. 더욱이 한국 자본주의는 현재 심각한 구조적 문제에 직면하고 있는데, 그런 문제 가운데 많은 것에서 잠재 성장이 더 하락할 것이라고 암시한다. 한국은 세계에서 가장 낮은 출산율을 가지고 있으며, 세계에서 노령인구가 가장 빠르게 늘어나는 사회이다. 노동가능인구의 비율은 올해 꼭짓점에 이르러서 그 후에 빠르게 감소할 것으로 예상되며, 이는 잠재 고용과 잠재 성장을 부진하게 만들 것이다. 총인구는 2025년 후에 감소하기 시작할 것으로 예상된다.

한국의 경제 성공은 수출에 기댄 것이지만, 수출에 큰 의존이 이제는 수출 둔화의 세계와 미국의 도널드 트럼프 대통령 당선으로 세계화의 종말이라는 예상과 보호주의의 부상으로 골칫거리가 될 수 있다. 이는 2016년 7월 이 책의 영어판 출판 뒤에 일어난 중요한 새로운 전개이다. 수출이 국내총생산의 50%를 넘기 때문에(선진 경제국 가운데 가장 높은 비율 가운데 하나임), 한국은 거대 무역 상대국인 중국과 미국의 충격이나 변화에 심하게 노출되어 있는데, 중국에 특히 그렇다. 무역 둔화와 중국과의 경쟁을 고려할 때, 한국의 과거 성장을 이끌었던 중공업 부문 가운데 몇몇 부문 예를 들어 조선, 해운, 철강, 석유화학은 현재 세계적으로 전망이 암울하다. 한국 자본은 심각한 압박에 처해 있다.

한국 자본가들은 노동자들의 많은 숫자를 임시 계약직으로 유지하는 신자유주의 고용정책을 채택했다. 임시 노동자들의 비율(비정규 노동자의 대리 변수)이 2014년 거의 22%였는데, 경제협력개발기구 평균의 두 배이다.

하지만 이는 생산성 둔화와 숙련에 대한 투자 부족을 낳았다. 노동생산성은 1990~2011년 연평균 5.5% 상승했지만 그 이후 정체하여 경제협력개발기구에서 가장 생산적인 세 나라의 고작 40%에 머무르고 있다. 노동생산성은 특히 서비스 부문에서 낮은데, 비슷한 규모의 경제국보다 훨씬 낮고, 제조업의 단지 절반 밖에 되지 않으며 중소기업은 훨씬 낮다.

한국 자본은 장시간 노동으로 혹사당하는 노동자들의 덕택에 그리고 사회안전망을 회피하면서 번영을 누렸다. 기초생활보장제도가 2000년에 도입되었는데, 가장 취약한 계층에 현금과 현물 형태의 수당을 지급하고 있지만, 이것도 경제협력개발기구 평균보다 상당히 넉넉하지 못하다. 국민연금제도는 현재 노령층의 1/3만 보장하고 있고, 경제협력개발기구는 2015년에 연금 수당이 평균 임금의 고작 1/4 정도 밖에 되지 않는다고 발표했다.

이런 상황은 가계부채 증가를 낳았는데, 많은 퇴직자들이 소득을 벌충하려는 시도로 (위험성 있는) 작은 사업을 하기 위해 대출했다. 총 사회복지지출은 국내총생산의 단지 10% 정도 인데, 경제협력개발기구 평균의 절반보다 적다. 반면에 가계부채는 1990년대 초 국내총생산의 40%에서 꾸준히 증가하여 오늘날 거의 90%에 이르렀다. 동시에 기업부채는 계속해서 높은 수준에 있는데 지난 10년간 국내총생산의 약 100%이다. 이렇게 높으면서 증가하는 부채는 한국의 자본이 건강한 이윤율을 얻을 수 없고 성장을 위해 차입을 할 수밖에 없다는 것을 보여준다. 이는 향후 침체가 올 때 충격을 키우는 요인이 된다.

이제는 실각한 박근혜 전 대통령은 2012년에 '중산층'을 재건하고 사회에서 그 규모를 70%까지 늘릴 것이라고 약속했다. 이는 허구임이 밝혀졌다. 대신에 장기불황 동안 경제 양극화가 증가되었다.

경제 불평등은 1997년 위기와 2008~2009년 대침체 동안과 그 후에 두드러지게 증가했다. 1990~95년간 한국의 평균 지니계수―불평등 척도―는 0.258이었으나, 불평등은 증가하여 1999년 지니계수는 0.298이었다. 지니계수는 계속해서 증가하여 2010년 0.315에 도달했다. 이런 경향을 소득 분배에서 볼 수 있는데, 상위 10% 소득자가 가져가는 몫을 하위 10% 소득자의 몫으로 나눈 값이 1990년 3.30%에서 2010년 4.90%

로 증가했다. 2012년 상위 1%의 소득 몫은 국민소득의 16.6%였는데, 미국의 심각함보다 아주 덜하지 않고, 일본보다는 훨씬 나쁘다. 정부 자료로 발표된 가장 최근 통계에서는 서울 시민 73%가 스스로를 '하위 중산층' 또는 '하위 계층'으로 여긴다는 것을 보여준다.

대침체로 한국 노동자들의 불안정 일자리가 늘었고 표준 계약으로 채용되어 있는 정규직 노동자와 비정규직 노동자(기간제, 단시간, 임시직, 파견직)의 격차는 더 커졌다. 노동력에서 비정규직이 차지하는 비율이 2002년 27%에서 2011년 34%로 늘어났다. 이는 한국 노동자의 약 1/3이 불안정한 일자리 조건에서 고군분투하고 있으며, 건강보험, 퇴직금, 사내복지 수당 없이 정규직 임금의 약 60%만 받고 있다는 것을 의미한다.

1990년대 종반부터 한국 기업들 사이에 있는 일반적인 경향은 오래된 연공서열 급여제도를 버리고 미국식 능력중심 급여제도를 도입하는 것이다. 이런 변화 때문에 전문직 및 관리직 노동자와 나머지 노동자와의 임금 격차가 크게 벌어졌다. 한국은 지식기반 경제로 이동했기 때문에 희소한 기술과 지식의 가치가 상승했으며, 세계화된 기업부문은 재능 있는 이들을 끌어들이기 위해 아주 높은 급여를 주기 시작했다.

오랫동안 존재해온 대기업과 중소기업 간의 큰 임금 격차가 최근에 훨씬 더 커졌다. 한국의 상위 1% 소득자는 대부분 세계 최상위 기업으로 성장했고 아주 수익성이 높은 삼성, 현대, 엘지 같은 주요 대기업에 고용되어 있을 가능성이 높다.

마지막으로 이 책의 한 장에서 개요를 서술했듯이 대부분의 사회와 마찬가지로 한국에서 부의 불평등은 벌어들인 소득 불평등보다 훨씬 크다. 2012년 상위 10%가 한국 전체 부의 46%를 소유했다. 하위 50%는 단지 9.5%만 소유했다. 이런 부의 불평등은 주로 부동산 시장의 호황으로부터 생겨났다. 하지만 최근 몇 년간 주식시장과 다른 금융투자가 부의 축적을 위한 주요한 수단으로서 부동산 시장을 대체했다.

한국의 통계에 따르면, 상위 10%의 한 달 평균 가계소득은 1,062만 7,099원이다. 이는 209만 7,826원이었던 1990년 보다 5.1배 많다. 하위 10%의 한 달 평균 가계소득은 24만8,027원에서 89만 6,393원이 되어 3.6배 늘었다. 그래서 이 두 집단 사이의 격차는 8.5배에서 11.9배로 증가했다. 이 통계 자료는 8,700가구에 기초하며 극빈층과 상위의 재벌 가족은 포함하지 않았으므로 실제 격차는 훨씬 더 클 것이다.

6명 가운데 1명은 1년에 1,000만 원 미만으로 살고 4가구 가운데 1가구는 흑자보다는 대체로 적자로 산다. 65세 이상 노인의 빈곤율은 48.5%인데, 경제협력기구 평균보다 3.4배 높다. 더욱이 자살률은 세계에서 가장 높다.

한국 자본주의는 지난 50년간 세계 기준으로 상대적으로 성공한 것 같지만, 이는 한국 인민을 희생시킨 대가였다. 가까운 미래에 경제 불평등이 낮아질 가망은 아주 적다. 박근혜는 자신의 선거 공약에도 불구하고 세금 정책, 이중 노동시장, 복지정책같이 불평등을 키우고 있는 그런 제도를 개선하는 데 거의 아무것도 하지 않았다.

한국 자본주의의 미래는 세계 자본의 미래에 묶여 있다. 어떤 국가의 경제도 이를 피할 수 없다. 이 책에서는 세계에서 일어나고 있는 일에 대해 설명하는 것을 시도하는데, 그래서 한국의 독자들은 한국 경제를 더 넓은 상황 속에서 볼 수 있다. 하지만 역시 한국 자본에 특유한 문제가 있다. 가장 크면서 아마도 가장 즉각적인 문제는 북한에서 일어날 것으로 보인다. 만약 스탈린주의식 체제가 몰락한다면 한국 자본은 북한의 인민을 남한 자본으로 통합할 처지가 아니다. 베를린 장벽이 무너지고 독일이 통일되었을 때 서독의 자본과 경제가 치렀던 대가는 상당했고, 10년 동안 가장 성공한 자본주의 가운데 하나인 독일의 경제 발전을 저해했다. 한국 자본에 닥칠 혼란은 훨씬 더 클 것인데, 특히 그런 일이 경제 침체와 정치 혼란이 있는 이런 시기에 일어난다면 그렇다.

더욱이 한국의 경제는 여전히 과점자본인 재벌이 지배하고 있는데, 밑에서는 팽창하는 중국 제조업체로부터 위에서는 고의적인 엔 약세로 혜택을 보고 있는 일본 기업들로부터 압박을 받고 있다. 수출기업들은 한국 내에서 일자리를 더 적게 만들고 있는데, 재벌이 값싼 노동력을 찾아서 해외로 생산시설을 옮겼기 때문이다. 이는 이런 대기업에게 수익성을 가져다주었지만 국내 경제에는 손상을 주었다. 중소기업들은 여전히 비생산적이고, 성장에 실패하고 있으며 고부가가치 서비스 부문은 다른 국가들에 비해 훨씬 뒤처져 있다. 경제협력개발기구는 "이는 대규모 재벌 기업이 생산한 수출품으로 주도된 한국의 전통적인 따라잡기 전략에 걱정을 불러일으켰다."고 말했다.

이 책에서는 자본주의에서 자본 스스로 극복할 수 없는 영구적인 침체가 없다고 주장한다. 노동대중이 체제를 대체할 정치권력을 얻지 못한다면 자본주의는 경제 출구를 가진다. 결국 여러 차례의 침체를 겪으면서, 자본이 불황의 심연의 바닥에 '모여들고 있는' 새로운 기술 진보와 혁신을 이용하기 시작하면, 충분히 이윤율이 회복될 수 있다.

자본은 새로운 성장과 발전의 시대를 다시 맞이할 수 있는데, 단지 많은 기업의 파산과 실업의 거대한 증가와 심지어는 사물과 수백만 사람들의 물리적 파괴가 일어난 뒤에 그럴 수 있다.

이 책에서는 자본주의로 하여금 실패한 산업과 비생산적인 투자를 청산하게 하는 또 다른 심각한 경제성장의 중단 없이는 현재 장기불황이 끝나지 않을 것이라고 주장한다. 그래서 한국도 다음 번 침체에서는 심각하게 고통을 겪을 것이다.

이 책에서는 자본주의가 생존을 지속하는 데 커다란 문제에 직면해 있는 것으로 자본주의의 장기 미래를 다루고 있다. 미래의 자본주의 팽창에 생산성 성장 하락과 로봇 및 인공지능의 충격이 있다. 불평등 증가와 자본주의 엘리트들의 사회 통제를 낳게 하는 위협이 있다. '온실가스'로 인한 세계 온난화의 발생으로 돌이킬 수 없는 파괴를 낳는 기후 변화가 있는데, 이는 자본의 이윤 추구가 탐욕스레 가차 없이 자연을 파괴한 결과이다.

자본주의는 이런 문제에 대처할 가능성이 없다. 이윤이 아니라 필요에 기초한 새로운 생산양식으로 자본주의를 대체해야 할 것이다. 그렇지 않으면, 자본주의는 우리를 새로운 공포 속으로 빠뜨릴 수 있다. 21세기에 이룰 수 있는 길은 정치 사건과 계급투쟁의 결과에 달려 있을 것이다. 희망하자면, 이 책은 한국과 세계에서 앞으로 그런 투쟁을 위한 경제의 배경 지식을 제공해줄 것이다.

2017년 4월
마이클 로버츠

불황에 빠지다

침체(recession)는 흔하지만 불황(depression)은 드물다. 내 판단으로는 경제 역사에서 불황으로 대략 묘사될 수 있는 것은 오직 두 시기인데, 1873년 공황(panic) 뒤에 이어 졌던 물가하락(deflation)과 불안정의 시기와 1929~31년 금융위기(financial crisis) 뒤에 이어졌던 대량 실업의 시기였다. 19세기의 장기불황(Long Depression)이나 20세기의 대불황(Great Depression)은 끊임없는 경기하강의 시기는 아니었고, 반대로 둘 다 경제가 성장하는 시기를 포함하고 있었다. 하지만 그런 경기 개선의 경우들은 초기 침체(slump)에서 오는 위험을 저지하기에 절대 충분하지 않았으며, 악화가 뒤따랐다. 유감스럽게도 우리는 지금 세 번째 불황의 초기 단계에 있는 것 같다. 아주 극심한 대불황이라기 보다 장기불황에 더 가까워 보인다. 하지만 세계 경제에 미치는 대가와 무엇보다도 일자리가 없어서 망가진 수많은 이들의 삶에 미치는 대가는 막대할 것이다.

—폴 크루그먼(Paul Krugman)[1]

우리는 왜 알지 못했는가?

대침체(Great Recession)가 전개되었을 때 사람들은 어떻게 그리고 왜 이 것이 일어났는지 물었다. 영국(United Kingdom)은 오래 지속된 군주제를 떠받들고 있다. 잉글랜드(England)는 군주를 처형한 후 1649년에서 1660년 사이에 잠깐 공화제를 가졌었다. 하지만 지금 영국에는 가장 오랜 기간 제위에 있는 여왕이 있다. 2008년 11월 위기가 절정일 때, 여왕이 높은

---

1 Paul Krugman, "The Third Depression," *New York Times*, June 27, 2010, http://www. nytimes.com/2010/06/28/opinion/28krugman.html.

명성을 가지고 있는 주요 대학인 런던정경대학(London School of Economics)을 방문했다. 여왕은 자신에게 절하는 저명한 경제학자들에게 "왜 아무도 신용경색(credit crunch)이 오고 있다는 것을 알지 못했느냐?"고 물었다. 이는 주류경제학계에 실망을 불러 일으켰는데, 여왕조차도 주류경제학의 능력에 의문을 품었기 때문이다. 저명한 과학기관인 영국학술원(British Academy)의 원장인 로빈 잭슨(Robin Jackson)은 답변으로 공식 서한을 서둘러 작성하였는데, 위대하고 훌륭한 관료들과 주류경제학은 "그 위험"을 알지 못했다고 인정했다.[2]

실제 2007년 전에 정부의 경제정책 전략가 어느 누구도 위기를 예상하지 못했다. 저명한 기관에 있는 주류경제학자들도 정부 관료들보다 대침체를 예상하는데 나을 것이 전혀 없었다. 실로 주류경제학자들은 정말로 알아야 한다고 여기기 때문에 더 실망스러웠다.

신고전학파의 원로 로버트 루카스(Robert Lucas)는 불황 예방(depression-prevention)을 위한 중심 문제가 해결되었다고 확신을 가지고 주장했다. 국제통화기금(IMF) 전임 수석경제학자였던 케인스 학파의 주요 경제학자 올리비에 블랑샤르(Olivier Blanchard)는 2008년 말에 "거시 상태는 좋다!"[3]

---

2 "세계 침체는 엄청난 전개이기에, 어느 정도라도 예상할 수 있어야 했던 것이 아니냐고 물으시는 것은 당연합니다. 그런데, 일어난 일을 완전하게 이해하지 못한다면 저희가 '다시는 예측하지 못하는 일이 없다'고 말씀드릴 수 없습니다.", "학술원은 어떤 사람들이 위기가 닥쳐올 것임을 예상하고 있다고 주장하려고 노력했습니다. 하지만 대부분 사람들은 알지 못했고, 특히 정부 관료들, 은행장들, 대부분의 경제학자들과 주류에 속한 모든 경제학자들이 알지 못했다는 것을 학술원은 인정합니다. 그리고 이들이 문제가 되는 사람들입니다. 폐하, 그래서 요약을 하면, 위기는 많은 원인을 가지고 있지만, 위기의 시기와 규모와 심각성을 예측하는데 실패한 것과 위기를 방지하는 데 실패한 것은 주로 체제 전체에 있는 위험을 이해하는 데 우리나라에서 그리고 국제 차원에서 똑똑한 많은 사람들의 집단 상상력의 실패입니다." British Academy, "The Global Financial Crisis-Why Didn't Anybody Notice?," *British Academy Review* (July 2009).
3 Ryan Grim, "How the Federal Reserve Bought the Economics Profession", *Huffington Post*, October 23, 2009.

고 말했다. 그는 거시경제 이론을 현대 경제에서 일어나는 일을 파악하는 길잡이로서 보여줬다.

예측하기: 총계의 힘

이 책은 최근 경제 사건들에 관한 야심찬 설명을 제공하는데, 또한 대부분 사람들이 그렇게 말하겠지만, 무엇이 일어날 지에 관해 아주 야심찬 예측 또는 전망을 제공한다. 미래학은 '세계전망'에 관한 저자들 사이에 인기 있는 취미다. 경제 예측은 대침체에서 증명됐듯이, 끔찍할 정도로 형편없다.[4]

하지만 우리는 두손 들고 항복할 순 없다. 카를 마르크스가 말했듯이 우리는 사물들의 표층 아래를 볼 수 있는 과학적인 방법을 적용해서 그 밑에 있는 원인과 결과의 과정을 알아내는 노력을 해야만 한다. 그렇게 하는 것에 성공하면 우리의 판단은 어떤 예측력을 가질 수 있다. 사실, 예측은 우리의 판단이 맞는지 틀렸는지 확인하기 위해 반드시 필요하다. 이것을 피해서는 안 된다.

상황을 예측하는 데는 '예감'이나 사람의 직관보다 통계분석이 훨씬

---

4 하지만 마르크스는 다음과 같이 말했었다. "속류 경제학자들은 현실에 있는 일상의 교환비율이 가치의 크기와 직접적으로 동일할 수 없다는 것을 전혀 모르고 있습니다. 부르주아 사회의 핵심은 정확하게 이것, 즉 선험적으로 생산에 대해 의식적인 사회의 규제가 없다는 것입니다. 합리적이고 당연한 필연으로 스스로를 드러내는 것은 오직 맹목적으로 작동하는 평균입니다. 그러면 속류 경제학자들은 내적 연관을 발견하지 않고, 사물들이 외관상 다르게 보인다고 자랑스럽게 주장하면서 자신들이 위대한 발견을 해낸 것처럼 생각합니다. 사실 속류 경제학자들은 외관을 고수하는 것을 자랑하고 있는 것이며, 외관을 궁극으로 생각합니다. 그러면 과학자가 도대체 왜 필요합니까?" Letter to Kugelman in Hanover, July 11, 1868, Marxists Internet Archive (marxists.org), https://www.marxists.org/archive/marx/works/1868/letters/68_07_11-abs.htm.

좋다. 모든 일은 전혀 우연적(random)이지 않다. 어떤 이들은 대침체가 "우연한" 사건, 즉 10억분의 1의 확률을 가진 그러니까 확률의 법칙(law of chance)에서 가장 일어날 수 없는 일이 일어난 것이라고 주장했다.[5] 사람들은 유럽인들이 오스트레일리아에 도착해서 검은 고니를 보기 전까지 흰 고니만 있다고 가정된 것을 예로 들었다. 조지 W. 부시(George W. Bush) 미국 대통령의 네오콘 국무장관 도널드 럼스펠드(Donald Rumsfeld)의 말을 인용하면, 그것은 '알려지지 않은 미지'(unknown unknown: (모른다는 것을 알지 못함'과 '불확실성'이란 뜻을 가지고 있음. '알려지지 않은 무지'로도 번역됨_옮긴이))이었다. 가장 가능하지 않는 일이 일어날 수 있지만, 사람들이 모든 것을 알 수 없다는 것이다. 대침체도 예측할 수 없었던 그런 사건이었고, 그래서 은행가와 정치인과 무엇보다도 모든 경제학자들에게 책임이 없었다. 이것은 은행가들이 미국의회와 영국의회에서 증언하면서 사용한 핑계였다.

하지만 현대 통계학 방법은 예측력을 가지고 있다(모든 것은 우연은 아니다). 네이트 실버(Nate Silver)는 그의 책에서 야구, 선거, 기후 변화, 금융붕괴, 포커, 일기예보에서 자세한 사례연구를 보여주고 있다.[6] 가능한 많은 자료를 이용하면서 통계 기법은 확률(probability)의 정도를 제공할 수 있다.[7] 이는 새로운 자료를 사용해서 확률을 갱신하는 단순 공식을 발견한 19세기 영국 장관 토머스 베이즈(Thomas Bayes)의 이름을 딴 베이즈의 방법(Bayesian approach)에 있는 현대 통계분석 방법이다.[8] 베이즈의 방법의 핵심은 새로운 증거의 측면에서 기존 믿음을 어떻게 바꿀 수 있는지 설명하는 수학

---

5 니콜라스 탈레브(Nicholas Taleb)의 책 『블랙 스완The Black Swan』을 읽으면, 침체가 우연이었다고 생각할 수도 있을 것이다. Taleb Nassim, *The Black Swan: The Impact of the Highly Improbable* (New York: Penguin, 2007). 『블랙 스완: 0.1%의 가능성이 모든 것을 바꾼다』, 나심 니콜라스 탈레브 지음, 차익종 옮김, 동녘사이언스, 2008. 그리고 Michael Roberts, *The Great Recession* (London: Lulu, 2009), chapter 31.
6 Nate Silver, *The Signal and the Noise: Why Most Predictions Fail-But Some Don't* (New York: Penguin, 2012), 302

규칙을 제공하는 것이다. 달리 말하면 이 방법은 과학자들이 기존 지식 또는 전문 지식에 새로운 자료를 결합할 수 있게 한다.

베이즈의 법칙은 또한 경제 분석에서 기억하기에 유용한 두 가지 다른 것을 보여준다. 첫째, 이론과 모형에 대한 자료 또는 사실의 힘이다. 신고 전학파 주류경제학은 단순한 미신 경제학이 아닌데, 자본주의 생산 양식에 이념적 편향을 가지고 있는 옹호론이기 때문이다. 개별 소비 행태와 자본주의 생산에 내재하는 균형 등등에 관한 가정을 만드는 것에서 신고 전학파 주류경제학은 현실 즉 알려진 사실이나 '경험들(priors)'과 관련 없는 이론 모형에 기초한다.

그와 반대로 과학적인 방법은 증거를 가지고 이론을 계속 검증하는 것을 목표로 삼는데, 이는 이론이 거짓인지 확인하기 위해서(칼 포퍼Karl Popper가 주장했듯이[9])뿐만 아니라 사실에 관한 더 나은 설명을 수반하지 않는다면, 이론의 설명력을 강화하기 위해서이다. 아이작 뉴턴(Isaac Newton)의 중력 이론은 우주에 관해 아주 많은 것을 설명했고, 증거를 가지고 검

---

7 예를 들면 "'오바마(Obama)가 선거인단에서 승리할 확률은 83%이고, 일반 투표에서 승리할 확률은 50.1%이다.' 이는 오늘날 대학에서 사용하는 많은 통계 방법과 다르다. 대학의 통계 방법은 거의 참이 아닌 이상적 추정 모형화(idealized modelling assumption)에 의존한다. 종 종 그런 모형은 단일 모수 값을 '받아들일지 기각할지'를 위한 임의적인 '유의 수준'을 사용하여 복잡한 질문들을 아주 단순한 '가설 검증'으로 환원시킨다. 반대로 실제 통계전문가들은 야구나 포커나 선거나 다른 불분명한 과정이 어떻게 일어나는지, 어떤 측정법을 신뢰할 수 있고 어떤 측정법은 그렇지 못한지, 어떤 척도로 집계하는 것이 유용한지를 철저히 이해하는 것이 필요하고, 그리고 가능한 한 통계 프로그램(tool kit)을 이용하는 것이 필요하다. 폭넓은 자료 집합이 필요한데, 장기에 걸쳐서 수집된 것이 더 좋으며, 이것을 가지고 통계 기법을 사용해서 이전의 자료와 비교하여 확률이 높을지 낮을지 추가시켜 나간다." Silver, *The Signal and the Noise*, 23. http://fivethirtyeight.blogs.nytimes.com/2012/11/03/nov-2-for-romney-to-win-state-polls-must-be-statistically-biased/.

8 Thomas Byes and Richard Price, "An Essay towards Soving a Problem in the Doctrine of Chance. By the late Rev. Mr. Bayes, communicated by Mr. Price, in a letter to John Canton, A. M. F. R. S.," *Philosophical Transactions of the Royal Society of London* 53 (1763), 295.

9 Karl Popper, *The Logic of Scientific Discovery* (1934; New York; Routledge, 2002), 19.

증되었는데 하지만 그 뒤에 알베르트 아인슈타인(Albert Einstein)의 상대성 이론이 나왔고, 사실들을 더 잘 설명했다(또는 뉴턴의 법칙으로 설명할 수 없었던 사물에 대한 이해를 넓혀주었다.). 이런 관점에서 마르크스주의 방법 또한 과학적이다. 마르크스는 구체적 현상에서 시작하여 그것에서 현실의 힘을 추상(추상(abstraction)은 인간의 논리를 사용하여 눈에 보이는 표상을 사상하면서 구체적인 사물들에 들어 있는 공통 요소를 찾아내는 추론 과정을 말한다. 더이상 쪼갤 수 없는 개념은 가장 깊은 추상 수준에 위치하며, 이 수준에 있는 개념이 일반성의 정도가 높으며, 범주가 가장 넓다. 공통요소의 수가 많아질수록 추상의 수준이 점점 더 구체의 수준으로 올라가며 추상 수준이 가장 높아서 표면에 있는 구체는 총체성을 의미하게 된다._옮긴이)하고 그런 다음에 구체로 돌아간다(사실들을 이용해서 이 현실을 보여준다). 그런 후에 이론을 맞게 수정함으로써 현실은 이론의 설명력을 강화해준다.

우리가 베이즈의 법칙을 이용함으로써 얻을 수 있는 두 번째 것은 총계의 힘이다. 가장 좋은 경제 이론과 설명은 총계와 평균과 그것들의 특이치(outlier)에서 온다. 약간의 연구에 기초한 자료나 측정점(data point)은 어떤 설명력도 제공하지 못한다. 이는 분명한 것 같은데, 지난 미국 대선에서 많은 정치 전문가들은 사실상 총계 증거(aggregated evidence)가 아닌 것에 기초하여 결과의 예측을 준비했던 것 같다. 많은 경제 예측이 이와 같다. 물론 과거에 일어난 일이 미래에 일어날 일을 알려주는 확실한 길잡이는 아니지만, 오랜 기간에 걸쳐 작성한 총계 증거는 역사를 무시하는 것보다 훨씬 낫다.

경제학자들이 금융위기와 경제위기의 원인을 알고 싶다면, "경제 주체의 대표(representative agent)"에 기초한 개별 행태 또는 모형으로부터 총계로 즉, 개별성에서 일반성으로 눈길을 돌려야 한다. 경제학자들은 선험적으로만 연역하는 추론에서 역사, 즉 과거의 증거로 돌아가는 것이 필요하다. 역사가 미래에 대한 길잡이가 아닐 수도 있지만, 역사를 배제한 예측은 현실에 훨씬 더 기초하지 못하게 된다. 경제학자들은 증거를 가지고 검증할 수 있는 이론이 필요하다. 부록에서 나는 케인스주의 경제 이론이 그렇게 하는데 실패한 것을 훨씬 길게 다룰 것이다.

주류경제학은 전혀 예측력을 가지고 있지 못한 것 같다. "나는 50년 동안 예측을 해왔는데, 우리의 예측 능력에서 어떤 개선도 볼 수 없었다."고 위대한 거장 앨런 그린스펀(Alan Greenspan)이 말했다.[10] 하지만 우리가 자료를 버린다면 경제학자들은 가상의 세계로 들어갈 것이다.[11] 어떤 이들은 이미 그렇게 했다.[12] 이 책은 이론과 자료를 연결해서, 2007년 이후 세계 경제에서 일어날 일을 인과성 있게 설명하고, 미래에 일어날 일에 대한 예측을 시도할 것이다.

실제 나는 앞서 나왔던 책 『대침체 *The Great Recession*』에서 그것을 시도했

---

10 앨런 그린스펀의 2008년 10월 의회 증언. 『파이낸셜타임스』 웹사이트와 가디언지(http://theguardian.com/business/2008/oct/24/economics-creditcrunch-federal-reserve-greenspan.)에서 이용할 수 있다.

11 버락 오바마 대통령의 주요 경제 자문위원이었던 크리스티나 로머(Christina Romer)는 "경제학자들은 침체와 경제 중단 상태를 예측할 수 없는데, 이런 일들은 원래 예측할 수 없기 때문이다."고 주장했다. 닥쳐오는 충격을 아는 것은 불가능하다… 하지만 정말 그러한가? "예측은 모형만들기와 관련된다. 많은 사람들의 경우 모형이 빈약한 정보에 기초해 있어서 구체화가 잘 되어 있지 않으며, 검증도 할 수 없다. 여전히 예측을 하면서도 모형과 '예측력 부족'을 비난하는 사람들도 또한 여전히 모형을 만들어내고 있지만 아주 형편없이 그렇게 하고 있다." Christina Romer, "Changes in Business Cycles : Evidence and Explanations," *Journal of Economic Perspectives* 13, no. 2(1999), 23-44.

12 "많은 거시경제학자들은 전통적인 실증 작업을 완전히 기각했으며 대신에 계산 실험(computational experiments)에 초점을 맞추고 있다. 연구자들은 질문을 선택해서 이론상 경제 모형(model economy)를 만들고 그 모형에 눈금을 매기는데, 그리하여 이 모형은 몇몇 주요 통계 측면을 가지고 실물경제를 흉내 내고, 그리고 나서 원래 질문을 다루기 위해 모형의 모수들을 변화시키면서 계산 실험을 수행한다. 지난 20년 동안 이런 유형의 연구를 수 없이 봐왔는데, 동태확률일반균형 모형으로 자주 있었다. 경제모형의 함의를 밝히기 위한 도구로서 그런 모형을 방어하기 위해 어떤 말을 할지라도 그런 모형은 인과 관계의 영향의 크기나 또는 존재에 대해 어떤 직접적인 증거도 제공하지 못한다. 이론 관계에 합리적인 숫자를 부여하려는 노력은 해롭지 않으며 심지어 도움이 될 수 있다. 하지만 그것은 여전히 이론이다." Joshua Angrist and Jorn-steffen Pischke, "The Credibility Revolution in Empirical Economics : How Better Research Design Is Taking the Con out of Econometrics," *Journal of Economic Perspectives* 24 (2010), 3-30.

었는데, 2005년 초에 "1991년 이후 경제 순환에서 이런 일치는 없었다. 그리고 지금 시점은 (1991년과 다르게) 콘드라티예프(Kondratiev) 가격 순환의 하강파동 내에서 이윤율의 하강파동이 수반될 것이다. 2009~2010년 에 경기는 바닥이 될 것이다! 이는 1980~82년 이후 볼 수 없었던 정도 의 아주 심각한 경제침체를 예상할 수 있다는 것을 의미한다."[13]고 썼다. 2009년 중반에 대침체의 바닥이었다는 것을 고려하면 그 예측은 크게 빗나가지 않았다.

장기불황

이 책에서 전달하고자 하는 주된 말은 세계 주요 경제국들(특히 상위 7개 선 진국(G7)과 이른바 주요 신흥경제국들을 말한다)은 장기불황에 빠져 있다 는 것이다.

여기서는 **불황**(depression)을 경제가 이전의 산출액(전체 및 1인당)보다 훨씬 낮게, 장기 평균 보다 낮게 성장할 때로 정의한다. 그것은 또한 고용과 투 자의 수준이 그 꼭짓점보다 훨씬 낮고, 장기 평균 보다 낮은 것을 의미한 다. 무엇보다도 경제에서 자본 부문의 이윤율이 불황 시작 이전 수준보 다 대체로 낮게 머물러 있는 것을 의미한다.

지금까지 현대 자본주의에서 세 번의 불황(규칙적이고 반복적인 침체(slumps or recessions)와 대비되는 것으로서)이 있었다. 첫 번째는 19세기 종반 (1873~97)이었고, 두 번째는 20세기 중반(1929~39)이었고, 현재 21세기 초반 (2008~?)에 또 하나를 겪고 있다. 이 모든 것은 심각한 침체(1873~76, 1929~32,

---

13 Roberts, *The Great Recession* (London : Lulu Publications, 2009), 72.

2008~2009)와 함께 시작되었다.

가장 심각한 (침체에 대비되는 것으로서) 불황은 자본주의 순환의 하강국면들이 결합될 때 나타났다. 모든 불황은 여러 산업부문의 혁신 순환이 무르익고 "포화상태"가 되었을 때, 세계의 생산 및 상품가격이 하강 국면으로 들어섰을 때, 즉 물가상승이 둔화되고 있고 물가하락으로 전환될 때, 건설과 사회기반 시설 투자의 순환이 침체로 바뀔 때, 무엇보다 이윤율의 순환이 하강국면에 있을 때에 온다.

장기불황(long depression)은 자본주의가 현재 지나가고 있는 시기를 묘사할 때 사용하는데 가장 좋은 용어이다. 장기불황은 경제의 결과들(침체, 기술 혁명, 경기순환의 변화)이 결합됨으로써 또는 자본주의 생산양식을 끝장내거나 다른 것으로 대체하는 정치적 조치를 취함으로써 끝날 것이다. 영구적인 위기는 없다. 역사의 변증법에서는 항상 해결과 새로운 모순들이 있다. 그래서 장기불황은 1880~90년대의 19세기 불황이 끝난 것처럼 끝날 것이고, 자본주의와 세계화에서 새로운 상승을 만들 것이다.

19세기 불황은 영국과 미국과 독일에서 1880년대 종반과 1890년대에 끝났다. 이런 끝은 역시 1948년부터 계속 미국과 유럽과 일본에서 일어났던 것이다. 결국 지금의 장기불황은 끝날 것이다. 하지만 지속되는 회복을 위한 조건(자본주의를 위한 새로운 "봄" 단계)을 만드는 또 하나의 커다란 침체를 겪어야만 할 것이다. 장기불황이 끝나기 전에 아직 겪어야 할 단계가 있는 것이다. 우리는 아직 그 단계까지 못 갔으며, 여전히 불황의 시기(경제의 "겨울")에 있는데, 이는 몇 년 정도 더 지속될 것 같다.

자본주의에서 (단지 호황과 침체만으로 된 경기순환과 대비되는) 불황이 있다는 것을 받아들이는 사람들 가운데 어떤 이들은 자본주의가 '절망의 구렁텅이'에 빠진다면 전쟁이나 혁명 같은 외부 사건(external event)으로[14], 다시 말해서 경제체제에 '외생적인' 인간의 행동으로만 그런 불황에서 벗어날 수 있다고 생각한다.

불황은 사회 및 경제 반응을 촉발한다. 19세기 불황은 제국주의 경쟁을 촉발했고, 이는 결국 제1차 세계대전으로 이어졌다. 1930년대의 대불황(Great Depression)은 유럽에서 파시즘과 나치즘의 발흥과 이와 함께 스페인에서는 혁명과 반혁명과 일본에서는 군국주의와 소비에트연합에서는 전체주의 지배의 강화를 초래했는데, 이는 상승하던 추축국들(Axis powers)이 영미 제국주의의 세계 지배를 위협했을 때 세계 대전으로 이어지게 했다.

이 책에서는 자본주의에서 자본 스스로 기필코 극복하지 못하는 영구적인 침체는 없다고 주장한다. 자본주의는 노동대중이 이 체제를 대체할 정치권력을 얻지 못한다면, 경제에서 출구를 가지게 된다. 결국 여러 차례의 침체를 겪으면서, 자본이 불황의 심연의 바닥에 '모여들고 있는' 새로운 기술 진보와 혁신을 이용하기 시작하면, 충분히 이윤율이 회복될 수 있다. 자본은 새로운 성장 및 발전의 시기를 위해 다시 부상할 것인데, 하지만 많은 기업들의 파산과 실업에서 엄청난 증가와 심지어는 수많은 사물과 사람의 물리적 파괴가 일어난 후에 그렇게 될 것이다.

이 책의 구성

이 책은 묘사하지 않는다. 2007년 여름에 세계 신용경색이 시작된 후 몇 년간에 걸쳐 경제에서 일어난 일을 상세하게 묘사하지 않을 것이다. 이 책은 무엇이 일어났는지에 관한 설명, 그 원인에 대한 분석, 앞으로 무

---

14 Ernest Mandel, *Long Waves in Capitalist Development* (New York: Random House, 1995).

엇이 일어날 것인지에 관한 몇몇 가정(심지어 예측)을 제공할 것이다.

게다가 경제 불황을 설명하기 위해 제시된 여러 이론의 가치 있는 요소들에 관해 마르크스주의 관점에서 논의하고 비판하지만, 이 책은 이론에 중점을 두지 않는다. 비평을 할 때 주로 실증적 증거를 사용하는 것에 기초한다. 나는 이론 논쟁과 특히 마르크스의 위기 이론에 대한 이론적 방어를 다른 저자들한테 그리고 다른 기회로 미룬다.[15]

이 책의 구성은 우선 자본주의가 겪는 규칙적인 침체(slump 또는 recession(주류경제학의 용어))에 대비되는 것으로서 경제 불황의 본질을 더욱 명확하게 정의하는 것이다. 그렇게 하기 위해 첫째 장에서는 마르크스주의 관점에서 자본주의 위기의 원인을 자세하게 다룬다. 모든 위기와 불황이 같지 않으며 각각 고유한 특징을 가지고 있다. 현재 불황의 가장 두드러진 특징은 신용 또는 부채의 역할이다. 자본주의 역사에서 이렇게 거대한 신용의 규모와 팽창을 경험했던 적이 결코 없다. 그런 신용 산더미(credit mountain)의 붕괴는 대침체의 도화선이었고, 그것의 잔재는 뒤이은 불황의 길이와 깊이에 중요한 요소이다. 하지만 자본주의의 위기에는 근본적인 인과관계 체계가 있는데, 첫째 장에서 이것을 다룰 것이다.

2장과 3장에서는 이전의 불황들에서 일어난 것에 관해 논의하는데, 유럽 주요 경제국들과 미국에서 1870년대 중반에 발생하여 1890년대 중반까지 지속된 장기불황을 가지고 시작하면서, 그것은 불황이었다는 관점을 방어한다. 이 19세기 장기불황과 1930년대 대불황에 관한 장들에

---

15 몇몇 학자들은 심지어 마르크스가 위기 이론을 가졌다는 것과 우리가 마르크스주의 위기 이론에 관해 얘기할 수 있다는 것을 회의한다. 다음을 보라 Michael Heinrich, "Crisis Theory, the Law of the Tendency of the Rate to Fall, and Marx's Studies in the 1870s," *Monthly Review* 64, no. 11 (April 2012), http://monthlyreviw.org/2013/04/01/crisis-theory-the-law-of-the-tendency-of-the-profit-rate-to-fall-and-marxs-studies-in-the-1870s/.

서는 유사성을 끌어내고, 공통된 원인을 정의하기 위해 노력할 것인데, 그 원인을 마르크스의 이윤율 법칙에서 찾을 수 있다고 나는 주장한다.

4장에서는 1945년 이후부터 1960년대까지 짧았던 자본주의 황금기가 어떻게 주요 경제국들의 이윤율 위기로 이어졌는지 설명한다. 이 이윤율 위기는 앞으로 설명할 이유들 때문에 불황으로 이어지지 않았다. 대신에 그 이윤율 위기는 이른바 신자유주의 시기 동안, 즉 자본주의 축적이 정부 관리의 개입에서 "자유로웠고", 자본주의가 세계에서 새로 착취하는 지역으로 영향력을 확대한 시기 동안, 이윤율을 회복하기 위해 친자본가 정부들의 공동 노력에 반응하게 되었다. 이 장에서는 이윤율이 다시 하락하기 시작하면서 신자유주의 시기가 1990년대 종반에 끝나고, 대침체의 전조가 되었다는 것을 보여준다.

2008~2009년 대침체에 관한 5장에서는 주류경제학이 대침체 발생을 예측하지 못한 것 또는 무엇이 일어났는지 설명하지 못한 최악의 실패에 관해 서술한다. 그렇게 하면서 가장 최근에 유행한 설명들이 부적합한 것이라고 비판한다.

그다음 장들에서는 현재 불황의 특수한 성격과 깊이와 길이에 관해 논의할 것인데 세계 자본주의의 여러 지역에서 겪은 대침체와 장기불황의 영향에 관해 알아볼 것이다. 그 이후의 장들에서는 가장 큰 미국의 것에서 시작해서 유럽의 위기로, 일본의 정체(stagnation)로, 신흥경제국을 침체에 빠뜨린 영향으로 옮아가며 알아볼 것이며, '더 활기찬' 신흥경제국들이 불황의 영향으로부터 세계 자본주의를 구하지 못했다는 것을 주장할 것이다.

12장에서는 이번 장기불황에 관한 설명에서 가장 논쟁적인 부분으로 옮아가는데, 자본주의에서 여러 순환과 파동의 결합을 밝힐 수 있다는 것인데, 여기에는 콘드라티예프(Kondratiev)라고 불리는 훨씬 장기의 세계 생산 가격 순환도 포함된다.

　장기불황은 자본주의 생산에서 일어난 거대 파동들 가운데 하나의 파동 안에 있는 겨울 단계이다. 그런 거대 파동은 주요 자본주의 경제국들에서 1780년 즈음부터 한 주기에 60년에서 70년간 지속되었다. 파동 또는 순환은 네 국면 또는 "사계절"로 나뉘는데, 봄(경제 회복), 여름(위기와 계급투쟁), 가을(호황과 반작용), 겨울(침체와 불황)이다. 각 계절은 이윤율의 순환에 기초하여 만들어지는데, 봄은 이윤율이 상승하고 있을 때이고, 여름은 이윤율이 하락할 때이고, 가을은 상승의 시기이며 마지막으로 겨울은 이윤율이 새롭게 하락하는 때이다. 그와 같은 순환과 다른 순환의 존재가 대부분의 사람들로부터 기각된다. 판단은 독자들의 몫이다.

　마지막 장에서는 많은 마르크스주의자들이 주장하듯이 자본주의가 이제 유통 기한이 다 되었는지 아니면 유효한지에 대해 논의한다. 그리고 장기불황이 끝날 가능성을 다루는데, 자본주의가 여전히 앞으로 세계의 많은 지역에서 노동자를 더 많이 착취하고 스스로의 운명을 소생시켜 나갈 기회를 가지고 있는지에 관해서이다. 또 한편으로 자본주의가 이용할 수 있는 자동화와 로봇과 인공지능의 혁명의 영향을 다루고, 다른 한편 위험한 기후 변화를 초래해 온 자본주의의 탐욕스럽고 통제되지 않은 천연자원 파괴 때문에 일어난 주요 생태 환경 재난의 위험 증가를 다룬다.

　자본주의는 장기불황에서 빠져 나올 수 있다. 그러나 긴 소멸의 시기가 더 가까워지기까지는 여전히 이 불황을 겪어야 한다.

일러두기

   inflation의 원래 의미는 '팽창'이다. 소를 팔기 전에 물을 먹여서 소의 배를 팽창시킨 모습을 묘사한 표현이다. 경제학에서는 원래 통화의 팽창을 의미했는데, 통화가 팽창하면 물가가 일반적으로 상승한다는 주류경제학자들의 주된 해석을 받아들여서, 물가가 지속적으로 상승하는 현상을 가리키는 용어가 되었다. 그래서 이 책에서는 inflation이 팽창을 의미할 때는 '팽창'으로 '물가상승'이나 '물가상승률'을 의미할 때는 각 의미대로 번역했다.

   deflation은 원래 수축을 뜻한다. 경제학에서는 원래 통화의 수축을 의미하는데, 통화가 수축하면 물가가 하락한다는 주류경제학자들의 주된 해석을 받아들여서 물가가 지속적으로 하락하는 현상을 가리키는 용어가 되었다. 이 책에서는 디플레이션이 수축이라는 의미로 쓰일 때는 그 의미로, 물가하락이라는 의미로 쓰일 때는 그 뜻으로 번역했다.

   crisis는 위기나 공황으로 번역된다. 영어의 위기는 그리스어에서 유래하며, 원래는 회복과 죽음의 분기점에서 갑작스럽고 결정적인 병세의 변화를 나타내는 의학용어로 쓰이던 말이다. 호황을 누리던 경제가 열병 같은 활황을 거쳐 갑자기 무너지는 현상이 나타나는 시기를 일컫는다. 그런 때를 일컫는 영어 용어로 panic, crash, collapse, meltdown이 있다. panic, crash, collapse는 예전부터 많이 쓰였던 단어이고, meltdown은 2008년 금융위기 이후 쓰이는 용어로 보인다. panic, crash, meltdown은 금융부문과 관련하여 주로 많이 쓰이고, crisis와 collapse는 실물부문에도 쓰이며, 경제전체에 대해서도 쓰이는 경향이 있다. 위기 이후에는 경제가 회복되기 전까지 침체 또는 불황의 시기가 이어진다. crisis는 경제가 갑작스럽게 무너져 내리는 시기뿐만 아니라 그 후에 이어지는 침체 또는 불황의 시기를 포함하는 의미로 쓰이기도 한다. 그리고 crisis는 경제에서 나타난 위기에서 자본주의 사회경제체제의 위기까지 아우르는 말이다. 이 책에서는 crisis는 '위기'로, panic은 '공황'으로, crash와 collapse와 collapse와 meltdown은 '붕괴'로 번역했고, meltdown의 경우 핵발전소 관련 하여 '노심용융'으로, 경제에서는 문맥에 따라 '몰락'으로 번역한 경우도 있다. monetary crisis는 금융위기나 통화위기로 번역되기도 하는데, 여기서는 '화폐공황'으로 번역했다.

recession은 경기 후퇴로 번역되기도 하는데, 일반적으로 많이 사용되는 '침체'로 번역했으며, slump는 경기 후퇴나 침체를 나타내는 비공식 용어인데, 저자는 대체로 recession과 같은 의미로 사용하고, 때로 crisis국면의 초기 침체와 같은 의미로 사용하는데, '침체'로 번역했다. downturn은 경기하강 또는 침체를 나타내는 비공식 용어로서 '경기하강' 또는 '침체'로 번역했다. stagnation은 '정체'로 번역했다. permanent stagnation는 '영구적 정체'로 케인스 학파에서 나온 개념인데 이자율의 영구적 불변과 유효수요의 부족이나 또는 동전의 다른 면에 있는 과잉 저축과 지출 부족 때문에 일어난 경제난을 의미한다.

저자는 원인과 결과의 관계, 즉 인과관계를 묘사할 때, cause, lead to, bring about, produce를 사용했다. 이 단어들은 '일으키다', '초래하다', '낳다'로 번역했으며, produce는 어떤 경우에 '만들어내다'로 번역했다. 명사형 cause는 원인으로 사용했기에 그렇게 번역 했다.

trigger는 '도화선'으로 번역했다. 도화선은 원인이 아니다. 도화선에 불을 붙인 요인이 원인이 된다. 전쟁이 일어났을 때 공격의 행위가 원인이 아니고 공격이 일어나게 한 이유가 원인이듯이 말이다. trigger의 동사형과 provoke는 '촉발하다'로 번역했다. 저자가 이 단어들을 사용할 때는 인과관계를 나타내는 것이 아니라, 시간의 선후관계를 가지면서 일어난 현상들을 묘사할 때 사용되었다.

경제의 주기적 변화를 나타내는 cycle은 순환으로 wave는 파동으로 번역했다. 순환(cycle)이나 파동(wave)이 같은 의미로 사용된다.

옮긴이

제1장

불황의 원인

위기의 도화선으로 비우량주택담보대출 사기 같은 역사적 사건들이 얼마든지 있을
수 있다. 여러 수준에서 인과관계를 다루는 것이 필요하다. 여기서 요점은 이윤율이
낮을 때 자본은 투기활동으로 빠져들기 때문에, 위기의 도화선이 된 사건은 필연성의
표현이라는 것이다.

－믹 브루크(Mick Brook)[1]

각 사건을 마치 지금까지 없었던 새로운 무리의 "검은 고니"가 임의로 나타난 것 같이
기괴한 사건으로 보려고 하는 사람들은 설명하려고 하는 역사의 동학을 잊어버린다.
그리고 그런 과정에서 또한 그들은 이런 역사가 되풀이 되는 것은 바로 이윤의 논리
때문이라는 것을 쉽게 잊어버린다.

－안와르 샤이크(Anwar Shaik)[2]

불황의 본질

현대 자본주의에서 몇 번의 불황[규칙적이고 반복되는 침체(slump 또는 recession)
와는 비교되는 것]이 있었다. 첫 번째 불황은 19세기 종반(1983~97)에 있
었고, 두 번째 불황은 20세기 중반(1929~39)에 있었고, 그리고 현재 21세
기 초반에 세 번째 불황(2008~?)을 겪고 있다.

1930년대 전까지 흔히 모든 경기 하강(economic downturns)을 불황이라고

---

1 M. Brooks, *Capitalist Crisis-Theory and Practice* (London : Expedia, 2013).
2 Anwar Shaikh, "First Great Depression of 21st Century", *Socialist Register* 47 (2011).

불렀다. **침체**(recession)라는 용어는 나중에 끔찍한 기억이 되살아나는 것을 피하기 위해서 만들어졌다. 침체는 주류경제학에서 기술적으로 정의했는데, 실질 국내총생산(GDP)에서 2분기 연속 축소가 일어나는 것을 일컫는다. 전미경제연구소(US National Bureau of Economic Research: NBER)가 축적한 통계 자료에 따르면, 미국 경제에서 침체는 평균 약 11개월 지속되었고, 1945년 이후 11번의 공식 침체가 있었다. 1859년부터 기록된 기간 동안에 침체는 평균 약 18개월이다. 각 침체 사이의 간격을 평균하면, 제2차 세계대전 후 기간 동안에 약 6년이었고, 33 차례 순환의 모든 기간에서는 약간 짧다고 전미경제연구소는 정의하고 있다(표 1.1을 보라).[3]

　주류경제학에서는 불황을 두 가지 방식으로 정의한다. 첫째, 형식상 다소 엄격한 기준인데, 경제가 실질 국내총생산에서 10%를 초과하는 축소를 겪거나 경제 축소가 3년 이상 지속되는 것을 일컫는다. 19세기 종반 불황과 1930년대 대불황 모두 두 조건을 충족시키는데, 1929~33년에 약 30% 실질 국내총생산의 축소가 있었다. 산출액도 또한 1937~38년에 13% 축소되었다.

　둘째, 침체와 불황의 차이는 단순히 규모 또는 지속기간의 차이 이상이다. 경기하강의 성격도 역시 중요하다. 대불황에서 미국 평균 물가는 1/4이 하락했고, 명목 국내총생산은 거의 절반만큼 축소되었다. 제2차 세계대전 전에 미국에서 가장 심각한 침체들은 모두 은행위기 및 물가하락과 관련된다. 1893~94년과 1907~1908년 모두 실질 국내총생산이 거의 10% 축소했고, 1919~21년에 실질 국내총생산은 13% 줄었다.

3　National Bureau of Economic Research, "US Business Cycle Expansions and Contractions," April 23, 2012; http://www.nber.org/cycles/cycels-main.html.

표 1.1 경기순환 참고 자료

괄호 안은 분기를 나타냄		지속기간(개월)			
		축소	확장	순환	
		꼭짓점에서 바닥	이전 바닥에서 새로운 꼭짓점	이전 바닥에서 새로운 바닥	이전 꼭짓점에서 새로운 꼭짓점
꼭짓점	바닥				
	1854년 12월(4)	–	–	–	–
1857년 6월(2)	1858년 12월(4)	18	30	48	
1860년 10월(3)	1861년 6월(3)	8	22	30	40
1865년 4월(1)	1867년 12월(1)	32	46	78	54
1869년 6월(2)	1870년 12월(4)	18	18	36	50
1873년 10월(3)	1870년 12월(4)	18	18	36	50
1882년 3월(1)	1885년 5월(2)	38	36	74	101
1887년 3월(2)	1888년 4월(1)	13	22	35	60
1890년 7월(3)	1891년 5월(2)	10	27	37	40
1893년 1월(1)	1894년 6월(1)	17	20	37	30
1895년 12월(4)	1897년 6월(2)	18	18	36	35
1899년 6월(3)	1900년 12월(4)	18	24	42	42
1902년 9월(4)	1904년 8월(3)	23	21	44	39
1907년 5월(2)	1908년 6월(2)	13	33	46	56
1910년 1월(1)	1912년 1월(4)	24	19	43	32
1913년 1월(1)	1914년 12월(4)	23	12	35	36
1918년 8월(3)	1919년 3월(1)	7	44	51	67
1920년 1월(1)	1921년 7월(3)	18	10	28	17
1923년 5월(2)	1924년 7월(3)	14	22	36	40
1926년 10월(3)	1927년 11월(4)	13	27	40	41
1929년 8월(3)	1933년 3월(1)	43	21	64	34
1937년 5월(2)	1938년 6월(2)	13	50	63	93
1945년 2월(1)	1945년 10월(4)	8	80	88	93
1948년 11월(4)	1949년 10월(4)	11	37	48	45
1953년 7월(2)	1954년 5월(2)	10	45	55	56
1957년 8월(3)	1958년 4월(2)	8	39	47	49
1960년 4월(2)	1961년 2월(1)	10	24	34	32
1969년 12월(4)	1970년 11월(4)	11	106	117	116
1973년 11월(4)	1975년 3월(1)	16	36	52	47
1980년 1월(1)	1980년 7월(3)	6	58	64	74
1981년 7월(3)	1982년 11월(4)	16	12	28	18
1990년 7월(3)	1991년 3월(1)	8	92	100	108
2001년 3월(1)	2001년 11월(4)	8	120	128	128
2007년 12월(4)	2009년 6월(2)	18	73	91	81
평균, 전체 순환:					
1854~2009(33순환)		17.5	38.7	56.2	56.4
1854~1919(16순환)		21.6	26.6	48.2	48.9
1919~1945(6순환)		18.2	35	53.2	53
1945~2009(11순환)		11.1	58.4	69.5	68.5

그림 1.1 도식으로 나타낸 침체와 불황

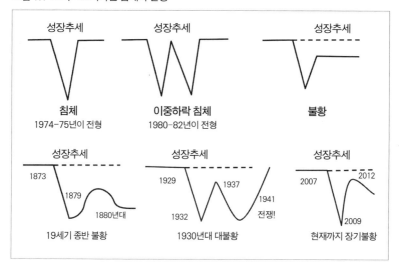

이런 정의 둘 다 불황의 실재(reality)를 정당화하지 못한다. 더욱 분명한 기준은 경제가 커다란 축소를 겪으며, 회복이 너무 약해서 그 뒤에 성장 추세 경로에 다시 도달하지 못하거나 아니면 도달하는 데 적어도 수년 또는 10년 이상 걸린다고 할 수 있다.

이것을 도식으로 나타내어 생각해보자. 침체와 그 뒤에 오는 회복은 V자형일 수 있는데, 1974~75년이 그 전형이며, 또는 U자형일 수 있고, 심지어 W자형일 수 있는데 1980~82년 이중 하락(double dip) 침체처럼 말이다. 하지만 불황은 정말로 제곱근 기호에 가까운데, 추세 성장률로 시작해서, 초기의 깊은 침체를 겪고, 그러고 나서 V자형 회복을 만들지만 이전의 추세선보다 낮은 수평선의 상태를 유지한다(그림 1.1을 보라). 불황 동안에는 10년에서 15년 동안 아니면 심지어는 20년 동안 위기 이전의 성장추세를 회복하지 못한다.

이 정의로 1930년대 대불황은 장기불황으로 규정된다. 1929~32년 초기 침체는 그때까지 자본주의 역사에서 가장 심각한 것이었지만, 43개월간 지속되어 가장 긴 것은 아니었다. 19세기 종반의 첫 번째 장기불황에서 초기 침체는 1873부터 1879년까지 65개월간으로 훨씬 길었다. 대불황 후에 1940년까지 미국에서 회복은 추세 성장률로 돌아가지 못했고, 그 전의 불황에서는 1890년대까지 그러했다. 현재 장기불황에서 실제 초기 침체인 대침체(Great Recession)는 단지 18개월 지속되었는데, 이는 제2차 세계대전 후 가장 길다. 대침체가 시작된 후 약 8년(96개월) 동안 성장 추세에 이르지 못했다. 따라서 그런 의미에서 이는 불황이다.

위기 이론

자본주의 경제에서 불황의 근본 원인은 무엇인가? 나는 그 원인을 마르크스의 이윤율 하락 경향의 법칙에서 찾을 수 있다고 주장한다. 마르크스는 이 법칙이 정치경제에서 가장 중요하다고 생각했다. 나는 그 법칙이 논리적이고 일관성이 있으며, 자본주의의 호황과 침체의 원인 및 규칙적이고 되풀이 되는 위기의 원인에 대한 가장 설득력 있는 설명으로 판명되었다고 믿는다.

마르크스는 노동의 지출만이 오직 가치를 생산할 수 있다는 중요한 가정 또는 전제를 가지고 시작한다. 이는 현실적인 가정이다. 사람(살아있는 노동)이 힘을 가하지 않으면, 공장, 장비, 소프트웨어, 원료는 작업에 투입되지 않는다. 살아있는 노동(노동자를 의미함_옮긴이)이 없는 경제에서 가치는 창조될 수 없다. 이는 완전 자동화 세상에서는 유용한 사물을 많이 생산하지만, 자본가들이 전유(노동자들이 새롭게 생산한 가치 가운데 임금에 해당되는 부분을 제

44

외한 잉여가치, 즉 대가를 지불하지 않는 노동시간 동안에 생산된 가치를 기업가가 소유하는 것을 의미한다. 이 잉여가치가 이윤의 유일한 원천이다._옮긴이)할 수 있는 가치는 생산하지 못한다는 것을 의미한다(이것에 대해서는 13장을 보라).

마르크스의 법칙은 다음의 간단한 등식으로 시작한다.

$$이윤율(R) = \frac{잉여가치(S)}{불변의자본(C) + 가변자본(V)}$$

이 법칙은 자본가들이 재화와 서비스를 판매하기 위해 시장에서 경쟁에 참여한다는 것을 말해준다. 자본가들이 이윤을 벌지 못하면, 파산하고, 시장을 떠나야만 한다. 자본가들은 노동자들로 하여금 생산비(즉, 노동력 고용 비용, 장비·공장·기술 투자 비용 및 사용 비용, 원료 비용)보다 더 많은 가치를 지닌 재화와 서비스를 생산하도록 하면서 이윤을 번다. 이 초과가치가 잉여가치(S)이다.

자본가들은 노동자들이 생산하는 상품으로 이윤을 남기기 위해 시장에서 판매하는 가격과 비교하여 비용을 줄이려고 노력한다. 자본가들은 노동력의 생산성을 높이기 위해 기술에 더 많이 투자함으로써 점점 더 그렇게 한다. 그래서 마르크스의 법칙은 자본가들이 더 많은 자본을 축적하면서 사용된 장비·공장·기술의 가치는 고용된 노동력의 가치에 비해 커진다는 것을 말해준다. 생산수단의 가치는 **불변자본(C)**이라고 부르는데, 생산수단은 이것을 사용하는 노동자 없이는 새로운 가치를 추가하지 못하기 때문이다. 고용된 노동력의 가치는 **가변자본(V)**이라고 부르는데, 고용된 노동력은 노동자들이 살기 위해 필요한 재화와 서비스를 소비한 것보다 더 많은 가치를 생산할 수 있기 때문이다.

마르크스의 법칙은 가변자본에 대한 불변자본의 비율이 시간의 흐름에 따라 상승한다는 것을 말해준다. 이 비율은 자본의 **유기적 구성**$(\frac{C}{V})$이라고 부른다. 이 구성이 시간의 흐름에 따라 상승하고 잉여가치율($\frac{S}{V}$)이 불변이라면, 이윤율은 반드시 하락한다. 이것이 보통 말하는 이윤율 하락 경향의 법칙이다. 하지만 상쇄경향이 있는데, 가장 중요한 것은 자본가들이 새로운 기술을 사용하여 노동생산성을 높일 때 잉여가치율이 상승할 가능성이 있다는 것이다. 그러나 자본주의 경제가 자본의 유기적 구성의 상승보다 더 크게 잉여가치율을 (무한정한 또는 아주 많은 노동 시간의 길이로) 높이는 것은 불가능하다. 결국 그 법칙 자체가 지배하게 되고 이윤율은 하락하기 시작한다.

이렇게 이윤율의 상승 순환이 거듭되는 과정(잉여가치율이 유기적 구성보다 더 빠르게 상승하는 것을 일컬음. 그러나 결국 그 "법칙 자체"가 지배하면서 하락 순환으로 바뀜)은 자본주의 축적의 순환적 성격을 설명한다. 이윤율이 하락하면서 어떤 시점에서 이것은 전체 이윤의 감소를 일으키고, 투자와 경제 전체를 침체의 위험에 빠뜨린다. 침체는 결국 (파산과 장비의 감가(가치감소)를 통해) 생산수단이라는 불변자본의 비용과 (실업, 이민 등등을 통해) 가변자본의 비용을 감소시킨다. 그러면 이윤율은 회복되고 (마르크스의 말을 사용하면) '허튼짓' 전체가 다시 시작된다.

현재 가장 큰 경제국들의 이윤율은 여전히 2007년에 도달했던 수준보다 아주 낮으며, 1997년의 마지막 꼭짓점보다도 역시 낮다. 따라서 세계 경제는 내가 주장하는 자본주의 경제에서 포착될 수 있는 이윤율 순환에서 하락 국면에 있다.[4]

---

4 부록1에서 내가 어떻게 자본주의 경제의 이윤율을 측정하는지와 거기에 있는 모든 기술적 곤란을 함께 설명한다.

불충분한 이윤 바로 그것임

위기에 대한 이런 마르크스주의 설명은 위기 이론에서 어디에 위치하는가? 그림 1.2에 있는 명쾌한 표를 보자. 자본주의는 **피할 수 없는** (그리고 되풀이 되는) 위기를 겪는가? 주류의 신고전학파 및 케인스 경제학은 아니라고 말한다. 위기는 우연이거나 나쁜 정책, 즉 약간 다른 충격이거나 고칠 수도 있고 함께 할 수 있는 기술적 고장이다. 이에 동의하면 오른쪽 화살표를 따라 간다. 위기가 필연적이고 되풀이 된다는 것에 동의한다면 왼쪽 화살표를 따라간다. 표가 보여주듯이, 마르크스주의 학파는 자본주의 위기의 원인을 '과잉생산'과 '과소소비' 또는 이윤율에서 찾는지에 따라 나뉜다. 위기의 원인을 이윤율로 생각한다면, 왼쪽 맨 밑에 이르게 되는데, 이는 '자본의 한계는 자본 자체다'라는 의미.

이는 필자의 입장이기도 하다. **마르크스의 관점에서 정치경제학에서 가장 중요한 법칙은 자본의 평균이윤율 저하 경향이다.**[5] 이 논지를 만들 때, 마르크스는 자본주의 위기의 궁극 원인을 자본주의 생산관계, 특히 이윤 생산에 상정했다.

마르크스는 자본주의의 추진력을 잉여가치에 대한 끊임없는 추구라고 말했다. 자본주의 초기 단계는 일반적으로 절대적 잉여가치 착취의 증가 추진(즉, 노동일(하루 노동시간을 의미함_옮긴이) 길이 연장과 실질임금률 불변)이라는 특징을 가진다. 대조적으로 나중 단계는 일반적으로 상대적 잉여가치 착취 증가(임금재를 생산하는데 요구되는 사회적 필요노동시간을 줄이고, 노동일의 길이를 불변으로 유지)라는 특징을 가진다.

---

5 Karl Marx, *Marx Engels Collected Works*, vol. 33 (London: Lawrence and Wishart, 1990), 104; Karl Marx, *The Grundrisse* (London: Penguin, 1973), 748.

그림 1.2 위기 이론

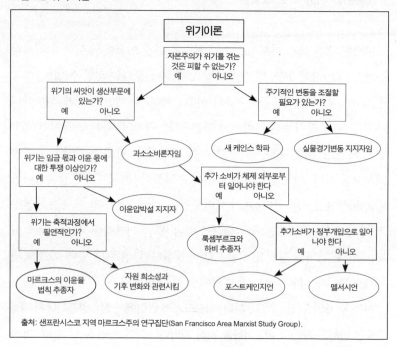

출처: 샌프란시스코 지역 마르크스주의 연구집단(San Francisco Area Marxist Study Group).

　이런 결과는 자본에 대항한 노동의 투쟁 과정에서 일어나는데, 특히 이는 노동일 길이의 상한을 설정한다. 그 후에 잉여가치에 대한 추구는 주로 노동생산성 증가를 추진하는 형태를 가진다.

　이런 추진은 초기 생산방식과 비교되는 자본주의의 엄청난 기술 역동성의 핵심이다. 자본가들 사이의 경쟁은 생산비 감소를 유발하고, 그리하여 혁신 자본가들한테 잉여가치를 증가시키는데, 종종 노동력을 절약하는 기술 변화를 통해서다. 달리 말하면, 자본가들은 생산비 감소를 위한 노력의 과정에서 비노동 투입물을 점점 더 많이 사용한다.

　노동과 자본 사이의 모순은 추가된 가치에서 임금과 이윤으로 분할하는 투쟁으로만 나타나는 것이 아니다. 이런 근본 모순은 역시 (노동 강도와 노동 속도, 노동자의 안전과 관련된 노동조건, 휴식 시간의 횟수와 길이, 기술변화의 속도와 방향 같은) 생산과정의 측면들을 통제하는 투쟁으로 나타난다. 생산과정의 측면들을 통제하기 위한 노동과 자본 사이의 끊임없는 줄다리기는 자본주의 사회관계만큼이나 오래 되었다.

그러므로 기계화는 자본이 노동과의 싸움에서 손에 쥐고 있는 강력한 도구이다. 기계는 무엇보다도 저항하는 노동자들보다 자본가들이 지배하기에 훨씬 쉽다. 마르크스는 기계화의 이런 정치적 측면을 영국의 숙련노동자와 기술자들을 논의 할 때 강조했는데[6], 이는 오늘날에도 여전히 타당하다. 생산과정에서 이런 기계화의 증가는 노동의 생산성을 엄청나게 높이며, 더 많은 양의 상대적 잉여가치의 착취를 용이하게 한다. 노동을 비노동 투입물로 대체하는 하는 쪽으로 늘리는 것은 총자본의 비용에서 가변자본(노동력 비용)에 비해 불변자본(기계·공장·기술의 비용)의 몫을 늘리는 쪽으로 반영된다.

그 결과 마르크스가 말한 자본의 유기적 구성은 상승하고, 자본의 단위 비용 당 착취를 위해서 이용할 수 있는 노동력의 양은 감소한다. 잉여가치율이 불변이라면, 이런 자본 구성의 상승은 이윤율 하락을 초래한다. "일반 이윤율의 누진적 하락 경향은 따라서 사회의 노동생산성의 누진적 발전을 지닌 자본주의 생산 양식의 특유한 표현이다."[7]

마르크스의 법칙은 경향과 상쇄경향의 차원에서 체계가 짜여 있다.[8] 효율성을 높이기 위해 새로운 기술이 생산과정에 도입될 때, 일반적으로

---

6 Karl Marx, *Collected Works* (London : Lawrence and Wishart, 1990), 563.

7 "고용된 살아 있는 노동의 양은 생산에서 소비되는 생산수단에 비해 계속 감소하기 때문에, 대가가 지불되지 않고 잉여가치로 응결되는 살아 있는 노동의 비율은 투자된 전체 자본이 나타내는 가치의 양과 비교할 때 계속 줄어들 수밖에 없다. 투자된 전체 자본에 대한 잉여가치량의 비율이 이윤율을 형성하기 때문에, 이윤율은 끊임없이 하락할 수밖에 없다." Marx, *Capital*, vol. 3 (1895).

자산(assets, 역자: 맥락상 고정자본을 가리킨다)은 노동을 대체하고, 유기적 구성이 상승한다. 따라서 이윤율은 하락한다. 이것이 경향이다.

왜 마르크스는 이윤율이 하락하는 경향을 가진다고 주장했을까? 이 윤율을 높이기 위해서 자본가들은 노동자들의 생산성을 높여야 한다. 이렇게 하는 방법은 새로운 생산 수단의 도입인데, 이로써 생산성을 높이면 일반적으로 노동력을 줄이게 된다. 설비 축소 투자(capital-reducing investment)도 역시 더 생산적일 수 있다. 이런 투자가 이윤율을 높일 수 있지만 또한 후속 투자에서 설비를 방출할 수 있다. 모든 설비 절약 투자가 이루어진 후에 가장 성공한 자본이 이용할 수 있는 것은 잠재노동력 절약 투자의 **추가**일 것이다. 따라서 일반적인 경향은 여전히 자본의 유기적 구성을 높인다.[9]

효율성이 떨어지고 따라서 생산성이 낮은 생산수단(낮은 유기적 구성의 자본을 의미함)에 투자하는 자본가들이 있다고 가정하자. 하지만 만약 그런 자본들이 이런 선택을 지속적으로 한다면, 그들은 파산하는 운명을 맞을 것이다. 그러므로 경향적으로 새로운 기술의 적용 때문에 투자된 자본 단위당 노동자의 숫자는 줄어드는데, 즉 유기적 구성은 상승한다.[10]

---

8 "위기를 지배하는 주요 법칙'이 모든 사회법칙들처럼 경향적이면서 모순적이라는 사실의 측면에서 '법칙을 수학적으로 밝히는 것'은 불가능한 임무이다. 첫째 수학은 형식 논리의 부문이다. 위에서 보았듯이 형식 논리의 전제들은 모순될 수 없다. 하지만 사회의 운동법칙을 설명하기 위해서는 모순된 전제들에서 출발해야만 하고, 이는 왜 운동법칙이 경향적인지 이유이다. 둘째, 모든 '관련 요인'이 알려져 있다고 하더라도, 그 모두를 고려하는 것은 사실상 불가능하다. 이는 계량경제학 모형이, 수많은 관계와 관련되는 큰 모형조차도 왜 예측 도구로서 아주 형편없는 성적을 보여주는지 이유다. 수학의 차원에서 위기의 법칙을 밝히는 것이 불가능하다면, '고등 수학'을 사용함으로써 경제 지표의 순환 운동(상승과 하강)을 분석하는 것은 확실히 가능하다. 이것이 마르크스의 직관이다." G. Carchedi, *Behind the Crisis* (Leiden: Brill, 2011).

9 C. Harman, "The Rate of Profit and the World Today", *International Socialism* 115 (2007); http://isj.org.uk/the-rate-of-profit-and-the-world-today/.

10 이는 투자된 자본 단위당으로 적용된다. 전체 고용은 역시 자본 축적에 좌우된다.

마르크스의 법칙에는 또한 강력한 상쇄경향이 있다. 그런 상쇄경향은 일시적으로 이윤율 하락 경향을 약화시키거나 역전시키기도 한다. 특히 마르크스는 5가지 상쇄경향을 언급한다. 첫째, 노동력 착취도의 강화인 데 이는 잉여가치율을 높일 수 있다. 둘째, 불변자본 요소의 상대적인 저렴화이다. 셋째, 노동력 가치와 임금의 괴리이다('노동력 가치'는 노동자가 생활하는 데 필요한 임금재를 생산하는데 투입된 사회적 필요 노동시간을 의미하고, 임금은 그 노동시간이 화폐로 표현된 것을 말한다._옮긴이). 넷째, 상대적인 과잉 인구의 존재와 증가이다. 다섯째, 수입을 통한 임금재 및 자본재의 저렴화이다.

요약하면, 마르크스의 이윤율 법칙은 다음과 같다. 자본주의가 발전할수록 불변자본의 양은 가변자본에 비해서 증가한다는 것이다. 가변자본으로 고용되어 있는 노동력은 잉여가치를 생산하는 유일한 자본의 부분이기 때문에, 자본가의 비용과 비교하여 잉여가치의 양은 감소하고, 이로써 다른 상쇄경향들 가운데 잉여가치율이 더 빨리 증가하는 일이 없다면, 이윤율은 하락한다. 하지만 이 법칙은 구체적 현실로서 스스로를 드러낸다.[11]

이런 상쇄경향들은 이윤율 하락의 장기 추세에다 순환 추세(cyclical trend)를 도입한다. "이런 상쇄경향의 작동은 경제의 파국(breakdown)을 일시적인 위기로 만들며, 따라서 축적의 과정은 연속적인 것이 아니라 주기적 순환(periodic cycles)의 형태를 갖는다."[12]

이윤율 상승 추구에 내몰리면서, 자산의 설비 가동률(capacity utilization)을 더 높이는 데 있는 어려움 때문에 방해를 겪으면서, 이윤율 상승 추구

---

11 마르크스의 법칙에 대한 더 완전환 분석과 그 법칙을 비판한 주장에 대한 방어에 관해서는 G. Carchedi와 M. Roberts의 "Old and New Misconceptions of Marx's Law," *Critique: Journal of Socialist Theory* 41 (2014), 571-94를 보라

12 H. Grossman, *The Law of Accumulation and Capitalist Breakdown* (London: Pluto Press, 1992), 72.

가 임금상승으로 위협 받는다는 것을 보면서, 어떤 자본가들(혁신자들)은 유기적 구성이 높은 자산(이는 노동력 절약 및 생산성 증대 생산수단이다)에 투자를 시작한다. 그 비율에서 불변자본은 증가하고 고용은 감소한다. 유기적 구성은 상승하고, 이윤율은 하락한다(반면에 혁신자들의 이윤율은 상승한다). 효율성이 떨어지는 자본들은 운영을 멈추는데, 즉 어떤 자본들은 파괴된다. 생산이 감소한다. 고용 감소와 생산성 하락 때문에 노동의 구매력과 자본의 구매력 모두 감소한다.

생산에서 발생하는 위기 또는 침체는 필연적으로 이윤율의 하락을 조정하고 역전시키며 결국 이윤량도 그렇게 한다.[13] 불황과 바닥의 시기에 어떤 자본가들은 운영을 멈춘다. 다른 자본가들이 빈 경제 공간을 채운다. 생산이 증가한다. 처음에는 순 고정투자가 증가하지 않는다. 대신에 자본가들은 자산의 설비 가동률을 높인다. 그래서 생산수단의 효율성은 상승하지 않으며, 자본의 유기적 구성에서 분자도 증가하지 않는다. 또한 설비 가동률 상승 때문에, 자산은 마모 증가를 겪게 되고, 이는 자산의 가치를 감소시킨다. 마침내, 자본가들은 생산수단, 원료, 중간재와 파산한 자본가들의 그런 것들을 하락한 가격으로 구매하게 된다. 따라서 유기적 구성의 분자가 하락 한다. 효율성은 불변인 채로 증가한 생산은 고용 증가를 의미한다. 따라서 유기적 구성의 분모는 상승한다. 유기적 구성은 두 가지 이유로 하락하고, 이윤율은 상승한다. 고용 증가로 노동의 구매력이 증가하고, 이윤율 상승으로 자본의 구매력이 증가한다. 두 요인 때문에 증가한 산출량의 실현이 용이해진다.

---

13 기존 자본의 주기적인 가치 감소(depreciation : 자본주의 생산에 내재하고 있는 이윤율 하락을 억제하고 자본의 축적(새로운 자본 형성을 통한 가치)을 계속하는 수단 가운데 하나)는 주어진 조건들(이 조건들 안에서 자본의 유통 및 재생산 과정이 일어남)을 방해하고, 그리하여 생산과정의 갑작스러운 중단과 공황을 동반한다. Marx, *Capital*, vol. 3, chapter 15.

그래서 이윤율 상승 순환은 이윤율 하강 순환 그 자체에서 만들어진다. 이윤율 하강 순환은 결국 하강 순환 뒤의 이윤율 상승 순환 그 자체 내에서 만들어진다. 이미 말했던 것처럼 일반적으로 자본가들이 노동력을 절약하고 생산성을 증가시키는 생산수단을 도입함으로써 경쟁할 수밖에 없다는 것을 고려하면(이런 생산수단은 노동을 자산으로 대체하는 경향을 가진다는 것을 고려할 때), 이윤율 하강 순환은 경향이며 이윤율 상승 순환은 **상쇄경향**이다.

주류경제학 조차도 때때로 이윤과 위기 사이의 관련성을 인정한다. 그 관련성은 투자이다. 얀 틴베르헌(Jan Tinbergen)은 새로운 투자는 일반적으로 더 많은 이윤을 벌기 때문에 기대 이윤(profit expectations)이 새로운 투자의 가장 중요한 결정요인 가운에 하나라고 결론을 내렸다. 기대는 과거 및 현재 수익성의 경험에 기초할 것이다.[14] 웨슬리 미첼(Wesley Mitchell)은 투자 행동이 총수요 변동의 중요한 요소이며 따라서 투자의 감소는 위기를 촉발하는 가장 중요한 요소라고 보여주었다.[15]

이윤율과 투자 사이의 강한 관계는 여러 연구에서 밝혀졌다. 이런 연구들은 투자 수준을 잘 예측하는 경제 변수는 전체 기업의 이윤율이지 증권 시장가치 평가나 다른 경제 변수가 아니라고 밝혔다.[16]

소수로

그러나 대부분의 마르크스주의자들도 마르크스의 이윤율 법칙을 자

---

14 J. Tinbergen, *Statistical Testing of Business-Cycle Theories*, vol. 2 (Geneva: League of Nations, 1939).

15 W. Mitchell, *Business Cycles* (Berkeley: University of California Press, 1913).

16 O. Blanchard, C. Rhee, and L. Summers, "The Stock Market, Profit and Investment," *Quarterly Journal of Economics* 108 (1993), 115-36.

본주의 아래 위기의 유일한 원인 또는 심지어 주요 요인으로서 생각하지 않는다. 그림 1.2에서 보여주듯이 다수의 관점은 위기가 노동의 과소소비의 형태와(또는) 자본의 과잉생산 형태로 인해 일어난다는 것이다.

마르크스가 과소소비론 위기 이론을 가졌다는 관점에 대한 통상적인 지지는 "모든 현실 위기의 궁극적인 이유는 항상 대중의 빈곤과 제한된 소비에 있다."[17]라는 표현에서 나온다. 이 문장은 과소소비론을 가장 지지하는 마르크스주의 경제학자 폴 스위지(Paul Sweezy)가 마르크스를 과소소비론으로 해석하는 데 근거가 되는 가장 분명한 표현이라고 생각하는 것이다.[18] 하지만, 마르크스는 다른 곳에서 노동의 과소소비가 위기의 원인이라는 주장을 분명하게 논박하며 이런 생각은 동어반복에 지나지 않는다고 말한다.[19]

과소소비론 해석에 대한 가장 강력한 논박은 아마도 다음과 같은 증거이다. 제2차 세계대전 후 시기 동안 선진국에서는 국내총생산에서 개인소비 몫이 증가했고, 심지어 대침체 시작동안에도 높게 유지한 반면, 이윤은 대침체 전에 감소했고, 투자는 급감했다. 소비는 오직 그 뒤에 감소했으며, 이는 분명하게 침체의 결과였다.

과잉생산에 대해 말하자면, 마르크스는 상품의 과잉생산은 실제로는 노동으로부터 착취한 잉여가치에 비해 자본의 과잉생산 징후라고 설명한다.[20]

---

17 Marx, *Capital*, vol. 3, chapter 15.

18 Paul Sweezy, *Theory of Capitalist Development* (New York: Monthly Review Press, 1970), 177. 과소소비론과 그 결함에 대한 더 완전한 설명은 다음을 보라. Michael Bleaney, *Underconsumption Theories: A History and Critical Analysis* (London: Lawrence and Wishart, 1976)와 Andrew Kliman, *The Failure of Capitalist Production* (London: Pluto Press, 2011), Chapter 9, 165-67

19 "위기가 유효 소비 부족 때문에 일어난다고 말하는 것은 순전히 동어반복이다." Marx, *Capital*, vol. 2 (London: Lawrence and Wishart, 1971), Chapter 20.

마르크스의 이윤율 법칙은 대부분의 마르크스주의자로부터 배경으로 밀려나거나 기각되었다. 그 이유는 부분적으로 역사적 우연 때문이고, 부분적으로 과소소비 또는 과잉생산을 채택하거나 금융공황 또는 부채 위기를 원인으로 방향을 트는 것이 안전하기 때문이다. 그들은 자본주의 생산양식을 끝장내는 것을 요구하지 않는 '치유법'을 만드는데 애쓴다.

19세기 종반과 20세기 초반 선도적 마르크스주의자들은 『자본』 3권 또는 잉여가치학설사라고 불리는 4권을 읽지 않았고, 『그룬트리세』 기록에 접근할 수 없었다는 의미에서 역사적 우연이다. 이런 출판물들에서 마르크스의 법칙은 위기 이론으로서 가장 명확한 방식으로 서술되어 있다.

덧붙이면, 유럽 및 독일에서 사회민주당의 이론 지도자였던 카를 카우츠키 같은 19세기 종반 몇몇 선도적 마르크스주의자는 분명하게 과소소비론 입장을 채택했다. 로자 룩셈부르크와 볼셰비키 지도자들한테 마르크스의 이윤율 법칙은 자본주의가 유통 기한에 도달하는 장기 경향으로 치부되었고, 현실의 호경기와 불경기를 설명하기 위한 것은 아니었다.[21] 법칙은 오직 1920년대 헨리크 그로스만(Henryk Grossman)에 의해서 파국 또는 위기 이론의 부분으로서 사용되었다.[22]

---

20 "이른바 자본의 과잉은 항상 본질적으로 이윤율 하락을 이윤량으로 벌충하지 못하는 자본의 과잉(이는 새롭게 발전되는 자본의 새로운 과잉에 대해서 항상 참이다)에 적용되거나 자력으로 운영될 수 없는 자본이 신용 형태로 대기업 경영자의 처분에 맡겨지는 과잉에 적용된다. 이런 자본의 과잉은 상대적 과잉인구를 초래하는 것과 같은 원인에서 일어나고 따라서 상대적 과잉인구를 보충하는 현상이다. 하지만 이 두 현상은 대극에 위치하는데, 한쪽 극에서는 고용되지 못한 자본이고 다른 쪽 극에서는 고용되지 못한 노동인구이다. 개별 상품의 과잉생산이 아닌 자본의 과잉생산은 (하지만 자본의 과잉생산은 항상 상품의 과잉생산을 포함한다) 따라서 바로 자본의 과잉축적이다." Marx, *Capital*, vol. 3.

21 그 이론 자체의 기각에도 불구하고 세기의 전환에서 마르크스주의 지도자들의 입장에 대한 훌륭한 설명에 대해서는 M. C. Howard and J. E. King, *History of Marxian Economics*, vol. 1, 1883~1929 (Princeton, NJ: Princeton University Press, 1989)를 보라.

22 Rick Kuhn, *Henryk Grossman and the Recovery of Marxism* (Chicago: University of Illinois Press, 2007).

실제로 현재 몇몇 마르크스주의자들은 그 법칙을 되풀이되는 자본주의 위기의 중심 원인으로 하는 것은 '고전 마르크스주의'가 아니고 영국과 미국 출신 몇몇 앵글로색슨 마르크스주의 경제학자들의 발명이라고 주장한다.[23] 마르크스의 출판되지 않은 기록물과 수고들을 열심히 읽은 미카엘 하인리히(Michael Heinrich) 같은 현대 마르크스주의 학자들은 마르크스가 1870년대에 그 법칙이 논리적으로 전혀 틀려서 조용히 기각했다고 결론 내린다.[24]

그 법칙은 처음부터 주류경제학자들과 반마르크스주의 사회주의자로부터 공격을 받았다. 긴 세월 동안 주류경제학자들은 그 법칙의 기초인 마르크스의 가치론을 반박해왔는데, 오스트리아 경제학자 뵘바베르크(Böhm-Bawerk)로부터 시작하여 폰 보르트키에비치(Von Bortkiewicz)를 거쳐서 더 최근에는 마르크스주의자 폴 스위지와 『먼슬리 리뷰(Monthly Review)』 사회주의 학파로 이어진다. 일본 마르크스주의자 오키시오 노부오(置塩信雄)는 분명하게 마르크스의 법칙이 그 전제부터 논리적 정합성이 없다는 것을 보여주는 정리를 발표했다. 이는 이른바 신 리카도(neo-Ricardian) 학파로 이어졌는데, 이들은 데이비드 리카도(David Ricardo)와 피에로 스라파(Piero Sraffa)에 기반을 두고 있는데, 마르크스의 가치론과 이윤율 법칙은 실패했다고 발표했다.[25]

여기서는 마르크스 법칙에 대한 이런 비판과 반박을 논의하지 않을 것

---

23 코스타스 라파비차스(Costas Lapavitsas): "이윤율 저하경향의 법칙이 사실 꾸며낸 새로운 생각인데, 단지 제2차 세계대전 후에 생겨났고 주로 앵글로-색슨 인물들로부터 나온 것이다… 확실히 그것은 1970년대 상황과 맞아 떨어졌을 수 있지만, 그 이후는 아니다. 제2차 세계대전 이전 시기 유럽 대륙의 고전 마르크스주의자들은 이윤율을 위기의 원인으로서 결코 제안하지 않았다." M. Roberts, "The Crisis of Neoliberalism and Gérard Duménil," thenextrecession.wordpress.com (March 3, 2011).

24 하인리히에게 보낸 카르케디와 로버츠의 답변 "Old and New Misconceptions of Marx's Law"를 보라.

이다. 최근 수년간 수많은 마르크스주의 경제학자들이 이런 주장들을 효과 있게 논박했다고 말하는 것으로 충분하다.[26] 마르크스 가치론의 논리적 기초에 대한 가장 분명하고 설득력 있는 방어는 앤드루 클라이먼 (Andrew Kliman)이 보여줬다.[27] 앤드루 클라이먼은 마르크스의 글에 대한 해석을 마르크스가 의미했던 것과 가장 부합하게 제공했으며, 시점간 단일체계 해석을 가지고 마르크스의 가치론과 이윤율 법칙의 논리적 연관을 확인했다.[28]

증거

마르크스의 법칙에 논리적 정합성이 있을지 모른다. 그러나 그것이 사실에 부합하는가? 그러니까, 당신이 알고 싶은 게 무엇인가? 유기적 구성이 상승할 때 이윤율이 장기에 걸쳐서 하락하는가? 유기적 구성이 하락할 때 이윤율은 상승하는가? 만약 자본 파괴로 자본의 유기적 구성이

---

25 야니스 바루파키스(Yanis Varoufakis)는 마르크스의 위기 이론이 불황을 침체와 대비되는 것으로 설명하지 못한다고 비판했다. "마르크스는 노동의 이중성 때문에 일어나고 성장기를 (이는 그 다음 경기 하강을 잉태하고, 이 하강은 또다시 그다음 회복을 낳은 등등을) 낳는 구원적인 침체를 말했다. 하지만 대불황에서 구원적인 것은 아무것도 없다. 1930년대 침체는 그야말로 아주 정태 균형과 닮은 침체였다. 즉 스스로를 완전히 영속화할 수 있는 것처럼 보이는 경제의 상태였는데, 임금 및 이자 붕괴에 반응하여 이윤율이 회복된 뒤에도 예상된 회복은 지독하게도 시야에 나타나지 않았다." http://yanisvaroufakis.eu/2013/12/10/confessions-of-an-erratic-marxist-in-the-midst-of-a-repugnant-european-crisis/#_edn2. 이는 케인스 이론이 침체의 이유를 설명할 수 없다고 바로 잡을 수 있을 것 같다.

26 Andrew Kliman, *Reclaiming Marx's Capital* (New York: Lexington Books, 2007).

27 Kliman, *Reclaiming Marx's Capital*.

28 앤드루 클라이먼의 『자본주의 생산의 실패*The Failure of Capitalist Production*』(정성진·하태규 옮김, 한울출판사, 2012)에 대한 나의 검토는 다음을 보라. Michael Roberts blog, December 8, 2011, http://thenestrecession.wordpress.com/2011/12/08/andrew-kliman-and-the-failure-of-capitalist-production/.

갑작스럽게 하락한다면 이윤율은 회복되는가?

에스테반 마이토(Esteban Maito)는 1870년부터 시작되는 14개국의 이윤율 추정치를 보여줬다(그림1.3을 보라). 그의 결과는 세계 이윤율의 분명한 하락 추세를 보여주는데, 중심국들과 주변부 국가들 모두 부분적으로 회복 시기들이 있다. 그래서 이윤율의 모양은 마르크스가 생산양식의 역사적 추세와 관련하여 예측했던 것들이 사실로 드러났음을 확인시켜준다. 자본주의 아래서 이윤율 저하의 장기 경향이 존재하며, 마르크스의 법칙은 작동한다.[29]

미국의 이윤율은 1950년대 중반 이후 하락했고, 1947년 수준보다 훨씬 아래에 있다.[30] 장기 하락이 있었다. 그림 1.4에서 이것을 보여주기 위해 단기 변동은 평평하게 펴서 그렸다.[31] 따라서 상쇄요인들은 이윤율 저하 경향 법칙을 영구히 거스르지는 못한다.

하지만 미국 이윤율은 직선으로 움직이지 않았다. 전후 미국 경제 전체에서 이윤율은 높았지만, 1948~65년 이른바 황금기(Golden Age)에는

---

29 Esteban Maito, "The Historical Transience of Capital: The Downward Trend in the Rate of Profit Since the 19th Century," Working Paper, University of Buenos Ares, Argentina, 2014, http://gesd.free.fr/maito14.pdf.

30 미국 이윤율에 대한 모든 경험 연구들은 이 진술과 의견이 일치한다. 이런 연구들 중에서도 마이클 로버츠의 *The Great Recession* (London: Lulu, 2009)와 "Measuring the Rate of Profit Cycles and the Next Recession," pater at AHE (2011)과 굴리엘모 카르케디의 *Behind the Crisis*와 앤드루 클라이먼의 *Failure of Capitalist Production*을 보라. D. Basu and P. T. Manolakis. "Is There a Tendency For the Rate of Profit to Fall? Econometric Evidence for the U.S. Economy, 1948~2007," *Review of Radical Political Economy* 45 (2013)은 계량경제학 분석을 1947~2007년 미국 경제에 적용했고, '상쇄경향들을 통제한 후' 매년 약 0.3% 하락으로 측정되는 이윤율 하락의 장기 경향이 있다는 것을 밝혔다. 마이클 로버츠는 가장 최근 자료를 사용하여 2009년까지 매년 평균 0.4% 하락이 있다는 것을 밝혔다.

31 Guglielmo Carchedi and Michael Roberts, "The Long Roots of the Present Crisis: Keynesian, Austerian, and Marx's Law," *World Review of Political Economy* 4 (2013), 86-115.

그림 1.3 중심국(선진 자본주의 국가)들의 이윤율(%)

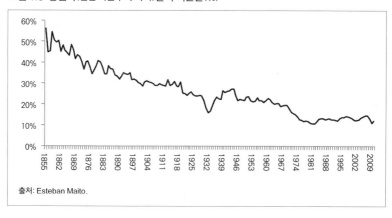

출처: Esteban Maito.

하락했다. 1965~82년 동안 역시 이윤율은 계속 하락했다.[32] 하지만, 이른바 '신자유주의' 시기의 1982~97년 동안 미국 이윤율은 상승했다.

이윤율 하락의 상쇄요인들이 작용했는데, 미국 노동력 착취 증가(임금 몫의 하락[33]), 새로운 첨단 기술 혁신을 통한 불변자본 저렴화, 다른 지역의 노동력을 폭넓게 착취(세계화), 비생산 부문 투기(특히 부동산과 금융 자본)이다. 1982~97년 사이에 미국의 이윤율은 19% 상승했는데(그림 1.5를 보라), 잉여가치율이 거의 24% 상승했고 자본의 유기적 구성은 고작 6% 상승했기 때문이다.

따라서 장기간에 걸친 이윤율 저하 경향이 있으며, 이 경향은 결국 상쇄요인들을 압도한다. 하지만 어떤 기간 동안 특히 기존 자본의 가치를 절하하는 큰 침체 후에는 상쇄요인들이 지배할 수 있다. 그런 요인은 다른 요인들 중에서도 잉여가치율 상승, 해외로부터 이윤 증가, 새로운 기

---

32 Carchedi and Roberts, "The Long Roots of the Present Crisis."
33 하지만 순 사회보장연금을 제외할 때 종업원 보수 하락이다. Kliman, *The Failure of Capitalist Production*을 보라.

그림 1.4 미국의 이윤율(%, 현재 비용으로 측정)

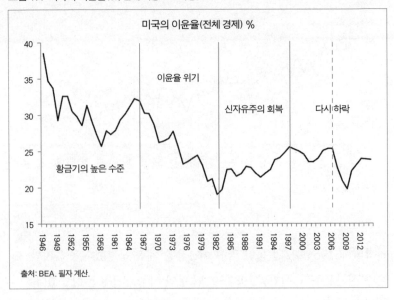

미국의 이윤율(전체 경제) %

이윤율 위기

신자유주의 회복

다시 하락

황금기의 높은 수준

출처: BEA. 필자 계산.

그림 1.5 1982~2012년 미국의 이윤율(%)

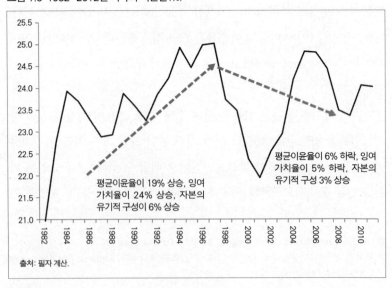

평균이윤율이 19% 상승, 잉여
가치율이 24% 상승, 자본의
유기적 구성이 6% 상승

평균이윤율이 6% 하락, 잉여
가치율이 5% 하락, 자본의
유기적 구성 3% 상승

출처: 필자 계산.

술 사용으로 불변자본의 저렴화이다. 그것은 이른바 1980~82년 심각한 침체 후부터 20세기 말까지 이른바 신자유주의 시기의 경험이다.

이런 신지유주의 '회복' 시기에서 조차도 1990년대 종반의 닷컴(dot-com) 거품과 2002년 후 신용기반 부동산 호황으로도 1960년대 중반의 높은 수준까지 전체 이윤율을 회복하지 못했다. 미국의 이윤율은 1997년 꼭짓점을 찍었고, 2000년대 동안 회복이 있었고, 대침체 이후에도 회복이 있었으나 1997년의 꼭짓점에 다시 도달하지 못했다. 미국 이윤율은 여전히 1997년 꼭짓점 아래에 머물고 있다.

이윤율은 1980년대 초반에 바닥에 있던 것보다 분명하게 더 높이 있다. 이는 주로 장기적으로 나타나는 자본의 유기적 구성의 상승에 대한 상쇄요인 가운데 하나를 가지고 주로 설명할 수 있는데, 1982년 이후 잉여가치율의 상승이다.

미국 이윤율은 1963년부터 1982년까지 24% 하락하여 바닥이 되었는데, 자본의 유기적 구성은 16% 상승했고, 잉여가치율은 16% 하락했다. 그러고 나서 이윤율은 15% 상승해서 1997년에 꼭짓점이 되었는데, 자본의 유기적 구성은 9% 상승했지만 잉여가치율이 22% 상승하여 자본의 유기적 구성의 상승을 능가했던 것이다. 1997년에서 2008년까지 이윤율은 12% 하락했는데, 자본의 유기적 구성은 22% 상승하여 고작 2% 상승한 잉여가치율을 능가했다.

이 세 시기 모두 마르크스의 법칙에 들어맞는다. 자본의 유기적 구성이 잉여가치율보다 빠르게 상승했을 때 이윤율은 하락했고, 그렇지 않았을 때는 이윤율이 상승했다. 2008년까지 45년 동안 미국 이윤율은 장기에 걸쳐 21% 하락했는데, 잉여가치율이 고작 5% 상승한 반면에 자본의 유기적 구성이 51% 상승했기 **때문이다.** 자본의 유기적 구성은 이윤율 하락의 62%를 설명하며, 잉여가치율의 어떤 변화와도 의미 있는 상관관계

가 없다.[34]

마르크스의 법칙이 예측하는 자본의 유기적 구성과 이윤율 사이의 역관계는 다른 자본주의국가들에서도 역시 타당하다. 영국의 이윤율을 예로 들어 보자. 1963~75년 영국 이윤율은 28% 하락했으며, 자본의 유기적 구성은 20% 상승했고, 잉여가치율은 19% 하락했다. 1975~96년 이윤율은 50% 상승했는데, 자본의 유기적 구성은 17% 상승한 반면에, 잉여가치율은 66% 상승했다. 마지막으로 1996~2008년 이윤율은 11% 하락했으며, 자본의 유기적 구성은 16% 상승했고, 잉여가치율은 별로 변동이 없었다. 세 시기 모두 마르크스의 법칙에 들어맞는다. 실로 전체 기간 1963~2008년 동안 영국에서 자본의 유기적 구성은 63% 상승한 반면에 잉여가치율은 33% 상승했고, 따라서 이윤율은 장기 추세로 하락했다.

표 1.2는 어떤 시기의 시작과 비교한 그 시기 말의 미국 이윤율(자본의 역사적 비용과 현재 비용 두 차원에서 측정함)의 수준을 보여준다(소수점으로 표시함). 그래서 예를 들면 1946~2012년 전체 기간 동안 미국 이윤율은 현재 비용 차원에서 (1.0에서 0.8로) 20% 하락 했고, 역사적 비용 차원에서 (1.0에서 0.71로) 29% 하락했다.

---

34 앨런 프리먼(Alan Freeman, "What Makes the US Rate of Profit Fall?", Working Paper, University of Greenwich, 2009)과 클라이먼(Kliman, *The Failure of Capitalist production*)은 유사한 상관관계를 밝혔다. 이즈퀴에르도(Izquierdo)는 "1946~73년 기간부터 1974~83년 기간까지 자본의 생산성 하락은 이윤율 하락의 78%를 설명하는 반면에, 이윤 몫의 작은 감소는 단지 그것의 22%만 설명한다고 밝혔다. 그러므로 케인스주의 시기 동안 나타난 이윤율 하락은 이윤율의 기술적 요소로 설명되며, 마르크스주의 이윤율 저하 경향 법칙의 예상을 확인시켜 준다. 신자유주의 시기 동안 일반 이윤율은 조그마한 회복도 역시 대부분 자본 생산성으로 설명되는데, 이것이 이윤율의 상대적 상승의 84%를 설명하는 반면에 이윤 몫은 거의 불변이다. 또 이윤 몫은 비교차원에서 단지 1% 증가하여 회복의 16%만 설명한다."고 밝혔다. Sergio Camara Izquierdo, "Short and Long Term Dynamics of the US Rate of Profit 1946~2009," First International Conference in Political Economy, University of Crete (2010).

표 1.2 1946~2012년 미국 이윤율 변화(소수로 표시)

	1965~82	1982~97	1997~2012	1946~2012	1965~2012	1982~2001	2001~8
현재 비용	0.64	1.35	0.99	0.80	0.86	1.24	0.89
역사적 비용	0.86	1.12	1.00	0.71	0.96	1.02	0.94

따라서 1946~2012년 또는 1965~2012년 동안 미국 이윤율의 장기 하락이 있었는데, 1965년 꼭짓점에서 1982년 바닥 사이에 커다란 하락이 있었다(여러분들이 측정해도 그렇다). 1982~97년 이윤율 상승이 있었다(현재 비용 측정으로 35%, 역사적 비용 측정으로 12%). 1997년부터 이윤율은 기본적으로 저조했다. 이윤율이 2008년 대침체 시기 바닥일 때 11%(현재 비용)와 6%(역사적 비용)로 2001년 바닥보다 **아래였다.**

이것은 필자가 측정한 것이다. 다른 마르크스주의 경제학자가 역시 최근에 분석을 수행했다.[35] 테미스 칼로거라코스(Themis Kalogerakos)는 미국 이윤율을 어떻게 측정하더라도 1960년대부터 1980년대까지 이윤율이 크게 하락하는 시기와 1980년대부터 회복하는 시기라는 두 개의 주요 시기로 나뉜다고 밝혔다. 그는 또 이 두 시기는 각각 두 개의 작은 시기로 구성된다고 밝혔다. 첫 시기는 이윤율이 높게 그리고 약간 상승하는 1946~65년 동안이고, 두 번째 시기는 이윤율이 하락하는 1965년부터 1980년대 초반까지이고, 세 번째 시기는 이윤율이 반등하는 1997년까지이고, 마지막 시기는 이윤율이 1997년부터 하락하는 시기이다. 이는 내가 2006년 처음 분석했던 자료에 대한 나의 해석과 정확하게 일치한다.[36]

---

35 Themis Kalogerakos, "Technology, Distribution, and Long-Run Profit Rate Dynamics in the US Manufacturing Sector, 1948~2011 : Evidence from a Vector Error Correction Model (VECM)," master's thesis, Lund University (2013).

36 Roberts, The Great Recession (2009).

이윤율을 어떻게 측정하든지 가장 넓게 측정하든 가장 좁게 측정하든 또는 그 사이로 측정하든[37] 미국 이윤율은 위에서 서술된 네 개의 시기를 보여준다. 1946~2012년 전체 시기에 평균 이윤율(현재 비용 측정치)은 가장 넓은 측정으로 17.99%이고, 가장 좁은 측정으로 6.03%이다. 1946~65년 이윤율은 가장 넓은 측정 평균 보다 11% 높았고, 가장 좁은 측정 평균보다 15% 높았다. 1982~97년 신자유주의 시기 동안 이윤율은 여전히 가장 넓은 측정 평균 보다 9% 낮았고 가장 좁은 측정 평균보다 18% 낮았다. 1997~2011년 평균은 여전히 가장 넓은 측정의 전체 평균보다 5% 낮았다. 이는 1997~2011년 가장 좁은 측정의 평균보다 5% 높은 것이었다. 하지만 마지막 시기의 이윤율은 두 경우에서 1946~65년 황금기보다 각각 10%, 15% 낮았다. 역사적 비용을 사용해도 결과는 다르지 않다. 마르크스의 방법과 가장 가까운 것인 가장 넓은 측정에서 1997~2011년 평균 이윤율은 23% 하락했고, 가장 좁은 측정에서는 16% 하락했다.

테미스 칼로거라코스는 이윤율 수준뿐만 아니라 미국 이윤율의 연간 변화도 관찰했다. 1946년부터 전체시기 동안 어떤 이윤율을 가지고 하든, 바닥에서 바닥으로 측정하든, 꼭짓점에서 꼭짓점으로 측정하든, 미국 이윤율은 연간 약 0.6%씩 하락했다. 이는 마르크스의 법칙이 작동해 왔다는 것을 확인시켜준다[38](그리고 대침체 바로 전까지 작동하고 있었다).[39] 따라서 마르크스의 이윤율 저하 경향 법칙은 폭넓은 경험적 분석에서 타당하며, 위기 이론과도 아주 관련되어 있다.

이런 것이 마르크스의 이윤율 법칙이 위기의 근본 원인이라고 주장하

---

[37] 전체 기업부문 또는 단지 비금융 부문에 대해서나, 역사적 비용 또는 현재 비용에 대해서, 넓은 측정(broad measure)=세금 및 이자 공제한 후 이윤, 좁은 측정(narrow measure)=이자 또는 사내 유보금(retained funds) 등등을 공제한 후 이윤을 말한다.

[38] 카르케디와 필자는 Carchedi and Roberts, "Old and New Misconceptions of Marx's Law"에서 똑같은 결과를 얻었다.

는 명쾌한 논거이다. 이윤율은 장기에 걸쳐 하락하고, 신자유주의 시기에도 불구하고 황금기 수준으로 회복되지 못했다. 자본주의는 이윤율 하락 압력의 증가를 겪으면서 되풀이 되는 위기를 폭발시킨다.

각 위기는 다른 원인(도화선)을 가진다

어떤 마르크스주의자들은 아주 절충적인 접근법을 선호한다. 많은 이들이 각 위기는 독특하고 노동자, 기업, 금융, 국가 간의 특수한 관계 및 그들 간에 구축된 연맹에 의존한다고 주장한다. 1980년대부터 이윤율이 회복되었다면, 대침체가 어떻게 이윤율 법칙 때문일 수 있는가? 확실히 그렇게 주장하는 것은 위기에 대한 독단적인 앵글로색슨의 '단일 원인' 설명을 채택하는 것이다.[40] 이런 저자들은 대침체를 다양한 원인들의 결과로서 설명하는데, 임금정체 또는 주택담보대출 증가와 그 뒤의 주택가격 폭락이 소비자 지출의 급격한 하락을 일으켰다는 것이다.

---

39 테미스 칼로거라코스는 다음과 같이 서술한다. "대침체와 이에 선행하는 기간을 포함하는 마지막 시기에서 모든 이윤율 측정의 CAGRs(compound annual growth rates, 연간복합성장률)는 두 부문에서 음(-)의 값이다. 평균이윤율은 앞 시기보다 약간 높지만, 장기파동을 가진 그 외 다른 시기보다 여전히 낮고, 전체시기로 정밀하게 조사하면 평균이윤율보다 낮다(전체 기업부문에 대한 세후 이윤율은 제외됨). 여기에 덧붙이면, 두 부문의 TSVR(total surplus value rate, 전체 잉여 '가치율')의 추세는 약간 하락하고, 다른 측정치들의 추세는 변동이 없다. 게다가 1980~97년 시기 동안 이윤율의 부분적인 회복을 제외하면 기업부문과 비금융 기업부문의 장기 이윤율이 하락 추세 또는 적어도 정체하는 모습을 가진다는 것은 꼭짓점에서 꼭짓점까지 그리고 바닥에서 바닥까지의 GAGRs에서 명확하다. 이는 위기 이전에 미국 경제의 축적과정이 확실히 문제가 있었고, 실물경제의 이윤율 때문에 금융부문의 호황이 일어났을 수 있다는 것을 나타낸다."(Kalogerakos, *Financialisation, the Great Recession and the Rate of Profit*)

40 카르케디는 "위기가 되풀이 되고, 모두 다른 원인을 갖는다면, 이런 각각의 원인으로 각각의 위기를 설명할 수 있지만, 위기의 반복성을 설명하지는 못한다. 위기가 되풀이 된다면, 위기는 스스로를 다른 위기에서 다른 원인으로 되풀이해서 발현시키는 공통된 원인을 가질 수밖에 없다. 위기는 '단일 인과성' 밖에 없다." Guglielmo Carchedi, "Zombie Capitalism and the Origin of Crises," *International Socialism* 125 (2010)을 보라.

자본주의에서 각 위기는 고유한 특징을 지닌다. 2008년의 도화선은 가공자본의 엄청난 팽창이었는데, 이는 가계 소득에 대한 주택가격의 비율이 극한에 도달하여 실질가치 팽창이 가공자본의 팽창을 더 이상 지탱하지 못하여 결국 붕괴됐던 것이다. 하지만 그런 '도화선'은 원인이 아니다. 위기의 일반적 원인은 도화선 뒤에 있는데, 이윤율 저하경향의 법칙이다.

다른 위기들처럼 2008~2009년 위기는 자본주의에서 자본축적과 이윤율 저하경향 간 모순에 기초하는 근본 원인을 갖는다. 이런 모순은 자본주의 생산양식이 사용을 위한 생산이 아니라 가치를 위한 생산이기 때문에 일어난다. 목적은 이윤이지 생산 또는 소비가 아니다. 가치는 오직 (정신과 육체) 노동의 지출로 창조된다. 이윤은 노동이 대가를 받지 않고 창조하고 생산수단의 사적 소유자가 전유하는 가치로부터 온다. 자본축적과 이윤율 하락(그런 다음 이윤량 감소) 사이의 근본 모순은 실질 가치와 허구적 가치에서 가치 파괴의 형태를 갖는 위기로 해결된다. 실로 자본의 허구적 팽창이 가장 많이 전개된 곳에서 위기가 시작된다(튤립, 증권시장, 주택 부채, 기업부채, 은행 부채, 공공부채, 등등). 금융부문은 자주 위기가 시작 되는 곳이지만, 생산부문의 문제가 그 원인이다.

자본주의에서 침체는 자본가의 투자 붕괴로 시작한다. 투자의 변동은 처음에 이윤의 변동 때문에 일어나지 그 반대는 아니다.[41] 미국 경제가

---

[41] 최근에 호세 타피아 그라나도스(Jose Tapia Granados)는 회귀분석을 이용하여 1947년부터 251분기에 걸친 미국 경제활동에서 투자가 하락하기 오래전에 이윤이 하락하기 시작했고, 세전 이윤은 투자의 모든 변화에서 44%를 설명할 수 있는 반면에 투자가 이윤의 어떤 변화를 설명할 수 있다는 증거는 없다고 밝혔다. Jose Tapia Granados, "Does Investment Call the Tune? Empirical Evidence and Endogenous Theories of the Business Cycle," *Research in Political Economy* 28 (2013), 229-40. "Statistical Evidence of Falling Profits as a Cause of Recessions: Short Note," *Review of Radical Political Economics* 44 (2012), 484-93.

급락하기 전에 대침체에 선행하는 시기 동안 이윤은 몇 분기 동안 감소했다. 미국의 기업 이윤은 2006년 초에 꼭짓점에 있었다(그림 1.5를 보라)(이는 절대량이고, 이윤율이 아니다. 이윤율은 이미 보았듯이 더 일찍 꼭짓점을 찍었다). 2006년 초 꼭짓점에서 이윤량은 2008년 중반까지 감소했고, 2009년 초반에 제한된 회복이 있었고, 그러고 나서 감소하기 시작해서 2009년 중반에 최저에 도달했다. 그 후에 이윤의 회복이 시작되었고, 2010년 중반에 명목 달러 기준으로 이전의 꼭짓점을 넘어섰다.

미국 이윤의 이런 변동에 대한 투자의 반응은 어떠했는가? 미국 기업의 이윤 성장이 2005년 중반에 둔화되기 시작했고 그 뒤 2006년에 절대량이 감소했을 때, 기업들이 준비금을 다 사용하거나 이윤이 회복할 것이라는 희망으로 대출을 늘리면서 얼마동안 기업 투자는 계속 증가했다. 이윤이 회복되지 않자 2007년 동안 투자의 성장은 둔화했고, 그러고 나서 2008년 절대치에서 감소했으며, 한순간에 연간 대비 거의 20% 감소했다.

이윤은 2008년 말에 회복하기 시작했다. 하지만 1년 동안 투자가 뒤따르지 않았다. 국내총생산에 대해서도 마찬가지였다. 국내총생산은 이윤이 꼭짓점에 도달하고 난 후 훨씬 뒤에 꼭짓점에 도달했고, 이윤이 회복되고 나서야 회복되었다. 이윤의 변동은 투자의 변동을 낳지만 그 반대는 아니다. 이윤은 신용경색이 시작되기 훨씬 전에 감소하고 있었다. 그래서 마르크스의 법칙은 2001~2002년 공황, 그 뒤 2002~2006년의 회복, 2007~2009년 대침체, 그 뒤의 회복에 대한 설명을 제공한다.

미국 기업 이윤은 침체가 시작되기 약 2년 전부터 감소하고 있었고, 그 결과 투자가 감소하여 국내총생산이 축소됐다. 회복 기간 동안에 투자를 낳고 국내총생산을 늘린 것은 역시 이윤이었다.

다른 저자들도 이런 결론들을 확인해준다. 예를 들어 호세 타피아 그라나도스 다음과 같이 밝혔다.

미국 경제의 251개 분기 동안의 자료는 침체가 이윤의 감소에 선행한다는 것
을 보여준다. 침체가 일어나기 4~5분기 전에 이윤의 성장이 멈추고 감소하
기 시작한다. 이윤은 침체 직후에 강하게 회복된다. 투자는 이윤율에 의해
서 많이 결정되고 투자는 수요의 주요 요소이기 때문에, 이윤의 감소는 투
자의 감소를 낳고, 그 결과 수요의 감소로 이어지는데, 이는 침체의 인과관
계의 기본 체계인 것으로 보인다.[42]

세르지오 카마라 이즈퀴에르도(Sergio Camara Izquierdo)도 역시 "최근의 두
침체에 앞서 이윤율 순환에서 큰 하락이 대체로 있었다… 이윤율의 순
환적 급락은 틀림없이 1930년대 이후 가장 심각한 경제침체에서 중요한
유발 요인이다."[43]

1963년 이후 5번의 경제침체가 있었다. 1974~75, 1980~82, 1990~92,
2001, 2008~2009년이 그것이다. 각각의 경우 이윤율이 경제 침체가 있
기 적어도 1년 전에 꼭짓점을 찍었고, 대부분의 경우 침체가 일어나기
3년 전까지 상승했다. 각각의 경우에(아주 약했던 2001년 침체는 제외) 이윤량의
감소에서 경제 침체로 이어지거나 이윤량의 감소와 경제 침체가 함께
일어났다. 이는 대침체에서도 분명하게 나타난다. 2002~2006년 이윤
율의 상승과 이윤량의 증가가 있었다. 하지만 이윤율은 1997년부터 여
전히 하강 순환에 있었으며, 2006년부터 계속 이윤율은 하락하기 시작
했으며 이윤량은 감소하기 시작했다.

---

42 Granados, "Does Investment Call the Tune?"
43 Izquierdo, "Short and Long Term Dynamics of the US Rate of Profit."

신용의 역할

이는 금융부문과 특히 신용의 규모와 변동이 자본주의 위기에서 어떤 역할도 하지 않는다는 것을 의미하지 않는다. 반대로 신용의 성장과 가공자본(마르크스가 주식, 채권, 다른 형태의 화폐 자산에 대한 투기적 투자라고 불렀던 것)은 정확히 실물 자본의 축적에서 일어나는 이윤율 하강 압력을 벌충하기 위해 강화된다.

이윤율 하락은 투기를 촉진한다. 자본가들이 상품을 생산하여 충분한 이윤을 벌지 못할 때, 증권시장에 투기하거나 다른 다양한 금융수단을 구입한다. 자본가들은 거의 동시에 이윤율 하락을 겪기 때문에, 이런 주식과 자산들을 동시에 구입하기 시작하면서 가격을 높인다. 하지만 주식과 다른 금융자산들의 가격이 상승할 때 모든 사람들은 그런 금융 상품들을 구입하고 싶어 한다. 이것이 거품의 시작이며, 1963년 튤립 위기 이후에 되풀이해서 보았던 방식이다.

예를 들어 투기가 주택에서 일어난다면, 이는 노동자들이 버는 것보다 (자본가들이 가변자본으로서 지출하는 것보다) 더 많은 돈을 빌릴 수 있고 쓸 수 있는 선택권을 창조하며, 이런 방식으로 '실현 문제'는 해결된다. 조만간 투자자들이 그런 자산들의 가치가 구매한 가치에 미치지 못한다는 것을 알게 될 때, 거품은 터진다. '실현 문제'는 거품 전에 비해 확대된 형태로 다시 나타난다. 이제 노동자들은 이자와 함께 대출을 갚아야만 하고 그래서 버는 것 보다 더 적게 써야만 한다. 그 결과는 처음에 임시로 피했던 것보다 훨씬 더 심각한 과잉생산이다.

근본 문제는 여전히 이윤율 하락이며, 이는 투자 수요를 떨어뜨린다. 기초 경제가 건강하다면, 거품 폭발이 반드시 위기를 일으키지 않으며, 그렇더라도 적어도 단지 짧은 위기를 일으킨다. 노동자와 자본가가 대출

이자를 갚을 때 이 화폐는 바로 사라지지 않는다. 어떤 금융 자본가들이 그 이자를 받는다. 전체 경제가 건강하고 이윤율이 높다면 이자상환에서 생겨난 수입은 어떤 방식으로든 생산에 재투자될 것이다.

어떤 마르크스주의자들은 2007년 신용경색과 뒤이은 대침체는 고전적인 마르크스주의 이윤율 위기가 아니라고 주장했다. 마르크스 역시 공황의 원인을 금융으로 보았을 수 있다. 마르크스가 여러 종류의 화폐공황을 구별한 것은 사실이다.[44]

더 나아가 어떤 이들은 최근 위기는 자본주의의 전혀 새로운 발전(금융자본의 세계화와 자본주의 경제에 대한 금융자본의 압도적인 지배)의 산물이라고 주장한다. 그래서 마르크스의 이윤율 법칙은 더 이상 관련이 없다는 것이다. 하지만 금융 세계화는 전혀 새롭지 않다. 1875년에 은행가 카를 폰 로스차일드(Karl von Rothschild)는 '하나의 도시가 되어 가는 전 세계'에 은행 붕괴를 떠안겼다. '실물'경제와 증권시장 및 신용의 상호의존은 새로운 것이 아니다.

미국 국내총소득에서 금융부문과 보험부문으로 가는 몫이 1947년 2.3%에서 2006년 7.9%로 급격하게 증가했다. 하지만, 앨런 그린스펀 (Alan Greenspan)이 말했듯이 2008년과 같은 규모의 위기 없이 60년 동안 금융부문이 팽창해 왔다면 금융부문의 성장을 대침체의 원인이라고 말할 수 있을까?

자본주의 경제의 비생산 부문(예, 금융)에서 인공적이고 일시적인 이윤의 팽창(inflation of profits)은 자본주의 경제를 지속시키고, 생산부문의 이윤

---

44 "모든 일반적 산업 및 상업공황의 특정 국면으로서 정의되는 화폐공황은 역시 화폐공황이라고 불리는 특수한 종류의 공황과 분명하게 구별되어야 한다. 후자의 화폐공황은 경제의 나머지 부문과 상관없이 나타날 수 있으며, 그 결과로서만 산업과 상업에 영향을 줄 수 있다. 이런 화폐공황의 중심점은 화폐자본에 있으며, 그러므로 직접적으로 영향을 미치는 부문은 은행, 증권시장, 금융이다." Karl Marx, *Capital*, vol. 1 (1867; London: Penguin, 2004).

율 하락을 벌충하는데 도움을 준다. 그러면 공황때 자신의 빚을 갚는데 자금을 조달하지 못하는 채무자의 비중이 점점 늘어나 결국 채무불이행을 초래하고, 금융부문에서 위기가 폭발한다.[45]

마르크스의 법칙은 자본주의 체제는 금융부문에서 '기술적 고장(technical malfunction)'을 겪을 뿐만 아니라 생산부문에 내재한 모순, 즉 자본 스스로 만드는 성장의 장벽을 가지고 있다는 것을 보여준다. 이것으로부터 결론을 내리면 자본주의 체제는 호황과 침체가 없는 지속적인 경제성장을 이룰 수 있게끔 '고칠 수 있는' 것이 아니며, 이 체제는 다른 체제로 바뀌어야만 한다.

---

45 "기본 요점은 금융위기는 경제의 생산 기반이 축소됨으로써 일어난다는 것이다. 그리하여 어떤 시점에 금융 및 투기 부문에서 갑작스럽고 엄청난 수축에 도달한다. 마치 금융 및 투기 부문에서 위기가 생겨난 것처럼 보이더라도 궁극 원인은 생산부문에 있으며, 이 부문에서 일어나는 이윤율 하락이다."Carchedi, *Behind the Crisis*

제2장

19세기 종반의 장기불황

따라서 1870년대의 '대불황(great depression)'은 순전히 미신, 즉 전체 물가가 전체 기간 동안 급격하게 하락했다는 사실을 잘못 해석하여 생긴 미신이라는 것이 분명하다.
　　　　　　　　　　　　　　　　　　　　－머리 로스버드(Murray Rothbard)[1]

19세기의 마지막 4반세기에서 낮은 수준의 이윤율을 가지고 우리는 1880년대와 1890년대 산업 성장의 둔화를 설명하는 데 충분히 강력한 이유를 가지고 있다.
　　　　　　　　　　　　　　　　　　　　－아서 루이스(Arthur C. Lewis)[2]

　다음 몇몇 장들에서 마르크스의 법칙이 19세기 종반 불황, 1930년대 불황, 2008~2009년 대침체 이후 이어지고 있는 현재의 장기불황에 대해 명확한 설명을 제공할 수 있다는 것을 보여줄 것이다. 더욱이 이는 현재 또는 역사상 주류경제학이 제공한 것보다 뛰어난 설명이다. 1880년대와 1890년대 주요 경제국에서 일어난 불황을 가지고 시작하자.

1　Murray Rothbard, *Economic Depressions: Causes and Cures* (Lansing, MI : Ludwig von Mises Institute, 1969).

2　Arthur C. Lewis, *The Deceleration of British Growth 1871~1913*, Development Research Project, Woodrow Wilson School, Princeton University, 1967.

금융공황인가?

19세기 종반 장기불황은 금융공황으로 시작했다. 1873년 공황은 '진정한 첫 번째 국제 위기'로 묘사된다.[3] 이는 1873년 5월 빈 증권시장이 붕괴하면서 유럽 중심에서 시작되었다. 그리고 나서 이는 쿠크앤코의 금융회사가 북태평양철도 투자로 파산한 뒤에 일어난 검은 목요일에 미국으로 퍼졌다.[4]

쿠크스(Cooke's)는 북태평양 철도에 10만 달러를 투자했지만 채권 발행으로 기금을 모으는데 실패했는데, 철도 호황이 끝나갔기 때문이다. 남북전쟁 후 철도 호황은 1869년에 완성된 대륙횡단철도에서 절정을 이루었다. 이는 철도 산업이 (농업 외에) 미국 경제에서 가장 많은 고용을 하는 산업이었고, 선도 부문이었다는 점에서 특히 중요하다.

쿠크스의 붕괴 뒤에 곧이어 다른 주요 은행들의 붕괴가 뒤따랐다. 뉴욕증권거래소가 10일 동안 폐쇄되었다. 유럽에 금융위기가 다시 왔는데, 이는 빈에 2차 공황을 촉발했고, 사그라들기 전까지 유럽 전역에 더 많은 파산을 일어나게 했다.

어떤 이들은 이 불황이 1870년 프로이센·프랑스(보불) 전쟁(Franco-Prussian War)으로 촉발되었다고 주장하는데, 이 전쟁으로 프랑스가 독일에 대규모 전쟁 배상금을 지불해야 했기 때문에 프랑스 경제가 타격을 입었다. 다른 이들은 남북전쟁 후 미국이 금본위제를 회복하기 위해 취했던 긴축통화정책이 미국 불황의 주요 원인이었다고 주장한다. 미국 정부는 그 목표를

---

3 David Glasner and Thomas Cooley, "Crisis of 1873," in *Business Cycles and Depressions*: An Encyclopedia, ed. David Glasner (New York: Garland, 1997). 1857년 침체가 첫 번째 국제 침체라고 강하게 주장되기도 한다.
4 Ron Chernow, *Titan* (New York: Vintage Books, 1998).

달성하기 위해서 통화를 유통에서 빼냈으며, 따라서 거래를 하기 위한 화폐가 부족했다. 이 정책 때문에 은의 가격이 하락하기 시작했고, 이는 자산 가치의 상당한 손실을 일으켰다.

다른 이들은 남북전쟁에 자금을 대기 위해 발행한 달러 지폐와 관련된 자금 조달의 투기적 성격과 1869년까지 유니언퍼시픽철도(Union Pacific Railroad) 건설에서 있었던 만연한 사기에 집중한다. 유니언퍼시픽철도와 북태평양철도 모두 경제 붕괴의 초점이다. 1870년대에 독일은 재통합된 지 얼마 되지 않았고, 통화동맹(currency union)이 유럽 중심에서 형성되어 있었다. 1873년 붕괴에 선행하는 시기 동안 도이체방크(Deutsche Bank) 같은 새로운 산업은행이 설립되어 있었고, 세계 채권시장은 철도 호황을 부채질하고 있었다. 뒤이은 신용경색(credit squeeze)은 세계로 퍼져갔다.

신용경색인가?

1873년 공황과 뒤이은 장기불황의 원인은 정말 단지 금융과 관련된 것인가? 통화주의자(monetarist)들은 불황이 금본위제를 무너뜨린 금의 부족 때문에 일어났고, 1848년 캘리포니아 골드러시와 남아프리카의 비트바테르스란트(Witwatersrand) 골드러시와 1896~99년 클론다이크(Klondike) 골드러시가 그런 위기를 완화하는데 이바지했다고 믿는다.

1873년 공황은 새로운 금본위제의 도입으로 촉발되었다. 이 금본위제는 달러 유동성을 줄였고, 따라서 달러 유동성은 수요와 함께 팽창하지 못했고, 이는 장기불황 전체 시기를 괴롭혔던 일련의 경제 축소와 통화 수축을 일으켰다.

금융공황은 자산을 매각하고 자본 준비금을 늘리려고 하는 시도 때문에 재앙적인 부채 축소(deleveraging)를 촉발했다. 이런 매각은 자산 가격의 붕괴와 물가하락(deflation)을 낳았고, 이는 또 금융기관들로 하여금 더 많은 자산을 매각하도록 했고, 그 결과 물가하락이 더 커졌고, 자본 비율을 수축시켰다. 1930년대 주요 통화주의 경제학자였던 어빙 피셔(Irving Fisher)는 1870년대에 정부 또는 민간 기업이 금융시장을 팽창시키는 노력을 했었다면, 불황이 심하지 않았을 것이라고 믿었다.[5]

불황은 없었다!

오스트리아 학파 경제학자들은 불황이 있었다는 것을 부정한다. 그들은 이 시기의 성격을 불황으로 규정하는 것에 문제를 제기하는데, 경제 통계가 상충하기 때문에, 그렇게 해석하는 것에 의문을 불러일으킨다고 이유를 댄다. 그들은 이 시기에 산업, 철도, 물리적 산출물, 국민순생산, 1인당 실질소득에서 상대적으로 큰 확대를 보인다고 말한다.

1869년에서 1879년까지 미국의 실질국민생산 성장은 매년 6.8% 상승했는데, 1인당 실질 생산은 매년 4.5% 상승했다. 오스트리아 학파 경제학에 따르면 통화 공급이 증가하고 있었기 때문에, 주장되고 있는 '통화 수축'도 일어나지 않았다.[6] 또 한 번의 통화팽창이 폭발하기 전, 1873년부터 1878까지 은행 화폐의 총 공급은 13.1% 증가했고, 매년 2.6% 늘었다. 그래서 수축은 거의 없었다. 1873년에서 1879년까지 1인당 명목 소득은 아주 서서히 떨어졌지만, 그 감소는 그다음 17년 동안에 서서히 늘어

---

5 Glasner and Cooley, "Crisis of 1873"에서 인용.

6 Milton Friedman and Anna Schwartz, *A Monetary History of The United States, 1867~1960* (Princeton, NJ : Princeton University press, 1971).

나면서 증가로 역전되었다. 더욱이 1인당 실질소득은 대략 불변(1873~80, 1883~50)이거나 증가(1881~82)했고, 그리하여 평균 소비자는 불황 전보다 불황 말에 상당히 더 잘 살았던 것으로 나타났다.

미국, 독일, 프랑스, 이탈리아를 포함해서 다른 국가들에 대한 연구에서도 역시 1인당 소득의 명목과 실질 수치 모두 더욱 두드러진 양의 값 추세로 보고 되었다. 1870~90년 사이에 5대 철 생산 국가의 철 생산이 두 배가 넘게 증가하여 1,100만 톤에서 2,300만 톤이 되었고, 철강 생산은 20배 증가했고(50만 톤에서 1,100만 톤으로), 철도 개발은 호황을 이루었다.

1877년 로버트 기펜(Robert Giffen)[7]은 전례 없이 심각한 불황이 진행되고 있다는 '보편적 인상(common impression)'과 다른 생각을 가졌다. 그는 "보편적 인상은 잘못된 것이고 사실은 정반대이다."라고 주장했다. 그는 영국의 해외무역의 감소와 연속된 흉작(꽤 심각했음)에도 불구하고 "전체 공동체는 이 모든 탈을 벗겨내면 정말 가난하지는 않았다."고 주장했다. 자신의 관점을 뒷받침하기 위해 그는 1880년에 시작하는 1인당 세후 소득과 1인당 명목 임금의 상승 추세를 보여주는 통계를 발표했다.

물가하락

다른 한편 실질소득 상승의 이유는 물가가 붕괴했었기 때문이다. 1894년 곡물 가격이 1867년의 단지 1/3이었고, 면 가격은 1872년에서 1877년까지 고작 5년 동안에 거의 50% 하락했는데, 이는 농부들과 농

---

7 Robert Giffen, Essays on Finance, 2 vols. (London : George Bell and Sons, 1884); R. S. Mason, *Robert Giffen and the Giffen Paradox* (Lanham, MD : Rowman and Littlefield, 1989).

장주들한테 커다란 어려움을 안겨주었다. 이런 붕괴는 프랑스, 독일, 미국과 같은 많은 국가들에서 보호주의를 유발했고, 반면에 이탈리아, 스페인, 오스트리아-헝가리 제국, 러시아 같은 다른 나라들에서 대량 이민을 촉발했다. 마찬가지로 철의 생산이 1870년대와 1890년대 사이에 두 배로 늘어, 철의 가격은 절반으로 하락했다. 따라서 실질 산출액이 증가하면서 물가는 폭락했다. 확실히 그때의 인상은 '유례없이 지속된 물가하락'[8]이었으며, 영국의 도매물가지수는 4반세기도 안 되는 기간 동안 그 수치의 1/3 수준에 가깝게 하락했다. 많은 이들은 이렇게 '사람들의 기억 속에 있는 가장 급격한 물가하락'[9]이 조시아 스탬프(Josiah Stamp)가 말한 '상업에서 만성 불황'[10]의 증거와 원인이었다고 생각했다.

오스트리아 학파 경제학자 머리 로스버드(Murray Rothbard)는 물가하락이 불황을 만들었다는 생각을 기각했다.[11] 따라서 그는 "그러므로 1870년대 '대불황'은 순전히 미신인데, 일반 물가가 전체 시기 동안 급격하게 하락했다는 사실을 잘못 해석하여 만들어진 미신임이 분명하다."고 결론 내렸다. 머슨(A. E. Musson)도 비슷하게 주장했다.[12] 신자유주의 경제학자 조

---

8 David Landers, *The Unbound Prometheus* (Cambridge : Cambridge University Press, 1969).

9 Landes, *The Unbound Prometheus*.

10 Josiah Stamp, *Criticism and Other Addresses* (London : E. Benn, 1931).

11 "유감스럽게도 대부분 역사학자들과 경제학자들은 지속적이고 급격한 물가하락이 불황을 초래했다는 것이 틀림없다고 믿도록 길들여져 있다. 그런 이유로 이 시기 동안 명백한 번영과 경제성장에 그들은 놀라워한다. 그들은 보통의 경우 정부와 은행체계가 통화 공급을 아주 재빨리 늘리지 않을 때는 자유시장 자본주의는 생산 및 경제성장의 커다란 증가를 낳아서 통화 공급의 증가를 압도한다는 것을 간과했다. 물가가 하락한다면, 그 결과는 불황이나 정체가 아니라, 번영(비용도 하락하기 때문에)과 경제성장과 모든 소비자들한테 향상된 생활수준의 확산이 될 것이다." Rothbard, *Economic Depressions*.

12 "물가는 하락했지만, 거의 다른 모든 경제활동 지수, 즉 석탄과 선철의 산출액, 선박건조 용적톤수, 원모와 면의 소비, 수입 및 수출 수치, 선박 입항서 및 결제, 철도화물 결제, 주식회사 설립 실적, 영업이익, 밀·육류·차·맥주·담배의 1인당 소비 등 이 모든 것은 상승 추세를 보여주었다." A. E. Musson, "The Great Depression in Britain 1873~96 : A Reappraisal," *Journal of Economic History* 19 (1959), 199-228.

지 셀긴(George Selgin)은 로스버드를 좇아서 물가의 어떤 하락도 생산성 증가 때문이었지 물가하락 불황(deflationary depression) 때문이 아니었다고 주장했다.[13]

장기불황이 실제로는 대단한 기술진보의 시기였다는 주장은 데이비드 에임스(David Ames)가 1890년에 쓴 글에서 처음 제시했다.[14] 그는 세계 경제가 제2차 산업혁명으로 이행하는 변화를 겪고 있다고 해석했는데, 그 혁명의 내용으로 3단 팽창기관 기선, 철도, 국제 전신망, 수에즈 운하의 개통 같은 무역에서 변화를 서술했다. 그는 다양한 산업에서 일어난 생산성 증가의 예를 들었고, 과잉 설비와 시장 포화의 문제를 논의했다.

웰스(Wells)는 물가하락은 단지 공장 제조 방법 및 운송 방법의 개선으로 혜택을 입은 재화의 비용 감소에만 있었다고 언급했다. 장인들이 생산한 재화는 가치가 하락하지 않았으며 또한 많은 서비스에서도 가치하락이 없었고, 노동의 비용은 실제 증가했다. 또한 현대 제조업·교통·통신을 갖추지 못한 국가들에서는 물가하락이 일어나지 않았다.[15]

그래서 1870년대 장기불황은 그런 것이 아니었다. 렌딩 펠스(Rending Fels)는 "1873~79년은 꽤 요동을 쳤지만, 그 후에 세계 경제는 물가하락에 적응했다. 이 시기는 인간 역사에서 가장 효율적인 시기였으며 현대의 기반이 되었다."[16]고 말했다.

---

13 "적어도 1870년대에 시작된 물가하락의 대부분은 유례없는 요소 생산성 발전의 반영이다. 대부분 최종재의 실질 단위 생산비용은 19세기 전체 기간에 지속적으로 하락했으며, 특히 1873년부터 1896년까지 그렇다. 이전의 어떤 시기에도 그 적용이 그렇게 전반적이고 그 영향이 철저 했던 '기술진보의 성과'가 없었다." George Selgin, *Less than Zero: The Case for a Falling Price Level in a Growing Economy* (London : Institute of Economic Affairs, 1997).

14 David A. Wells, *Recent Economic Changes and Their Effect on Production and Distribution of Wealth and Well-being of Society* (New York : Appleton, 1890)

15 Tyler Cowan, "The Deflation of 1873~1896," marginal revolution, August 18, 2011, http://marginalrevolution.com/marginalrevolution/2011/08/the-deflation-of-1873-1896.html.

수정주의 재론

하지만 장기불황에 대한 이런 장밋빛 수정주의자들의 관점이 정말 옳을까? 1873년에서 1897년까지 실질 국내총생산이 계속해서 증가했고 1인당 실질소득도 증가했다는 것은 사실이다. 하지만 대부분 국가들에서 1873~97년 시기와 그보다 앞선 시기 또는 그보다 늦은 시기와 비교하면 성장률이 크게 하락했다. 그림 2.1은 미국의 1인당 국민총생산 자료를 보여주는데, 1880년대와 1890년대 동안 둔화가 분명하게 나타난다.

장기불황은 여러 국가들에 다양한 시기에 다양한 정도로 영향을 미쳤고, 몇몇 국가들은 어떤 시기 동안 빠른 성장을 이루었다. 그러나 세계적으로 1870년대, 1880년대, 1890년대는 물가수준의 하락 시기였고, 경제성장률은 그전 시기나 그 후 시기보다 상당히 낮았다.[17]

1873~90년 독일의 산업생산 성장률은 1850~73년보다 33% 둔화되었다. 1890년 후부터 제1차 세계대전까지 보다는 30% 둔화되었다. 영국은 1873~90년에 1850~73년보다 45% 둔화되었고 그 후 시기보다는 15% 둔화되었다. 미국은 1873~90년에 1850~73년보다 25% 둔화되었고, 그 후 시기보다는 12% 둔화되었다. 프랑스는 1873~90년에 1850~70년보다 24% 둔화되었고, 그 후 시기보다는 52% 둔화되었다. 1870~90년 실질 국내총생산은 모든 나라(러시아 제외)에서 증가했다.[18] 하지만 프랑스에서 실질 국내총생산은 1850~70년에 42% 상승

---

16 Rendigs Fels, *American Business Cycles, 1865~1897* (Chapel Hill: University of North Carolina Press, 1959).

17 Andrew Tylecote, *The Long Wave in the World Economy* (London: Routledge, 1993).

18 Paul Kennedy, *The Rise and Fall of the Great Powers* (Waukegan, IL: Fontana Press, 1989).

하여, 1870~90년 단 17% 상승과 비교된다. 영국의 실질 국내총생산은 1850~70년 57% 증가했고, 1870~90년 50% 증가했다. 독일의 실질 국내총생산은 1850~70년 61% 증가했고, 1870~90년 59% 증가했다.

미국에서 불황의 증거는 철도 건설에서 가장 극적으로 보이는데, 이 부문에서 1873년 금융공황이 있었다. 실제로 남북전쟁 후 철도 건설 호황은 1871년이 꼭짓점이었지만, 철도 건설의 감소가 빠르게 일어났는데, 1872년 6,000마일에서 1873년에 겨우 4,000마일을 넘겼고, 그러고 나서 1875년에 2,000마일 미만으로 더욱 감소하여 바닥에 도달했다. 철도 건설은 1875년 후에 회복하기 시작했지만 아주 잠깐이었고, 1876~78년 시기에는 기본적으로 저조하고 낮은 상태로 있었는데, 3,000마일 주변에서 변동했다. 단 1879년에 다시 철도 건설이 5천 마일까지 급증했고, 지금까지 철도건설에서 가장 중요한 시기라고 밝혀진 1880년에 역사상 가장 큰 급증이 뒤따랐으며, 1890년대는 거의 완전한 붕괴로 이어졌다.

19세기 종반 장기불황은 단순한 경제 교착상태의 이야기가 아니다. 사실 그것은 (자본주의에서 일어나는 모든 미래의 불황들이 가질 수 있는 특징들처럼) 지속적인 빠른 경제성장을 다시 시작하기 위해 과잉 자본 저량의 가치파괴나 부채 감소가 반드시 일어나야만 하는 긴 시기였다. 카르멘 라인하르트(Reinhardt)와 케네스 로고프(Rogoff)는 전체 금융부문과 관련되는 위기/침체와 그렇지 않는 위기/침체를 구별했는데, 전자는 회복이 훨씬 길고 더디다. 그들은 미국 경제에서 그런 사건을 세 가지로 열거 했는데, 1870년대, 1930년대, 현재인데, 아마도 현재 상황은 1870년대 사건과 가장 닮은 것 같다.[19]

---

19 Carmen M. Reinhart and Kenneth S. Rogoff, *This Time is Different: Eight Centuries of Financial Folly* (Princeton, NJ : Princeton University Press, 2009).

본질적으로 18세기 종반과 19세기 초반에 일어났던 기술 및 기업 조직에서 일체의 혁신은 그 잠재력을 소진시켜서 생산성을 높였으며, 1860년대까지 높은 성장을 낳았다. 이는 과잉투자를 낳았는데, 이런 투자 가운데 많은 부분이 비생산적이고 투기적이었고, 1870년대 초반까지 채무의 커다란 증가로 이루어졌다.

이런 의미에서 어빙 피셔가 옳다. 그것은 많은 투자에서 대출을 상환하지 못할 것이고, 그 결과로 지속적인 디레버리징(deleveraging 대출상환 또는 부채탕감)이 필요할 것이라는 인식 때문에 초래된 위기였다. 동시에 기술 및 조직 혁신의 폭발이 있었다. 이는 생산성을 높였고, 많은 새로운 상품을 창조했지만 오래된 산업이 축소되면서 또한 아주 폭넓은 조정으로 이어졌다. 세계 경제의 중심 이동이 일어났는데, 독일과 미국 같이 발전하는 지역으로 향했다.

영국과 미국의 차이

사실 19세기 장기불황으로 경제력의 주도권이 영국에서 미국과 독일로 이동하는 과정이 시작되었다. 산업 생산 관련 비교 자료에서 보여주듯이 영국의 산업은 1873년에서 1896년까지 부진했고, 특히 1880년대에 시작된 제철 같은 '기간산업'에서 그랬다. 이렇게 곤란을 겪은 부문들은 구조적 실업 증가의 원천이었고, "호혜"와 "공정거래" 요구를 불러일으키고[20], 왕실과 의회의 여러 조사를 유발하면서 "사업가들이 지속적으로 부침을 겪은" 원천이었다.[21]

---

[20] Musson, *The Great Depression in Britain*, 227.

그림 2.1 1869~1918년 미국 1인당 실질국민총생산(2009년 달러 기준)

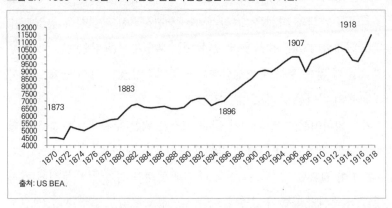

출처: US BEA.

1920년대 영국의 주요 주류경제학자인 아서 피구(Arthur Pigou)는 역설적인 것은 19세기 말에 연장된 불황이 있었다고 한다면, 영국에서 이는 장기불황의 시기 동안에 일어난 것이 아니라 그 뒤의 시기에 일어났다고 지적했는데, "1896년 전 20년 동안 일반 물가는 하락 추세였고, 실질임금률은 상승했지만, 90년대 종반에 물가 추세의 역전이 실질임금의 상승 변동의 억제와 함께 일어났다. 사실, 낮은 임금 일자리에서 높은 임금 일자리로 이동을 제외하고는 임금률은 90년대 종반과 제1차 세계대전 사이에 실제로 하락했다."[22]고 했다.

영국은 1890년 후 주요 강대국들 가운데 가장 낮은 성장률을 가졌으며, 장기불황 때보다 거의 높지 못했다.[23]

페인스타인(Feinstein)은 영국에서 국민소득에 차지하는 비율로서 국내순투자는 1857년 4.2%였고, 그리고 상승하여 1873년에 6%였고, 그러고 나서 다시 급격히 떨어져서 1882년에 3.4%였고, 그 뒤에 1897년까지

21 H. L. Beales and R. S. Lambert, *Memoirs of the Unemployed* (London : Victor Gollancz, 1934).

22 Arthur Pigou, *Industrial Fluctuations* (London : Macmillan, 1927), 27.

23 Lewis, *Deceleration of British Growth*, 11-12.

회복했다.[24] 그런 후 하락이 시작되었고, 국민소득 대비 순투자는 하락하여 1913년에 4.3%가 되었다.[25]

위대한 경제학자이면서 역사학자였던 아서 루이스(Arthur Lewis)는 장기불황과 그 후 시기 영국 경제의 상대적인 축소에 대해 통찰력 있는 해석을 제공했다. 아서 루이스는 1870년에서 1890년까지 영국 경제에 장기불황이 있었다는 관점을 지지했다. 더욱이 그는 1913년까지 내내 영국 경제가 다른 산업 강대국에 비해 나빠졌다는 것에 동의했다.

영국 자본주의는 1873년 공황 전에 "성숙한 경제"였는데, 1851년 대영박람회(Great Exhibition) 때까지 노동력의 37% 정도가 산업과 광업에 참여하고 있었다. 하지만 산업을 촉진할 값싼 노동력의 부족이 1873년 이후 산업생산에서 성장 둔화의 원인은 아니었다. 원인은 자본주의 생산의 핵심에 있었는데, 투자다.

아서 루이스는 장기불황 동안 명목임금이 하락하지만 물가가 더 많이 하락하면서 실질임금은 이윤을 대가로 높게 유지되어 있었다는 것을 보여준다. 그는 영국 산업에서 잉여가치율이 1873~83년 74%였지만, 그러고 나서 1883~89년 69%로 하락했고, 1889~99년 66%로 떨어졌고, 그 뒤 1899~1907년과 1907~13년에 각각 83%로 회복되었다고 보여준다.[26]

그래서 1880년대는 이윤이 아주 나쁜 시기였고 그 결과 자본투자도 그러했다. 아서 루이스가 언급하듯이[27], 영국 자본주의는 다른 국가들에 비해 심하게 고통을 겪었다. 제조품에서 영국이 차지하는 세계무역의 몫

---

24 C. Feinstein, "British Economic Growth 1700~1831," *Economic History Review* (1983), 374.

25 Lewis, *Deceleration of British Growth*, 17.

26 E. H. Phelps-Brown and P. E. Hart, "The Share of Wages in National Income," *Economic Journal* 62, no. 246 (1952), 253-77; Lewis, *Deceleration of British Growth*, 26.

은 1883년 37%에서 1913년 25%로 떨어진 반면, 독일의 몫은 17%에서 23% 증가했고, 미국의 몫은 1883년 고작 3%에서 1913년 11%로 늘었다. 영국의 제조품 수출은 1873부터 1883년까지 매년 2.7% 성장했지만 1883년부터 1889년까지는 매년 1.9% 둔화되었고, 수입은 매년 3.8%에서 매년 4.5% 증가했다. "영국은 해외 시장 뿐만 아니라 국내 시장도 잃었다."[28]

불황과 경기순환

아서 루이스는 장기불황이 있었다는 결정적인 증거를 제시했다.[29] 그는 수정주의자들과 대조되게 장기불황 동안 몇 차례의 침체가 있었고, 1873년 후에 침체들은 분명하게 악화되었다고 주장했다. 아서 루이스는 생산이 "불황전 성장률의 꼭짓점을 넘어서는" 수준으로 돌아가는데 걸리는 시간으로 이 침체들의 강도를 측정했다. 그는 1873~73년에 그 시간이 약 3년에서 4년이 걸렸다고 밝혔다. 하지만 1873~99년에는 그 시간이 6년에서 7년이 걸렸다. 그는 또한 침체들 동안 산출액의 손실, 즉 실제 산출액과 성장 추세가 계속되었을 경우 있을 수 있는 산출액의 차이를 측정했다. 잠재 산출액 손실은 1853년은 단지 1.5%였는데, "침체들

---

27 "19세기 마지막 사반세기의 낮은 이윤수준은 1880년대와 1890년대 산업성장이 둔화한 이유를 말해주는 충분하고 강력한 설명을 제공한다. 우리는 또한 낮은 국내 이윤을 가지고 영국의 해외 투자, 즉 왜 영국이 그렇게 많은 자본을 해외에 쏟아 부었는지에 대한 해답을 얻을 수 있다… 임금과 물가가 이윤을 압박했기 때문에, 1880년대에 국내 산업은 아주 수익이 없었다." Lewis, *Deceleration of British Growth*, 28.

28 Lewis, *Deceleration of British Growth*, 28.

29 Lewis, *Deceleration of British Growth*, 95, table on composite industrial production index to highlight key recessions and booms.

이 짧고, 약했기 때문이다." 1873~83년에 잠재 산출액 손실은 4.4%였고, 1883~99년은 6.8%, 1899~1913년에는 5.3%였는데, "1873년 이후 침체들은 꽤 난폭했고 길었기" 때문이다. 침체들은 더 길었는데, 왜냐하면 (다른 국가들 중에서도) 영국은 장기침체에 빠져 있었기 때문이다.[30] 1873년의 초기 침체(또는 금융공황)가 있고나서 몇 년 뒤에 다른 침체들이 일어났는데, 1876년 침체, 1889년 침체, 1892년 침체가 그것이다. 따라서 장기불황 동안 침체들에서 산출액 손실은 2-3배 더 컸다.

영국에서 장기불황은 또한 건설 산업의 침체라는 특징을 가진다. 산업에서 일어난 둔화를 만회하기 위해 시도되었던 건설 호황은 결국 1877년에 부진해졌다. 보통 건설 경기 순환은 약 8년으로 구성된다.[31] 장기불황에서 1903년까지 호황으로 회복이 없었다. 아서 루이스가 언급하듯이 "산업 생산이 둔화했다. 이는 다시 건설에서 장기불황을 낳았다. 건설 불황은 산업 생산을 훨씬 더 많이 감소시켰다."[32] 그 원인은 금본위제와 같은 화폐 요인이 아니었다.[33]

---

[30] "물가하락을 배경으로 해서 일어나는 침체들은 물가상승을 배경으로 해서 일어나는 침체들보다 더 길게 지속되기 마련이다… 침체가 더 길게 지속될수록 물가는 더 많이 하락하며, 따라서 다시 상승하는데 더 큰 어려움이 있다." Lewis, *Deceleration of British Growth*, 43.

[31] 나의 책 Michael Roberts, *The Great Recession* (London Lulu, 2009)에 있는 건설 경기 순환의 길이에 대한 설명과 쿠즈네츠 순환(Kuznets cycle)에 대한 언급을 보라.

[32] Lewis, *Deceleration of British Growth*, 45.

[33] 아서 루이스는 "근본적 반론은 이 시기의 은행 화폐의 공급은 금의 공급 변화와 밀접한 관련이 없으며… 은행 화폐, 즉 신용의 공급은 수요 변화에 반응한 것으로 보이며, 은행 화폐의 공급이 수요변화를 일으킨 것은 아니다." 하지만 "우리는 누적된 힘들을 다루고 있다. 불황이 은행 파산을 낳는다면 화폐 공급의 감소는 불황을 악화시키고, 번영이 신용-창조를 낳는다면 화폐공급 확대는 거래확대를 초과할 수도 있고 물가상승을 강화할 수도 있다. 그러나 1873~1913년에 왜 가격이 20년 동안 급격하게 하락했고, 그러고 나서는 그 다음 20년 동안 그런 변동이 반전되었는지 설명할 수 있는 이유를 1873~1913년 화폐 역사에서 앞에서 얘기한 두 가지 가운데 어떤 것도 찾을 수 없다… 가격 변동이 화폐 요인 때문이 아니라, 실물 요인 때문이었음이 분명하고, 수요의 동학적 요인은 산업 생산의 빠른 성장이었다." Lewis, *Deceleration of British Growth*, 67.

19세기 장기불황이 자본주의 주요 경제국 각각에 영향을 미친 시기와 심각성의 정도는 달랐다. 아서 루이스에 따르면, 불황에 앞서 1866년부터 1872년까지 모든 지역에서 국제 호황이 있었다. 그러고 나서 1872~73년 의 경기 순환은 아주 국제적이고 동시적으로 움직였다. 물론 "경기순환의 실제 중심은 미국이었다." 아서 루이스는 19세기 장기불황을 다음과 같이 요약한다.

> 1873년에 끝난 커다란 호황 뒤에 19세기의 마지막 4반세기에 총 산업수요 의 둔화가 있었다… 쥐글라르(Juglar) 침체의 유명한 심각함과 지속이었다. 모든 나라에서 쥐글라르 침체의 심각함 정도가 똑같지는 않았으며, 각 국가 들의 번영의 시기도 달랐는데, 이는 건설 호황의 시기에 주로 좌우되었다. 따라서 각 나라들의 쥐글라르 침체는 서로를 어느 정도 상쇄했다. 하지만 앞서 있었던 쥐글라르 침체와 뒤에 있었던 쥐글라르 침체 모두와 비교하면 총 산업 생산에 대한 순 효과가 1873~99년에는 약했다.[34]

진짜 원인: 이윤 감소와 투자 감소

아서 루이스의 분석에서 주요 특징 가운데 하나는 장기불황이 금융공 황으로 촉발되었다고 할지라도 그 원인은 자본주의 경제의 생산부문 문 제에 기초한다는 것이다. 생산문제의 주요 원인을 기업 투자의 둔화에서 찾았다. 아서 루이스는 기업투자의 둔화는 산업의 잉여가치율 하락 때문 에 일어난 것으로 보았다. 이윤이 압박되고 있었다.

---

34 Lewis, *Deceleration of British Growth*, 77.

아서 루이스는 임금이 상승하는 반면에 생산가격을 유지해야 하는 국제 경쟁에 기초한 이윤 압박설을 제시했다. 하지만 더 설득력 있는 해석은 마르크스의 이윤율 법칙에 있다.[35]

19세기 후반의 초까지 영국은 자본주의의 선두 강대국이었다. 영국은 세계 무역에서 가장 큰 몫을 차지했는데, 특히 제조업에서 그랬는데, 이 분야에서 산업 혁신 및 확대의 세계 지도국이었다. 영국은 팍스브리태니커 아래서 세계 지도국을 유지할 수 있는 커다란 식민 제국과 군사력을 가졌었다.

1851년 대영박람회는 영국 자본주의의 우월성을 보여주는 절정이었다. 19세기 후반 동안 영국은 경제력·금융력·군사력·정치력의 선두를 유지했다. 하지만 아서 루이스가 보여주듯이 영국은 특히 미국과 비교하여 그 힘을 잃기 시작했고, 또한 제1차 세계대전까지 시간의 흐름에 따라 유럽(프랑스와 독일)에 비해서도 그 힘을 잃기 시작했다. 그런 의미에서 1850~1914년 동안 영국은 1970년에서 현재까지의 미국과 같은 지위를 누렸다.

마르크스의 자본의 운동 법칙 분석은 주로 영국에 기초한다. 그는 그곳에 살았으며 자본주의를 이해하기 위해 영국의 경제 자료와 사건을 사용했다. 그래서 영국 경제는 19세기 종반 자본주의 축적과 위기에 대한 마르크스의 이론적 타당성을 분석하는데 딱 들어맞았다. 그러나 마르크스에게는 불행이고 우리에게는 행운으로 1855~1914년 영국의 가치 및 잉여가치 생산뿐만 아니라 불변자본 및 가변자본에 관한 훨씬 좋은 자료를 현재 이용할 수 있다.[36]

---

35 이 장에서는 이 법칙을 설명하지는 않고 다만 이 법칙이 19세기 장기불황에서 작동했음을 확인시켜주는 자료를 살펴볼 것이다. 완전한 설명을 원하는 독자들은 제6장을 참고하길 바란다.

우리가 1855~1914년 시기의 자료를 사용하면, 마르크스의 가치 차원의 이윤율과 자본의 유기적 구성 같이 다른 범주들의 값을 도표로 만들어서 마르크스의 이윤율 저하 경향의 법칙이 19세기 대부분 선진 자본주의 국가들한테 적용되는지 확인할 수 있다.

첫째, 1855에서 1914년까지 30년 이상 기간 동안 영국 경제의 마르크스주의 이윤율은 바닥에서 바닥의 순환으로 움직였고, 1855년에서 1871년까지는 상승국면이었다. 이 시기는 영국 자본주의와 세계 자본주의에서 호황기였으며, 아주 적은 침체가 있었지만 그것도 약했다. 1857년 국제 침체가 지나간 뒤 마르크스와 엥겔스는 자신들의 글에서 장기 호황에 관해 불평을 했었는데, 이 시기는 1848년 혁명으로 절정이 된 치열한 계급투쟁의 시기였던 1830~48년과 같지 않았기 때문이다.

1855~71년 상승국면 뒤에 1871~93년의 하강국면이 이어졌다. 1893년 후부터 1914년 제1차 세계대전 발발까지 이윤율의 상승국면이 있었다. 그러나 1900년 정도에 이윤율은 꼭짓점에 도달했고 1900년부터 전쟁 발발까지 (급격한) 순 하락이 있었다.

이 자료는 19세기 장기불황 동안 잉여가치율의 하락이 있었다는 아서 루이스의 주장을 확인시켜준다. 잉여가치율의 지속적 하락이 있었다. 하지만 같은 기간에 이윤율은 변동했다(그림 2.2를 보라).

이 자료는 1855~1914년 영국 자본주의에서 이윤율 순환의 주요 원인이 자본의 유기적 구성의 변동이라고 보여준다. 유기적 구성과 이윤율 사이에 약 0.4의 의미 있는 역관계가 있다. 달리 말하면 유기적 구성이 상승할 때(몇년에 걸쳐서), 이윤율은 결국 하락한다. 자본의 유기적 구성은 1880년대 중반까지 줄곧 높았고, 따라서 이윤율은 하락했다. 1890년대

---

36 자료의 출처에 대해서는 *Roberts, The Great Recession*을 보라.

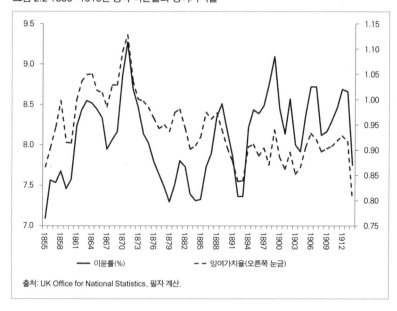

그림 2.2 1855~1915년 영국 이윤율과 잉여가치율

── 이윤율(%)   - - 잉여가치율(오른쪽 눈금)

출처: UK Office for National Statistics, 필자 계산.

중반 불황 동안에 생산수단의 가치 파괴로 자본의 유기적 구성이 급락한 후에 이윤율은 회복되었다(그림 2.3을 보라).

미국 이윤율을 살펴보면 그 변동 모양이 영국과 유사하다는 것을 알 수 있다.[37] 미국 이윤율은 1870년대 종반에 꼭짓점에 도달했는데, 영국보다 늦었다. 또 전환점의 원인은 자본의 유기적 구성으로 나타나는데, 1879년 후 이것이 급격하게 상승하여 이윤율은 하락하여 1880년대 종반까지 저점을 여러 번 갱신했다. 미국 이윤율은 1870년대 수준보다 아주 낮은 수준에 있었지만, 1890년대에서 1906년까지 회복하지 못했다(그림 2.4를 보라).

---

[37] Gérard Deménil and Dominique Lévy, *The U.S. Economy since the Civil War: Sources and Construction of the Series* (Paris: Economix PSE, 1994).

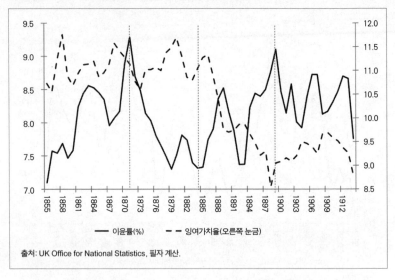

그림 2.3 1855~1914년 영국 이윤율과 자본의 유기적 구성

― 이윤률(%)   - - 잉여가치율(오른쪽 눈금)

출처: UK Office for National Statistics, 필자 계산.

자본 축적률(투자율)이 1870년대 종반부터 1890년대 중반까지 지속적으로 둔화하면서 아서 루이스의 증거를 확인시켜준다.

실재이지 미신이 아니다

장기불황은 실재였지 미신이 아니다. 장기불황은 유럽에서 터져서 미국으로 갔고 다시 유럽에서 터진 커다란 국제 금융공황이 촉발했다. 하지만 그 이후 동시대인들과 주류경제학자들이 주장했던 것처럼 장기불황의 주요 원인은 금융부문에서 찾을 수 없고 또는 화폐 공급 긴축이나 엄격한 금본위제 때문이 아니었다. 원인은 자본주의 경제의 생산부문에 있었다. 산업생산의 성장이 둔화되었는데, 투자가 급감했기 때문이다. 자본 투자의 급감이 일어난 이유는 자본의 이윤율이 1870년대 초반부터

그림 2.4 미국 자본의 유기적 구성비와 이윤율

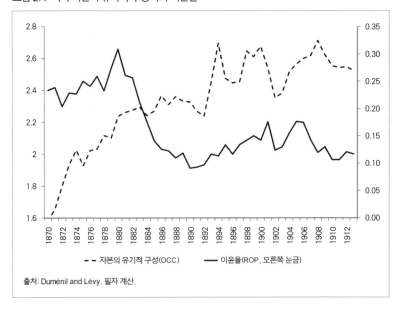

출처: Duménil and Lévy. 필자 계산.

급락하여 1890년대 중반까지 낮은 수준이었기 때문이다. 일련의 침체와 약한 회복이 있었고, 각 국가들은 다양한 수준의 심각함과 회복을 겪었지만, 모든 국가들이 성장 감소, 투자 감소, 물가하락을 겪었으며 무엇보다도 이윤율 하락을 겪었다.

아서 루이스는 1967년 글에서 1873~96년 장기불황은 "독특한 원인들을 가진 독특한 사건이었는데… 따라서 우리의 탐구는 일반 이론으로 끝맺지 않고 일련의 역사 사건으로 끝을 맺으며… 50년 주기로 되풀이되는 콘드라티예프 불황 이론이나 1873~96년을 어떤 규칙적인 순환에 끼워 맞추려고 상정하는 다른 이론을 필요로 하지 않는다."고 주장하며 분석을 마무리 한다.[38]

----

[38] Lewis, *Deceleration of British Growth*, 78.

딱 50년 뒤에 1930년대 대불황이 있었고, 이를 아서 루이스가 분명히 알았던 것을 고려하면 그런 결론은 놀랍다. 약 80년 뒤에 우리는 2008~2009년 대침체를 겪었고, 현재는 뒤이은 불황에 빠져 있다. 1930년대 대불황을 살펴보고 각 불황은 반복되는 근본 원인이 없다는 아서 루이스의 견해에 동의할 수 있는지 확인해보자.

제3장

20세기 중반의 대불황

대불황(Great Depression)은 커다란 수수께끼였다(여러모로 그렇게 남았다). 왜냐하면 수많은 세계 시민들은 더 많은 주택과 식품과 옷을 소비하길 원했고, 수십만 생산자들은 더 많은 주택과 식품과 옷을 생산하길 원했지만, 양쪽은 서로 만날 수 없었기 때문이다. 왜 그랬을까? 무엇이 이런 경제 개선, 즉 양쪽에 혜택을 주는 변화가 일어나는 것을 막았는가? 사람들이 일하고 더 많이 생산하는 것을 막은 것은 무엇인가? 이 순간에도 대체로 해답을 찾지 못하고 있다.

－랜덜 파커(Randall E. Parker)[1]

대불황을 이해하는 것은 거시경제학에서 성배를 찾는 일이다.

－벤 버냉키(Ben Bernanke)[2]

불황의 도화선

1873~97년의 장기불황이 원래 대불황(Great Depression)으로 불렸다. 네덜란드의 장기파동 이론가들과 러시아 경제학자 니콜라이 콘드라티예프의 분석에서는 그런 장기불황이 다시 일어날 수 있다는 암시를 주었지만, 가장 통찰력 있는 분석가들조차도 그것을 단발성 사건으로 간주했

---

[1] Randall E. Parker, *Reflections on the Great Depression* (Northampton, MA : Edward Elgar, 2002).

[2] Ben Bernanke, *Essays on the Great Depression* (Princeton, NJ : Princeton University Press, 2004).

다.[3] 오늘날 우리가 대불황으로 알고 있는 것은 1929년 폭발하여 제2차 세계대전 발발 전까지 일어났는데, 19세기 종반 장기불황이 자본주의 발전에서 독특한 사건이 아니며 되풀이될 수 있다는 것을 보여준다. 그러나 주류경제학자들은 1930년대 세계 경제에 무엇이 일어났는지, 그것이 왜 일어났는지 지금까지 설명하지 못했다.[4]

1928년 초 즈음에 미국 연준은 금융투기와 팽창한 주식가격을 걱정했었고, 이자율 인상을 시작했다. 산업 생산은 1929년 봄 하락으로 돌아섰고, 여름에는 전체 성장이 음의 값으로 돌아섰다. 침체가 시작되었다. 월 스트리트 붕괴 발생 전 두 달 동안 산업생산은 연간 환산율로 20% 하락했다. 금융붕괴가 일어났을 때, 몹시 사나웠으며, 주식시장에서 아주 충격적인 하락이 뒤따랐다. 11월 중순쯤 주식시장은 절반으로 축소됐다.

1929년 10월 29일(검은 화요일이라고 알려짐) 시작된 주식시장 붕괴에도 불구하고, 회복에 대한 낙관은 얼마동안 지속되었다. 존 록펠러(John D. Rockefeller)는 "지금 많은 사람들이 낙담해 있는데요. 내 평생 93년 동안 여러 불황이 오고 갔습니다. 번영은 항상 돌아왔고요. 다시 올 겁니다."[5] 고 말했다.

실로 주식시장은 1930년 초반에 상승으로 바뀌었고, 4월에는 1929년 초반 수준으로 회복되었다. 이는 여전히 1929년 11월 꼭짓점보다 거의

---

3 Arthur C. Lewis, *The Deceleration of British Growth*.
4 "대불황은 대단한 수수께끼였다(여러모로 그렇게 남았다). 왜냐하면 수많은 세계 시민들은 더 많은 주택과 식품과 옷을 소비하길 원했고, 수십만 생산자들은 더 많은 주택과 식품과 옷을 생산하길 원했지만, 양쪽은 서로 만날 수 없었기 때문이다. 왜 그랬을까? 무엇이 이런 경제 개선, 즉 양쪽에 혜택을 주는 변화가 일어나는 것을 막았는가? 사람들이 일하고 더 많이 생산하는 것을 막은 것은 무엇인가? 이 순간에도 대체로 해답을 찾지 못하고 있다." Parker, *Reflections on the Great Depression*.
5 John D. Rockefeller, July 8, 1932, in Jeffery Hirsh, *Super Boom* (Hoboken, NJ : John Wiley, 2011), 87.

30% 낮았다. '실물경제'는 회복되지 않았다. 소비자들은 지출을 10% 줄였고, 1930년대 중반 초에 심각한 가뭄으로 미국 농업 중심지가 황폐해졌다.

1930년 5월 쯤 자동차 판매는 1928년 수준 아래로 떨어졌다. 임금은 변동이 없었지만, 일반 물가가 하락하기 시작했다. 그러고 나서 1931년 물가하락 소용돌이(deflationary spiral)가 시작되었다. 농경지역의 상황이 악화되었고, 농산품 가격은 폭락했고, 광업 및 임업 지역 상황도 악화되었는데, 실업이 높았고 다른 일자리가 거의 없었다.

미국 경제의 하강은 처음에 다른 국가의 경제가 무너지는 요인이었지만, 그러고 나서 각 국가의 내부적 약점 또는 강점이 상황을 더 나쁘게 또는 더 좋게 만들었다. 1930년 스무트홀리 관세법과 다른 나라들에서 보복 관세 같은 보호주의 정책을 통해 개별 국가들이 경제 강화를 미친 듯이 시도하여 세계 무역의 붕괴를 더욱 악화시켰다. 1930년대 종반 쯤 세계 경제의 지속적 하강이 시작되었고, 1933년까지 바닥을 향해서 떨어졌다.

미국 실질 국내총생산의 감소는 1929년과 1933년 사이에 약 30%였다. 실업률은 1929년 8월 3%였고, 1933년 3월 25%였다. 산업생산지수는 1929년 8월에 114%였고, 1933년에 54%로 52.6% 감소했다. 미국은 세계 산업 산출액 감소의 1/4을 차지했다. 물가는 33% 하락했고, 화폐공급은 35% 하락했다. 미국 은행의 1/3은 파산했거나 다른 쪽에 인수되었다.

신용과잉, 부채디플레이션, 은행 파산?

무엇이 대불황의 원인 또는 원인들이었는가? 불황의 경제 기능은 실패한 투자와 낡고 비생산적인 기업들을 청산하는 것인데, 그리하여 이런 것들은 기술이 역동적인 경제의 부문으로 재배치될 수 있다. 경제의 자기조정이 대량 파산을 낳는다면, 그대로 두어야 한다.

이 이론은 주로 오스트리아 학파로부터 왔다(폰 미제스, 하이에크, 로빈스).[6] 이 학파의 관점은 신용기반 호황(credit-fueled boom)은 불경기로 끝난다는 것이다. 경기하강 뒤에 있었던 모든 방식의 정책 실수(통화, 재정, 규제)는 그렇게 하지 않았을 때보다 대불황을 훨씬 깊고 길게 만들었다는 것이다. 오스트리아 학파 경제학자들은 인공적인 호황을 만들고 불경기를 낳은 것은 과잉투자일 뿐만 아니라 '잘못된 투자'(실제 저축 행태와 맞지 않는 자본의 '시점 간 할당) 때문이라고 강조했다.

이런 청산주의자들은 대불황의 사건을 1920년대 투자과잉으로 인한 경제적 고행으로 봤다. 불황은 이전 시기의 잘못된 행위에 때문에 치러야 할 대가였다. 따라서 우리는 허버트 후버 대통령의 회고록(Herbert Hoover's Memoirs)에서 당시 재무장관 앤드루 멜론(Andrew Mellon)의 유명한 말을 다음과 같이 인용할 수 있다. "노동자를 청산하고, 주식도 청산하고, 농민들도 청산하고, 부동산도 청산해라… [불황]은 체제의 썩은 부위를 제거할 것이다. 높은 생활비용이 내려갈 것이고, 사치스러운 생활이 줄어들 것이다. 사람들은 더 열심히 일할 것이고, 더욱 도덕적으로 살 것이다. 가치는 조정될 것이고, 기업인들은 능력이 떨어지는 사람들로부터 쓸모없는 사람들을 걸러낼 것이다."[7]

주요 통화주의 학자 밀턴 프리드먼(Milton Friedman)은 이렇게 그대로 내버려 두어라고 하는 청산주의를 '위험한 허튼 소리'라고 했다.[8] 대신에

---

6 Roger W. Garrison, "The Great Depression Revisited, Review," *Independent Review*, March 22, 1999, http://www.highbeam.com/doc/1G1-54504268.html.
7 Andrew Mellon from Herbert Hoover, *The Great Depression*, vol. 3 of The memoirs of Herbert Hoover, Hervert Hoover Presidential Library and Museum, 1952, www.hoover.nara.gov.

통화주의자들은 대불황이 주로 통화 수축으로 일어났으며, 즉 연방준비제도의 빈약한 정책과 은행 체계에서 계속된 위기의 결과였다고 주장했다. 이 관점에서는 연준이 대처하지 않음으로써 1929년부터 1933년까지 화폐공급이 1/3만큼 줄어들게 했으며, 따라서 보통의 침체가 대불황으로 바뀌게 했다는 것이다. 밀턴 프리드먼은 연준이 대처했다면, 경제의 하강 전환이 대불황이 아닌 그냥 다른 침체로만 이어졌을 것이라고 주장했다.

밀턴 프리드먼의 관점에서 연준이 몇몇 대규모 공공은행 파산을 허용했고, 이는 공황을 만들었고, 지방 은행들에 대량 인출사태를 확산시켰으며, 그리고 은행이 쓰러지는 동안 연준이 한가롭게 자리에 앉아 있었던 것으로 보였다. 연준이 이 주요 은행들에 긴급 대출을 제공했다면 또는 주요 은행들이 쓰러진 후에 간단하게 정부 채권을 사들여서 유동성을 공급하거나 화폐량을 늘렸더라면, 그 외 다른 은행들은 대형 은행들이 파산한 뒤에도 파산하지 않았을 것이며, 화폐 공급도 그때만큼이나 많이 그리고 빠르게 감소하지 않았을 것이라고 주장했다. 상당히 적은 화폐가 유통되었기 때문에 기업들은 새로운 대출을 할 수 없었고, 기존 대출을 갱신할 수 없었으며 따라서 많은 기업은 투자를 멈출 수밖에 없었다. 밀턴 프리드먼은 대불황은 잘못된 통화정책의 결과이며 다른 건 없다고 주장한다.[9]

---

8 Milton Friedman and Anna Schwartz, *A Monetary History of the United States 1867~1960* (Princeton, NJ: Princeton University Press, 1971).

9 "1930년대 초반 통화 차원의 전개를 가지고 경제 축소의 깊이와 길이를 주요하게 설명했다. 내가 여러 번 되풀이해서 말했듯이, 그것이 초기 침체를 일으키지 않았다… 그리고 1929년 증권시장의 붕괴가 초기 침체에 역할을 했다는 것을 조금도 의심하지 않는다." 자본주의에 호황-침체 작동체계는 없다. "나는 경기순환(즉, 호경기-불경기 순환) 같은 것이 있다고 믿지 않는다. 나는 경제변동(economic fluctuations, 즉 완전 고용으로부터 가끔 일어나는 탈선과 뒤이은 회복)이 있다고 믿는다." Parker, *Reflections on the Great Depression*.

대불황 시기 주요 경제학자 어빙 피셔(Irving Fisher)는 대불황을 낳은 지배적 요인은 과잉채무와 물가하락이라고 주장했다. 그는 금융완화(loose credit)를 과잉채무와 관련지었는데, 그것이 투기와 자산 거품을 부채질했다는 것이다. 그는 호경기와 불경기 체계를 만드는 부채와 물가하락 조건 아래에 있는 몇 가지 상호작용 요인들을 간결하게 서술했다. 1929년 붕괴 때, 증권시장 투기를 위한 증거금률(margin requirement)이 단지 10%였다. 달리 말하면, 중개회사는 투자자들이 맡긴 위탁보증금 1달러에 대해 9달러를 대출해주었다. 시장이 급락할 때, 중개회사들은 대출금을 회수하지만 거두어들일 수 없었다.

어빙 피셔는 채무자들이 채무를 이행하지 않고, 예금자들이 대량으로 예금 인출을 시도하여 다중의 은행 대량 인출 사태를 촉발하면서, 은행이 파산하기 시작했다고 주장했다. 그런 공황을 막기 위한 정부보증(government guarantee)과 연준의 은행 규제는 효과가 없었거나 사용되지 않았다. 은행들의 파산은 자산에서 수십억 달러 손실을 일으켰다.

물가와 소득이 20~50% 하락하면서 미상환 채무가 더 많아졌지만 달러로 채무의 액수는 그대로였다. 1929년 공황 후와 1930년 1월부터 10월까지 미국에서 744개의 은행이 파산했다(1930년대에 전부 9,000개의 은행이 파산했다). 1933년 4월까지 70억 달러의 예금이 파산한 은행들에서 동결 되었다.

은행들이 필사적으로 대출금을 회수했지만, 대출자들이 상환일과 상환금을 맞추지 못하자 은행 파산은 눈덩이처럼 불어났다. 예상 이윤의 전망이 어두워지자 자본투자와 건설이 둔화되거나 완전히 멈추었다. 악성대출과 미래 전망 악화에 맞닥뜨려 살아남은 은행들은 대출을 할 때 훨씬 더 보수적이게 되었다. 은행들은 자본준비금을 쌓았고, 대출을 적게 했으며, 이는 물가하락 압력을 강화시켰다. 악순환이 전개되었고, 경기하강 소용돌이가 가속되었다.

부채의 청산이 그것이 유발한 물가하락과 함께 갈 수 없었다. 청산이 우르르 몰린 집중효과(mass effect)는 보유한 자산 가치의 하락과 대조적으로 대출한 달러의 가치를 높였다. 개인들이 채무의 부담을 효과적으로 줄이겠다는 바로 그 노력 때문에 채무의 부담이 증가했다. 역설적이게 채무자들이 더 많이 상환할수록 부채가 더 많이 늘었다. 이런 자기악화 과정은 침체를 대불황으로 바꾸었다.[10]

그렇다면 사실은 은행 파산이 대불황의 깊이와 길이의 주요 결정요 인이었다는 생각을 뒷받침해주는가? 사실은 더 일찍 일어난 1921년의 침체 때문에 은행 부문의 순자산은 상당히 축소되었고, 은행의 숫자도 1929년 전에 훨씬 줄었다. 현대 경제학에서 대불황 전문가이자 전임 연 준 의장 벤 버냉키는 1929년 전 3년 동안 은행의 숫자가 매년 3% 넘게 감소했고, 1926과 1927년 사이에 가장 크게 감소(3.9%)했다고 밝혔다.

그래서 대불황은 은행 위기로 1930년에 시작되지 않았으며, 실제로는 1930년 12월까지 은행 파산에서 큰 증가는 없었다. 1929년과 1930년 사 이에 은행 자산은 2.7% 증가했다. 훨씬 중요한 것은 1929년 중반부터 일 어난 실물경제의 하강이었는데, 산업 생산이 1929년 중반부터 1930년 중반까지 거의 절반이 축소되었고, 동시에 실업률은 1929년 2.9%에서 1930년 8.9%로 세 배가 되었다. 은행 위기가 일어나기 전에 실물경제가 악화되었다.[11]

---

10 통화주의자들은 어빙 피셔의 관점을 '과장된' 것이라고 생각한다. 밀턴 프리드먼의 동료 안 나 슈워츠(Anna Schwartz)는 "나는 어빙 피셔의 기여를 지성적인 기여라고 생각하지 않는다. 나는 그가 단지 그 자신의 삶을 설명하고 있다고 생각한다. [한 번 웃고는] 나는 그가 주식시장 에 투자해서 처제한테 백만 달러의 빚을 졌다는 것을 말하고 있다… 나는 그가 증권시장이 움직여 왔던 방향으로 오직 계속될 것이라고 예상한 것을 탓하고 싶지 않다. 왜냐하면 그는 정말 연준이 무엇을 할지 몰랐기 때문이다. 하지만 그때 그가 처제한테 갚지 못한 그런 엄청 난 빚을 졌기 때문에, 그가 대불황 발생 이유를 그렇게 설명하게 된 것이라고 생각한다."고 말했다. Parker, *Reflections on the Great Depression*.

파커와 팩클러(Fackler)에 따르면, 대불황 순환의 과정 동안에 산출액의 실제 변동을 설명하는 데는 복합적인 원인이 있다고 한다. 주류경제학자 어느 누구도 명확하게 대답을 하지 못하고 있다. 대불황에 대한 주류의 설명 대부분은 19세기 장기불황에서 나왔던 것과 똑같은데, 은행 위기, 부채 디플레이션, 잘못된 통화정책, 신용거품, 엄격한 금본위제이다.

케인스의 설명

대불황에 대한 새로운 설명이 1930년대에 전면으로 등장했다. 그것은 영국 경제학자 존 메이너드 케인스(John Maynard Keynes)가 제공했다. 그는 경제에서 총수요의 감소가 소득과 고용의 커다란 감소에 이바지했다고 주장했다. 그런 상황에서 경제는 경제활동이 평균 수준일 때보다 낮은 균형에 도달했고, 실업률이 높아졌다는 것이다.

산출액의 증가는 "구매력의 크기에 의존하는데… 이는 시장에서 오는 것으로 예상된다." 회복은 구매력 증가에 의존한다. 케인스는 구매력과 산출액을 높이는데 작동하는 세 가지 요인이 있다고 언급했다. 첫째는 현재 소득에서 소비자 지출의 증가이고, 둘째는 자본가의 투자 증가이고, 셋째는 "정부 당국이 차입이나 화폐 발행을 통한 지출로 추가 소득을 창조하기 위해 지원해야 한다."는 것이다.[12]

---

11 대불황을 연구한 신고전학파 경제학자 리 오하니언(Lee Ohanian)은 인터뷰에서 대불황 전에 은행 위기의 경험적 측면 때문에 놀라워하는 것 같았다. 리 오하니언은 "금융이론 통설에 따르면, 가장 심각한 위기와 은행인출 사태가 있었던 주들에서 불황이 더 심각했을 수 있다는 것이다. 그러나 이 가설을 입증하려고 시도했을 때, 주들의 소득 수준 변화와 은행 위기의 심각성 사이의 어떤 상관관계도 발견하지 못했다." Parker, *Reflections on the Great Depression*.

12 John Maynard Keynes, *Collected Writings*, vol. 13 (Cambridge: Cambridge University Press, 1978).

소비자의 대부분은 노동자이기 때문에, 실업률이 높고 임금이 낮은 시기 동안 필요한 규모의 소비지출의 증가는 가능하지 않다. 기업투자는 결국 실현될 것이지만 "오직 정부당국의 지출로 흐름이 바뀌고 난 다음이다."[13] 공공 일자리를 창출하는 고용에 대규모 정부투자가 먼저 일어나야 하고 오직 그런 다음에야 민간투자가 시작된다고 기대할 수 있다는 것이다.

자본가 계급이 총투자를 회복하는 것은 경제 회복을 만드는 데 필수이다. 하지만 심각한 침체에서 개별 자본가의 투자는 비합리적이다. 그래서 각 자본가들은 회복의 증거, 즉 다른 자본가들이 생산적 지출을 수행하는 증거가 있을 때까지 투자를 미룰 것이다. 따라서 구조적 모순이 자리 잡고 있다. 각 투자자들이 다른 투자자들이 투자할 때까지 투자하지 않는다면, 어떤 자본가도 투자하지 않는다. 자본가들은 다른 자본가들이 투자할 때까지 계속 기다릴 것이다. 민간투자 체계에 외부 자극 부재로 불황은 계속될 것이다. 그러면 민간 시장에 외부의 힘이 가해질 수 있다면 오직 회복이 가능하다. 정부가 구조하도록 해라.

따라서 총수요의 붕괴가 불황을 일으켰다는 것이다. 수요의 회복을 위해 외부 개입이 필요하며 그렇지 않으면 경제는 불황에 계속 빠져 있게 된다고 한다. 그러나 케인스의 설명은 두 가지 결함을 가졌다. 첫째, 그것은 왜 총수요가 갑자기 붕괴했는지 보여주지 못한다는 점에서 인과관계 설명이 아니다(부록2를 보라). 둘째, 그것은 정부정책에 대한 설명으로 채택되거나 정부정책의 동기로서 사용되지 않았는데, 왜냐하면 대부분 국가들의 경제가 1932년 후에 저절로 회복되기 시작했기 때문이다.

---

13 Keynes, *Collected Writings*, vol. 13.

불황 안에서 회복

1933년 세계 대부분 국가들은 대불황으로부터 회복이 시작되었다. 미국에서 회복은 1933년 초반에 시작되었지만, 경제는 10년이 넘는 동안 1929년 수준으로 돌아가지 못했다. 1940년에 미국의 실업률은 여전히 약 15%였지만 이는 1933년 25%의 최고수준으로부터 하락한 것이었다.

프랭클린 루스벨트(Franklin Roosevelt) 임기의 대부분 동안 계속된 미국 경제 팽창(과 그리고 이를 중단시킨 1937년 침체)의 추동력과 관련하여 경제학자들 사이에서 합의된 게 없다. 대부분 경제학자들의 공통된 관점은 뉴딜 정책이 경제를 침체에서 빠져 나오게 할 만큼 충분히 적극적이진 않았지만, 회복을 일으켰거나 촉진했다는 것이다. 1937년 회복을 중단시킨 침체를 초래한 것은 똑같은 통화 재팽창 정책(reflationary policy)의 후퇴였다. 통화 재팽창을 역전시키는 데 기여한 정책 하나는 1935년 은행법(Banking Act of 1935)이었는데, 이는 효과적으로 지급준비금을 높였고, 이는 통화수축을 낳으면서 경기회복을 좌절시키는데 이바지했다.

주류경제학자 크리스틴 로머(Christine Romer)는 국제간 금의 엄청난 유입이 초래한 화폐공급의 성장이 경기 회복의 중요한 원천이었다고 한다. 금의 유입은 부분적으로 달러의 평가절하 때문이었다. 대불황 전문가 벤 버냉키는 통화요인이 세계의 경기 하강과 궁극적 회복에 중요한 역할을 했다는 데 동의한다. 그는 또한 제도 요인 특히 금융 체계의 재건과 구조 조정의 강한 요인도 살피고 있고, 대불황은 국제 관점에서 조사되어야 한다고 지적한다.

어떤 경제 연구들에서는 금본위제의 엄격함 때문에 경기 하강이 전 세계로 퍼졌듯이 경제 회복을 가능하게 만든 거의 전부는 금태환(또는 금에 대해 화폐를 평가절하 하는 것)을 중단이라고 언급했다. 대불황 기간 동안 모든 주요 통화들은 금본위제를 떠났다. 영국이 제일 먼저 그렇게 했다. 영국, 일본, 스칸디나비아 국가들도 역시 1931년 금본위제를 떠났다. 이탈리아와 미국 같은 다른 나라들은 1932년 또는 1933년까지 금본위제를 유지했고, 프랑스가 이끌고 폴란드, 벨기에, 스위스를 포함하던 이른바 금본위제 진영(gold bloc)의 몇몇 국가들은 1935~36년까지 금본위제를 유지했다.

몇몇 분석에 따르면, 금본위제를 일찍 떠난 국가가 경제 회복이 신뢰성 있게 예측되었다. 예를 들어 1931년 금본위제를 떠난 영국과 스칸디나비아 국가들은 금본위제를 더 오래 유지한 프랑스와 벨기에보다 경제 회복이 훨씬 빨랐다. 어떤 국가의 불황의 심각성과 회복에 걸리는 시간의 예측변수로서 금본위제 탈퇴의 상관관계는 개발도상국들을 포함해서 12개국에서 일관성을 보여주었다. 이는 부분적으로 왜 불황의 경험과 길이가 국가별로 다른지 설명한다.

1936년쯤 미국 경제는 1920년대 후반 수준을 회복했다. 실업은 예외였는데, 1933년 25%보다 상당히 낮았지만, 11%로 여전히 높은 수준에 머물러 있었다. 1937년 봄 산업생산은 1929년 수준을 넘어섰고, 1937년까지 수평을 유지했다.

1937년 6월 루스벨트 행정부는 연방정부 예산의 균형을 맞추려는 시도로 지출을 삭감했고, 세금을 늘렸다. 미국 경제는 1938년 대부분을 포함해서 13개월 동안 급격한 경기 하강을 겪었다. 산업 생산은 몇 달 동안에 거의 30% 감소했다. 실업은 1937년 14.3%에서 1938년 19.0%로 뛰었고, 실업자는 500만 명에서 1938년 1,200만 명 이상이 되었다. 제조업 산출액은 1937년 꼭짓점에서 37% 하락하여 1934년 수준으로 되돌아갔다. 1937년 순환의 정점이 대불황을 끝낸 것이 아니었다.

몇몇 경험적 조사에서[14] 이런 주류경제학의 설명 가운데 몇 가지를 인과관계 검증을 했다. 검증을 통과하기 위해서는 가정된 원인이 대불황의 깊이와 길이를 설명해야 한다(95% 신뢰구간 사용). 화폐나 부채나 금의 흐름 이론은 검증을 통과하지 못했다. 주류경제학은 지금껏 대불황의 깊이와 길이를 설명할 때 어쩔 줄 몰라 한다.

아주 최근에 대불황이 생산성 향상에 어떤 충격이 일어나서 초래되었다는 주장이 제기되었다.[15] 1920년대에 생산성은 5%가 넘는 추세였지만, 그러고 나서 1929년에서 1933년까지 14% 넘게 하락했다. 아마도 이런 생산성 충격은 통화대책이나 신용조치보다 훨씬 더 중요했다. 대불황은 '실물경제'에서 즉 생산부문에서 상황이 잘못 되어서 일어난 결과였다.

마르크스주의 설명

이는 마르크스주의 설명으로 나가가게 해준다. 대불황의 원인에 대한 어떤 검토에서도 마르크스주의 관점을 분석하거나 검증하지 않았다. 하지만 이번 장에서는 19세기 장기불황에 대한 마르크스주의 설명이 타당한 것처럼 1930년대 대불황에 대해서도 그렇다고 결론을 내린다. 자본주의 경제는 생산부문의 평균이윤율이 상당히 상승한다면, 오직 지속성 있게 회복될 수 있다. 이는 과거에 축적된 생산자본의 충분한 가치파괴

---

14 James S, Fackler and Randall E, Parker, "Accounting for the Great Depression: A Historical Decomposition," in *The Seminal Works of the Great Depression*, ed. Randall E, Parker (Cheltenham: Edward Elgar, 2011).

15 이런 경제학자들은 총요소생산성을 척도로 사용하는데, 이는 불확실한 타당성을 가진 신고전학파 범주이다. 하지만 적어도 그 저자들은 대불황의 원인에 대해 생산 측면을 살핀다. 그들은 뉴딜 고용 계획 때문에 생산성 하락이 일어났다고 탓하는 것으로 나아갔다. 따라서 공급 측면 요인 때문에 불황이 길어졌지 케인스 관점처럼 수요부족이 아니라는 것이다. Ohanian in Parker, *Reflections on the Great Depression*.

를 요한다.

그러나 대부분 마르크스주의 경제학자들은 대불황을 이런 작동체계의 결과라고 생각하지 않는다. 제라르 뒤메닐과 도미니크 레비를 살펴보자.[16] 그들에게 대불황은 주류경제학자들이 이미 파악했던 요인들의 결합으로 일어난 것이다. 파니치(Panitch)와 진딘(Gindin)이 그들에게 상을 안겨준 책[17]에서 유사한 방법을 채택했다. 그들에게 각각의 위기는 독특하며 노동자 기업 금융 국가 간 특수한 관계와 구축된 동맹에 좌우된다. 지금까지 역사적으로 네 개의 주요한 세계 위기가 있었는데, 1870년대 장기불황, 1930년대 대불황, 1970년대 대침체, 이른바 2007~2009년 대금융위기(Great Financial Crisis)이다. 각각의 위기는 다른 원인을 가지고 있다는 것이다.[18]

뒤메닐과 레비는 자신들의 자료 분석을 가지고 1930년대 대불황과 계속되고 있는 2008년 대침체는 마르크스 이윤율 법칙 때문에 일어나지 않은 것 같다고 결론 내린다. 왜 그런가? 대불황의 경우 뒤메닐과 레비는 1929년 전에 자본의 유기적 구성의 상승이 없었다고 말한다(그림 3.1을 보라). 하지만 이는 사실과 다르다. 1924년부터 계속 '자본의 생산성'은 하락(자본의 유기적 구성의 상승)하기 시작하고 이는 이윤율의 꼭짓점과 일치한다. 대불황이 시작되기 전 5년 동안 미국 이윤율은 하락하고 있었다.

---

16 "대불황과 현재 위기 이전에 비슷한 일은 전혀 일어나지 않았다. 대신에 금융체계의 연속된 폭발국면(특히 증권시장 지수의 급격한 상승, 지속가능하지 않은 수준의 부채, 투기적인 금융투자에 대한 몰두)과 금융붕괴는 관찰되었다." Gérard Duménil and Dominique Lévy, "The Crisis of the Early 21st Century : Marxian Perspectives," 2012, http://www.jouran.ens.fr/Lévy/dle2012f.pdf.

17 Leo Panitch and Gindin, *The Making of Global Capitalism : The Political Economy of the American Empire* (New York : Verso Books, 2014).

18 Leo Panitch and Gindin, *The Making of Global Capitalism : The Political Economy of the American Empire* (New York : Verso Books, 2014).

그림 3.1 1914~31년 미국 이윤율(소수점 표시)과 자본의 유기적 구성비

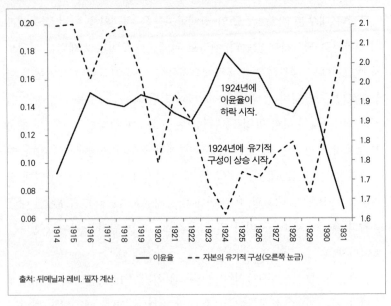

출처: 뒤메닐과 레비. 필자 계산.

실제로 이윤이 금융부문으로 옮겨가면서 미국 자본 가운데 생산부문은 이윤 기근을 겪고 있었다. 1923~1929년 사이에 금융부문 이윤은 177% 증가했고, 반면에 비금융 부문은 고작 14% 증가했다. 자본 이득(주식 차익거래로 얻은)으로부터 발생한 이윤은 배당금 및 이자 지급보다 5배 많았고, 임금보다 20배 많았다.[19] 1922~29년 사이에 새로운 시설과 장비 투자를 위해 발행된 주식과 회사채의 규모는 사실상 불변이었고 반면에 투기 목적으로 발행된 새로운 주식과 채권은 3배로 늘었다. 이윤율은 1924년부터 계속 하락했고, 이런 하락은 모두 생산부문에서 일어났다.

역시 이것으로부터 1930년대 미국 경제의 대불황은 이윤율이 이 시기

---

19 J. A. Tapia and R. Astarita, *La Gran Recesión y el capitalismo del siglo XXI* (Madrid: Catarata, 2011).

그림 3.2 1929~1945년 미국 이윤율(%)

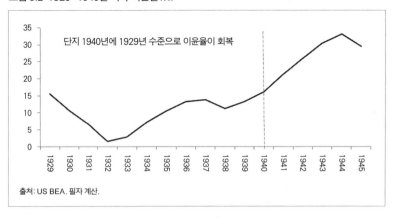

출처: US BEA. 필자 계산.

동안 회복되지 않았기 때문에 그렇게 길게 지속되었다고 결론 내릴 수 있다. 이 증거는 분명한데 1938년 미국 기업 이윤율은 여전히 1929년 이윤율의 절반보다 낮았다(그림 3.2를 보라).

기업 이윤량에 대해서도 이야기는 똑같았다. 1940년대까지도 이윤량은 1929년 수준보다 여전히 적었다. 사실 전시 경제에 접어들자 단지 이윤율이 상승했고, 1940년부터 계속 이어졌다. 따라서 미국이 자본주의 경제에서 지속성 있는 회복을 만들려면 전쟁을 일으키는 것이 필수적이었다.

케인스 정책은 효과가 있었을까?

그러나 뉴딜정책(을 루스벨트가 지속했더라면)과/또는 금융완화(낮은 이자율) 및 재정자극(세금 삭감, 정부지출)의 케인스 정책이 전시경제가 지배하기 전에 효과가 좋았을까?

많은 경제학자들은 전쟁 관련 정부지출이 대불황으로부터 회복을 유발했거나 아니면 적어도 회복을 가속화시켰다고 믿는 반면에 몇몇 경제학자들은 그것이 회복에 별로 역할을 하지 못했다고 믿는다. 전쟁관련 정부지출은 실업을 줄이는데 도움이 되었다. 제2차 세계대전으로 나아간 재무장 정책은 1937~39년 유럽의 경제를 진작하는데 도움이 되었다. 1937년에 영국의 실업률은 하락해서 150만 명이 되었다. 그런데 1939년 전쟁 발발 후 인력 동원으로 실업은 완전히 없어졌다.

1941년 미국의 전쟁 참가는 대불황에서 발생한 마지막 효과들을 마침내 없애버렸고, 실업률을 10% 미만으로 낮추었다. 대량의 전쟁 지출은 경제 성장률을 두 배로 높였고, 대불황의 효과를 가리거나 근본적으로 없애버렸다. 기업 소유자들은 불어나는 정부부채와 무거워진 세금을 무시했고 관대한 정부 계약을 이용하기 위해 산출액을 증가시키는 데 노력을 배가했다. 결국 경제를 불황으로부터 벗어나게 한 것은 제2차 세계대전 참가를 위한 동원(또는 그 동원에 자금을 마련한 신용창조)이었다.[20]

케인스 학파 경제학자 브래드 드롱(Brad de Long)과 래리 서머스(Larry Summers)는 이런 설명을 거부한다.[21] 그들은 미국이 전쟁에 참여하고 있던 1942년에 이미 경제회복이 잘 되고 있었다고 주장한다. 브래드 드롱

---

20 야니스 바루파키스(Yanis Varoufakis)는 마르크스의 위기 이론이 불황을 침체와 대비되는 것으로 설명하지 못한다고 비판했다. "마르크스는 노동의 이중성 때문에 일어나고 성장기를(이는 그다음 경기 하강을 잉태하고, 이 하강은 또다시 그다음 회복을 낳은 등등을) 낳는 구원적인 침체라고 말했다. 하지만 대불황에서 구원적인 것은 아무것도 없다. 1930년대 침체는 그야말로 아주 정태 균형과 닮은 침체였다. 즉 스스로를 완전히 영속화할 수 있는 것처럼 보이는 경제의 상태였는데, 임금 및 이자 붕괴에 반응하여 이윤율이 회복된 뒤에도 예상된 회복은 지독하게도 시야에 나타나지 않았다." Yanis Varoufakis, "Confessions of an Erratic Marxist in the Midst of a Repugnant European Crisis," December 10, 2013, http://yanisvaroufakis.eu/2013/12/10/confessions-of-an-erratic-marxist-in-the-midst-of-a-repugnant-european-crisis/#_edn2. 이는 케인스 이론이 침체의 이유를 설명할 수 없다고 바로 잡을 수 있을 것 같다.

21 J.Bradford DeLong and Lawrence Summers, "Dose Macroeconomics Policy Affect Output?," Brookings Papers on Economic Activity, 1988, 2.

과 래리 서머스는 산출액 추세와 비교하여 대불황 기간 동안에 감소한 산출액의 5/6 이상이 1942년 전에 만회되었다고 계산했다. 그 때문에 그들은 "1942년 전에 있었던 어떤 회복도 전쟁 덕분이라고 하기 어렵다."고 밝혔다. 따라서 전쟁이 미국 자본주의에 변화를 일으켰고 대불황에서 벗어나게 했다는 마르크스주의 설명과 다른 설명들은 틀렸다는 것이다.

존 버논(John Vernon)은 브래드 드롱과 래리 서머스의 추정에 이의를 제기했다.[22] 존 버논은 미국경제가 1942년에 대불황에서 완전히 회복했으며, 이는 완전고용수준의 경제활동에 미치지 못한 12년 동안 기간 뒤에 온 완전고용 산출액의 회복이라는데 동의했다. 그러나 1933년에서 1940년까지 케인스 재정정책이 가장 중요한 요인이 아니었다. 제2차 세계대전 재정정책이 완전고용 경제활동의 완전한 회복에 중요한 역할을 했다. 존 버논은 1941년 실질 국민총생산의 증가의 80% 이상이 제2차 세계대전(이와 관련된 연방 재정정책) 때문인 것 같다고 보여주었다. 그는 "제2차 세계대전 재정정책은 이미 크게 이룩한 회복을 단순히 완벽하게 만든 것보다 훨씬 큰 역할을 했으며, 회복의 절반 이상에 대해서 완전고용 경제활동의 회복에서 주요 결정요인이었다."고 했다.

1938년까지 미국 실질 국내총생산의 수준은 1929년 수준보다 훨씬 밑에 있었다. 1940년 전까지 미국 실질 국내총생산의 의미 있는 증가가 없었으며, 그 이후에 국내총생산은 실제 증가하기 시작하여 1944년에 1929년의 두 배에 도달했다. 투자 수준은 1941년까지 증가하지 않았으며, 가장 흥미로운 것은 전쟁이 시작되자 소비가 계속 급격하게 감소했다는 것이다.

---

22 J. R. Vernon, "World War II Fiscal Policies and the End of the Great Depression," *Journal of Economic History* 54 (1994), 850-68.

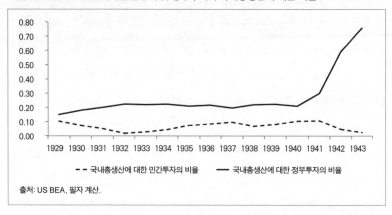

그림 3.3 1929~43년 미국 민간투자 및 정부투자의 국내총생산에 대한 비율

출처: US BEA, 필자 계산.

그래서 전쟁 전에 어떤 경제 회복도 시작되었다는 증거가 없다. 투자
는 1941년부터 계속 증가하여 국내총생산에서 차지하는 몫이 1940년
수준의 두 배가 훨씬 넘었다. 그것은 민간부문 투자의 회복 결과가 아
니었다. 일어난 일은 정부투자와 지출에서 커다란 증가였다(그림 3.3을 보
라). 1940년대 민간부문 투자는 1929년 수준보다 훨씬 밑에 있었고, 전
쟁 동안에 실제로 훨씬 더 감소했다. 정부부문이 거의 모든 투자를 수행
했었는데, 자원(가치)은 전시 경제에서 무기 생산과 다른 안보 수단(security
measures)의 생산으로 전환되었다.

그러나 케인스 정책의 형태가 정부투자와 소비를 높은 수준으로 늘리
지 못했는가? 그렇다. 계속된 소비의 감소로 차이가 드러났다. 전시경제
는 노동자들이 전시 동안에 일자리에서 번 소득을 지출하는 것을 제한함
으로써 비용을 조달했다. 전쟁 비용을 대기 위해 전쟁 채권 구매, 배급제,
세금 인상을 통해서 절약이 강제로 이뤄졌다. 정부투자는 법령에 따라
생산을 지시하고 계획하는 것을 의미한다. 전시경제는 민간부문을 북돋
우지 못했으나, 자유시장과 이윤을 위한 기업투자를 **대체했다.** 케인스 경

제학자들(과 위기의 원인을 과소소비에서 찾는 이들)이 기대하는 것처럼 소비가 경제 성장을 회복시키지 못했으며, 대신에 그렇게 한 것은 주로 파괴를 위한 무기 투자였다.

많은 산업부문에서 기업 경영자들은 군수품 생산(military production)으로 전환하는 것에 반대했는데, 왜냐하면 군수품 생산으로 전환하지 않는 경쟁자들에게 소비자 시장 점유율을 잃는 것을 원하지 않았기 때문이다. 그래서 군수품 생산을 위한 전환은 공무원들과 노동계 지도자들이 추구한 목표가 되었다. 1942년에 오직 자동차 회사들만 완전하게 군수품 생산으로 전환했고, 1943년에 실질적으로 비행기 생산에 이바지하기 시작했다. 진주만 폭격은 군수품 생산 전환에 엄청난 박차를 가했다. 1939년 군수품 생산 준비의 시작부터 1944년 꼭짓점까지, 전시 경제는 자본주의 부문이 수행할 어떤 것도 남기지 않았다. 전시경제를 조직하고 전쟁에 필요한 재화를 생산하는 것을 보장하기 위해 연방정부는 여러 동원 기관들을 만들었는데, 이 기관들은 재화를 구매하고, 재화의 생산을 밀접하게 지시하고 민간 기업과 전체 산업의 운영에 크게 영향을 미쳤다.

군수품 보급(military services)은 민간인 목적의 생산(예를 들어, 자동차와 많은 비생필품nonessential foods)을 축소시켰고, 심지어는 전쟁과 관련되지만 비군사 목적의 생산(예를 들어, 옷감과 옷)까지도 축소시켰다. 재무부는 미국 역사상 처음으로 일반 소득세를 도입했고, 전쟁 채권이 대중들에게 팔렸다. 1940년 초 정부는 소득세를 사실상 모든 시민들에게로 확대했고, 임금에서 원천징수하여 거둬들였다. 소득세 징수 대상이 1939년 4,000만 명에서 1945년 4,300만 명으로 늘었다!

그렇게 많은 납세자들 때문에 미국 정부는 1945년 450억 달러를 거둬들였는데, 1941년 거두어들인 87억 달러보다 엄청나게 많은 액수였으나 1945년 전쟁에 지출한 830억 달러에는 아주 부족한 돈이었다. 같

은 기간 동안 연방정부의 세금 수입은 국내총생산의 8% 정도에서 20%
이상으로 증가했다. 모두 합하면 전쟁 총 비용 3,040억 달러 가운데 약
1,368억 달러를 세금에서 조달했다. 나머지 1,672억 달러를 조달하기
위해 재무부는 전쟁채권 사업을 확대했고, 이는 정부 수입의 소중한 원천
으로 기능했다. 1946년 전쟁채권 판매가 끝났을 때까지 미국인 8,500만
명이 1,850억 달러가 넘는 가치의 증권을 샀고, 이는 종종 급여에서 원천
징수로 이뤄졌다.

물가관리국(Office of Price Administration)은 물가를 1942년 수준으로 유지
함으로써 물가상승을 축소하려고 시도했다. 국가전시노동위원회(National
War Labor Board)는 전시 임금 상승을 15% 정도까지로 제한했다. 전쟁 동안
임금이 65% 상승했지만 국민들의 생활수준은 겨우 수준을 유지했거나
하락하기까지 했다. 약 1,050만 명의 미국인이 일자리를 가질 수 없었거
나(325만 명의 젊은이가 진주만 폭격 이후 성년이 되었다) 고용될 수 없었다(예를 들어 350만
여성). 거의 1,900만 명의 여성(수백만 명의 흑인 여성 포함)이 1945년에 가사 외
직업을 가지고 있었다. 노동력 이동이 엄청났다. 약 1,500만 명의 시민이
이사를 했다. 이동은 특히 농촌-도시 축(rural-urban axes)을 따라 강하게 일
어났는데, 특히 군수품 생산 중심지로 향해서 일어났으며, 이 지역의 인
구구성과 경제를 영구적으로 바꾸었다.[23]

대불황과 제2차 세계대전의 이야기가 보여주는 것은 자본주의가 일단
깊은 불황에 빠져들면, 경제 팽창의 새로운 시기가 가능하려면 자본주의
가 이전에 수십 년 동안 가치로 축적한 모든 것의 부단하고 깊은 파괴가
있어야만 한다는 것이다. 이를 피하면서 자본주의 부문을 지킬 수 있는
방법은 없다.

케인스는 다음과 같이 정리했다. 대불황을 다루는 그의 처방이 루스벨
트와 미국인으로부터 퇴짜를 맞았기 때문에, "자본주의 민주주의에서는

(전쟁 상황을 제외하고는) 나의 주장이 증명될 수 있는 대단한 경험을 만드는 데 필요한 규모의 지출을 조직하기에 정치적으로 불가능 한 것 같다."라고 케인스는 언급했다.[24]

전쟁은 결정적으로 대불황을 끝냈다. 미국 산업은 다시 활기를 띠었고 많은 부문이 군수품 생산에 맞춰졌고(예를 들어 항공과 전자제품) 또는 완전히 군수품 생산에 의존했다(핵에너지). 대불황 기간 동안에 전쟁이 낳은 과학과 기술의 빠른 변화가 계속되었고, 강화된 추세가 시작되었다. 전쟁으로 미국을 제외한 모든 주요 경제국들이 파괴됨에 따라, 미국 자본주의는 1945년 이후 정치 및 경제 주도권을 획득했다.

이는 대불황의 유산과 함께 남아 있다. 전후 케인스 경제학은 30년 동안 지배하였고, 그런 다음에 신고전학파 및 통화주의 경제학에 다시 길을 내주었다. 주류경제학 양쪽에서는 대불황 시기에 배운 교훈들 때문에 그와 같은 끔찍한 불황이 다시는 일어나지 않을 것이라고 확신했으며, 세계 경제는 훨씬 통합되었고, 이제 각국의 모든 중앙은행들은 불황이 재발하지 않도록 하기 위해 협력하고 있다.[25]

그 관점이 얼마나 타당한지 다음 장에서 보여주겠다.

---

23 카르케디는 다음과 같이 요약했다. "전쟁이 어떻게 1944~45년 시기에 그와 같이 이윤율의 급등을 만들었는가? 이윤율의 분모가 상승하지 않았을 뿐만 아니라 하락했는데 왜냐하면 생산수단의 물리적 감가상각이 새로운 투자보다 훨씬 컸기 때문이다. 동시에 실업은 실질적으로 없어졌다. 실업 감소는 임금 인상을 가능하게 했다. 하지만 임금 인상이 이윤율을 하락시키지 않았다. 실제로 민수품 경제에서 군수산업으로 전환으로 민수품 공급이 감소했다. 임금상승과 소비재 생산의 제한은 물가상승을 피하기 위해서는 노동자 구매력이 아주 압축되어야 함을 의미한다. 이는 먼저 일반소득세 도입으로 그리고 소비자 지출을 막고(소비신용이 금지되었다), 소비자 저축을 독려하고, 주로 전쟁 채권 투자를 통해서 달성되었다. 그 결과 노동은 임금 가운데 지출의 큰 비중을 미뤄야만 했다. 정리하자면 전시 동원(war effort)은 노동으로부터 자금을 조달하여 파괴 수단을 대량 생산한 것이었다." G. Carchedi, *Behind the Crisis* (Leiden: Brill, 2011).

24 J. M. Keynes, *Essays in Persuasion* (New York: Harcourt Brace, 1931).

25 Ben Bernanke, "The Federal Reserve: Looking Back, Looking Forward," speech, Federal Reserve, January 3, 2014.

제4장

이윤율 위기와
신자유주의 대응

제2차 세계대전은 미국 자본의 주도권을 세계적으로 확립해 주었다. 팍스아메리카나가 브레튼우즈 협정이란 이름으로 포장되었는데, 이 협정은 주요 자본주의 국가의 환율을 미국달러에 고정시켰으며, 달러를 국제 준비(기축)통화로 확립시켜주었다. 국제통화기금과 세계은행 같은 국제기구들이 국제 자본 이동을 통제하고 또 이런 자본 이동에 자금을 대기 위해서 그리고 금융공황에 대처하기 위해서 설립되었다. 그 국제기구 둘 다 미국에 본부를 두었다. 마침내 국제연합(United Nations, 유엔)이 설립되었고, 그 본부도 미국에 두었다.

세계적으로 주요 경제국들의 이윤율은 높았다. 패배한 추축국(Axis Powers)과 승리한 연합국 모두 값싼 노동력의 풍부한 공급이 있었는데, 군대를 동원 해제했기 때문이다. 동원 해제된 실업 상태의 수많은 노동자들을 사용할 수 있었다. 이른바 제3세계에서는 농촌 지역에 수십억 명의 인민들이 세계적인 착취를 위해 준비되어 있었다. 주로 군사목적을 위해 발전된 기술 혁신이 이제는 노동생산성 증대를 위해 투자될 수 있었다. 전후에 위험한 혁명운동이 유럽 저항운동의 결과로서, 아시아에서 일본 제국주의 붕괴와 식민지배 부재에 대한 반응으로서, 짧게 나타났다. 이는 결국 군사 개입(그리스, 베트남)과 공산주의 및 사회주의 지도자들이 연합군과 협력함으로써(일본, 이탈리아, 프랑스) 진압되었다.

고전적인 이윤율 위기

전후 자본주의 황금기가 시작되었다. 투자가 가속되었고, 실질임금이 상승했고, 완전고용 같은 것이 가능해졌고, 노동계급의 압박이 연금·사회보장·건강보험을 공급한 이른바 '복지국가'의 확대를 낳았다.

하지만 이 기간은 짧았다. 1960년대 중반부터 주요 경제국들의 이윤율이 하락하기 시작했다. 이는 마르크스의 이윤율 법칙에 부합되게 일어났다. 기계화의 증가와 새로운 산업 투자 때문에 자본의 유기적 구성이 크게 증가했다. 거의 완전한 고용 때문에 노동은 협상력을 얻었다. 임금은 새로 생산된 가치에서 이윤으로 가는 몫을 압박하기 시작했고, 잉여가치율의 상승은 유기적 구성의 증가를 벌충하기에 충분하지 못했다. 독일, 일본, 유럽의 국가들이 '산업예비군'을 빨아들이면서 초기의 값싼 노동력 공급의 확대가 소진되기 시작했다.

1965~82년 거의 모든 주요 경제국들에서 이윤율이 하락했다는 증거는 분명하다(그림 4.1을 보라). 실제로 마르크스주의 경제학자들은 그리고 심지어

대침체와 현재의 장기불황이 마르크스의 이윤율과 관련된다는 것을 부정하는 이들도 1965~82년 시기는 고전적인 이윤율 위기라고 인정한다.

1965~82년의 이윤율 위기는 불황을 낳지 않았다. 그 이유는 제1장에서 제시한 논거들로 설명될 수 있다. 자본의 이윤율이 하락하고 있었지만, 자본주의 운동의 다른 순환들, 즉 세계 생산 물가(에너지 가격은 대조적으로 빠르게 상승하고 있었다)나 주택시장 붕괴(건설 순환은 상승하고 있었다)가 하강 변동을 동반하지 않았다. 그 결과는 불황이 아니었고 스태그플레이션이었는데 물가상승을 동반한 성장둔화였다. 이는 신고전학파 경제학과 케인스 이론에서는 설명할 수 없는 것이었는데, 이들은 실업과 물가상승은 상충관계가 있다고, 즉 둘은 같이 일어날 수 없다고 생각하기 때문이다.

이윤율 위기가 만든 것은 1930년대 이후 최초의 동시적인 국제 침체인 1974~75년 침체였고, 그러고 나서 7년 뒤 주요 경제국들의 산업부문

그림 4.1 1950~2010년 주요 자본주의 국가들의 이윤율

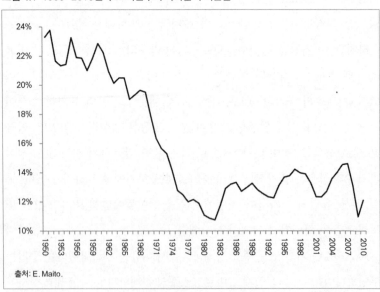

출처: E. Maito.

에서 가장 심각한 침체였는데, 이는 1980~82년 이중 하락 침체(double-dip recession)로 나타났다. 이는 이윤율이 더 낮은 바닥으로 떨어지게 했다.

신자유주의 대응

두 개의 커다란 침체가 이윤율 회복의 조건을 만들었다. 이는 마르크스 이윤율 법칙의 변증법적 성격이다. 낡은 산업의 낡은 공장들이 문을 닫으면서, 기업들이 파산하면서, 새로운 산업부문의 새로운 기업들로 대체되면서, 자본 가치가 파괴되었다. 대량 실업은 노동 비용을 축소했고, 임금과 노동조건의 후퇴를 막을 수 있는 노동조합의 능력을 약화시켰다.

새로운 정부들이 들어섰고, 노동 비용, 시장규제, 과세, 정부 개입 및 서비스에 대해 더 이상 노동과 타협을 이루려고 생각하지 않았다. 반대로 레이건[1]과 대처 정부는 황금기 동안 노동이 얻었던 모든 이득을 거꾸로 돌리려고 했고, 따라서 자본의 이윤율은 지속적으로 상승할 수 있었고, 정부와 노동의 비용은 영구적으로 감소했다.[2]

따라서 반노동조합 법률 제정, 국영기업의 민영화, 연금과 정부 서비

---

1 "나는 연방정부가 너무 거대하고 강력하게 성장해서 어떤 대통령이나 행정부나 의회가 들어서더라도 그 통제에서 벗어나 있다는 평계를 받아들일 수 없다. 우리는 미국 납세자들이 연방정부에 돈을 내기 위해서 존재한다는 관념을 끝내려고 한다… 나는 우리 경제를 진작시킬 것이고, 생산성을 높일 것이고, 미국이 잘 돌아갈 수 있도록 제자리에 돌려놓을 것이다. 지금은 연방정부의 지출을 제한할 때이다." 1980년 7월 17일 공화당 대선후보 수락연설의 PBN(Public Broadcasting Network) 보도문 http://www.pbs.org/wgbh/american-experience/features/primary-resources/reagan-nomination/
2 영국 총리 제임스 캘러헌(James Callaghan)은 "우리는 침체에서 벗어나기 위해 소비를 늘려야 하고, 정부지출을 북돋아서 고용을 늘려야 한다는 생각에 익숙해 있었다." 1976년 노동당 대회, 데일리 텔레그래프(Daily Telegraph), "1970년대 정부지출로부터 얻은 교훈(The message from the 1970s on state spending)," 2012년 8월 18일자.

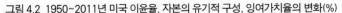

그림 4.2 1950~2011년 미국 이윤율, 자본의 유기적 구성, 잉여가치율의 변화(%)

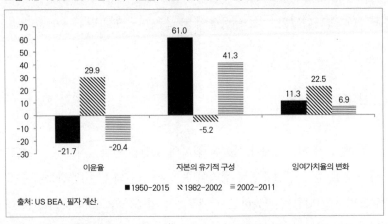

출처: US BEA, 필자 계산.

스의 삭감, 기업부문 세금 인하, 소비세 인상 및 금융부문 탈규제라는 신자유주의 '개혁'이 있었다.

주요 경제국들에서 잉여가치율 또는 착취율이 자본의 유기적 구성의 상승을 앞지르면서 이윤율이 회복되었다. 실제로 1990년대 첨단기술의 발전과 닷컴 혁명으로 불변자본은 상당히 저렴해졌고, 따라서 많은 경제국들에서 유기적 구성이 전혀 상승하지 않았다(그림 4.2를 보라).

그러나 노동자의 조건과 노동자의 이익을 희생시킨 대가로 이룬 이윤율 상승은 크지 않았다. 더욱이 그것은 금융부문에 집중되었는데, 자본은 투기를 통해서 더 높은 이윤율을 좇아 금융과 부동산 같이 비생산부문으로 흘러 들어갔다. 가공자본(주식과 채권 가격)과 민간부문 부채에 급격한 증가가 있었다(그림 4.3을 보라).

마르크스는 "그러나 실제로는 이윤율이 장기적으로 하락할 것이다."[3]고 주장했다. 이런 상쇄경향들은 영원히 지속되지 않았고 결국 이윤율

---

3 Karl Marx, *Capital vol. 3, chapter 13 (London: Penguin, 1993)*.

그림 4.3 1995~2014년 세계 국내총생산에 대한 세계 유동성(달러 기준)

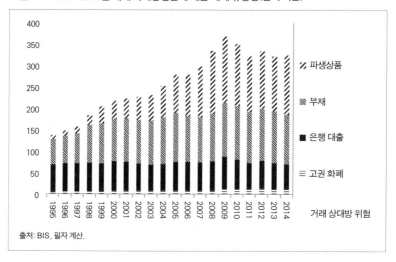

출처: BIS, 필자 계산.

법칙이 이윤에 하방 압력을 가하기 시작했다. 1997년에 이윤율은 꼭짓점에 도달했고, 생산부문의 새로운 기술 이득은 소진했다. 1990년대에 G7 경제에서 이런 상쇄요인들의 영향이 퇴색된 것 같다.

1997년부터 계속 주요 경제국들에서 계속 이윤율은 다시 하락하기 시작했고, 이는 증권시장 호황의 끝을 위한 조건을 만들었다. 2000년에 금융시장의 닷컴 횡재(bonanza)는 극적인 방식으로 붕괴했고, 증권시장 지수는 50% 넘게 폭락했으며, 기술주 지수는 더욱 심하게 폭락했다. 바로 뒤에 세계 자본주의는 침체에 빠져 들었다.

2001년 침체는 상대적으로 약했는데, 주요 경제국들은 여전히 은행 규제완화와 은행이 시도한 주택담보대출 증권화와 기업 자산 증권화와 특이한 파생상품 같은 새로운 형태의 가공자본 도입으로 신용을 세계적으로 크게 확대하며 지탱하고 있었다. 카지노 자본주의가 지배했으며, 주요 경제국들은 빚잔치 지출(credit-fueled binge)을 계속했는데, 이는 2002년부터 계속 성장을 가속화해준 것이었지만, 단지 2007년 중반에 시작된 엄

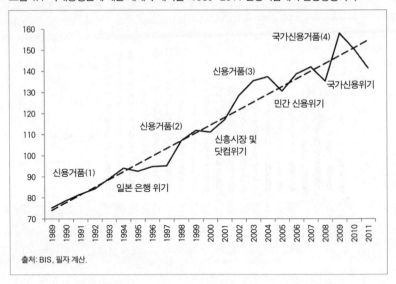

그림 4.4 국내총생산에 대한 세계 부채비율: 1989~2011 신용거품에서 신용공황까지

출처: BIS, 필자 계산.

청난 신용경색에 길을 닦아준 것이었다(그림 4.4를 보라).

마르크스는 노동과 기술의 새로운 투자비용이 이윤을 버는 것보다 더 큰 수준으로 증가하여 이윤율이 하락하고, 그래서 이윤량이 감소하기 시작할 때, 자본주의 생산에서 침체가 발생한다고 주장했다. 침체가 일단 시작되면, 가장 약한 기업들은 엄청난 손실을 보기 시작하며, 노동자를 해고하고 투자를 멈춘다. 고용과 투자의 이런 감소는 경제 전체에 걸쳐서 연쇄적으로 일어나고, 생산 전반에 위기를 낳는다. 그러고 나서 증권시장이나 부동산에 투자하기 위해서 늘렸던 부채는 상환되지 않으며, 이윤율 위기는 금융위기를 촉발한다. 그런 다음 금융위기는 투자와 생산에서 아주 극심한 축소를 낳는다.

이것이 바로 1990년대 후반 이후 이윤율이 하락하기 시작하면서 일어난 일이며, 단지 2000년대 초반 신용호황으로 미뤄졌었다. 결국에는 대침체가 왔다.

제5장

21세기 첫 번째
대침체

모든 현실적인 목적을 위해 불황 예방에 관한 중심 문제는 해결되었다.
－노벨 경제학상 수상자 로버트 루카스 주니어(Robert Lucas Jr)[1]

이 장에서 전하고자 하는 말은 앞 장에서 이어진다. 주요 선진국들에서 있었던 신자유주의 경제 회복이 자본의 이윤율을 1950~60년대 황금기 수준으로 되돌리지는 못했다. 1980~90년대 실질 국내총생산 성장률이 1970년대 '이윤율 위기' 시기보다 좋았지만, 여전히 1960년대 수준보다 훨씬 아래에 있었다. 더욱이 투자는 금융, 보험, 부동산(FIRE) 같은 비생산부문에서 점점 더 늘어났고, 생산부문에서는 적어졌다. 금융자산 및 부동산 투기는 더 많은 이윤을 낳았다. 하지만 이는 주택 및 증권 시장의

---

1 Robert Lucas Papers, 2003 in "Robert E. Lucas Papers, 1960~2004 and undated." Rubenstein library, Duke University.

붕괴가 일어나면 이런 회복의 허구적 성격을 드러낼 수 있다는 것을 의미했다. 2001년 닷컴붕괴는 그것의 첫 표시였고, 2002~2007년 엄청난 신용기반 호황 후에 일어난 세계 금융붕괴는 딱 그렇게 회복의 허구적 성격을 보여주었다.

어떻게 일어났는가?

세계 금융붕괴는 2007년 8월 9일 파리바 내셔널 은행(Bank Pribas National)이 미국 주택담보대출증권(mortgage-backed securities) 자금 가운데 하나를 영업정지하고 큰 손실을 봤다고 발표했을 때 시작했다.[2] 얼마 되지 않아서 미국과 유럽의 다른 은행들이 비슷한 손실을 발표했다. 증권시장은 2007년 10월부터 폭락하기 시작했다(그해 3월 초에 흔들리고 있었다). 그러고 나서 세계적으로 은행 손실 사태가 있었다. 미국과 나머지 선진 자본주의 경제국들은 대침체에 빠져들었는데, 이는 2008년 초부터 2009년 중반까지 18개월 동안 지속되었다.

자본주의의 이런 침체를 대침체라고 불렀는데, 정말로 '컸기' 때문이다. 이는 경제협력개발기구(OECD)가 대표하는 세계 자본주의가 1929~32년 대불황 이후 경험한 가장 길고 심각한 산출액의 축소였다.

대침체 전 2007년 실질 국내총생산의 호황의 꼭짓점으로부터 2009년 중반 대침체의 바닥까지 경제협력개발기구 회원국들의 국내총생산은 6% 포인트 축소되었다. 침체가 일어나지 않았을 경우 추정한 세계 산출

---

2 위기가 처음 일어나는 소리는 훨씬 더 이른 2007년 2월까지 거슬러 올라갈 수 있을 것 같은데, 몇몇 비우량 주택저당증권들이 가치를 잃기 시작했을 때이다. M. Roberts, *The Great Recession* (London : Lulu, 2009).

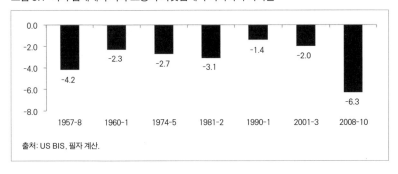

그림 5.1 여러 침체에서 미국 고용의 꼭짓점에서 바닥까지 하락율

출처: US BIS, 필자 계산.

액과 2009년 세계 산출액을 비교하면 소득의 손실은 8% 포인트보다 훨씬 컸다. 대침체의 바닥에서 산업생산의 수준은 이전의 꼭짓점보다 13% 낮았으며, 세계무역은 이전의 꼭짓점보다 20% 떨어졌다. 세계 증권시장은 2007년 꼭짓점에서 평균 50% 폭락했다.

대침체는 또한 대불황 이후 가장 길었다. 대불황 이후 전미경제연구소는 미국 경제를 참조하며 각 경제침체에 날짜를 매기기 위해 노력했다(그림 5.1을 보라). 전미경제연구소의 측정에 따르면, 지금으로부터 80년 전에 있었던 대불황 이후 18차례 침체가 있었다. 침체의 평균 길이는 10개월인데, 침체 기간 동안에 약 19개월 동안 잠재 국내총생산보다 낮게 성장했다(실업률 상승으로 측정). 대침체는 약 20개월 지속되었었는데, 침체의 평균 길이의 두 배였고, 43개월 이어진 1929~32년 대불황의 침체 이후 지금까지 가장 길다. 투자는 붕괴했고, 그에 따라 고용이 감소했다.

2007년까지 있었던 신용기반 호황 후에 부동산 투자가 엄청나게 폭락했고, 생산 자산 투자도 역시 무너졌다. 이윤량은 돌이 낙하하듯 감소했는데, 특히 1990년대부터 2007년까지 선진국들에서 엄청난 이윤 몫을 전유했던 금융부문에서 그랬다. 2007년 미국 기업 이윤의 40% 넘게 금융부문으로 갔으며 이는 1980년의 단지 10%와 비교된다. 그 몫이 급격하게 감소했다.

금융부문은 무릎을 꿇었고 나가 떨어졌다. 금융부문은 자본주의 체제에서 특히 미국, 영국, 유럽에서 중요한 부분으로 되었기 때문에, 이제 이 부문은 연이은 파산과 폐업으로 자본주의의 생산부문을 거꾸러뜨리려고 위협했다. 정부는 조치를 위해야 했다. 정부의 대응은 은행, 주택금융 대출기관(mortgage lender), 보험회사(FIRE)를 정부의 돈으로 구제금융 하는 것이었는데, 그 돈은 임금소득자의 세금을 높여서 거두었고, 대부분은 차입을 통해서 마련했는데, 즉 정부 채권을 곤경에 처한 바로 그 은행들과 보험회사에 판매함으로써 그렇게 했다.

몇몇 은행들은 파산하도록 내버려두었고(리먼 브라더스), 대부분은 구제금융을 지원 받았다. 특히 AIG는 엄청난 지원금을 받았는데, 이 회사는 모든 은행과 헤지 펀드가 저당채권 파생상품과 다른 '혁신적인' 가공자본 형태에 투자한 투자액에 손실이 있을 경우에 대비한 보험을 들어주었다. 왜 그랬을까? 골드만삭스와 같은 다른 회사들의 투기적 투자의 손실에 대한 보험금 청구를 완전히 충족시켜주기 위해서였다. 따라서 대형 은행의 무모함과 탐욕 때문에 일어난 손실을 결국 납세자들이 보상했다.

정부부채는 제2차 세계대전 후에 볼 수 없었던 수준으로 가파르게 늘었는데, 단지 몇몇 국가들만 아니라 모든 국가들에서 그랬다(그림 5.2를 보라). 납세자들 특히 임금소득자들은 가까운 미래에 채권자들(은행 등등)에게 상환해야 하는 부채 증가로 엄청난 고지서에 직면했다. 구제금융에 자금을 대기 위해 연간 정부 예산 적자가 치솟았는데, 왜냐하면 경제가 가파르게 축소되었고 실업이 급증하면서 세금 수입은 줄어들었고, 복지지출이 급속히 커졌기 때문이다.

각국 정부는 이런 적자를 줄여야 하고 새로운 부채 규모를 축소해야 한다고 결심했다. 대침체가 끝나자 마자 각국 정부는 이른바 긴축정책에

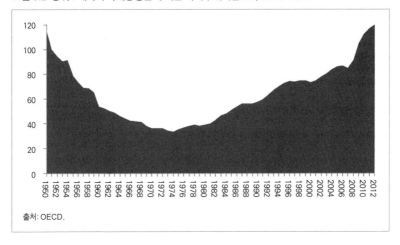

그림 5.2 상위 7개국의 국내총생산에 대한 국가부채비율(%), 1950~2012

출처: OECD.

착수했는데, 그 정책은 정부지출을 대폭 줄이고, 특히 정부투자 및 사회복지를 축소하고, 임금소득자에게 다양한 형태로 세금을 높이고, 은퇴나이를 연장하고 연금 수령 기간을 늘리고 납부금 부담률을 높여서 정부연금의 비용을 줄이기 위한 목적이었다. 연금은 사실은 나중에 받는 임금인데, 사회보장연금 납부금은 총 임금에서 공제해서 국가가 가져가는 것이기 때문이다. 그래서 정부연금 금액의 삭감은 대침체 때문에 노동자들이 치른 또 다른 형태의 대가였다.

공식 견해: 대침체가 닥쳐오는 것을 알지 못했다

2007년 전에 경제정책을 펴는 어떤 공식적 전략가도 위기를 예측하지 못했다. 미국 연준 의장으로 있던 앨런 그린스펀은 2004년에 "부동산에서 전국적인 가격 왜곡이 일어날 가능성이 가장 없다."고 말했다. 2006년 앨런 그린스펀은 "주택에서는 고비를 넘겼습니다."고 말했고 그러고 나서 주택거품이 터졌다. 바로 2008년 3월에 새로 임명된 미국 재무부 장관 행크 폴슨(Hank Paulson)은 경제 전체에서 위기가 "억제되고 있는 것 같다."고 말했다.[3]

하지만 현실은 가혹했다. 2008년 10월 침체가 악화되었을 때 앨런 그린스펀은 의회에서 "저는 믿을 수 없는 충격에 빠져 있습니다." 주택감독위원회 의장 헨리 왁스맨(Henry Waxman)은 "달리 말하면 당신의 세계관, 당신의 이념이 틀렸고, 이것이 작동하지 않는다는 것을 확인한 것 아닙니까?" 앨런 그린스펀은 "정말 그렇고요, 정확하고요, 당신은 내가 충격을 받은 이유를 정확하게 알고 있습니다. 왜냐하면 제가 아주 잘 해왔다는 많은 증거를 가지고 40년이 넘는 기간 동안 활동해 왔기 때문입니다." 경제학은 거품을 예측할 수 없으며, 거품이 일어날 때 이에 대해 할 수 있는 것이 없다고 결론 내리면서 "경제의 근본 토대(underlying basis)가 무너지면 거품이 터진다."고 말했다.

앨런 그린스펀은 2010년 3월 그의 글 "위기(The Crisis)"에서 자신이 배운 것을 요약했다.[4] 벌어진 일은 "지금껏 없었던 복잡한 금융 상품과 시장에 내재된 위험도를 잘못 해석한 것 때문에 너무 얇은 층의 자본을 가지고 금융중개 기능이 시도되었던 것"이라고 말했다. 은행의 자본 적정성의 결핍 같이 단순한 것이 원인이었다. 우리는 그가 연준 의장으로서 그것에 관심을 기울였을 텐데 하고 생각할 수 있다.

더욱이 앨런 그린스펀은 2008년에 터졌던 거품은 예측할 수 없었던

---

3 Alan Greenspan, testimony to Congress, October 23, 2008, http://www.ft.com/coms/s/0/aee9e3a2-a11f-11dd-82fd-000077b07658.html?steediton=uk#axzz3SVATArZd.

4 Alan Greenspan, testimony to Congress, October 23, 2008, http://www.ft.com/coms/s/0/aee9e3a2-a11f-11dd-82fd-000077b07658.html?steediton=uk#axzz3SVATArZd.

여러 사건들의 결합으로 일어났다고 생각했다. 과도한 위험 부담을 만든 것은 베를린 장벽의 붕괴(the Fall of the Wall), 낮은 이자율, 세계화라는 뜻밖의 행운이었다. 위기를 피할 수 있었는가? 이런 우연적인 요인들의 결합 때문에 그는 "글쎄요"라고 대답했다.

앨런 그린스펀에게 그것은 우연으로 100년 만의 사건이었다. 그는 "그 재앙은 거대한 자연력의 결과이며, 그런 결과가 최악의 상황을 만들었다."고 말했다. 행크 폴슨도 이런 생각에 호응했는데, 이런 종류의 일은 100년에 단지 "한두 번" 일어난다고 했다. 경제학자 다니엘 그로스(Daniel Gross)가 위기의 '우연설(chance explanation)'에 대해 한마디 했는데, 한 번과 두 번 사이에 무슨 차이가 있는가? "이번 경우에 수조 달러의 손실을 입었다."[5]

자본주의의 공식적 지도자들과 은행업계는 미국 금융분석가 나심 탈레브(Nassim Taleb)의 주장에 기댔는데, 위기는 "검은 고니"[6](그것이 알려지기 전까지는 예상할 수 없거나 알기조차 못하는 것) 즉 알려지지 않은 미지라고 말했다. 유럽인들이 오스트레일리아를 발견하기 전에는 모든 고니는 흰색이라고 생각했다. 하지만 18세기에 오스트레일리아에 검은 고니가 있다는 발견으로 그런 관념이 없어졌다. 나심 탈레브는 모든 사건들이 그와 같다고 주장했다. 일어나지 않는 일은 배제되는 것으로 가정했다. 하지만 나심 탈레브는 가능성이 적더라도 거의 일어날 가능성이 없더라도 그것이 일어나면 커다란 충격을 준다고 말했다. 세계 금융붕괴(와 이어진 경제위기)는 검은 고니 이론의 또 하나의 예가 되었다.

마르크스주의 관점에서 검은 고니 이론은 약간의 매력을 가진다. 예를

5　Daniel Gross, *Dumb Money* (New York : Free Press, 2009), 15.
6　Nassim Nicholas Taleb, *The Black Swan : The Impact of the Highly Improbable*(New York : Penguin, 2007)

들어 혁명은 역사에서 드문 사건이다. 너무 드물어서 많은 이들이(주로 기존 질서 옹호자들) 불가능한 것이라며 이를 배제한다. 하지만 아시다시피 혁명은 일어날 수 있으며, 일어난다. 혁명이 일어날 때 그 영향은 심대하다. 그런 의미에서 혁명은 검은 고니 사건이다. 하지만 마르크스주의자들이 나심 탈레브에 동의하지 못하는 점은 역사를 지배하는 것이 우연이라는 그의 주장이다. 그러나 원인 없는 우연성으로 세상을 볼 수가 없다. 이것은 너무나도 한 쪽으로 치우친 것이며, 변증법에 반한다. 물론 우연이 역사에서 역할을 하지만 단지 필연성의 맥락 안에서다.

더욱 개성이 강한 다른 경제학자 누리엘 루비니(Nouriel Roubini)는 금융위기는 이전에 일어났던 형태를 따랐다는 의미에서 흰 고니의 연속이나 알려진 미지(known unknowns, 공식적으로는 '알려진 무지'로 번역됨. 어떤 일이 일어난다는 사실은 알고 있으나 언제 일어날 지도 모르는 상태. 위험을 나타냄_옮긴이)에 더욱 가깝다고 올바르게 주장했다.[7] 신용경색과 현재의 경제침체는 어떤 금융기관의 붕괴나 한 프랑스 은행의 '악당 증권 거래인'이 채권시장에 내기한 자금의 손실 같은 예상하지 못한 몇몇 사건이 촉발했을 수도 있다. 석유가격 폭발은 미국 대통령 조지 W. 부시(George W. Bush)의 이라크 침공 결정의 산물일 수도 있다. 하지만 그런 일들은 자본주의 운동 법칙이 위기로 향하여 작동하고 있었기 때문에 일어났다.

마찬가지로 최근 빈번하게 발생한 쓰나미, 지진, 홍수 같은 천재지변

---

7 "위기는 현대 경제학이 묘사한 기이한 사건이 아니며 또한 다른 이들이 숨는 희귀한 검은 고니도 아니다. 오히려 위기는 흔한 일이며, 상대적으로 예측하고 이해하기 쉬운 것이다. 위기를 흰 고니라고 부르자." 대부분 위기는 특정 자산 가격이 근원 기초 가치(underlying fundamental value)보다 훨씬 높게 상승하는 거품으로 시작된다. 위기는 검은 고니가 아니고 흰 고니인데, 호경기와 불경기의 요소는 아주 잘 예측할 수 있다. N. Roubini, "Full Analysis: The Instability of Inequality," *EconoMonitor*, Octorber 17, 2011, http://www.economonitor.com/nouriel/2011/10/17/full-analysis-the-instability-of-inequality/.

들이 신의 섭리가 아니다. 기후 변화는 인간 행위의 결과이다. 최근 경제위기는 사람들이 예상할 수 없었던 우연한 사건이 아니었다. 앨런 그린스펀은 "그것은 인간 본성이다. 인간 본성을 바꿀 방법을 찾지 못하면 더 많은 위기가 일어날 것이며, 인간의 본성을 제외하고는 각 위기는 공통점이 전혀 없기 때문에 어떤 위기도 이번 것과 같지 않을 것이다."라고 누군가 우리에게 말해 줄 수 있는 술집에 적혀 있는 오래된 속담에 기댔다. 앨런 그린스펀은 이제 자본주의에서 안정적인 성장이 가능한지 의문을 가지고 있다.[8]

벤 버냉키는 대침체 기간 동안에 재임한 연준 의장이었다. 그는 대불황을 전공한 경제학자이다. 케인스 경제학자 폴 크루그먼(Paul Krugman)의 표현을 사용하면서 불황 경제학을 살피는 경제학자가 있다면, 벤 버냉키이다. 하지만 어떤 재치 있는 비평가는 "프린스턴 대학교의 경제학과장이었던 버냉키 씨는 불황의 원인을 제외하고는 불황에 관해 알아야 할 모든 것을 안다."고 논평했다.[9]

앨런 그린스펀처럼 벤 버냉키도 신용경색이 닥쳐온다는 것과 그에 따른 피해 발생을 예상하지 못했다. 따라서 2007년 5월 그는 "우리는 비우량 시장에서 나머지 경제 부문으로 또는 금융체계로 커다란 파급이 있을 것이라고 예상하지 않는다."[10]고 말했다. 6월에 그는 손실은 아주 작을 것인데 기껏해야 500억~1,000억 달러 사이일 것이라고 말했다. 세계 금

---

8 "계속해서 요동치는 경쟁시장으로 향하고 결코 균형을 그다지 달성하지 못하는 것을 고려하면, 나는 자본주의 경제에서 안정성을 달성할 수 있는지에 대해 강하게 의문을 가진다."며 "역동적인 시장을 포기할 사회적인 선택과 어떤 중앙계획 형태를 위한 시렛내가 없다면 거품 예방은 결국 실현가능하지 않는 것으로 증명될 것이다. 거품의 후유증을 완화하는 것이 우리가 희망할 수 있는 모든 것이다." Allan Greenspan, testimony.

9 Bill Bonner, "Economic Instability as a Result of Extreme Imbecility," *Daily Reckoning*, February 12, 2010, http://dailyreckoning.com/economic-instability-a-result-of-extreme-imbecility/.

융·체계에서 손실은 결국 3조~7조 달러에 이르렀는데, 무엇을 포함시키느냐에 따라 차이가 있다.

은행체계를 규제하고 감독하는 책임을 맡고 있는 미국 정부기관인 연방예금보험공사(Federal Deposit Insurance Corporation) 사장 쉴라 베어(Sheila Bair)도 마찬가지로 2007년 7월에 "우리나라의 은행은 자본화가 아주 잘 되어 있으며, 내 관점에서는 큰 규모의 아무 금융기관이라도 심각한 곤경에 처한다면 아주 놀라운 일이 될 것이다."[11]고 보고했다. 그러고 나서 베어 스턴스, 컨트리와이드 파이낸셜, 리먼 브라더스, 메릴 린치 등등의 일련의 은행 파산이 있었다.

래리 서머스(Larry Summers)는 빌 클린턴 대통령 때 재무 장관이었고, 하버드대 총장이었으며, 저명한 경제학자이면서, 2014년 연준 의장 벤 버냉키를 이을 (그러나 떨어진) 후보였다. 2005년 연준 여름학교 때 경제학자 라구람 라잔(Raghuram Rajan)은 금융부문의 탈규제가 터질 수도 있는 신용 거품을 만드는 문제의 비법이라고 주장하는 논문을 발표했다. 래리 서머스는 재빠르게 라구람 라잔을 '러다이트'(산업혁명기에 자신들을 대체한 새로운 기계를 깨부순 영국 수공 직조노동자들을 일컫는 이름)라고 비난했다.[12] 워런 버핏(Warren Buffet)이 나중에 기분 좋게 '대량 파괴의 금융수단'이라고 불렀던 새로운

---

10 Ben Bernake, speech at Federal Reserve Bank of Chicago's 43'rd Annual Conference on Bank Structure and Competition, Chicago, May 17, 2007. 원래 문장은 "we do not expect significant spillovers from the subprime market to the rest of the economy or to the financial system."이나 이 책의 원문에서는 or to the financial system을 from the financial sytem으로 잘못 표기했다._옮긴이

11 Federal Deposit Insurance Corporation, Annual report, July 2007, https://www.fdic.gov/about/strategic/report/2007annualreport/chairman.html.

12 Raghuram Rajan, "Has Financial Development Made the World Riskier?", Kansas Federal Reserve Symposium, Jackson Hole, August 2005, https://www.kansascityfed.org/PUBlCAT/SYMPOS/2005/PDF/Rajan2005.pdf and Yves Smith, Econned(New York: Palgrave Macmillan, 2010), 10.

금융혁신을 제한할 필요는 없었다. 래리 서머스에게 이런 새로운 금융수단은 금융시장에 '훨씬 더 안정성'을 가져다주는 것이었다.[13]

그래서 연준과 다른 공식적인 감독기관은 대불황 이후 가장 거대한 경제 붕괴를 내다보는데 실패했다. 이것은 놀라운 일이 아니다. 여기에는 추한 금전적인 관계가 있다. 주류경제학에서 높이 평가 받는 학술지인 『저널 오브 머니터리 이코노믹스』Journal of Monetary Economics』의 편집위원 절반 이상이 현재 연준에서 급여를 받고 있고, 나머지는 과거에 그랬던 사람들이다.[14]

앨런 그린스펀에 따르면, 1993년 연준과 연준의 지방은행에서 일하고 있는 경제학자, 통계학자, 기타 전문가가 730명이다. 1994년 10월 전, 3년간 연준은 209명의 교수들과 300만 달러치의 용역 계약을 맺었다. 연준은 이제 220명 박사학위 경제학자들을 고용하고 있다. 2008년 연준은 통화 및 경제정책 관련 연구에 3억 8,900만 달러를 지출했고, 2009년에는 관련 예산을 4억 3,300만 달러로 책정했다. 전미경제학회(American Economic Association)에 따르면, 487명의 경제학자가 통화정책과 중앙은행 업무를, 다른 310명의 경제학자가 이자율을, 나머지 244명은 거시경제정책을 연구하고 있다.

전미실물경제협회(National Association for Business Economics)는 회원 2,400명

---

13 1997년 8월 12일 워싱턴 D.C.에서 있었던 서비스 산업 및 의회 경제 지도자 회의 연합(Coalition of Service Industries and Congressional Economic Leadership Council)에서 래리 서머스가 했던 말. https://www.treasury.gov/press-center/press-releases/Pages/rr1879.aspx. 그리고 2000년 6월 21일 농업, 영양, 임업 및 은행, 주택 및 도시업무에 관한 상원 공동위원회에서 증언. 역시 찰리 퍼거슨(Charlie Ferguson), "Larry Summers and the Subversion of Economics," Chronicle Review, October, 2, 2010, http://chronicle.com/article/Larry-Summersthe/124790/.을 보라

14 Alan Greenspan, "The Crisis", Brookings Papers on Economic Activity, Spring (2010), 201-61, http://www.brookings.edu/~/media/projects/bpea/spring-2010/2010a_bpea_greenspan.pdf.

가운데 611명이 화폐 경제학과 은행 업무에 주력하고 있다고 추정한다. 이들 가운데 대부분은 연준을 위해 일했거나 일하고 있다. 저명한 학술지들의 많은 편집인들이 연준에서 급여를 받고 있는데, 상위 7개 학술지의 190명 편집인 가운데 84명이 연준과 관련되어 있다. "연준을 위해 일하는 편집인과 함께 연준을 비판하는 논문을 출판하는 시도"라며 경제학자 제임스 갤브레이스(James Galbraith)는 불평을 터뜨렸다.[15]

고 밀턴 프리드먼조차도 이것에 대해 걱정을 드러냈는데 "500명의 경제학자들 같은 엄청난 조직을 가지고 있다는 것은 너무나도 건전하지 않다는 당신의 말에 동의하지 않을 수 없다. 당신이 말했듯이, 이는 독립적이고 객관적인 연구에 도움이 되지 않는다. 출판물을 검열하는 것이다."[16] 상원 은행위원회 경제학자 로브 존슨(Rob Johnson)은 연준 자문위원으로 요청받았을 때, "이 자리는 돈을 많이 벌며, 마치 돈과 같다. 나는 이것이 존경받고, 여러 회의에 초청되고, 연준 의장과 공청회를 가지고, 급여만큼이나 특권을 가지는 단체의 구성원이 되는 것이라고 생각한다."고 말했다.[17]

주류경제학: 수많은 원인이 있다

이제까지는 정부 관료들의 반응이었다. 주류경제학은 어떻게 반응했을까? 현대 주류경제학은 수많은 원인들을 늘어놓았다. 위기는 우연이

15 Ryan Grim, "How the Federal Reserve Bought the Economics Profession," *Huffington Post*, October 23, 2009.
16 Robert Auerbach, *Deception and Abuse at the Fed* (Houston: University of Texas Press, 2008), 142.
17 Grim, "How the Federal Reserve Bought the Economics Profession."

다. 위기는 통제를 벗어난 은행가들의 탐욕이다. 그 반대로 투자하고 구매하려는 열망이 충분하지 않았다. 즉 탐욕이 충분하지 못했다. 경제체제에 너무 많은 신용이 과잉투자나 어리석은 투자를 초래했다. 그 반대로 신용이 충분하지 않아서 투자자들이나 구매자들이 쪼들렸다. 임금이 너무 낮아서 재화를 더 구매할 수 없었으며 이윤은 너무 높았고, 아니면 그 반대여서 기업이 투자하지 못했다.

현대 주류경제학에서는 사상에 따라 두 개의 학파가 있고 세분된다. 신고전학파는 마르크스가 말한 '속류 경제학'이다. 이 학파는 경제 조직에 대한 과학적이고 객관적인 관점으로서보다는 출발 가정으로서 자유시장이란 신념에 이데올로기 차원에서 헌신하고 있다. 신고전학파는 왈라스 일반균형분석 이론가, 통화주의(프리드먼 류) 이론가, 현대 시카고 학파의 '효율 시장' 이론가로 나뉜다.

주류경제학 안에는 또한 케인스 학파가 있는데, 이 학파는 신고전학파의 미시경제 범주와 거시경제 요인들과의 관련성을 기각한다. 이 학파는 다시 세분되는데, 신고전학파 균형이론과 종합한 새 케인스 학파가 있는데, 즉 침체는 실제 생산의 부차적 요소들의 산물, 특히 임금의 산물이라는 것이다. 새 케인스 학파에서 침체는 역시 경제모형에 외생적이다.

케인스 이론의 다른 측면, 즉 침체는 '유효수요' 부족의 결과이고, 유효수요 부족은 금융부문의 '유동성 선호'에 의해 유발되거나 기업가들의 '야성적 충동'의 비합리적인 움직임과 소비자 행동의 산물이라는 측면에 초점을 맞추는 케인스 경제학자들이 있다(케인스주의 가운데 이 분파는 이제 부분적으로 이른바 행동 경제학으로 옮겨 갔다).

그리고 주류경제학 밖에 비주류경제학의 여러 학파가 있다. 폴란드 마르크스주의자 미할 칼레키(Michal Kalecki)의 눈과 급진적인 케인스 경제학자 하이먼 민스키(Hyman Minsky)의 눈을 통해서 본 마르크스의 몇몇 생각을 결합한 포스트 케인지언이 있다. 또한 현대 통화 이론가들이 있는데, 이들은 위기가 고삐 풀린 은행과 과잉된 민간 신용의 산물로 생각한다. 스펙트럼의 반대 극단에 오스트리아 학파가 있는데, 이는 루트비히 폰 미제스와 프리드리히 하이에크가 세웠다. 이 두 사람은 위기가 중앙은행과 정부 개입으로 일어난 순수한 과잉신용의 산물이며, 그런 개입을 없애거나 제거한다면 위기를 멈추게 할 수 있다고 믿었다.

주류경제학의 경제 예측은 잘 맞지 않았다. 2001년 3월 약한 세계 경제침체가 시작되었을 때 『이코노미스트*Economist*』지에 따르면, 미국 경제학자 95%가 그와 같은 침체를 배제했었다고 보도했다. 2007년 11월 필라델피아 준비은행의 조사에서 경제학자들은 미국 경제가 2008년 2.5% 성장할 것이고 고용이 증가할 것이라고 예측했다. 그러나 미국 경제는 4% 하락했고 실업은 두 배가 되었다.

유진 파마(Eugene Fama)는 노벨상 수상자이고 효율성 시장 가설을 세운 주창자인데, 그대로 내버려 둔다면 자유시장은 자본주의 생산이 어려움을 겪지 않으면서 평탄하게 성장하는 것을 보장한다고 주장했다. 위기의 원인에 대해 질문 받았을 때 유진 파마는 "우리는 무엇이 침체를 일으키는지 모른다. 나는 거시경제학자가 아니기에 모른다는 것을 나쁘게 생각하지 않는다! 우리는 결코 알지 못했다. 오늘날까지도 무엇이 대불황을 일으켰는지에 관해 논쟁을 계속하고 있다. 경제활동의 기복을 설명하는 것을 경제학이 썩 잘하지는 못한다."[18]고 말했다. 주류경제학을 위한 금융위기의 유산에 관해 질문을 받았을 때, 유진 파마는 "나는 어떤 것도 알지 못한다. 위기가 어떻게 진행될 것인가? 내가 위기를 예측할 수 있었다면, 주류경제학을 위해 물려줄 유산이 있었을 수도 있다. 나는 알 수가

---

[18] John Cassidy, "How the Federal Reserve Bought the Economics Profession."

없다. 나는 무엇이 경기순환을 일으키는지 더 많이 알고 싶다."고 말했다. 이번 위기 뒤에도 시장경제가 여전히 '효율적'이라고 여겨질 수 있을까? "그렇다. 만약 그렇지 않다면, 판단하는 게 불가능할 것이다." 따라서 신고전학파 경제학의 위대한 스승은 이 주제에 대한 그의 학파의 기여를 압축[19]해서 보여줬다.

그레고리 맨큐(Greg Mankiw)는 하버드 대학교 경제학 교수이며, 여러 대학에서 사용하는 경제학 주요 교재의 저자이다. 2011년에 대침체를 되돌아보면서 그는 "4반세기 이상 동안 전문 경제학자로 있으면서 고백합니다만, 제가 경제학에 관해서 모르는 게 너무 많습니다. 사실 제가 제 힘과 의지를 대부분 바친 경제학의 분야인 경기 순환의 상승과 하강과 관련한 중요한 문제들에 스스로 가장 자주 마주하면서 명확한 대답은 가지지 못하고 있습니다."[20]라고 말했다.

통화주의 관점: 금융공황

2011년 11월 국제통화기금(IMF)과 다른 주요 국제기구들의 고위 관료들과 경제학자들이 워싱턴 D.C.에 있었던 토론회 '위기의 어제와 오늘(Crises, Ysterday and Today)'을 위해 모였다. 토론회 조직자들은 다음과 같이 언급했다. "세계 금융위기 이후 7년간 세계 경제는 아직도 위기의 고통스러운 유산과 마주하고 있다. 많은 국가들이 높고 지속적인 실업을 동반하는 활기 없는 회복 때문에 고통을 겪고 있다. 정책가들은 위기에서

---

19 Grim, "How the Federal Reserve Bought the Economics Profession."
20 Grim, "How the Federal Reserve Bought the Economics Profession."

생겨나는 비용과 씨름을 하고 있고, 위기시기 정책으로부터 간신히 전환을 만들고 있고, 위기의 국제간 파급에 대처하려고 애쓰고 있다. 이런 배경에서 국제통화기금은 과거와 현재 위기에 대한 우리의 이해를 살필 것이다."[21]

그래서 그들은 무엇을 내놓았는가? 음, 그 대답은 벤 버냉키가 그 토론회에서 한 기조연설에 요약되어 있다. 그는 2008년 세계 금융붕괴와 뒤이은 대침체를 "21세기 금융 체계의 새로운 제도적 맥락으로 옮겨진 고전적 금융공황으로 잘 이해할 수 있다."[22]고 설명했다.

이 위기들의 공통 요소는 무엇인가? 금융자산의 여러 형태에 이루어지는 투기적 투자는 종종 통제를 벗어나며, 금융기관들이 하는 일에 충분한 규제가 없는데, 따라서 위기가 뒤따른다. 따라서 자본주의 위기의 공통 요소는 모든 위기가 은행 위기이며, 이것은 과잉투기와 통제되지 않는 은행가들이 키운 위험부담 때문인 것으로 된다.

벤 버냉키는 대침체가 1907년 금융공황과 유사하다고 주장한다. 이것은 1907년 투기 활동 때문에 즉 "유나이티드 코퍼 컴퍼니(United Copper Company)의 주식을 매점하려던 투기 집단들의 실패한 노력" 때문에 촉발되었다. 마찬가지로 2008년 공황에도 "인식 가능한 도화선이 있는데, 이 경우에는 비우량 주택담보 대출과 다른 신용이 심사(underwriting)와 고지(disclosure)에서 심각한 결함이 있다는 것을 시장 참가자들이 점점 깨달았다." 두 경우에, 은행 자산의 급매와 증권시장의 붕괴가 은행 예금과 유동성의 대량 인출을 낳았다. "1907년에 예금 보험의 부재로 소매 예금이

21 Grim, "How the Federal Reserve Bought the Economics Profession."
22 Ben Bernanke, "Monetary Policy and the Global Economy," speech, Department of Economics and STICERD Public Discussion in Association with the Bank of England, London School of Economics, London, March 25, 2013, http://www.federalreserve.gov/newsents/speech/bernake20130325a.html.

훨씬 잘 인출되는 경향이 있었고, 반면에 2008년에는 대부분의 인출은 부보(보험업 전문 용어로 보험 대상에 존재하는 위험 때문에 손실이 발생 했을 때 보장받기 위해 보험에 가입하는 것을 의미_옮긴이)되지 않은 도매금융(wholesale funding)이었는데, 기업어음, 환매조건부 채권, 증권대부(security loan)의 형태였다. 흥미롭게도 두 사건 모두 도매금융 자금 조달의 형태인 은행 간 대부에서 급격한 감소는 중요했다." 1907년과 2008년 모두 위험한 불량 자산(risk dud assets)이 목까지 차지 않도록 보장하기 위한 금융 기관 규제가 충분하지 않았다.

1907년에는 유동성 공급이 상황 악화를 멈추었고, "끝내 공황을 잠잠하게 만들었다. 하지만 그때 미국 금융체계는 심하게 혼란스러워졌고, 경제는 1908년 중반까지 축소되었다." 2008년의 결과도 같았다. 1907년에는 추가 유동성이 제이피 모건 같은 아주 튼튼한 은행으로부터 와야만 했다. 1907년의 경험 때문에 대형 은행들은 그 반응으로 연방준비은행 설립을 결정했고, 1913년 설립됐다. 연준은 법에 따라 정부의 지시를 받는 기관이지만 형식상 주요 투자은행 및 소매은행들의 소유이며, 납세자들의 소유가 아니다. 처음부터 연준의 임무는 첫째 월가의 이해관계와 둘째 전체 경제의 이해관계를 충족시키는 것이었다.

벤 버냉키는 연준의 조치로 불황을 피할 수 있다고 결론 내렸다. 그의 정신적 지주 밀턴 프리드먼을 좇아서 그는 지출의 지속을 보장하기 위해 '화폐 발행'과 심지어는 대중들에게 '헬리콥터 돈 뿌리기'를 하는 것을 옹호했다. 이 통화주의 이론은 그로 하여금 미국 경제 상태를 파악하는 길잡이로서 통화 공급 지표에 집중하도록 했다.

벤 버냉키는 '최종 내부자'로서 그리고 유동성과 통화 공급자로서 연준이 2008년 금융붕괴가 '몰락(meltdown)'으로 바뀌는 것을 멈추게 했다고 자랑했다. 대불황에 관한 장에서 살펴보았듯이, 밀턴 프리드먼은 연준이 너무 많은 신용을 경제에 투입하고 그런 다음에 그것을 너무 빠르게 빼내면서 실제 1929년 공황을 일으켰다고 생각했다. 2002년 벤 버냉키는 밀턴 프리드먼이 옳았으며, 그는 연준에서 그런 실수를 다시 하지 않을 것이라고 말했다.

벤 버냉키는 토론회에서 자본의 전략가들에게 다음과 같이 문제를 제기했다. "우리의 계속되는 도전은 금융위기가 일어날 가능성이 거의 없도록 하는 것이며, 만약에 일어난다고 하더라도 대가가 훨씬 적게 만드는 것이다. 모든 금융공황이 특수한 역사상 맥락과 구체적인 제도상 배경에 의존하는 자신만의 독특한 특징을 가지고 있는 현실 때문에 이 임무는 복잡하다." 우리에게 필요한 일은 "개별 위기의 특수한 측면을 벗겨내는 것이고, 그러면 이 '위기들'의 공통 요소를 밝히는 것을 희망할 수 있다." 그러면 "위기의 공통요인을 밝히고 분리해 낼 수 있으며, 따라서 우리는 위기가 일어날 것 같을 때 저지할 수 있고 효과적으로 대응할 수 있게 될 것이다."

주류경제학 관점: 나무에 올라가 있는 고양이

대침체 후 현대경제학 이론의 타당성을 논의하기 위해서 국제통화기금은 2013년 5월 또 하나의 토론회를 열었다.[23] 위기가 일어나고 약 5년 뒤에 세계의 주요 경제학자들은 무엇이 일어났고 미래에 어떻게 다른 재앙을 피할 수 있을지에 대해 첫 걸음을 내딛고 빠르게 교훈을 얻기 위해서 함께 모였다.

---

23 *Crises: Yesterday and Today*, International Monetary Fund, 14th Annual Jacques Polak Research Conference, November 7-8, 2013; http://www.imf.org/external/np/res/seminars/2013/arc/.

데이비드 로머(David Romer)는 "금융 충격"은 드문 게 아니라 "자주 일어나는데 예측하기가 어렵다."고 결론 내렸다. 주류경제학은 경제 체제에 주는 충격의 차원에서 자신들의 모든 위기 분석을 늘어놓았는데, 자본주의 축적의 과정과 시장의 작동은 정말 안정적이고 지속적인 균형의 과정이지만 때때로 외부 (외생적) 충격을 받는다고 암시를 주었다. 이는 하늘에서 떨어지는 별똥별처럼 예측할 수 없는 것이다(하지만 요즘은 천문학 이론도 별똥별이 지구에 떨어질 가능성을 상대적으로 잘 예측한다).

이렇게 예측할 수 없지만 자주 일어나는 충격에 대한 대답은 무엇인가? 데이비드 로머는 "첫 번째 방법은 금융체계를 개혁해서 실물경제에 주는 충격을 훨씬 작게 만드는 것이다. 나는 이 질문들에 대한 해답을 알지 못하지만 진지하게 분석해볼 만한 것 같다."고 말했다. 그는 자본주의의 위기를 이해하는 데 거의 진전을 보지 못했다.[24]

데이비드 로머의 비뚤어진 견해는 국제통화기금 토론회에 참가한 다른 걸출한 경제학자들의 의해 반박되었다. 국제통화기금 수석 경제학자 올리비에 블랑샤르(Olivier Blanchard)는 "다시 생각하는 것과 개혁은 모두 일어나고 있다. 하지만 통화정책을 다시 정의하고, 금융 규제를 설계하고, 거시 건전성 수단(macroprudential tools)을 도입하는 것이 된다면, 우리는 여전히 최종 목적지를 알지 못한다. 우리는 일반적인 방향 감각을 가지고 있지만, 대체로 눈으로 방향을 읽는다."고 말했다. 하지만 눈으로 볼 수 없다면 "미래의 금융설계가 어떠할 것인지에 대해 합의된 관점과 넌

---

24 "그러나 그 토론회에서 금융 체계의 급진적 재설계는 거의 없었다. 5년 동안 거시경제가 재앙 같이 운영된 후 '첫 발걸음과 빠른 교훈'(토론회 이름을 인용)은 우리가 목적으로 삼아야힐 것이 아니다. 오히려 우리는 계속되고 있는 현재 위기에 대한 해법과 비슷한 위기가 다시 일어날 가능성을 최소화하는 강한 대책을 찾아야한다. 내가 걱정하는 것은 우리가 초점을 맞추고 있는 개혁이 너무 약해서 그런 일을 할 수 없는 것은 아닌지이고, 필요한 것은 금융체계와 거시경제정책 틀의 설계를 더욱 근본적으로 생각하는 것이 아닌지이다" 국제통화기금 토론회에서 데이비드 로머.

지시 어떤 금융 규제가 적합할 것인지에 대해 합의된 관점이 있을 수 없다."고 올리비에 블랑샤르는 결론을 내렸다.[25]

조지 애커로프(George Akerlof)는 노벨상 수상자이면서 캘리포니아 대학교 버클리 캠퍼스의 교수이다.[26] 그는 연준 의장 버냉키의 후임자인 재닛 옐런(Janet Yellen)의 남편이다. 조지 애커로프는 아주 '행동' 경제학자로 여겨지며, 로버트 쉴러(Robert Shiller)와 함께 책을 하나 썼는데, 그 책에서 위기는 소비자와 투자자 간 불확실성이 '야성적 충동'에서 예측할 수 없는 변동을 낳은 결과라고 주장했다.[27]

조지 애커로프는 "내 관점에서는 고양이 한 마리가 거대한 나무에 올라가 있는 것과 같다. 물론 고양이는 이 엄청난 위기이다. 그리고 토론회에서 모든 사람들은 이 멍청한 고양이를 위해 무엇을 할 것인지 어떻게 그 놈을 끌어 내릴지 논의해 왔다."라고 말했다. 그는 2007년 이후 상황이 전개되어온 방식에 대해 정말로 아주 행복해 했다. 그는 주류경제학이 정치인들로 하여금 은행체계에 구제금융을 제공하도록 하여 1930년대 같은 대불황을 피하도록 조언하는데 성공하여 위기란 시험을 견뎌냈다고 생각했다. 쓰나미를 피한 것은 이런 '대증 요법(a finger in the dyke)' 정책이었다. 그 뒤에 나타난 실업, 투자 및 국내총생산의 붕괴, 생활수준의 급속한 하락이 은행 구제에 성공한 대가가 되었다.[28]

25 O. Blanchard at IMF Crises conference.
26 George Akerlof, "The cat in the Tree and Further Observations," *IMF Direct*, May 2013.
27 George Akerlof, "The cat in the Tree and Further Observations," *IMF Direct*, May 2013.
28 "요약하면, 우리 경제학자들은 위기 예측에서 아주 형편이 없었다. 하지만 위기 후에 가졌던 경제정책들은 감각 있고 좋은 '경제학 의사'가 처방한 것과 같았다. 그 정책들은 부시 행정부와 오바마 행정부에서 직접 나왔고, 또 두 대통령이 임명한 사람들로부터 나왔다. 그 정책들은 또한 의회의 지지를 받았다. 앞으로 교훈은 좋은 경제학과 상식은 효과가 좋다는 것이다. 우리는 시도했고, 성공했다. 우리는 이것을 마음에 새기고 정책을 펴야 한다." Joseph Stiglitz, "The Lessons of the North Atlantic Crisis for Economic Theory and Policy," *IMF Direct*, 2013.

조지 애커로프와 노벨상을 공동으로 수상한 조지프 스티글리츠(Joseph Stiglitz)는 그렇게 아주 낙관적이지 않아 보였다.[29] 조지프 스티글리츠는 위에서 언급한 경제학자들과 다르게 자본주의 생산양식은 완전하게 안정적으로 성장하는 생산양식이 아니며 가끔 충격에 타격을 입는 다는 것이다.[30] 그는 위기, 침체, 약한 회복이 일어난 5년 이상의 기간 뒤에도 위기는 여전히 해결되지 않았다고 지적했다.[31] 위기와 뒤이은 약한 회복에 대한 조지프 스티글리츠의 설명이 더 낫지만, 여전히 결함을 갖고 있다.[32] 위기는 정말로 너무 많이 성숙했거나 유통 기한이 지난 성숙한 자본주의 경제 때문이었다. 하지만 조지프 스티글리츠는 장기적 '구조 문제'가 이윤을 위한 자본주의 축적 체제와 관련되는 것으로 보지 않고 '제조업에서 서비스업으로 전환'과 관련되는 것으로 봤다. 이런 전환은 1945년까지 거슬러 올라가서 수십 년 동안 계속되어 왔는데, 이것이 2008년 성숙한 자본주의 국가들의 경제 실패에 대한 이유가 될 수 있는가?

이런 말들로 판단해보면, 주류경제학은 위기를 예측하지 못했고(그리고

---

29 Joseph Stiglitz, "The Lessons of the North Atlantic Crisis."
30 "표준 모형들은 외생적 충격들에 초점을 맞추었는데, 그러나 우리 경제에 있는 변화의 거의 대부분은 내생적이다. 단기의 내생적 충격만 있는 것이 아니고 장기의 구조 변화와 지속적 충격도 있다. 외생적 충격에 초점을 맞춘 모형들은 그야말로 우리를 호도한다. 진짜 큰 충격들은 경제 내부에서 온다." Joseph Stiglitz, "The Lessons of the North Atlantic Crisis."
31 인적자원, 자본 저량, 천연자원의 측면에서 요즘 우리는 위기가 일어나기 전과 같은 수준에 있다. 반면에 많은 국가들이 위기 이전의 국내총생산 수준을 회복하지 못하고 있으며, 공황 이전의 성장 경로의 회복은 말할 필요도 없다. 아주 근본적인 의미에서 위기는 여전히 완전하게 해결되지 않았으며, 왜 현실이 그러한지를 설명할 좋은 경제 이론이 없다. Joseph Stiglitz, "The Lessons of the North Atlantic Crisis."
32 그에게 "이것 가운데 어떤 것은 부채 축소의 느린 속도 문제와 관련된다. 하지만 경제가 부채 축소를 하더라도, 완전 고용으로 회복하지 못한다고 믿는 이유가 많이 있다… 이는 단순히 대차대조표상 위기 이상이다. 더욱 근본적인 원인이 있다. 미국과 유럽은 구조 변화를 겪고 있다. 제조업 경제에서 서비스업 경제로 전환과 관련된 구조변화가 있다. 덧붙이면, 비교우위의 변화는 북대서양 국가들의 경제구조에 거대한 조정을 요구한다." Joseph Stiglitz, "The Lessons of the North Atlantic Crisis."

심지어 발생할 것이라는 것도 거부했고), 어떻게 고양이가 나무에 올라갔는지도 설명하지 못했으며, 고양이를 끌어 내리기 위해 무엇을 할지에 대해서도 분명한 답이 없으며, "이런 일이 다시는 일어나지 말아야 한다."는 말만 하고 있다.

그렇다면 우리는 어떻게 고양이를 나무에서 끌어내릴 것인가? 조지프 스티글리츠에 따르면 "일단 결함이 있는 모델을 혁명한다면," 주류경제학은 되풀이 되는 자본주의 위기를 해결할 수 있고, 체제가 작동할 수 있게 만들 수 있는 방법을 가지고 있다고 한다. 하지만 그것은 연준의 통화정책 이상의 정부개입 형태를 필요로 한다. 불행하게도 주류경제학 모형이 혁명되거나 정치인들이 더 적은 정부개입 대신에 더 많은 정부개입을 원한다는 조짐은 없다.

케인스: 기술적 고장

주류경제학의 다른 주요 흐름인 케인스 학파도 은행붕괴와 대불황을 예측하지 못했다. 폴 크루그먼은 현대 케인스주의의 스승이면서 노벨상 수상자이다. 그는 또 『뉴욕타임스』에 정규 블로그를 운영하고 있는데, 긴축정책과 공화당을 공격한다. 하지만 여러분들이 공황에 대한 그의 책(예를 들어, 『지금 당장 이 불황을 끝내라!*End the Depression Now!*』)을 읽는다면, 위기에서 벗어나기 위해 무엇을 할지에 관한 많은 생각을 볼 수 있지만, 자본주의가 먼저 어떻게 위기에 빠져들었는지에 대해서는 거의 아무것도 볼 수 없다. 여러분들이 어떻게 해서 어떤 상황에 이르게 되었는지 알지 못한다면, 빠져나오는 길을 찾는 것은 어려울 것이다.

위기에 대한 케인스 학파의 설명은 '유효수요'의 갑작스러운 부족이었다. 가계가 재화를 많이 구매하지 않았고, 기업은 급격하게 투자를 축소했다. 갑자기 많은 사람들이 재화를 구매하기보다는 현금을 보유하기를 원했다. 저축 이자 또는 투자를 위한 대출 이자가 거의 0%로 줄어들어도 사람은 여전히 현금을 보유하기를 원했다. 유동성 함정이 있었다. 케인스 학파가 야성적 충동이라고 부르는 것에서 변화가 있었는데, 즉 미래에 대한 불확실성이 갑자기 나타났다('신뢰의 부족'이 있었는데, 매체에서 기업 전문가들로부터 매일 듣는 것이다).

신뢰의 부족이 왜 나타났는지는 실제로 중요하지 않으며, 문제는 이를 위해서 "무엇을 할 것인지"라고 폴 크루그먼은 말했다. 그는 "케인스 경제학은 근본적으로 거시경제학이 도덕극(morality play)이 아니라는 전제, 즉 불황은 본질적으로 기술적 고장이라는 전제에 기대고 있다."[33] 따라서 경제학자의 책무는 단순한데, "이런 기술적 문제를 어떻게 고칠지 생각하는 것이다."

폴 크루그먼에게 자본주의의 위기는 (피할 수는 없더라도) 고칠 수 있는 것인데, 만일 정부지출 증가가 아니라 축소를 원하는 다수 경제학자들과 정책가들이 만드는 외골수의 이데올로기적 무모함이 없다면 말이다. 그에게 위기는 자본주의 생산양식에 있는 근본적인 결함 때문에 일어나는 것이 아니라 케인스가 한번 사용했던 비유를 빌리면 자동차의 자석발전기 문제 같은 것 때문에 일어난다. 그는 "요약하면 문제는 경제의 엔진에 있지 않은데, 이 엔진은 역사상 가장 강력하다. 대신에 우리는 무엇이 기본적으로 기술적 문제, 즉 조직 및 조정의 문제인지에 대해 말하고 있는데, 케인스는 그것을 '엄청난 혼란'이라고 묘사했다. 이 기술적 문제를 해결하면 경제는 활기를 되찾을 것이다."라고 했다. 그는 자본주의 생산양

---

33 Paul Krugman, *End This Depression Now!* (New York: Norton, 2013), chapter 2.

식은 좋다고 생각하며, 이것에 필요한 모든 것은 새로운 전기 부품이지, 완전히 새로운 엔진이 아니라는 것이다. 하지만 경제학자들과 정치인들이 밀어붙인 정책들로 인해 생겨난 엄청난 혼란 때문에 그 새로운 부품은 공급되지 않고 있다.

그에게 대침체는 "우리가 전체 수요에서 심한 부족을 겪고 있기" 때문이었다. 이것이 분명하며, 그래서 단지 더 많은 수요를 창조해야 한다. 폴 크루그먼에 따르면 수요 부족은 화폐 축장 때문이다. 그는 아이돌보기조합(babysitting co-op)을 예로 든다. 어떤 시점에 사람들은 아이돌보기서비스에 대한 이용권(coupon)을 사용하는 대신에, 이용권을 모아두기 시작하고, 따라서 이용권이 더 적게 사용된다. 마찬가지로 기업이 자금을 투자하는 대신에 또 가계가 지출하는 대신에 저축하기 시작하고(알 수 없는 사람들의 비합리적인 이유로) 수요 부족이 만들어진다. 폴 크루그먼은 "집단적으로 세계인들은 생산할 수 있는 것보다 적게 구매하려하며, 버는 것보다 적게 쓰려고 한다. 이는 개인에게는 괜찮지만 우리를 둘러싼 세계에는 괜찮지 않다. 그 결과는 우리에게 재앙이다."라고 한다. 우리는 통화 공급을 늘려서 이런 혼란에서 벗어날 수 있다. 그렇게 하기 위해 정부와 중앙은행은 유동성 함정(화폐 축장)을 부수는 행동을 해야 한다.[34]

이렇게 되면, 폴 크루그먼이 처음에 말한 것처럼 그렇게 단순하지 않다. 그는 불황에서 벗어나는 방법을 논의하길 원한다고 말했지만 먼저 어떻게 불황에 빠지게 되었는지에 대해 얘기하는 것을 피할 수 없다. 단순히 수요의 갑작스러운 부족을 넘어서는, 즉 "침체의 뿌리라고 주장하는" 민간경제 부문에서 과잉 부채의 성장을 넘어서는 자본주의 문제가 있다. 그래서 이것에는 자석 발전기 문제보다 더 큰 문제가 있는 것이다.

---

34 Paul Krugman, *End This Depression Now!* (New York: Norton, 2013), chapter 2.

폴 크루그먼은 하이먼 민스키의 생각에 기대어서 금융부문의 문제를 끌어 왔는데, 즉 금융 행위자들이 돈을 벌기 위해서 더 많이 위험을 무릅썼고, 또 더 많은 돈을 빌렸다는 것이다. 이는 규제가 없어진 금융부문에 내재한 것인데, 상황이 악화되면 금융부문은 취약해진다. 그래서 경제는 어떤 시점에 '민스키의 순간(Minsky moment)'을 가지게 되는데, 대출자들이 상환을 할 수 없고, 대부자들이 대출을 중단하는 때이다. 폴 크루그먼은 "어떤 것이든 이를 촉발할 수 있다"고 말했다. 침체가 일단 시작되면 자본가들과 가계는 부채를 줄이거나 부채 축소를 위해 애쓰며, 그들은 지출하지 않으면서(다시 예를 들면 아이 돌보기 조합) 경제를 더욱 좋지 않게 만든다. 부채가 축소되는 것보다 더 빠르게 경제가 축소되고, 경제는 '부채 디플레이션'으로 빠져드는데, 이는 1930년대 경제학자 어빙 피셔가 설명한 것이다(대불황에 관한 제3장을 보라). 그때는 채무자는 지출하지 못하며, 채권자는 대부해주지 않는다.

그러나 이것은 우리가 처음에 들었던 것처럼 그렇게 단순하지 않다. 실제로는 꽤 복잡하다. 폴 크루그먼은 위기의 뿌리는 과잉 부채이지만 이제 우리는 부채 축소를 해야 하는 게 아니라 훨씬 더 많이 대출해야만 하고 그렇지 않으면 1930년대처럼 장기불황 상태로 있어야 하기 때문에 (부채의) 역설이 있다고 말한다. 그가 말하는 인과 요인을 이렇게 정리할 수 있다. 연이어 들어선 정부들이 행한 미국 은행체계의 탈규제가 과도한 위험 감수, 투기, 빚잔치와 금융 탈규제 및 불안정성을 낳았고, 이는 "한 나라의 자본 발전을 카지노의 부산물로 만들었다."(케인스를 인용)

현재 불황에 대한 대답으로 화폐공급을 능가하는 것은 더 많은 정부지출이다. 폴 크루그먼에 따르면 대불황 때 상황이 바뀐 것은 진주만 공격 전에 있었던 정부 군비 지출의 거대한 증가였다.[35] 그의 책에 있는 부록에서 폴 크루그먼은 무기에 대한 정부지출이 불황의 출구였다는 증거를 다룬다. 제2차 세계대전 군비 지출이 실제로는 성장을 촉진하는데 실망스러웠는데 그 이유는 "민간 건설에 대한 할당과 제한" 때문이었으며, 그리고 한국전쟁은 "급격한 세금인상" 때문에 또한 효과가 적었다고 폴 크루그먼은 언급한다.

전쟁이 큰 정부지출을 시행하는 유일한 길인가? 폴 크루그먼에 따르면 "불행하게도 대답은 '그렇다'이다. 대규모 지출 사업은 전쟁 또는 전쟁의 위협에 대한 대응 외에는 거의 일어나지 않는다." 이는 틀림없이 전쟁 케인스주의이다.

너무 많은 신용: 하이먼 민스키, 스티브 킨, 오스트리아 학파

하이먼 민스키는 이번 공황 전에는 거의 무시되었던 학자인데(하지만 이제 좌파 케인스 학파에서 환대를 받고 있다) "불안정성은 자본주의의 내재적이고 피할 수 없는 결함이다."라면서, 케인스가 자본주의는 내재적으로 불안정하고 붕괴 경향이 있음을 보여줬다고 주장했다. 그는 이 불안정성을 금융부문에서 찾았는데, "그런 결함이 존재하는 이유는 기업가의 야성적 충동이 유효수요 투자로 옮겨지는 자본주의 활력과 활기를 위해 필요한 금융체계가 걷잡을 수 없이 팽창하는 잠재성을 포함하기 때문인데, 이런 팽창은 투자호황에 때문에 작동한다."고 한다.[36]

---

35 폴 크루그먼은 다음과 같이 언급했다. "1940년 여름에 미국 경제는 전시경제가 되었다. 진주만 폭격 훨씬 전부터 군비 지출은 급등했는데, 미국이 군함과 무기를 대대적으로 교체했기 때문이고… 그리고 새로 차출한 수백만 명의 군인을 수용하기 위해 군대 막사를 지었고… 군비 지출이 일자리를 만들고 가계 소득을 높였고… 기업의 매출이 성장하면서 기업도 역시 지출을 늘렸다." Krugman, *End This Depression Now!*

36 Hyman Minsky, "The Financial Instability Hypothesis," Lévy Economics Institute Working Paper 74, 1992.

하이먼 민스키에게 자본주의 생산과정, 즉 실물경제에서 결함은 없고, 오직 "화폐라는 가상(veil of money)"과 생산과 소비 사이의 금융 중개에 있다. 부채가 쌓여가면서, 이는 그런 과정에 불확실성과 불안정성을 불러일으킨다. 헤지 대출자, 투기 대출자, 폰지 대출자 등 세 종류의 대출자가 있다. 헤지 대출자는 대출하고 나서 원금과 이자를 상환하고, 투기 대출자는 이자만 상환하는데 원금을 상환하기 위해서는 자산 가격 상승에 의존하고, 폰지 대출자는 더 많이 대출하여 이자를 상환한다.

호황 동안에는 헤지 대출자의 비율이 줄어들고, 투기 대출자와 폰지 대출자의 비율이 늘어나서 부채 피라미드가 무너지기 시작할 때에 불안정성의 위험에 길을 열어준다. 이런 부채 위기의 실제 도화선은 2007년처럼 자산 시장에 있을 수 있고, 2000년처럼 주식에 있을 수 있다. 투자 자금을 조달하기 위해 레버리지(국내총생산 대비 순 부채의 비율)와 부채에 대한 의존이 더 커질수록 붕괴의 가능성도 더 커진다. 부채 상환을 보장할 수 있을 만큼 주택가격이 충분히 상승하지 않게 되면, 갑자기 위험을 싫어하게 되고, 부채축소를 바라게 되는데, 이것이 2007년과 같은 '민스키의 순간'으로 묘사되고 있는 것이다.

민스키 지지자들은 대침체가 그의 금융위기 묘사를 따른 것은 아니라고 받아들이겠지만, 그가 경제를 관찰하는 방법은 대침체의 원인을 가장 잘 밝혀준다고, 즉 금융부문이 지배하는 경제에서 경기순응적 신용 폭발을 가장 잘 밝혀준다고 주장한다. 금융부문의 체계적 위험은 결국 부채 디플레이션의 상태가 된다.

민스키는 "우리가 이것을 다시 만날 가능성은 전혀 없다. 불안정성은 일단의 개혁을 겪으면서 장래에 새로운 모습으로 나타난다."고 말한다. 그래서 안정성은 영원히 지속되지 않으며 위기는 항상 다시 나타난다.

민스키의 관점을 오스트리아 학파 경제학자 스티브 킨(Steve Keen)이 확장했는데, 그는 신용경색을 처음 예측한 학자로서 리브리 상(Revere Award)을 받았다. 민간부채가 생산부문 경제의 '자연' 성장을 넘어서서 쌓여서, 이것이 실물 생산 및 투자와 아주 괴리하게 되면 폭발을 기다리는 시한폭탄이 된다. 스티브 킨에게 "자본주의는 내적으로 결함이 있고, 호황, 위기, 불황의 경향을 가진다. 내가 보기에 이런 불안정성은 금융체계가 성숙 자본주의에 존재할 때, 금융 체계가 가질 수밖에 없는 특징 때문이다."[37]

스티브 킨은 자본주의 위기의 핵심이 과잉 신용 또는 민간부채라고 주장한다. 현대 금융체계는 더 많은 수익을 얻기 위해 신용을 확대하려고 애쓴다. 이는 민스키 형태의 금융투기를 초래한다. 은행이 역사상 가장 위험한 자산 형태(주식, 채권, 부동산)에 투자하면서 민간 신용은 급증한다. 이는 경제에서 끝내 충족될 수 없는 초과 수요를 창조한다. 폰지 사기와 유사한 방식으로 단지 이전 대출을 상환하기 위해 점점 더 대출이 증가한다. 결국 전체 판은 붕괴하고, 자본주의는 침체에 빠진다.

스티브 킨은 케인스 방식의 '총수요'를 가장 잘 관찰하는 방법은 국민소득에 민간부채 또는 대출의 액수를 포함시키는 것이라고 말한다. '수요'를 이렇게 수정하면, 위기가 언제 닥쳐올지에 대한 훨씬 좋은 지표가 된다는 것이다. 미국의 국내총생산 대비 민간부채는 1982년부터 하키채 모양처럼(그림 5.3을 보라) 급등했는데, 위기가 닥쳐오는 뚜렷한 징후였다(기후 변화 논쟁에서 지구 온난화 위험을 경고하는 데 사용된 그래프와 비슷하다).

스티브 킨은 "마르크스에게 위기를 일으키는 본질적 요소는 마치 그의 앞에 어빙 피셔와 하이먼 민스키가 함께 있는 것처럼 민간부채의 축적이다."라고 말한다. 스티브 킨이 생각하는 마르크스의 차별적인 기여

---

37 Steve Keen, "The Minsky Theis: Keynesian or Marxian?", in Financial Keynesianism and Market Instability: The Economic Legacy of Hyman Minsky, vol. 1, edited by R. Bellofiore an P. Ferri (Cheltenham: Edward Elgar, 2001), 106-20.

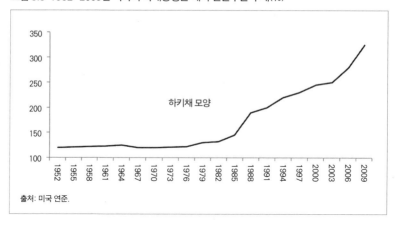

그림 5.3 1952~2009년 미국의 국내총생산 대비 민간부문 부채(%)

하키채 모양

출처: 미국 연준.

는 대출 비용, 즉 시장 이자율은 일반적으로 "자본가 계급의 이윤에 대한 평균 기대치로" 정해진다는 것이다. 그러나 스티브 킨은 현재 위기의 원인으로서 실제 이윤율의 역할을 기각한다. 위기는 실현되는 이윤이 자본가들의 **기대**를 만족시키지 못할 때 일어나는 불충분한 수요의 산물이다.[38]

오스트리아 학파는 주류경제학이 아니다. 오스트리아 학파는 미시 가정들로부터 시작한다. 이것은 완전한 정보를 가진 합리적인 인간 주체가 효용과 이윤을 최대화한다는 신고전학파 관점이 아니다. 반대로 인간 행동은 투기적이며, 투자에서 성공 보장은 없다. 이 학파 사상의 창시자인 카를 멩거(Carl Menger)에 따르면, 투자의 결과가 나타나는 시간이 더 오래 길릴수록, 성공을 보장하기 더욱 어려워진다. 따라서 자본재에 필요한

---

38 최근에 타피아는 마르크스 이윤율 모델과 칼레키-킨의 축적 모델을 결합하는 것을 시도했다. Jose A. Tapia "Money and Say's Law: On the Macroeconomic Models of Kalecki, Keen, and Marx," real-world economics review, 70 (February 20, 2015), 110-20, http://www.paecon.net/PAEReview/Issue70/Tapia70.pdf.

재화의 투자 수익률보다는 직접 소비를 위한 재화의 투자수익률을 추정하기 더 쉽다. 소비하기보다 저축하는 것은 미래에 추가 수익을 얻기 위한 투기적 결정이다.

오스트리아 학파는 이런 저축의 대가는 시장 이자율로 측정될 수 있으며, 이는 현재의 저축에서부터 미래에 성과가 일어나기까지 걸린 시간에 가격을 매긴 것이라고 생각한다. 중앙은행과 정부가 시장 이자율 설정에 개입하지 않는다면 경제 위기는 발생하지 않는다고 주장한다.

경기순환 가운데 호경기는 정부가 현재 이자율의 유지를 바라기보다는 중앙은행이 화폐를 더 많이 공급하기 때문에 일어나고, 따라서 현재 이자율은 하락하기 시작한다. 대출 가능한 자금이 수요를 초과하고, 그러면 이는 비생산 부문에서 사용되기 시작하는데, 2002~2007년 주택시장 호황의 경우가 그렇다. 호경기 동안의 이런 실수는 오직 불경기의 시장에서 드러난다.[39]

오스트리아 학파의 관점에서는 (신용의) 통화팽창에 기초해서 지어진 사상누각의 궁극적 붕괴는 자본주의의 실패를 나타내는 것이 아니라 주로 중앙은행과 다른 정부개입 형태의 예측 실패이다. 대침체는 중앙은행이 초래한 과잉 신용창조와 인위적인 낮은 이자율의 산물이었는데 이번에는 주택부문에서 시작했다. 시장 이자율 조정에 개입하면서 초래된 실수와 잘못된 투자를 교정하기 위해 침체는 필수적이었다. 침체는 경제가 더 이상 수익성이 없는 자본과 노동을 제거하는 시도이다. 아무리 많은 정부지출과 개입도 이 교정을 피할 수 없다.

---

39 따라서 "대침체는 자유방임 자본주의의 산물이 아니며, 시장조작 과정에 아주 중대한 개입의 의도치 않은 결과인데, 즉 연준의 확대통화정책과 일련의 정책들을 가지고 인위적으로 주택 소유 비용과 위험을 줄여서 아주 위험한 대출을 창조할 수 있게 했는데, 이는 금융 부문에서 훨씬 더 위험한 혁신을 낳았다." Robert P. Murphy, "My Reply to Krugman on Austrian Business-Cycle Theory"

오스트리아 학파 안에 경기순환이 주로 중앙은행의 주기적인 신용 팽창과 축소로 일어난다는 일반적 합의는 없다. 경기순환은 '진정한 자유 시장' 경제의 특징이 아닐 수도 있다고 주장한다. 정부에 의해서가 아니라 자본가들이 시장 가격에 기초해서 자유롭게 스스로 예측과 투자 할당을 할 수 있다면, 경기순환은 없을 수 있다는 것이다. 경기순환은 국가기구의 신용조작 때문이다. 이는 신고전학파/통화주의 학파와 다른데, 이들은 침체를 시장 정보나 시장의 불완전성 때문에 일어나는 성장의 가벼운 중단으로 보며 인위적인 신용 호황이 일으킨 불경기로 보지 않는다.

폴 크루그먼은 오스트리아 학파가 침체를 과음한 다음날 나타나는 숙취 같은 것으로 생각한다고 말한다. 오스트리아 학파의 관점에서 침체를 해결하기 위해서 경제에 신용을 확대하는 것은 술 취한 사람에게 술을 더 주는 것과 같다는 말이다.

하지만 이자율 설정을 시장에 넘기고, 국가의 잘못된 지도로부터 자유롭게 자본가들이 투자결정을 할 수 있다면, 호황과 침체의 순환이 사라질 수 있을까? 오스트리아 학파의 관점에서는 실질가치에 기초한 성장을 넘어서서 호황을 인위적으로 확대한다면 신용거품이 나타날 수 있다고 강조한다. 이윤이 줄어들거나 소비와 투자가 약해지는 것으로 보일 때, 필사적으로 성장을 지속시키기 위해서 정부와 중앙은행이 그런 신용거품을 창조할 수 있다.

오스트리아 학파한테 호황과 침체에 대한 답은 중앙은행과 국가의 경기자극을 없애는 것이고, 시장이 이자율을 결정하게 하는 것이다.[40] 그런

---

40 "이자율은 어떤 경제에서든 가격 신호의 가장 중요한 신호 가운데 하나이다. 그 신호를 왜곡하려는 어떤 것도 결국은 경기하강과 침체로 교정되어야만 하는 의도하지 않은 실물경제 효과를 만들어낼 것이다. 단기 측면에서 이런 효과는 신용의 빠른 성장 때문에 악화될 수도 있고 상쇄될 수도 있지만, 결국 이런 효과들은 힘을 잃게 될 것이다. 그러면 잘못 투자된 자본이 드러나고, 그 결과 경제활동이 하강하게 된다." Murphy, "My Reply to Krugman."

데 이자율이 자본주의 투자의 추진력이고 자본가들이 투자 결정을 위해 살펴보는 가격 신호인가? 마르크스가 설명하듯이, 이자는 단지 잉여가치의 한 부분이고, 잉여가치가 투자의 열쇠이다. 가치와 잉여가치는 생산과정에서 창조되며, 특히 노동력을 화폐와 교환해서 자본재를 사용하는 노동력의 생산성을 통해서다.

윌리엄 화이트(William R. White)는 국제결제은행 통화경제국(Monetary and Economic Department)의 전임국장이었고, 현재 경제개발협력기구의 경제감독위원회(Economic Review Committee) 위원장인데, 금융 매체에는 잘 알려지지 않았지만 아마도 그의 위기 분석에 대해서는 잘 알 것이다. 윌리엄 화이트가 보기에 주류경제학자들은 경제체제의 위기를 초래하는 핵심요소, 즉 부채의 증가를 놓치고 있다. 윌리엄 화이트는 오스트리아 학파와 하이먼 민스키의 주장에 천착하면서, 경제에 대한 전통적인 케인스 학파 관점을 일련의 유량이라고 비판하며 경제학자들이 경제 대차대조표와 부채 저량에 집중할 것을 원했다.

윌리엄 화이트에게 신고전학파의 합리적 기대 가설은 자산 가격이 내재가치에서 아주 벗어날 때 그 결함을 보여주는 것이다. 시장이 아주 효율적이라면 왜 실업이나 에너지 같은 많은 주요 상품들의 가격이 조정될수 없는가? 그는 더 이상 케인스 사상을 좋아하지 않는데, 적어도 주류 케인스 학파의 사상을 좋아하지 않는데, "케인스 학파는 경기순환의 전환점 예측을 잘한 적이 한 번도 없다."고 말했다.[41]

윌리엄 화이트에게 위기는 금융부문과 실물 부문 둘 다인데, "금융 체

---

41 윌리엄 화이트는 변동성을 설명할 때 야성적 충동 관념이 더욱 타당하다고 인정했다. 하지만 "케인스의 체계의 모호함과 불확실성은 야성적 충동을 다루는 주요 함수식들에서 모두 드러난다. 놀라울 것 없이, 주류경제학 기구들이 내놓는 경험적 예측이 그렇게 많은 결함을 보여주는 것은 당연하다."고 한다. William White, "Modern Macroeconomics Is on the Wrong Track," *Finance & Development* 46, no.4 (December 2009).

계의 취약성 때문에 신용 조건을 강화하면 실물경제에 영향을 줄 수 있다는 걱정이 역시 위기는 단지 금융위기라는 인식을 만든다."고 했다. 그에게 신용위기는 그것이 실물경제에 영향을 줄 때에만 (신용경색에서 대침체로 발전한 것처럼) 위기가 될 수 있다.[42] 이는 확실히 옳은데, 모든 금융위기가 경제 축소 또는 침체로 이어지지는 않는다(하지만 모든 침체는 금융위기를 낳는다). 그러나 윌리엄 화이트는 금융부문에서 실물 부문으로 옮아가는 위기의 과정이 어떻게 해서 작동할 수 있는지에 대해서는 설명을 제시하지 않고 있다.

윌리엄 화이트와 오스트리아 학파가 설명하지 않는 것은 왜 '과잉 신용'이 마침내 작동하지 않는지이다. 분명히 신용이 경제성장과 자산 가격에서 그 힘을 잃고 그러고 나서 겉으로 드러나지 않는 이유로 성장이 붕괴하는 시점이 있다. 오스트리아 학파는 마르크스가 이윤율 법칙에서 밝힌 자본주의 생산과정에 있는 근본적인 결함을 무시한다.

오스트리아 학파와 주류경제학파에게 이윤을 위한 자본주의 생산에는 문제가 없으며, 문제는 불완전한 정보와 불완전한 시장(신고전학파), 상업적인 화폐 축장과/또는 야성적 충동의 변동 때문에 발생하는 주기적인 유효수요의 부족(케인스주의), 또는 국가가 창조한 과잉신용(오스트리아 학파)에 있다. 이런 학파들의 어떤 사상도 자본주의 사회의 생산 양식이 결함을 가지고 있다는 특징은 말하지 않는다.

---

42 "받아들이지 말아야 하는 하나의 경향은 불균형을 일으키는 이런 작용을 오직 '금융 안정성'과 연관된 것으로 보는 것이다. 부분적으로 이런 경향은 현재의 문제를 금융위기의 문제로 한정하는 잘못된 생각과 관련된다." William White, "Modern Macroeconomics Is on the Wrong Track."

포스트 케인스 학파: 지나치게 큰 불평등

많은 좌파 경제학자들과 몇몇 주류경제학자들은 낮은 소득 집단의 제한된 소득 때문에 대침체가 일어났으며, 이유는 소비와 '유효 수요'가 약해졌고, 가계가 일자리에서 생긴 소득 증가 부족을 벌충하기 위해 더 많은 빚을 내는 것에 의존했기 때문이라고 생각한다.[43]

많은 포스트 케인스 학파 경제학자들뿐만 아니라 몇몇 마르크스주의 경제학자와 조지프 스티글리츠[44]나 인도 중앙은행장 라구람 라잔[45] 같은 주류경제학자들까지도 이 관점을 견지한다. 인기 있는 많은 책들에서도 불평등이 모든 문제의 원인이라고 주장한다.[46]

'뉴딜' 케인스 경제학자 존 갤브레이스(J. K. Galbraith)의 아들인 포스트 케인스 학파 경제학자 제임스 갤브레이스(James Galbraith)[47]는 "월가가 미국 경제를 지배하게 되면서 미국의 소득 및 급여의 불평등이 신용 순환의 장단에 맞춰 춤을 추게 되었다."고 말한다. 그는 금융부문의 성장은 불평등을 경제 불안정으로 연결시킨 구동축이었다고 주장한다.

조지프 스티글리츠도 같은 입장을 취하는데 "세계 대부분 국가에서 불평등 증가는 그 돈을 사용했던 사람으로부터 아주 잘사는 사람, 즉 그 돈을 아무리 쓰려고 해도 전부다 쓰지 못하는 사람들의 수중으로 돈이 들어간 것을 의미한다." 따라서 이런 불평등의 범람은 "이런 위기의 원인

---

43 Michael Kumhof and Romain Rancière, "Leveraging Inequality," *Finance and Development* (December 2010), 28-31.

44 Joseph. Stiglitz, *The Price of Inequality: How Today's Divided Society Endangers Our Future* (New York: Norton, 2012).

45 R. Rajan, *Faultlines* (Princeton, NJ: Princeton University Press, 2010).

46 이 주제에 대한 다양한 관점이 한 개요서에 요약되어 있다. ILO, *Income Inequality as a Cause of the Great Recession* (Geneva: ILO, 2011).

47 J. Galbraith, *Inequality and Instability* (New York: Oxford University Press, 2012).

이 되는 무모한 레버리지와 위험 감수에 이바지 한다."고 한다.

조지프 스티글리츠의 이 가설은 앤서니 앳킨슨과 살바토레 모렐리에 의해 발전되었는데, 그들은 "소득 분배에서 하위를 차지하는 가계는 실질소득이 정체하는 것에 직면하여 높아지는 생활수준을 유지하기 위해 대출을 했으며" 그리고 "이런 대출은 나중에 지속 불가능한 것으로 밝혀졌으며, 이는 지나치게 확대된 금융기관에 채무불이행과 압력을 초래했다."고 생각한다.[48] 다니엘 루비니도 역시 불평등 증가를 자본주의 위기의 주요 원인으로 지적했다.[49]

미국 민주당 좌파 로버트 라이시(Robert Reich)도 위기의 원인을 불평등으로 돌렸다.

> 부자들은 경제가 거의 성장하지 않을 때 큰 몫을 가지는 것보다 경제가 빠르게 성장할 때 작은 몫을 가지는 게 더 좋다… 부자들에게 세금을 인상하여 공공투자에 자금을 대면 미래의 생산성을 개선할 수 있다… 부자들을 포함해서 우리 모두가 이런 투자로부터 이득을 얻게 된다. 폭넓게 공유되는 번영은 모두에게 혜택을 주는 건강한 경제와 단순히 호환되는 것이 아니라 전자는 후자의 핵심이다. 이것은 말도 안 되는 좌파의 이야기가 아니다. 이는 상식이다. 그리고 이는 대다수 사람이 공유하는 생각이다.[50]

국제통화기금에 재직 중인 마이클 컴호프(Michael Kumhoff)와 로맹 랑시에르(Romain Rancière)는 "긴 시기 동안의 소득 불평등은 부자들로부터 대

---

48 Edward Glaeser, "Does Economic Inequality Cause Crises?," Rappaport Institute for Greater Boston, December 14, 2010.
49 Daniel Roubini, "The Instability of Inequality."
50 R. Reich, *Aftershock* (New York : Vintage, 2011).

출하는 것을 촉진했고 이는 커다란 경제위기의 위험을 높였다."[51] 이 학자들에 따르면, 중간 소득 및 저소득 노동자들의 소득 정체를 초래하고 반면에 고소득 가계는 더 많은 자본 자산을 얻게 하는 어떤 일이 일어난다. 이것이 저소득 가계에 비해 부유한 가계의 저축을 증가시킨다. 중간계급은 생활수준이 하락하는 것을 막기 위해서 더 많이 대출을 한다. 새로운 형태의 증권화를 포함한 금융 혁신은 유동성을 증가시키고, 대출자들이 이용할 수 있는 대출 자금의 비용을 낮춘다.[52]

이 가설에 대한 증거는 의심스러운 점이 있다. 폴 크루먼은 "극단적인 불평등이 필연적으로 경제 재앙을 초래한다고 가정할 이유는 없다."고 말한다. 국제결제은행의 마이클 보르도(Michael Bordo)와 크리스토퍼 메이스너(Chirstopher Meissner)는 자료를 분석하여 불평등이 위기의 이유는 아닌 것 같다고 결론을 내렸다.[53] 대개 신용 호황은 금융위기를 초래했지만, 불평등이 필연적으로 신용호황을 초래하지 않았다.[54]

에드워드 글레이저(Edward Glaeser)도 미국에서 소득 불평등이 가장 심했던 여러 지역의 주택가격이 늘 상승한 것은 아니었다는 미국 경제 연구를 언급했다.[55] 이는 소득 불평등이 주택 호황을 팽창시켰다는 주장에 문

51 Kumhof and Rancière, "Leveraging Inequality."

52 그래서 "하위 집단의 부채 의존도 증가—그리고 상위집단의 부의 증가—는 금융중개 및 금융부문의 수요 증가를 낳았으며, 그렇기에 중간계급의 소득 대비 부채비율이 부유층에 비해서 증가함에 따라 빠르게 높아진다. 중간계급의 부채 증가와 소득 정체의 결합으로 금융시장의 불안정성이 높아졌고, 금융 체계는 끝내 붕괴했다." Kumhof and Rancière, "Leveraging Inequality."

53 Michael Bord and Christopher Meissner, "Does Inequality Lead to a Financial Crisis?," NBER Working Paper 17896, 2012.

54 "14개국의 120년 이상의 기간을 포함하는 자료를 이용하여 우리는 신용 호황이 은행위기와 연관되는 강한 증거를 찾았지만 소득집중 증가가 신용 호황이 중요한 결정요인이었다는 증거는 찾지 못했다. 1920년대 미국 경험에 대한 서사적 증거와 다른 나라들의 그런 증거들은 불평등 증가의 역할에 더 큰 의문을 불러일으킨다." Bordo and Meissner, "Does Inequality Lead to a Financial Crisis?"

55 Edward Glaeser, "Does Economic Inequality Cause Crises?"

제를 제기한다.[56] 더욱이 불평등은 위기로 규정된 6개 사례 가운데 2개 경우에서 높았는데, 이는 위기로 규정되지 않는 15개 사례에 있었던 것과 정확하게 같은 비율이다. 영국의 두뇌 집단인 레졸루션 재단(Resolution Foundation)은 파올로 루치노(Paolo Lucchino)와 살바토레 모렐리(Salvatore Morelli)가 이 문제에 관한 모든 경험적 증거를 검토한 연구를 출판했다. 두 사람은 "사실로 상정했던 불평등과 위기의 관계를 경험적으로 입증하려는 노력들은 아직까지는 그 관계를 사실로 증명하지 못했다."는 결론을 내렸다.[57]

불평등 가설 지지자들을 흥분시킨 것은 국제통화기금 소속 경제학자들이 쓴 새 원고였는데[58], 불평등이 경제성장에 나쁠 뿐만 아니라 부의 재분배는 경제성장에 거의 해롭지 않다고 밝혔다. 따라서 이는 자유시장이 경제성장을 가속화하고 그리하여 모든 사람들이 이득을 얻는다는 자본주의를 지지하는 신고전학파 옹호자들이 선전하는 성장과 불평등에 대한 낙수이론을 논박했다.[59] 이는 새로운 결론이 아닌데 왜냐하면 자본주의 경제의 불평등에 대해 이름난 두 명의 경제학자 이매뉴얼 사에즈

---

56 이에 대해 에드워드 글레이저는 앳킨슨(Atkinson)을 언급하며 "앳킨슨 교수와 모렐리 교수의 국제 자료는 역시 불평등과 위기 간 규칙적인 연관성이 거의 없음을 시사한다. 25개국의 1세기에 걸친 자료를 살펴보면서 두 사람은 10개 사례에서는 위기 앞에 불평등의 증가가 있었고, 7개 사례에서는 위기 앞에 불평등 감소가 있었다는 것을 밝혔다."고 했다. Edward Glaeser, "Does Economic Inequality Cause Crises?"

57 Paolo Lucchino and Salvatore Morellin, "Inequality, Debt and Growth," report, Resolution Foundation(2012).

58 Jonathan D. Ostry, Andrew Berg, and Charalambos G. Tsangaride, "Redistribution, Debt and Growth," IMF Staff Discussion Note 14/02, February 2014, https://www.imf.org/external/pubs/ft/sdn/2014/sdn1402.pdf

59 국제통화기금 원고에서는 "성장에 초점을 맞추는 것은 잘못일 수 있다. 불평등은 불평등으로만 다루자. 왜냐하면 불평등은 윤리적으로도 바람직하지 않을 뿐만 아니라 그 결과로 나타나는 성장은 낮거나 지속 불가능할 수 있기 때문이다."라고 결론을 내렸다. Ostry, Berg, and Tsangaries, "Redistribution, Debt and Growth." Ostry, Berg, and Tasngarides, "Redistribution, Debt and Growth."

(Emmanuel Saez)와 토마 피케티(Thomas Piketty)는 "영국이나 미국처럼 최고세율에서 큰 인하를 만든 국가들의 성장은 독일이나 덴마크처럼 그렇지 않은 국가들보다 크게 둔화되었다… 우리는 1970년대 이후 수십 년 동안 소득 집중의 증가가 성장을 썩 좋지 않게 만든다는 것을 봤다."[60]

과거 30년 동안 불평등이 증가했으며 성장에 해를 준 것 같다고 (또는 적어도 불평등 감소가 성장에 해를 주지 않는다고) 인식하는 것과 불평등이 신용경색과 대침체의 원인이라고 주장하는 것은 아주 다른 문제이다. 이 주장에서 이론상 잘못된 것은 케인스 학파 경제학자들처럼 자본주의의 근본 취약성이 경제의 수요 측면에 있다는 가정이다. 많은 사람들은 소비하기에 충분하지 않은 소득을 벌었기 때문에, 이들은 생활수준을 유지하기 위해 대출했다는 것이다. 문제가 공급 측면에 있다면 완전히 다른 결론이 나온다. 이런 관점에서 불평등의 확대는 경제 취약성의 원인이라기보다는 증상이다. 자산 거품이 나타나면서 부자들은 더 부자가 되었지만, 기초경제가 먼저 전혀 건강하지 않은 상태였다.

우리는 소득 또는 부의 불평등 증가가 1970~80년대 침체를 일으켰다는 말을 듣지 못했다. 실제 많은 주류경제학자들과 비주류경제학자들은 그 반대로 임금상승이 전체 국민 소득 가운데 이윤을 압박하여 침체가 일어났다고 주장했다.[61] 그래서 자본주의 위기의 근본원인이 다양한 것 같아 보인다. 이런 절충적인 방법에 있는 곤란은 자본주의 위기의 원인이 무엇인지 불분명하다는 것이다. 1970년대처럼 임금의 이윤 압박이었는가? 아니면 낮은 임금이 2000년대의 과잉신용을 낳고, 그러고 나서 2008년 수요의 붕괴를 낳았는가?

---

60 Thomas Piketty and Emmanuel Saez, "Income Inequality in the United States, 1913~1998," *Quarterly Journal of Economics* 118 (2003), 1-39.
61 M. Roberts, *The Great Recession*의 제20장을 보라.

불평등 주장은 주로 민간부문의 과잉부채가 대금융위기를 일으켰다는 민스키-킨 주장과 연결된다. 미국에서 임금이 억제되자 가계는 주택담보대출, 자동차구매대출, 생활비대출을 더 많이 하게 되었다. 은행의 무모한 대부 때문에 사람들은 그렇게 하도록 독려되었고 심지어 비우량 대출자까지도 그렇게 했다. 아시다시피 이런 부채의 순전한 크기는 결국 주택가격 상승이나 쥐꼬리만한 평균 소득으로 지탱될 수 없었고, 끝내 사상누각은 무너져 내렸다.

포스트 케인스 학파의 주요 경제학자 캉스턴 대학의 엥겔베르트 스톡해머(Engelbert Stockhammer)는 최근 위기를 일으킨 경제 불균형은 금융 탈규제 효과와 불평등 증가의 거시경제 효과의 상호작용 결과로 보이는 것 같다고 주장한다.[62] 이런 관점에서는 불평등 증가가 최근 위기의 근본 원인으로 여겨진다. 불평등 증가는 총수요에 하방압력을 만드는데, 낮은 소득 집단이 높은 한계소비성향을 가지기 때문이다. 불평등 증가는 가계부채 증가를 초래했는데, 왜냐하면 노동계급 가계는 실질임금이 정체하거나 하락함에도 불구하고 사회적인 소비기준을 유지하려고 애썼기 때문이다. 그런 반면에 불평등 증가는 투자성향을 높였는데, 부유한 가계는 다른 집단들보다 위험한 금융자산을 보유하려는 경향이 있기 때문이다.

엥겔베르트 스톡해머에게 자본주의 경제는 임금주도 경제 또는 이윤주도 경제이다. 임금주도 수요 체계는 임금 몫의 증가가 총수요 증가를 낳는 것인데, 총수요 증가는 양의 소비 효과가 음의 투자 효과보다 클 때 나타난다. 이윤주도 수요 체계는 임금 몫의 증가가 총수요에 음의 효과를 주는 것이다. 포스트 케인스 학파는 자본주의 경제가 임금주도 경제

---

62 Engelbert Stockhammer, "Rising Inequality as a Cause of the Present Crisis," *Cambridge Journal of Economics*, 39 (2013), doi : 10.1093/cje/bet052.

라고 생각한다. 그래서 1980년대 이후 있었던 것처럼 임금 몫의 감소가 일어나면, 자본주의 경제에서 총수요가 감소하고, 그리하여 결국 침체가 발생한다. 은행 부문은 투기 행위로 이런 위험을 증가시킨다.

엥겔베르트 스톡해머는 1970년대 자본주의 경제는 이윤주도 체계였지만 이제는 임금주도 체계이기 때문에 각 위기의 원인이 다르다고 말할 수도 있다.

이윤주도 자본주의 경제가 어떻게 임금주도가 되었는가? 아마도 불평등 증가는 1970년대와 1980년대 공황의 결과이다. 1980년대와 1990년대 동안 실업, 노동권 파괴, 노조 억압, 국가 자산의 민영화, 산업 탈규제, 법인세 인하 등 다시 말해, 신자유주의 의제로 잉여가치율을 높여서 이윤율 상승을 성공한 시도들의 산물이다.

프랑스 경제학자 토마 피케티는 주요 경제국의 소득 및 부의 불평등 증가 관련 주요 전문가 가운데 한 명이다. 그의 대표작 『21세기 자본 *Capital in the 21st Century*』에서 상위 1%가 가진 소득과 부의 몫에서 엄청난 증가를 서술하고 있다. 그는 소득과 부의 엄청난 증가의 주요 이유가 임금과 일자리 같은 것에서 소득 증가가 아니라 자본 소득의 엄청난 증가, 즉 주식 배당금의 증가, 주식 매매로부터 벌어들인 자본이득, 대출과 채권 소유로부터 벌어들인 이자 등등이라고 생각한다. 달리 말해서 불평등 증가는 가치를 창조하는 노동자를 더 많이 착취한 결과이며, 그런 가치를 상위 은행가, 기업 최고 관리자, 자본의 주주들이 전유했다. 이는 불평등은 잉여가치율 증가의 결과이지 그 원인은 아니라고 시사한다.[63] 부의 불평등 증가는 국민소득에서 자본의 몫이 증가하기 때문에 일어나지 그 반대는 아니다.

위기의 불평등 이론은 일관성 있는 설명이 아니다. 현재 위기에만 적용되고 이전의 위기에는 적용되지 않는 것으로 보인다. 미국과 영국 같은 몇몇 자본주의 국가 경제에만 적용되며 유럽이나 일본 같이 불평등은 낮으나 위기는 더 심한 곳은 적용되지 않는 것 같다.

무엇을 놓쳤나? 이윤

이 모든 위기 원인 분석에서 놓치고 있는 것은 무엇인가? 이윤의 역할이다.[64] 현대 케인스 학파 경제학자들은 일반적으로 자본주의 위기의 원인에 대한 케인스의 다른 암시, 즉 '자본의 한계 효율' 감소를 무시하는데, 그것은 자본의 생산과정에서 마르크스가 분석한 이윤율 하락과 가장 가까운 케인스의 분석이며, '수확체감'에 대한 케인스의 신고전학파 모형 같은 것이다. 케인스는 "위기에 대한 훨씬 전형적이고 아주 지배적인 설명은 이자율의 상승이 아니라 주로 자본의 한계 효율의 갑작스러운 붕괴이다."[65]라고 썼다.

하지만 케인스에게 위기를 일으키는 것은 기업가들이 현재 이자율에 비해 잠재 이윤을 훨씬 높게 낙관할 때이다. 그래서 문제는 이윤율 같

---

63 토마 피케티는 그의 책에서 불평등 증가에 대한 자신의 설명과 마르크스의 되풀이 되는 위기 모형(처음으로 '자본'이라는 이름을 가진 19세기 마르크스의 책에 나타나 있는)을 비교한다. 토마 피케티는 "자본가들은 매년 더 많은 자본을 축적하는 것에 관심을 가지는데, 의지력을 가지고 영구히 그렇게 하려고 한다. 아니면 자신들의 삶이 이미 충분히 높은 수준에 있기 때문에," 그러므로 "자본 수익률은 필연적으로 더욱더 줄어들 수밖에 없으며 무한히 0에 가까워진다." 그렇지 않으면 자본으로 가는 소득의 몫은 "결국 모든 국민소득을 먹어치울" 것이다. 그래서 "마르크스가 지적한 동학의 모순"이 있다. 따라서 자본가들은 "수익률 하락경향을 저지하기 위한 필사적인 시도로" 생산성을 높이기 위해서 더 많이 축적해야만 한다. Thomas Piketty, *Capital in the 21ˢᵗ Century* (Cambridge, MA : Harvard Belknap Press, 2014).

64 "영리추구 세상에서 경제 활동은 현재 이윤 또는 예상 이윤에 영향을 주는 요인에 의존한다." Wesley Mitchell, *Business Cycles* (Berkeley : University of California Press, 1913).

65 "기업을 움직이는 엔진은… **이윤**이다." J. M. Keynes, *A Treatise on Money* (New York : Harcourt Brace, 1930).

은 것이 아니고, 이윤율이 현행 이자율을 정당화시켜줄 만큼 충분히 높을 것이라는 종잡을 수 없는 기대이다. 그렇게 되지 않으면, 위기가 일어날 수 있다. 위기는 잘못된 판단의 산물이며 이런 판단은 마르크스가 주장하듯이 자본의 재생산 필요와 비교한 실제 이윤율에 기초하고 있지 않다. '자본의 한계 효율'은 생산요소가 균형을 이루는 경향을 가질 때 생산요소에 대한 수익을 나타낸다. 따라서 자본주의 생산과정에 아무런 잘못된 점이 없다. 문제는 금융부문인데, 이자율이 이윤율과 괴리되기 때문이다.

그의 글을 보면 케인스는 위기 분석에서 원래의 이윤 분석을 기각하고, 금융부문의 더욱 단기적 변동으로 옮아갔다. 여기서 주관이 객관을 압도했으며, 객관적인 경제 범주로서 이윤이 시야에서 곧 사라졌고, 그리하여 현대의 케인스 추종자들은 거의 전적으로 자본주의 운동법칙에 대한 케인스의 거시 항등식에 집중하게 되었다.

주류 케인스 학파에게 침체는 경제에서 총수요 또는 유효수요가 붕괴하기 때문이다(투자와 소비의 감소로 표현된). 이런 투자의 감소는 고용의 감소로 이어지고 따라서 소득의 감소로 이어진다. 유효수요는 독립변수이고, 소득과 고용은 종속 변수이다. 이런 모형에서는 이윤 또는 이윤율을 언급하지 않는다. 투자가 이윤을 창조하지 그 반대가 아니다. 이것이 케인스의 관점인데, 그는 "기업의 이윤이 먼저 회복하지 않는다면, 분명히 어떤 무엇도 고용을 회복시킬 수 없다. 그러나 내 판단으로는 먼저 투자 규모를 회복시키지 못하면 어떤 무엇도 기업 이윤을 회복시킬 수 없다."[66]고 말한다.

그러나 투자가 독립변수라면, 무엇이 투자의 감소를 일으키는가? 이

---

[66] J. M. Keynes, *Collected Writings*, vol. 13 (Cambridge : Cambridge University Press, 1978), 343.

는 기업가들의 야성적 충동의 결말이거나 신뢰의 부족인가? 적어도 하이면 민스키는 이윤의 역할을 생각했는데,[67] "금융 관계의 복잡성 증가에도 불구하고, 체제 행동의 주요 결정요인은 여전히 이윤의 수준이다."[68] 하지만 하이면 민스키는 계속해서 투자는 "미래의 투자과정에 관한 기대의 주관적 성격뿐만 아니라 은행가와 은행에서 차입하는 기업가가 여러 종류의 자본 자산에 투자 결정을 해서 자금을 조달할 때 적합한 부채구조를 가지도록 하는지와 관련된 주관적 결정"에 의존한다고 했다. 그래서 이윤은 기대에 의존하고 위기는 금융 투기자들의 기대 변화의 결과이며, 자본 이윤율의 결과가 아니다.

거시 항등식: 투자와 이윤

케인스는 그의 주요 국민소득 계정 항등식을 통해서 거시경제에 초점을 맞추길 원했다. 이것은 무엇인가? 국민소득=국민지출이다. 그런 다음에 국민소득은 이윤+임금으로 분해될 수 있고, 국민지출은 투자+소비로 분해될 수 있다. 그래서 이윤+임금=투자+소비이다. 임금을 저축하지 않고 모두 소비에 지출한다고 가정하면, 이윤=투자이다.

하지만 여기에 문제가 있다. 이 항등식은 이론으로 발전될 수 있는 인

---

67 Minsky, "The Financial Instability Hypothesis."

68 "금융 불안정성 가설은 금융에 대한 칼레키(1965)-레비(1963)의 관점을 결합하는데, 이것에서 총수요의 구조는 이윤을 결정한다. 그 뼈대 모형에서는 이윤소득 수령자들과 임금 수령자들의 소비 행동을 아주 단순화시켜 각 시기 총이윤은 총투자와 같다. 더 복잡한 (그러나 여전히 아주 추상적인) 구조에서는, 총이윤이 총투자+정부적자와 같다. 이윤에 대한 기대는 미래의 투자에 의존하고, 실현된 이윤은 투자가 결정한다. 따라서 부채가 타당한지 않은지는 투자에 달려 있다. 투자가 현재 일어나는 이유는 기업가들과 은행가들이 미래에 투자가 일어나길 기대하기 때문이다." Minsky, "The Financial Instability Hypothesis."

과의 방향을 나타내지는 않는다.

폴 크루그먼은 "국민소득 계정 항등식이 아주 많은 것을 알려주는 것 같기도 하다. 이 항등식이 우리가 아는 모든 것을 나타낸다고 주장하는 사람 누구나 경제가 어떻게 움직이는지에 관한 실제 모형을 가지고 있지 못하면, 단지 나쁜 경제학을 하고 있을 뿐이다."[69]라고 말한다. 이 국민계정 항등식의 인과의 방향에서 마르크스는 케인스와 다르다. 저축과 투자가 있기 전에 생산과정에서 노동자의 노동으로부터 이윤(즉 잉여가치)의 생산이 있다. 마르크스주의 경제학은 이윤의 소유자가 투자를 많이 할지 적게 할지 결정하는 것은 투자자의 투기적인 비합리성이 아니라 이윤의 객관적인 변동이라고 말한다.

제임스 몬티어(James Montier)는 케인스-칼레키 해석에 대해 "이것은 물론 항등식인데, 정립된 진리이다. 그러나 이것은 어떤 인과성이 부여된 것으로 해석될 수 있다. 어쨌든 이윤은 나머지인데, 이윤은 생산요소 비용을 지불한 뒤에 남는 값이다."[70]라고 설명한다.

케인스와 칼레키에게 인과 방향은 간단하게 투자가 이윤을 창조한다는 것이다. 하지만 무엇이 투자를 일으키는가? 개별 기업가들의 주관적인 결정이다. 무엇이 그런 결정에 영향을 미치는가? 야성적 충동 또는 투자 수익률의 기대 변화 등등이다. 우리는 신고전학파의 주관적인 방법으로 되돌아왔는데, 여기에 케인스가 자리 잡고 있다.

제임스 몬티어는 계속해서 "투자가 이윤을 낳는다. 왜냐하면 기업이나 가계가 실물 자산에 투자하는 것을 결정하면, 그들은 실제 다른 기업

---

69 Paul Krugman, "Fallacies of Immaculate Causation," Conscience of a Liberal, *New York Times*, October 16, 2013, http://krugman.blogs.nyties.com/2013/10/16/fallacies-of-immaculate-causation/.

70 James Montier, "What Goes Up Must Come Down," GMO White Pper, March 2012.

으로부터 재화를 구매하며 이는 재화를 판매한 기업에 이윤을 창조하기 때문이다."[71]라고 말한다. 그래서 이윤이 구매 행위(소비)로부터 오고, 마르크스의 주장처럼 노동과정에서 창조된 잉여가치에서 오는 것은 아닌 듯이 보인다.

이 주장은 민스키 경제학 센터인 제롬 레비 예측센터(Jerome Lévy Forecasting Center)에서 훨씬 더 분명하게 이뤄졌다.[72] 한 논문에서 저자들은 이윤 방정식은 "이윤의 원천=투자+비기업 저축(가계)+배당금+수익세"로 정해진다고 서술했다. 어떻게 이윤에 대한 세금이 이윤의 결과가 아니라 이윤의 '원천'이 되는지 이상하다. 어떻게 배당금이 이윤의 부분이 아니라 이윤의 원천이 될 수 있는지도 역시 기이하다. 정말로 이 구성요소들을 가지고, 노동자들이 저축을 하지 않는다고 가정하고, 투자로서 이윤의 원천으로 되돌아 가보자.

최근 또 다른 케인스 학파 경제학자 컬렌 로쉬(Cullen Roche)가 케인스-칼레키의 국민소득 계정 항등식을 다시 깊이 파고들었다.[73] 그에 따르면 이윤은 '투자-(가계저축+정부 저축)'에 의존한다. 그는 "정부를 이윤의 원천으로 생각하는 것은 이상한데, 어떤 사람들은 일반적으로 정부가 민간부문 이윤의 큰 원천으로 생각하기를 좋아하지 않기 때문이다."[74]라고 한다.

---

[71] James Montier, "What Goes Up Must Come Down."

[72] David Lévy, Martin Farnham, and Samira Ryan, "Where Profits Come From: Answering the Critical Question that Few Ever Ask," Report, Jerome Lévy Forecasting Center, 2008.

[73] Cullen Roche, "Budget Deficits contribute to Corporate Profits, But Don't Matter, Right?," Progmantic Capitalism, October 16, 2013.

[74] 컬렌 로쉬는 계속해서 "하지만 정말로 이것은 어느 누구도 놀라게 하지 않는다. 결국, 정부가 비행기를 만드는 버지니아 주 계약자들에게 돈을 지불했을 때 그 지불금은 기업 수입으로 잡혔고, 기업들의 최종결산에 도움을 주었다. 그리고 투자, 가계저축, 국외 저축, 배당금을 제외하면 총 기업 이윤을 얻게 된다."고 한다. Roche, "Budget Deficits Contribute to Corporate Profits."

'그런 어떤 사람들'이 옳다. 정부는 이윤의 원천이 아니다. 이윤은 투자나 정부지출에서 나오지 않는다. 이윤이 이런 데서 나온다는 말은 터무니없다. 현실은 반대다. 이윤은 노동자의 부불 노동에서 생겨나며 주주, 정부, 외국인에게 분배되며, 남은 것은 재투자된다. 배당금이 이윤에서 오지, 이윤이 배당금에서 오는 것(컬렌 로쉬는 우리가 이렇게 생각하길 바라지만)은 아니다.

케인스-칼레키 항등식에서 이윤=투자-(비자본가)저축이다. 저축은 세 부분으로 나뉘는데, 가계저축, 정부저축, 해외 자본가 저축이다. 만약 가계가 (침체 때 그렇게 하듯이) 더 많이 저축하고 해외 저축이 증가한다면, 투자는 감소하고 이윤도 감소하고(다시 말하면, 국민 경제의 적자와 해외의 증가), 투자는 감소하고 이윤도 감소한다. 그러나 구세주가 있는데, 정부 저축이다. 아니 더 정확하게 얘기하면 정부지출(dissaving)이다. 정부가 예산적자를 크게 낸다면, 다른 말로 지출한다면, 투자를 촉진할 수 있고 따라서 이윤을 촉진할 수 있다. 실제로 최근 미국에서는 칼레키 이윤 항등식을 이용하면 이윤이 정부지출 또는 정부의 순 차입에 의존한 것 같다. 그것이 없었다면 이윤은 감소할 것이다. 그래서 자본주의가 가장 하지 말아야 할 것이 정부지출 축소가 된다.

우리가 인과 방향을 반대로 튼다면, 즉 마르크스의 방식으로 한다면 어떻게 될까? 항등식에서 이윤이 고정되어 증가할 수 없다면, 투자가 증가할 수 없다. 그래서 자본 투자(즉, 이윤을 위한 투자)는 이윤을 자본가의 소비에 사용하는 것을 축소하는 것과/또는 비자본가 투자 즉 정부투자를 제한하는 것에 달려있다. 그래서 자본주의는 더 많은 정부 저축, 즉 정부가 더 많이 지출하지 않는 것이 필요하다. 사실 이는 케인스 정책의 반대이다. 정부 차입은 이윤을 촉진하지 하는 게 아니라 그 반대다. 그리고 자본주의에서 중요한 것은 이윤이다.

그래서 정부지출은 자본가의 투자에 음(-)이 된다. 정부지출은 자본주의 경제를 북돋우지 못하는데, 그것은 자본가 부문의 잠재이윤 일부를 없앰으로써 이윤율을 갉아먹기 때문이다. 칼레키조차도 이것을 깨달았던 것 같다.[75]

여기서 마르크스주의자에게 핵심은 이윤이다. 민간부채(국내총생산과 비교하여 측정)의 엄청난 증가는 신용거품이 발전하고 있다는 분명하고 아주 좋은 지표이다. 하지만 그것만으로는 신용거품이 언제 터질지에 대한 좋은 지표는 아니다. 오스트리아 학파의 몇몇 학자들은 신용의 증가와 국내총생산의 증가의 괴리를 측정하여 언제가 임계점인지 추정하려고 시도했다.[76] 하지만 마르크스주의 이론은 훨씬 좋은 지표를 제공하는데, 이윤율이 하락하기 시작 하는 때이며, 그러고 나서 더 직접적으로는 이윤량이 감소할 때이다. 그러면 이윤율을 높게 유기하기 위해서 고안된 신용의 엄청난 팽창이 더 이상 지탱될 수 없다.

케인스, 칼레키, 크루그먼한테는 이윤 및 이윤이 생기는 원천과 위기와는 아무 관련이 없다. 마르크스의 가치론은 노동계급의 부불노동인 이윤에 기초하는데, 케인스가 (자신의 제자 마이클 스트레이트에게) 말했듯이 "사회적 신용보다 훨씬 낮은 곳에 위치하는 경제개념이다. 이는 복잡한 말장난이다."[77] 케인스는 『자본』에 대해 "내가 알기로는 과학적으로 오류가 있을 뿐만 아니라 현대 세계에 도움이 되지 않거나 적용할 수 없는 낡아빠진 경제 교과서"라고 생각했다. 그에게 마르크스의 사상은 "단순히 논

75 칼레키는 다음과 같이 말했다. "공공투자는 민간기업의 장비와 경쟁하지 않는 목적에 한정되어야 한다. 그렇지 않으면 민간투자의 이윤율이 손상될 수 있고, 공공투자의 고용 효과는 민간투자가 감소하는 부정적 효과 때문에 상쇄될 수 있다." M. Kalecki, "Political Aspects of Full Employment," *Political Quarterly* 14, no. 4 (1943), 322-30.

76 C. Borio and P. White, "Asset Prices, Financial and Monetary Stability: Exploring the Nexus," BIS Working Paper 114, 2002.

77 Robert Skidelsky, *John Maynard Keynes*: The Economist as Savior, 1920~1937 (New York: Penguin, 1995), 523.

리적인 결함을 가진 것으로… 규정됐고" 그리고 "아주 비논리적이고 아둔한 독단"이었다.

케인스는 자본주의 위기를 설명하기 위해 마르크스의 가치론과 이윤율 법칙이 필요하지 않았다. 자본주의 위기는 '기술적인 고장'이었고, 경제의 금융부문에서 즉 "불로소득" 부분에서 그리고 가치 또는 소득의 분배에서 찾아야 하는 것이지 생산부문에서 찾아야 하는 것이 아니었다. 자본주의 생산양식에는 잘못된 것이 전혀 없었다.

케인스는 위기가 '유효수요의 부족' 때문에 발생한다고 말했는데, 즉 투자와 소비에서 설명할 수 없는 감소가 있고, 이는 이윤과 임금의 감소를 일으킨다는 것이다. 반대로 마르크스는 이윤에서 시작한다고 제시한다. 이윤이 감소하면, 자본가들이 투자를 중단하고 노동자들을 해고시키며, 임금이 하락하고, 소비가 감소한다. 그리고 나서 유효수요의 부족이 있는데, 그러나 이는 야성적 충동의 감소나 신뢰의 부족 때문이 아니며, 또는 너무 높은 이자율 때문도 아니며 이윤의 감소 때문이다. 문제는 자본주의 생산의 본질에 있으며 금융부문에 있지 않다.

대부분 국가정부의 침체 후 긴축정책이 케인스 학파가 생각하듯이 정신 나간 짓은 아니다. 이런 정책들은 이윤을 높이기 위해서 비용, 특히 임금 비용과 거기에 세금 및 이자 비용을 줄이려는 필요에서 나오며, 노동운동을 약화시키려는 필요에서 나온다. 이는 자본의 관점에서 완전하게 합리적인 정책이며, 이것이 1930년대에 케인스 정책이 전혀 도입되지 않은 이유다.

이윤율이 상승했을 때 오직 자본주의는 대불황에서 벗어났고, 이는 미국이 전시 경제로 전환하여, 무기 제조와 다른 전쟁 물자를 위해 임금과 지출을 통제하고 이윤을 높였을 때였다. 자본주의는 전쟁이 필요했지, 케인스 정책이 필요하지 않았다.

대침체는 135년 만에 자본주의가 겪는 세 번째 장기불황으로 전환을 막 시작했다. 지금까지 다룬 내용에서 알 수 있다. 1873~79년 장기불황, 1929~41년 대불황, 2008~2009년의 대침체는 이 불황들의 공통된 이유를 제시했는데, 이윤율 하락이다. 이는 이 모든 위기와 불황에서 신용/부채의 중요한 역할을 기각하지 않는다. 다음 장에서 대침체와 현재 장기불황에서 부채의 역할을 전면적으로 다룰 것이다.

제6장

부채 문제

한 기업의 부채는 다른 기업의 자산이기 때문에, 레버리지의 변화는 단지 한 집단(채무자)과 다른 집단(채권자) 사이의 재분배를 나타낼 뿐이고… 어떤 거시경제 효과도 가지지 못한다.

－벤 버냉키[1]

신용은 자본주의 생산과 괴리할 수 있고 괴리하게 된다.[2] 신용은 가공 자본의 기초인데, 즉 생산 자본 및 비생산 자본의 소유권을 위해 선대(先貸)한 화폐자본이다. 예를 들어 주식, 채권, 파생상품 등등이다. 그런 자산의 가격은 실물 자산 및 금융자산에 대한 미래 투자 수익률을 예상하여 정해진다. 하지만 이런 수익의 실현은 궁극적으로 생산부문의 새로운 가치와 잉여가치의 창조에 의존한다. 그래서 이런 화폐자본의 많은 부분은 쉽게 허구적인 것으로 밝혀진다.

---

1 Ben Bernake, *Essay on the Great Depression* (Princeton, NJ: Princeton University Press, 2004).

2 "신용은 이런 모순의 폭력적인 폭발, 즉 위기를 가속화하고, 그리하여 낡은 생산양식을 해체하는 요소들을 촉진한다." Karl Marx, *Capital*, vol. 3 (1895; London: Penguin, 1992), chap. 27.

마르크스에게 자본주의 경제는 화폐 경제인데, 신용을 주요 구성 요소로 하는 경제이다. 자본은 유동 형태(즉 화폐) 또는 생산 수단 및 원료 같이 고정 형태로 존재한다. 모든 형태의 신용은 점점 더 자본과 상품의 일반적 유통에서 화폐를 대체한다. 이런 가공자본은 "단지 개인 자산의 중요한 부분과 은행가들의 큰 부분이 아니라 일종의 가상의 부"[3]이다. 마르크스에게 금융 수단, 즉 신용과 주식은 현재가치 또는 미래가치에 대한 권리이다. 그는 "우리는 앞서 신용체계가 어떤 방식으로 유사자본을 창조하는지 보았다. 종이가 소유권으로 역할하고, 이는 자본을 나타낸다. 철도, 광산, 선박회사 등등의 주식은 실물 자본을 나타낸다."라고 했다.[4]

이런 가공자본의 존재는 경제에 유연성을 주지만, 시간이 지나면서 경제의 건강에 장애가 된다.[5] 더 많은 가공자본이 가격 신호를 왜곡할수록 더 많은 경제 정보가 사라지게 된다. 생산에 관한 결정이 더욱 더 기초 경제의 구조와 관련 없게 된다. 경제에 압력이 증가하지만 생산을 결정하는 이들에게는 그런 압력이 보이지 않는다. 시장 참여자들이 완전하게 미래를 예상한다고 하더라도 가공자본이 지니고 있는 가치는 증발해 버린다. 가공자본은 또한 부채 성장 망(network)에서 담보물로서 기능한다. 결국 금융체계는 점점 더 부서지기 쉬운 것이 된다.

거침없는 신용 팽창 뒤에는 자본주의 부문의 이윤 추구가 있다. 투기는 화폐자본을 생산자산으로 전환하는 것보다는 주식 또는 채권 구입을 의미한다. 이는 금융자산의 가격을 높인다. 이제 모든 사람들이 주식이나

3 Marx, *Capital*, vol. 3, Chap. 29.
4 Marx, *Capital*, vol. 3, chap. 29.
5 "낮은 수준의 부채는 좋다. 이는 경제성장과 경제 안정의 원천이다. 하지만 높은 수준의 공공부채와 민간부채는 나쁜데, 불안과 경제 둔화를 높인다. 차입이 처음에는 경제에 이로울 수 있다는 것은 이런 의미에서다. 차입이 적은 한에서이다. 하지만 어떤 수준을 넘어서면, 부채는 위험해지고 과잉이 된다." S. Cechetti, M. Mohanty, and F. Zampolli, "The Real Effects of Debt," Federal Reserve Bank of Kansas City, 2011.

채권을 사기 원하고 이는 금융자산의 거품을 낳으며, 이는 1637년 튤립 위기[6] 이후에 되풀이해서 봐온 것과 정확하게 같은 거품의 시작이 된다.

이는 몇몇 주류경제학자들조차도 인식하고 있다. 어빙 피셔는 "과잉 부채는 틀림없이 시발점을 가진다. 이는 여러 원인으로 시작될 수 있는데, 그 가운데 가장 흔한 것은 보통의 이윤 및 이자와 비교하여 많은 이윤이 예상되는 새로운 투자 기회인 것 같다."고 말했다. 하지만 예상이윤은 결국 "'투기요소'의 팽창에 길을 내주며, 기업들은 부채를 쌓아가면서 번영의 외관을 유지하고 나날이 자본계정을 늘려간다."[7]

호황이 확대되는 기간 동안 허구적 가치가 축적되며 뒤이어서 불경기 동안에는 날아가 버린다. 이것은 "존재하는 모든 관계들을 흔들어 놓는다." 폴 매틱(Paul Mattick)이 말했듯이 "투기는 자본의 허구적인 과대평가를 허용함으로써 위기의 상황을 발전시키는 것 같으며" 이는 그 자본에 대한 이윤 청구를 충족시킬 수 없게 한다.[8] 그래서 부채 또는 신용 위기는 실제로는 화폐 경제로서 자본주의 생산양식의 실패의 산물이다.[9]

위기 동안에 일어나는 허구적 가치의 제거는 이윤율 상승에 도움을 주며, 적어도 허구적 가치와 이것이 기업에 안긴 부담이 유형자산의 가격 하락을 초과할 정도로 제거되는 한에서 그렇다. 이런 허구적 가치의 청산은 투자의 중요한 장벽을 제거한다. 그 결과 그런 장벽의 제거로 경제

---

6 다음을 보라. E. Thomson and J. Treussard, "The Tulipmania : Fact or Artifact?," UCLA Working Paper, 2002.

7 Irving Fisher, "The Debt Deflation History of Great Depression," *Econometrica* 1 (1933), 337–57.

8 Paul Mattick, *Economic Crisis and Crisis Theory* (Armonk, NY : M. E. Sharpe, 1981), 135.

9 "재생산 과정의 전체 조절을 신용에 의존하는 생산 체계에서 위기는 분명하게 신용이 갑자기 중단되고 현금 지불만 유효성을 가질 때 일어난다. 그러므로 얼핏 보기에는 전체 공황은 단순히 신용 및 화폐공황인 것 같다." 하지만 "화폐시장에서 위기로 나타나는 것은 실제로는 바로 생산과 재생산과정에서 일어나는 비정상적인 상태의 표현이다." Marx, *Capital*, vol. 3, chap. 27.

는 강화되고 자본축적의 순환이 다시 시작될 수 있다. 따라서 가공자본의 파괴는 유형 자본의 가치파괴와 밀접하게 관련되어 있다. 따라서 가공자본이 유례없는 규모로 형성되어 제거되는 데 아주 긴 시간이 걸린다면, 자본주의 생산양식에서 회복의 문제는 심각해진다.

민간부문 부채의 문제다

지난 30년 동안 모든 형태로 된 유동성(은행 대출, 증권화된 부채, 파생상품)의 세계 팽창은 역사상 유례없는 수준이었다. 마르크스주의 관점에서 신용(부채)은 가망 있는 이윤 기회를 이용하는데 도움을 줄 수 있지만, 결국 투기가 지배하면서 금융 자본은 허구로 된다. 금융 자본은 그 가격이 자본주의 생산의 가치 및 이윤율과 관계를 잃어버리기 때문에 허구가 된다. 이는 결국 신용거품의 폭발을 일으키며, 모든 경제침체를 악화시킨다.

세계 유동성은 1990년 초반부터 유례없는 수준으로 팽창했다. 여기서 유동성은 은행 대출, 증권화된 부채(공공 및 민간), 파생상품으로 정의한다. 파생상품은 금리 헤지, 상품, 주식, 외환(FX)으로 이루어져 있다. 금리 파생상품이 대부분인데, 이는 대출 비용을 헤지(투자자가 보유하고 있는 자산 가격의 변동으로 발생하는 위험을 없애려는 시도인데, 여기서는 금리의 변동으로 발생하는 손실을 줄이거나 없애는 것을 말한다._옮긴이) 한다. 파생상품의 관념상 가치(notional value)는 1990년 초반부터 급등하여 2007에 600조 달러를 넘었으며, 세계 국내총생산의 10배가 되었다.

사실 세계 유동성은 마르크스가 말한 가공자본의 양이다.[10] 이런 정의로 세계 유동성은 1990년 세계 국내총생산의 150%에서 2011년 350%로 증가했다. 1990년대 종반에 성장의 속도가 높아져서, 2001년 약한 침체 때 성장이 멈춘 후 다시 유동성이 증가하기 시작하여 2007년 중반 세계 신용경색 시작 때까지 계속됐다.

파생상품을 제외하고 오직 세계 신용(은행 대출과 부채)만 살펴본다면, 1990년대 초반부터 4차례의 신용거품과 신용경색을 확인할 수 있다(그림 6.1을 보라). 첫 번째는 1980년대 종반 및 1990년대 초반의 신용거품인데, 이는 주로 일본에서 나타났고, 일본의 은행위기로 이어졌다. 두 번째는 1990년대 종반의 첨단 기술 닷컴 거품인데, 2000년 주식 붕괴와 2001년 침체로 이어졌다. 그러고 나서 새로운 화폐 형태(2000년대 중반의 그림자 금융과 파생상품)에 기초한 아주 빠른 신용거품이 있었는데, 2007년 신용경색으로 절정을 이루었고, 2008~2009년 대불황으로 이어졌다.

대불황 전에는 신용 또는 부채의 증가가 민간부문에서 일어났지, 공공부문에서는 없었다. 미국 비금융 기업 및 가계의 부채는 전후 최고 수준으로 증가했다.

2008년 붕괴 전에 미국 민간부문 신용에서 거대한 증가가 있었는데, 금융부분 부채를 포함하면 국내총생산의 300%를 넘었다.

미국의 경험은 모든 주요 선진국에서 거의 그대로 되풀이되었다. 1950~80년 미국에서 비금융 부문(가계, 기업, 정부) 부채의 비율은 국내총생산의 130%로 상당히 안정적이었다. 1980년 이후 이는 거의 두 배로 늘어나 250%가 되었고, 선진국들은 가중 평균 비율이 80% 증가했다. 전체 부채 가운데 오직 1/3 정도만 정부 차입 때문이었다. 기업과 가계부채는 계속해서 정부부채보다 높았다. 실제로 미국의 공공부문 총부채는 현재 14조 1,100억 달러이지만 비금융 기업 및 가계의 부채는 25조 달러에 조

---

10 마르크스는 신용과 가공자본이 같지 않지만, 또한 세계 유동성 액수의 증가는 가공자본 팽창의 좋은 지표라고 분명히 했다.

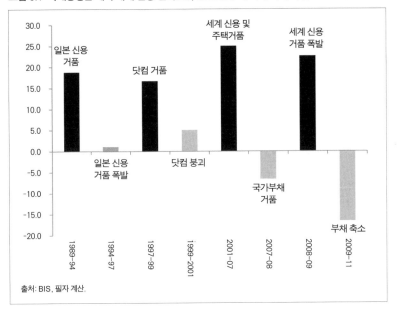

그림 6.1 국내총생산 대비 세계 신용 변화(%), 1989년부터 여러 시기 측정

출처: BIS, 필자 계산.

금 못 미친다.

미국의 비금융 기업부채는 제2차 세계대전 이후 가장 높으며, 1929년 수준보다 훨씬 많다(2014년 국내총생산의 90%는 1929년 56%와 비교된다). 이는 단지 1933년 꼭짓점보다 낮은데, 그 이유는 국내총생산이 1929년부터 43% 하락했기 때문이고, 이는 기업들이 1929년에 부채를 줄였던 것보다 훨씬 빠른 속도였다. 대침체는 기업들이 금융붕괴 전에 쌓아온 부채의 순전한 크기 때문에 두드러졌다. 비금융 기업부채는 여전히 선국 자본주의 국가들에서 전체 부채의 가장 큰 부분이며, 국내총생산의 113%로 정부부채 104%, 가계부채 90%와 비교된다.

미국과 다른 나라에서 신용의 호황은 주거용 부동산에서 시작했다. 2006년 중반 미국의 주거용 부동산 호황은 엄청난 크기에 도달했다. 이른바 신자유주의 시기 동안 대출 비용을 줄여준 이자율 하락 결과로 가계부채는 빠르게 팽창했고, 이는 지난 15년간 많은 자본주의 선진국에서 부동산 호황을 만들어냈다. 채권자들은 은행과 다른 화폐 대출 기관이었다. 자산(주택 가치)은 결국 붕괴했고, 금융부문에 심각한 부채 축소의 짐을 떠 안겼다.

기초 상태는 부채의 수치가 보여주는 것보다 더 나빴는데, 왜냐하면 금융사들이 채권의 많은 부분을 대손상각했기 때문이다. 그림자 금융(즉 비은행 금융기관)은 단기금융투자신탁(money mutual funds), 뮤추얼 펀드외의 투자기금, 구조화투자회사(structured financial vehicles), 헤지 펀드를 포함한다. 국제결제은행(BIS) 바젤3-국제통화기금 금융안정대책위원회에 따르면, 그림자 금융은 2002년 27조 달러에서 2007년 60조 달러로 빠르게 증가했고, 그런 후 2008년 56조 달러로 감소했으며 2010년 다시 60조 달러로 늘었다. 이제 그림자 금융은 전체 금융체계의 25~30%를 차지하며, 세계적으로 전통 은행자산 규모의 절반 크기다. 미국은 가장 큰 그림자 금융부문을 가지고 있으며, 2007년 자산 규모가 25조 달러다(2010년 24조 달러).[11]

부채와 자본의 이윤율의 관계를 더 직접적으로 보여줄 수 있을까? 이윤율 하락이 과잉 부채와 결합하여 어떻게 미국 자본주의를 무너뜨렸는지 보여주는 한 가지 방법은 이윤율을 유형자본에 대해서 전통적 방식으로 측정하는 것뿐만 아니라 가공자본에 대해서도 측정하는 것이다.

마르크스는 가공자본이 자본주의 생산의 이윤율 계산에 들어간다는 것을 인정했다. 기업들은 과거의 투자를 회수하고 부채를 상환할 수 있는 가격 설정 행위를 추구한다. 기업이 그렇게 하지 못하면, 파산에 처하게 된다. 그런 측면에서 이런 자본의 가치는 "이전 가치를 기준으로 계속해서

---

11 다음을 보라. FSB, Defining and Measuring the Shadow Banking System, April 2011.

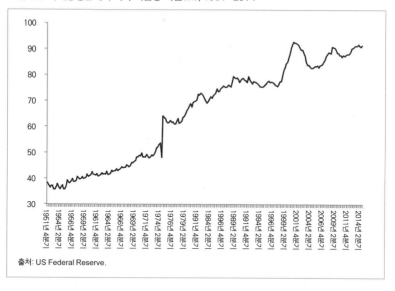

그림 6.2 국내총생산대비 미국 비금융 기업(%), 1951~2014

출처: US Federal Reserve.

계산될 것이고, 이 이전의 가치는 이제 철지난 것이 되고 가상이 된다."[12]

신자유주의 시기 동안 부채는 증가했고, 주택담보대출뿐만 아니라 기업 채무도 증가했다(그림 6.2를 보라).

기업의 순자산에 대해서 이윤율을 측정하면 가공자본이 이윤율에 미친 영향을 측정할 수 있는데, 유형자산만으로는 그렇게 할 수 없다. 이는 금융 부채(은행 대출, 발행된 채권 및 주식)를 포함시킨다. 미국 기업에 대해 그와 같이 측정하면 1966~1982년 순자산에 대한 이윤율은 유형 고정자산에 대해 측정된 전통적 이윤율보다 늦은 속도로 하락한다는 것을 보여준다. 신자유주의 시대(1982~97)에 이 이윤율은 더욱 빠르게 회복되는데, 그래서 순자산에 대한 이윤율은 전통적 이윤율보다 더 높다. 가장 최근 시기

---

[12] Marx, *Capital*, vol. 3, chap. 27.

1997~2011년은 전통적인 이윤율은 전반적으로 변동이 없는데, 순자산에 대한 이윤율은 크게 하락했다.

미국 기업의 순자산에 대한 이윤율은 1997~2000년에 거의 절반 하락했다. 2000년 후 순자산에 대한 이윤율은 기록상 처음으로 유형자산에 대한 이윤율보다 아래에 있다. 이는 자본주의 부문의 자산 가운데 '금융' 자산 부문이 자본 축적의 회복에 큰 장애가 된다는 것을 의미한다.

미국 기업의 순자산의 구성요소를 분해하면, 자본가들이 자사주를 되사기 위해 대출을 늘렸고, 이는 1990년대 초반 후 기하급수적으로 늘어났다는 것을 알 수 있다. 기업들은 자사주를 되사서 주식 가격을 높이기 위해 추가 부채를 이용했다. 영국기업들은 연간 국내총생산의 3%만큼 주식을 되샀으며, 미국 기업은 2.3%를 되샀다. 1985년까지 미국 기업들은 주식을 발행했다(즉 이들은 판매자였다). 그때 이후부터는 단연코 가장 중요한 구매자가 되었다.

사실상 기업의 순자산 이윤율이 하락하는 동안, 주식 가격은 기업의 자사주 되사기로 상승했다. 부채 증가로 주식시장 가격을 높였고, 기업 수익과 아주 거리를 벌여 놓았다.

남아도는 현금

현재 미국과 몇몇 다른 선진국들에서 상승하는/기록적인 이윤을 보이면서, 기업들이 겉으로는 '남아도는 현금'을 가지고 있지만, 여전히 지속적인 회복을 달성하기 위해 '실물경제'에 충분하게 투자하지 않는 분명한 수수께끼가 있다.

미국을 살펴보자. 미국 기업의 현금 준비금은 기록적인 수준에 도달했

그림 6.3 미국 기업의 현금 유동성에 대한 고정투자 비율(%), 1991~2013

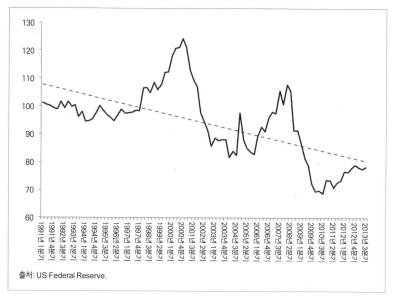

출처: US Federal Reserve.

는데, 2조 달러에 조금 못 미친다. 기업의 현금 유동성에 대한 고정투자 비율의 수준은 25년 만에 거의 최저이다(그림 6.3을 보라).

마이클 버크(Michael Burke)는 미국 기업의 영업잉여에 대해 고정자본의 형성을 비교함으로써 다음을 밝혔다.

이윤의 증가는 명목 투자의 증가와 조응하지 않았다. 1971년 투자율 (총고정자본형성/총영업잉여)은 62%였다. 투자율은 1979년 69%로 꼭짓점을 찍었고 2000년까지만 해도 여전히 61%를 넘었다. 그러나 투자율은 꾸준히 하락하여 2008년에 56%가 되었다. 하지만 2012년에 하락하여 단지 46%가 되었다. 미국 기업의 투자율이 딱 1979년 수준으로 회복한다면, 2012년 수준과 비교한 투자율의 명목상 증가는 1조 5,000억 달러가 넘을 것이며, 이는 국내총생산의 10%에 이를 것이다. 이는 현재 위기를 해결하기에 충분할 것 같다.[13]

마이클 버크는 미국 기업이 증가한 이윤을 주주들에게 배당금을 높여 주거나 금융자산(주식)을 구입하는데 사용했다고 생각하는데, "앞의 사례에 대한 어떤 추정에서는 주주에 대한 배당금 지급이 2012년까지 8년 동안 두 배가 되었으며, 매년 3,200억 달러 증가했다." 마이클 버크는 나아가 다른 나라들에서도 현금 축장(cash hoarding)이 일어나고 있는 것을 지적한다.[14] 캐나다에서 미하우 로즈보스키(Michal Rozworski)[15]와 짐 스탠포드(Jim Standford)[16]가 같은 현상을 언급했다.

마이클 버크는 이런 축장이 대침체 훨씬 전에 시작됐고, 이는 상당하다고 언급했다.[17] 지난 25년간 기업들이 점점 더 생산 투자하기를 꺼리게 되면서, 채권, 주식, 심지어는 제한된 이자를 받는 현금 같은 금융자산 보유를 선호했다. 이런 이유는 무엇인가? 아마도 기업들이 생산투자 수익률이 손실이 일어날 위험에 비해서 훨씬 낮다고 확신하게 된 것

13 M. Burke, "The Cash Hoard of Western Companies," *Socialist Economic Bulletin* (October 21, 2013).

14 "1995년 유로 지역(Euro Area)의 투자율은 51.7%였고, 2008년에 53.2%였다. 투자율은 2012년 47.1%로 떨어졌다. 영국의 투자율은 1975년 76%로 꼭짓점을 찍었고, 2008년 53%로 떨어졌고, 2012에는 단지 42.9%였다(경제개발협력기구 자료)." 그리고 현금 축장은 가파르게 증가했는데, "유로 지역에서 NFC(national financial corporation)의 총예금은 증가하여 2013년 6월 1조 7,630억 유로에 이르렀고, 이 가운데 1조 1480억 유로는 하루 예금이었다." Burke, "The Cash Hoard of Western companies."

15 M. Rozworski, "Canada's Profitability Puzzle," Politicalehcomonomy (blog), December 3, 2013, http://politicalehconomy.wordpress.com/2013/12/03/canadas-profitability-puzzle/.

16 "기업들은 지출하는 것보다 훨씬 더 많이 벌어들였기 때문에, 비금융 기업부문의 유동성 현금 자산이 계속해서 늘어났고, 이제 총액이 거의 6,000달러이다." J. Stanford, "Good Time to Rethink Corporate Tax Cuts," *Progressive Economics*, November 14, 2013, http://www.progressive-economics.ca/2013/11/14/good-time-to-rethink-corporate-tax-cuts/.

17 "이윤 대비 투자율은 지난 20년 동안 꾸준히 하락했고, 현재 딱 60%를 넘겼다. 기업들은 이익에서 더욱 더 적게 건물, 기계, 다른 장비(상품과 서비스를 생산하는 데 사용하는 도구)에 지출하고 있다. 세후 이익의 단지 60% 정도가 기업 자본을 유지하고 확대하는 데 사용되고 있다. 이는 10년 전의 80% 이상과 비교된다." Burke, "The Cash Hoard of Western Companies."

같다. 이는 특히 새로운 기술투자 또는 연구개발의 경우인데, 이는 궁극적인 성공의 확실성은 없으면서 상당한 선불기금(upfront funding)이 필요하다.

1980년에서 2006년까지 미국 기업들의 평균 현금 비율의 급격한 증가가 있었다. 흥미로운 것은 주주들에게 많은 배당금을 지급하는 기업들에서는 현금 축장이 일어나지 않았다. 반대로[18] 어떤 학자들은 "현금 비율이 증가한 주요 이유가 재고가 감소하고, 기업의 현금 유동성 위험이 증가하고, 연구개발 지출이 증가했기" 때문이라고 주장한다. 기업들은 경쟁하기 위해 단지 장비에 투자를 늘리는 것보다 새롭고 시도하지 않는 기술에 투자를 점점 늘려야 한다. 이것은 더 위험하다.[19] 그래서 기업들은 연구개발에서 일어날 수 있는 손실을 메우기 위한 기금으로서 현금 준비금을 쌓아 두어야 한다.

1980년대 자산 대비 평균 자본지출의 비율은 자산대비 평균 연구개발의 비율보다 두 배보다 더 높았다(8.9%대 3.2%). 반대로 2000년대 연구개발은 자본 지출을 넘어섰다(6.7%대 5.4%).[20] 현금 증가는 기업의 건강을 나타내는 징후라기보다 더욱 위험한 투자가 일어나고 있음을 인지할 수 있는 징후이다.

---

18 "이런 증가는 배당금을 지급하지 않는 기업들, 더 최근에 기업공개를 한 기업들, 특이 변동성(idiosyncratic volatility)에서 가장 큰 증가를 겪은 산업 부문의 기업들에 집중되었다." T. Bates, K. Kahle, and R. Stulz, "Why Do US Firms Hold so Much More Cash than They Used to?," *Journal of Finance* 64 (2009), 1985~2021.

19 "자본지출에 비해 연구개발의 중요성 증가는 또한 현금 비율에 영구적인 영향을 준다. 유형자산 형성(asset tangibility)의 감소 때문에, 연구개발 투자 기회는 외부 자본지출에 사용하는 자본보다 자금조달에 비용이 더 많이 든다. 그 결과 자본지출에 비해 연구개발 강화는 기업들로 하여금 내부적으로 만든 현금 유동성에 일어날 수 있는 미래의 충격에 대비하여 더 많은 현금 완충제를 보유하도록 요구한다." B. Broadbent, *Costly Capital and the Risk of Rare Disasters* (London: Bloomberg, 2009).

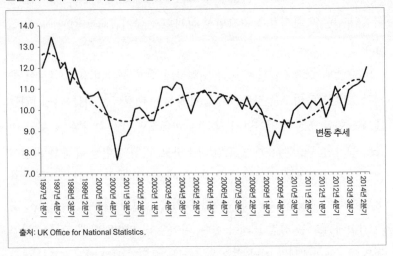

그림 6.4 영국 제조업 자본 순수익률(%), 1997~2014

변동 추세

출처: UK Office for National Statistics.

　미국의 이야기는 또한 영국에서도 되풀이된다(그림 6.4를 보라). 영란은행
의 벤 브로드벤트는 영국기업들이 이제 새로운 투자가 너무 위험하다는
것을 인식하고 있기 때문에 투자를 할 때 높은 최저 필요 이윤율을 설정
하고 있다고 언급했다.[21] 영국 자본의 순경상이익률은 그 수치보다 훨씬
아래에 있다.

---

20 "연구개발을 강화하는 기업들은 내부적으로 만든 현금 유동성에 일어날 수 있는 미래의 충
　격에 대비하여 더 많은 현금 완충제가 필요하다. 반대로 자본지출은 담보물로 이용될 수 있
　고 그런 이유로 더 쉽게 자금을 조달할 수 있는 자산을 만들어내는 가능성이 더 크다. 그 결
　과 자본 지출은 주로 현금을 소비하는 것 같고, 이는 자본지출이 현금비율과 역관계를 가
　지는 것에 정합적이다." B. Broadbent, *Costly Capital and the Risk of Rare Disasters*
　(London: Bloomberg, 2009).

하지만 오직 부채가 증가하면서

유동자산(현금과 현금으로 빠르게 전환할 수 있는 다른 자산들)은 총액에서 증가했던 것 같다. 하지만 미국 기업들은 자신들의 모든 금융자산(주식, 채권, 보험 등등)을 늘렸다. 총 금융자산에 대한 유동자산의 비율을 비교하면 다른 이야기를 알 수 있다(그림 6.5를 보라).

미국 기업들은 1950~60년대 황금기 동안에 유동성의 비율을 줄여서 투자를 더 많이 했다. 이것은 신자유주의 시기 동안 멈췄는데, 그러나 다른 금융자산 보유와 비교해보면 현금 준비금은 여전히 크게 증가하지 않았다. 총 금융자산 대비 유동자산의 비율은 1980년대 초반과 거의 같다. 이는 기업 이윤이 실물 투자에서 금융자산 투자로 전환되었지만 특히 현금으로는 전환되지 않았다는 것을 말해준다. 그 현금 준비금은 몇몇 기업들과 은행들에 아주 집중되었다. 미국 기업에 현금이 남아돈다는 개념은 철저하게 검토하면 시장의 일반적 특징으로서 성립하지 않는다.[22] 투자대비 현금 비율의 증가가 있었다. 하지만 이 비율은 1950년대 초보다

---

21 브로드벤트는 "그러나 최근 방문한 한 기관에서 많은 기업들은 절사율(hurdle rate of return, 최저 필요수익률)이 상승했다고 말했다. 이번 위기 전에는 재무담당 이사들이 6년에 걸쳐 투자 회수(감가상각은 제외, 이는 예상 순수익률이 9%와 같다)가 가능해 보이는 새로운 투자를 승인했다. 이제는 투자 회수 기간이 4년 정도로 짧아진 것 같고, 순 필요수익률이 14%이다."라고 언급했다. 그는 계속해서 "이런 전환에서 가장 취약성을 드러내는 투자(필요수익의 급격한 증가가 예상되는 투자)는 비가역성 요소를 가진 것이다. 이는 생산성을 개선하는 데 필요한 많은 계획들(무형자산 지출)을 포함할 것이다. 따라서 높은 위험 보수가 수요뿐만 아니라 경제의 공급능력에도 있을 수 있다… 위기가 은행체계에 기인한다고 하면, 이제 위험한 투자에 높은 장애물을 만들 것이다. 즉 아주 나쁜 경제성과가 나타날 가능성이 높다고 인식하는 것이다… 실제로 많은 투자는 매몰비용과 관련된다. 큰 규모의 해외직접투자 사업들, 사내교육, 연구개발, 새로운 기술 도입, 심지어 간단한 경영조직 개편 같은 이 모든 것은 생산성을 개선할 수 있지만, 투자 회수에 위험이 있고, 실시한 후 쉽게 철회할 수 없는 투자이다." B. Broadbent, *Costly Capital and the Risk of Rare Disasters* (London: Bloomberg, 2009).

22 C. Vistesen, "The Big Disconnect between Leverage and Spreads," Seeking Alpha, March 25, 2014, http://seekingalpha.com/article/2017013-the-big-disconnect-between-leverage-and-spreads.

그림 6.5 미국 기업의 총 금융자산 대비 유동자산(%), 1951~2014

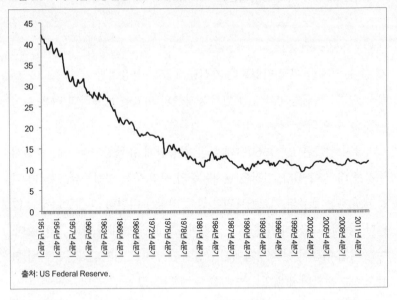

출처: US Federal Reserve.

훨씬 낮다(그림 6.6을 보라).

1980년대 이후에 왜 투자대비 현금 비율이 상승했는가? 음, 현금 보유의 빠른 증가 때문이 아니라 신자유주의 동안 실물경제 투자 증가의 둔화 때문이다. 현금 준비금의 평균 성장은 1980년대부터 지금까지 연간 7.8%였고, 이는 전체 금융자산 연간 성장률 8.6%보다 실제로 느렸다. 하지만 기업 투자는 단지 연간 5.3% 증가했고 따라서 투자대비 현금 비율이 상승했다.

2008년 대침체 시작부터 현금준비금 성장률과 총 금융자산 성장률을 비교하면, 기업의 현금은 연간 3.9%로 훨씬 둔화된 속도로 상승했다는 것을 알 수 있다. 이는 총 금융자산 연간 상승률 3.3%보다 조금 빠른 속도다. 하지만 투자는 단지 매년 1.5% 상승했다. 그 결과 현금대비 투자비율은 1980년대 이후 평균 2/3가 하락하여 2014년에 단지 40%가 되었다.

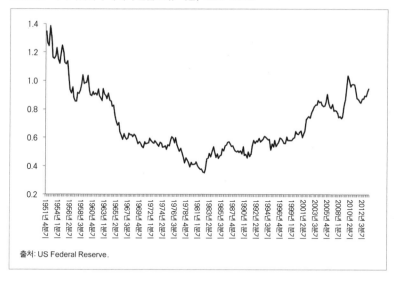

그림 6.6 미국기업의 투자대비 현금 보유 비율, 1951~2013

출처: US Federal Reserve.

그래서 기업들은 실제로 30년 전보다 현금이 더 많이 남아돌지 않았
다. 실제 일어났던 일은 미국 기업들이 생산 투자보다 금융자산에 투자
하는 데 이윤을 더욱 많이 사용했다는 것이다.

기업부채라는 유령

기업부채는 여전히 쟁점이다. 물론 부채의 이자율은 지난 25년간 가파
르게 하락했고, 그래서 부채 상환 비용이 낮아졌다. 하지만 기업부채 수
준은 같은 기간 동안 역시 증가했고, 이윤율 하락의 어떤 징후가 있다면
이는 기업의 위험부담을 증가시킬 수 있다.

미국의 기업부문 부채는 빠른 속도로 팽창했고 2013년에 전체 부채 발
행의 기록을 세웠다. 자산 대비 순부채는 2007년 16% 정도에서 금융위

기가 한창일 때 22%까지 상승했지만 2011까지 20%로 다시 하락했고 2014년 다시 21% 넘어섰다. 미국 기업부문은 이전 경기순환에서 차지했던 수준보다 훨씬 많은 부채를 떠안고 있다.

모든 주요 경제국들에서 기업부채는 여전히 높은 수준에 있다.[23] 부채의 이런 증가는 기업들이 이윤율을 높여야 한다거나 증가하는 부채를 상환하기 위해 생산능력 투자를 줄일 수밖에 없다는 것을 의미한다.

국가부채의 급증

세계 금융붕괴는 각국 정부들로 하여금 은행체계에 구제금융을 제공하도록 했고, 이는 차입 증가로 이루어졌다. 실제로 은행들을 위협했던 손실과 파산을 공공부문의 부채를 급격하게 증가시켜서 피했으며, 이는 정부 회계에 손실을 만들었다.

정부부채비율은 1970년대 종반부터 1990년대 중반까지 상승했지만, 2008년 세계 금융위기 전에는 하락하여 역사상 평균적으로 평화로운 시기가 되었다. 민간 신용은 1970년대까지 국내총생산과 꽤 안정적인 관계를 유지했고, 그리고 나서 뒤이은 수십 년 동안 유례없는 수준으로 치솟았고, 바로 위기의 폭발로 이어졌다. 1970년대에 선진국들에서 민간부문 부채는 1900년대 초반 이후 처음으로 국가부채보다 많았다(그림 6.7을 보라).[24]

---

23 "세계 금융위기 전에 세계 부채 수준은 빠르게 증가했다. 2007년 전 10년 동안 선진국들에서 국내총생산 대비 비금융부문 부채는 평균 40% 포인트 상승했다. 그때 이후 낮은 이자율은 차입 비용을 줄였고 금융자산 및 물리적 자산의 가치를 뒷받침해주었다. 어떤 대출자들은 이 시기 동안 부채를 축소했다. 하지만 낮은 이자율은 또한 어떤 민간 대출자들로 하여금 부채 수준을 늘리도록 북돋웠다. 그리고 정부부채 수준은 현저하게 증가했다. 그 결과 선진국들에서 국내총생산 대비 비금융 부문 부채비율은 2007년 이후 평균 55% 포인트 상승했다." Bank of England, *Financial Stability Report* (London : Bank of England, June 2014).

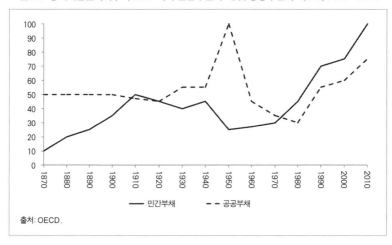

그림 6.7 경제개발협력기구의 GDP 대비 민간부문 부채 및 공공부문 부채(%), 1870~2010

출처: OECD.

미국에서 2002~2007년 빚잔치를 벌인 후 민간부채(가계, 기업, 은행)는
2008년 408억 달러에 도달했다. 이 부문은 현재까지 8% 축소하여 38조
6,000억 부채를 가지고 있는데, 주로 은행들이 부채를 줄였고, 가계들은
주택담보대출에 채무불이행을 했다. 하지만 이 민간부문의 부채 축소는
공공부문 부채의 엄청난 증가로 상쇄되었는데, 공공부문 부채는 8조 달
러 정도에서 70% 증가하여 13조 7,000억 달러에 이르렀으며, 증가율이
줄었지만 여전히 증가하고 있다.

공공부문 부채는 세입이 붕괴하고, 실업수당 및 다른 수당 지급이 급
격하게 증가하여 재정적자가 커진 것과 은행체계의 구제금융 때문에 증
가했다. 그 결과 미국의 전체 부채 부담 (공공 및 민간)은 국내총생산 성장에

---

24 Òscar Jordà, Moritz Shularick, an Alan M. Taylor, "Sovereins versus Banks: Crises,
Cause, and Consequences," CEPR Working Paper, 2013. 민간 신용은 비금융 부문의 총
민간은행 대출이다. 공공부채는 일반적으로 통합된 정부부채이다. 평균은 선진 17개국(오스
트레일리아, 벨기에, 캐나다. 덴마크, 핀란드, 프랑스, 독일, 이탈리아, 일본, 네덜란드, 노르웨이, 포르투갈, 스
페인, 스웨덴, 스위스, 영국, 미국)에 대해서다.

조응하는 비율로 여전히 증가하고 있다. 그래서 국내총생산 대비 전체 부채는 아직 하락하지 않고 있다.

실제로 매킨지가 발표한 세계 부채에 관한 보고서에 따르면, 국내총생산 대비 부채비율은 2007년부터 모든 선진국에서 증가했고 주로 공공부채이지만, 기업부채도 역시 그러했다.[25]

사실 현재 모든 주요 경제 국가들은 부채를 줄이는 것, 즉 부채축소 (deleveraginge)를 하기보다 국내총생산 대비 부채 수준이 2007년보다 더 높다. 그동안 세계 부채는 57조 달러 증가했고, 국내총생산 대비 부채비율은 17% 포인트 상승했다.[26]

대침체는 미국에서 주택 구매를 위해 가계가 사용한 부채와 주식 가격을 떠받치기기 위해 기업이 사용한 부채의 거대한 팽창으로 촉발되었다. 1990년대 종반부터 임금 상승은 억제되었고, 이윤율은 하락했다. 부동산 및 금융 투기 같은 비생산 부문 투자를 지속하기 위해 추가 신용이 필요했다. 끝내 그 신용은 무너졌다. 하지만 2008년 이후 국내총생산(금융, 가계, 비금융, 정부) 대비 총 국가부채는 주요 선진국들에서 감소했다.

부채 문제

자본주의 옹호자들은 공공부문 부채를 줄이거나 적어도 자금을 마련하

25 Richard Dobbs, Susan Lund, Jonathan Woetzel, and Mina Mutafchieva, "Debt and (Not Much) Deleveraging," McKinsey Global Institute, February 2015, http://www.mckinsey.com/insights/economic_studies/debt_and_not_much_delevaraging/.

26 Richard Dobbs, Susan Lund, Jonathan Woetzel, and Mina Mutafchieva, "Debt and (Not Much) Deleveraging," Mckinsey Global Institute, February 2015, http://www.mckinsey.com/insights/economic_studies/debt_and_not_much_delevaraging/.

는 부담을 노동으로 돌리고 자본에게 부담을 지우지 않기를 원한다. 세금 투쟁은 위장된 계급투쟁이다. 이런 의미에서 공공부문 부채 증가는 이윤율 하락과 민간부문의 과잉부채가 유발한 위기 전체의 한 부분이 된다.

때때로 케인스 학파 경제학자들은 부채는 문제가 되지 않으며 차입 증가는 문제가 아니라고 적어도 현시점에서는 그렇다고 주장한다. 폴 크루그먼은 위기에서 부채의 역할을 거부했는데, 왜냐하면 부채는 '폐쇄 경제'에서 문제가 되지 않는다는 것, 즉 한 사람의 부채는 다른 사람의 자산이라는 것이다.[27] 외국인에게 빚을 질 경우에만 문제가 된다는 것이다.

국제통화기금은 "경제 전반에 신용 호황이 일어난 후에 진행되는 침체는 다른 침체보다 더 심각하고, 더 긴 경향이 있다"며 "총 가계부채에서 더 많은 증가가 있고 난 후 일어난 주택시장 붕괴는 더 심각한 침체, 더 약한 회복, 더 많은 가계부채 축소로 이어진다."[28]며 그런 의견에 동의하지 않는다. 폴 크루그먼은 "어떤 경제 주체들은 부채의 과잉 때문에 부채 축소를 강요받으면서 수요를 부진하게 만들고 있다."[29]고 주장하며 '부채가 유발한(debt-driven) 침체'가 있을 수 있다고 인정하는 것 같다.

부채 역사가 카르멘 라인하트(Carmen Reinhart)와 케네스 로고프(Kenneth Rogoff)는 자본주의에서 부채와 성장의 관계를 확인했다. 두 사람은 26개

---

27 "우리가 진 부채는 기본적으로 다른 사람에게 빌린 돈이며, 부채의 부담은 실제 자원의 이전과 관련이 없다." Paul Krugman, "Debt Is Mostly Money We Owe to Ourselves," Conscience of a Liberal, *New York Times*, December 28, 2011, http://krugman.blogs. nytimes.com/2011/12/28/debt-is-mostly-money-we-owe-to-oursevles/?_r=0

28 IMF, "Dealing with Household Debt," in *World Economic Outlook: Growth Resuming, Dangers Remain* (Washington, DC: IMF, 2012), 89-124.

29 Gauti Eggertsson and Paul Krugman, "Debt Deleveraging and th Liquidity Trap," Federal Reserve mimeo, November 16, 2010, http://www.princeton. edu/~pkrugman/debt_deleveraging_ge_pk.pdf and "Debt Deleveraging and the Liquidity Trap," Vox EU, November 18, 2010, http://www.voxeu.org/article/debt-delveraging-and-liquidity-trap-new-model.

사례의 공공부채 과잉을 살펴보았는데, 23개의 경우에서 실질 국내총생산 성장이 연간 1.2% 포인트 하락했고, 국내총생산은 부채 과잉의 시기가 끝났다고 가정한 경우보다 25%정도 낮았다.[30]

또한 맥킨지와 국제통화기금의 연구는 금융붕괴 후 2~3년간 평균 국내총생산이 1.3% 포인트 하락하기 때문에, 부채축소를 완료하려면 국내총생산 대비 부채는 최대 25% 하락해야 한다고 밝혔다.[31] 이와 아주 비슷한 결과를 밝힌 연구가 많이 있다. 국제통화기금은 공공부문 부채 수준이 국내총생산의 100%를 넘으면 경제가 전형적으로 선진국 평균보다 낮은 국내총생산의 성장을 겪는다고 밝혔다. 국제통화기금은 부채 수준이 90~100%이면서, 꼭짓점에 이른 뒤에 15년간 줄어들고 있는 국가의 경제성장은 한계값 100%보다 훨씬 낮은 국가들에 비해 빨랐다. 그래서 부채 수준이 어떤 수준으로 도달했던지 간에 회복을 위해서 부채축소가 중요하다.[32]

많은 부채와 낮은 성장의 상관관계는 강한 것 같지만 인과관계는 분명하지 않다. 침체가 많은 부채를 초래한다면, 부채를 낮추는 유일한 방법은 경제를 부양하는 것인가(케인스 학파)? 아니면 많은 부채가 침체를 초래한다면 성장을 회복하는 유일한 방법은 부채축소인가(오스트리아 학파)? 마르크스주의 해석은 이윤율 하락이 투자의 붕괴와 경제의 붕괴를 초래하고, 그리하여 이는 민간부채를 증가시킨다는 것이다. 국가가 자본주의 부문(금융)

---

30 내 블로그를 보라. "The Cat Is Stuck Up a Tree," Michael Roberts blog, May 10, 2013, https://thenestrecession.wordpress.com/2013/05/10/the-cat-is-stuck-up-a-tree-how-did-it-get-there-and-how-do-you-get-it-down/and "Revising the Two RRs," April 17, 2013, http://thenextrecession.wordpress.com/2013/04/17/revising-the-two-rrs/.

31 Charles Rosburgh, et al., "Debt and Deleveraging: Uneven Progress on the Path to Growth," Report, McKinsey Global Institute, January 2012.

32 IMF, *World Economic Outlook*: Hopes, Realities, Risks (Washington, DC: IMF, 2013).

을에 구제금융을 제공해야만 한다면 공공부채는 폭발하듯 증가한다.[33]

부채축소와 불황

중요한 것은 자본주의 부문이 큰 부채를 짊어지게 되면 경제 회복을 시작하는 것이 훨씬 어렵게 된다.[34] 금융부문은 가장 많이 부채축소를 했는데(이는 놀랍지 않으며), 이 부문은 2008년에 붕괴를 겪었다. 그러나 이 부문에서조차도 영국과 미국은 국내총생산 대비 부채의 상당한 양을 까까스로 청산했다. 유로존 은행들은 2008년 이후 더 많은 부채를 짊어졌다. 일본의 금융도 역시 국내에서 그리고 해외에서 더 많은 부채를 떠안았고, 선진국 시장에서 가장 많은 레버리지를 짊어지고 있다.

부동산 시장이 붕괴한 나라들의 가계는 가장 많은 부채축소를 했는데, 주로 주택담보대출 채무불이행, 주택규모축소, 차환을 통해서이다. 하지만 전체 유로존의 가계는 2010년 꼭짓점 이후 작은 축소를 제외하고는 전혀 그렇게 하지 않았다.

비금융 기업부문은 가계보다 훨씬 적게 부채 축소를 했다. 대신에 기업들은 낮은 이자율과 풍부한 유동성을 이용해서 주식을 되사서 주식가

---

33 존 코크레인(John Cochrane)은 자신의 블로그에 "내가 '연구들'에 대한 논평을 읽었을 때, 그 연구들은 일반적인 종류의 성장 회귀 또는 성장 도구들이며, 인과관계는 거의 보여주지 못한다." 다시 말해서 그 연구들은 많은 부채와 큰 정부 적자와 침체의 상관관계는 보여주지만 인과방향은 보여주지 못한다. J. Cochrane, "The Views of Debt and Stagnation," *Grumpy Economist*, September 20, 2012, http//johncochrane.blogspot.co.uk.

34 "부채는 중심 문제이다. 소득 대비 부채 또는 국내총생산 대비 부채가 두 배, 세 배, 네 배가 되면, 미래 소득의 두 배, 세 배, 네 배를 현재 쓰고 있다는 것이다. 이는 필연적으로 미래의 쓸 소득이 줄어든다는 것을 의미한다. 이는 이해하기 어렵지 않다." William White, "Modern Macroeconomics Is on the Wrong Track," *Finance & Development* 46, no. 4 (December 2009).

격을 떠받치고 더 많은 배당금을 지급하고 현금 축장을 위해 더 많은 부채를 만들었다. 미국에서 기업들은 국내총생산 대비 부채를 14% 늘렸다. 다른 나라에서도 국내총생산 대비 기업부채 수준이 2008년만큼이나 높았는데, 이는 2003년 신용거품 시작 때 수준보다 15~20% 높았다.

국제결제은행은 선진국 및 신흥경제국 33개국의 부채 수준을 밝혔는데, 27개국의 국내총생산 대비 비금융 부문의 부채 수준이 130%를 넘었다. 이 국가들 가운데 2개국은 400%가 넘었고, 4개국은 300~400% 사이였다. 오직 6개국은 130% 미만이었고, 단지 3개국(터키, 멕시코, 인도네시아)은 100% 미만이었다. 33개국 가운데 8개국은 부채비율이 상승했고, 11개국은 변동이 별로 없었고, 오직 4개국 많이 하락했다. 이 4개국 가운데 3개국(그리스, 아일랜드, 헝가리)은 국제통화기금이나 트로이카(Troika)의 구제금융 계획에 있었다. 단지 노르웨이만이 전체 비금융 부채비율을 자발적으로 줄였다. 오직 멕시코와 태국만이 15년간 전체 부채 규모를 축소시켰다. 가계부채비율은 몇몇 선진국에서는 하락했는데, 영국과 미국뿐만 아니라 유럽통화동맹의 몇몇 주변부 국가들도 여기에 포함된다. 하지만 27개국에서는 세계 금융위기 이후 국내총생산 대비 민간부채비율이 상승했다.

미국의 부채축소는 더 나아갔다.[35] 영국의 민간부문은 부채부담을 줄이는 데 성공하지 못했다. 영국은 정부부문을 제외하고 가장 높은 민간부문 부채비율(은행은 포함하지 않는다)을 가지고 있다. 이는 주로 아주 높은 가계부채비율 때문이다. 소기업은 현금준비금을 가지고 있지 않거나, 은행

---

35 영란은행은 "미국의 부채축소는 유럽보다 더 빠르게 일어났다. 2007년부터 미국의 국내총생산대비 가계부채비율은 15% 포인트 하락했고, 80% 미만이 되었다. 그리고 미국의 국내총생산 대비 비금융 민간기업(PNFC) 부채비율은 상승했지만, 대부분 다른 선진국보다 낮은 수준이었다."고 설명한다. Bank of England, *Financial Stability Report*.

들이 이런 기업에 지속적으로 대부해주려고 하지 않는다. 그래서 이들은 새로운 장비에 투자하지 못하고 있다. 무거운 부채를 진 소기업 수천 개가 낮은 이자율에도 불구하고 거의 가까스로 운영되고 있다.[36]

'자유 시장'을 추구하는 애덤 스미스 연구소(Adam Smith Institute)의 연구에 따르면 영국에서 10만 8,000개의 이른바 좀비기업들이 단지 부채의 이자만 상환하고 있으며, 이는 구조조정을 막고 있다. 어떤 점에서 이것이 전체 이윤율 회복과 새로운 투자를 저지하고 있다.[37] 달리 말하면 그런 기업들은 약한 기업이 강한 기업을 위해 청산되는 자본의 '창조적 파괴'를 더디게 한다.

그 결과 자본주의 부문은 훨씬 더 많은 고용과 위기 전과 같은 성장 추세를 낳을 수 있는 충분히 새로운 생산 설비에 투자하지 않고 있다. 공공투자라는 대안은 피했다. 미국의 공공투자는 1945년 이후 가장 낮은 수준이다. 공공부문의 총 자본투자는 감소하여 미국 산출액의 겨우 3.6%가 되었는데, 전후 평균 5%와 비교된다.

과잉 부채를 축소하는 것은 현재 불황의 임무의 일환이다. 고용, 기술, 공장에 지속적인 투자가 일어나는 시기를 시작할 수 있도록 이윤율을 회복하는 것은 역시 2008년 붕괴 전 시기에 증가한 부채 부담을 축소하는 것에 의존한다. 부채 부담은 불황의 기간이 늘어나게 한다.

몇몇 자본주의 국가들은 부채 부담 축소에서 다른 국가들보다 많은 진전을 이루었다. 하지만 미국의 기업부채는 감소하지 않았는데, 많은 기

---

36 Societe Generale, "On Our Minds Today : UK SMEs Still in the Doldrums," October 30, 2013.

37 왜냐하면 "좀비기업들은 노동자들과 화폐가 더 생산적으로 사용하기 위해 재배치되는 것을 막고, 그런 기업들은 새롭고 더 나은 기업이 시장에 진입하지 못하게 하고, 경쟁력이 떨어지게 하고, 생산성을 낮추고, 전체 경제의 성장을 둔화시킨다." Societe Generale, "On Our Minds Today : UK SMEs Still in the Doldrus," October 30, 2013.

그림 6.8 미국 비금융 기업의 자산 대비 순부채(%) 2001~2013

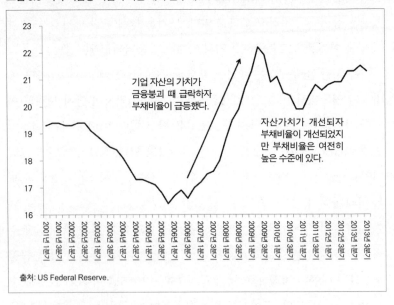

기업 자산의 가치가
금융붕괴 때 급락하자
부채비율이 급등했다.

자산가치가 개선되자
부채비율이 개선되었지
만 부채비율은 여전히
높은 수준에 있다.

출처: US Federal Reserve.

업들이 자사주 되사기로 주식가격을 떠받치기 위해 계속해서 비용이 싼 부채를 늘렸다(그림 6.8을 보라). 그 결과 기업 레버리지는 이전의 침체들에서 회복한 국면들에서보다 지금 시점의 경기순환에서 더 높다. 이 때문에 부채 이자율의 상승 시작이 불황의 빠른 탈출에 대한 좋은 징조가 되지 못한다.

국제통화기금은 "차입 증가를 아직 비금융 기업들의 투자 증가로 해석할 수 없는데, 비금융 기업들의 자본 지출은 부진하여 이전의 경기순환 때보다 내부 현금 유동성에서 더 적은 몫을 차지하고 있다… 기업들은 정상적인 신용 순환 때 보다 하방 위험에 더 많이 노출되어 있다."[38] 부채가 문제이며, 이를 관리할 수 있는 방법은 아직 있다.

---

38 IMF, *Global Financial Stability Report* (Washington, DC : IMF, April 2014), 6.

제7장

침체에서 불황으로

> 과거에 자본의 비용을 저렴하게 함으로써 투자를 통해 이윤율 회복과 번영의 재개를 가능하게 만든 것이 불황 그 자체였다면, 부채기반 불황의 연장이 이 정체를 초래한다는 것은 놀랍지 않다.
>
> —폴 매틱 주니어(Paul Mattick Jr)[1]

2009년 중반 대침체가 끝난 뒤 세계 경제는 아직도 정상으로 회복되지 못했다. 그때부터 세계 경제성장, 투자, 고용은 기준에 못 미치고 있다. 대침체와 부채의 역할에 관한 앞의 장들에서 이런 상황의 두 가지 주요 이유를 보여준다.

첫째, 주요경제국들의 이윤율은 2007년에 도달했던 꼭짓점보다 여전히 낮고, 1997년 신자유주의 회복의 꼭짓점이 끝날 때보다 낮다. 이는 기업들로 하여금 이전의 정도에 맞게 투자를 늘리는 것을 막는다.

둘째, 온갖 형태(부채, 대출, 파생상품)로 된 세계 유동성의 유례없는 팽창과

1　Paul Mattick, *Business as Unusual* (London : Reaktion Books, 2011).

특히 민간부문 부채의 증가(가계, 은행, 비금융 기업부채)라는 대침체 서곡의 특수성이 있었다. 미국에서 주택거품이 터졌을 때, 이 부채의 규모와 정도가 세계 금융붕괴를 초래했다. 이것으로 자본주의 생산부문의 낮은 이윤율이 드러났으며, 금융부문의 이윤은 완전히 손실로 돌아섰다. 민간부문의 손실은 공공부문의 차입을 늘려서 벌충되었다. 하지만 부채의 과잉은 특히 기업부문에 있었다. 역시 이는 세계의 투자 증가를 막았다.

세계 자본주의의 생산과 투자는 이윤율이 이전의 수준으로 되돌아가고 부채가 충분하게 감소하여 투자를 위한 새로운 차입을 할 수 있을 때까지 회복되지 않을 것이다. 자본의 유기적 구성이 아주 높아서 (실업과 임금 제약을 통해) 상승한 잉여가치율도 이윤율을 제대로 높이기에 충분하지 않기 때문에 이윤율이 이전의 꼭짓점들보다 낮다는 것을 제1장에서 보았다.

자본주의 침체는 결국 생산 비용과 자본 가치를 충분하게 떨어뜨려서 살아남은 기업들의 이윤율을 높인다. 실업은 노동 비용을 낮추고 파산과 기업 인수는 자본비용을 떨어뜨린다. 기업들은 점점 생산을 다시 늘리고, 끝내 새로운 자본에 투자하고, 직업이 없는 산업예비군에서 노동력을 고용하기 시작한다. 이는 투자자에 대한 수요를 촉진하고, 결국 노동자들은 더 많은 소비재를 구매하기 시작하고, 회복이 시작된다.

그러나 현재는 다르다. 산업과 건설 부문에서 유휴 설비의 과잉이 많고, 기업, 정부, 가계 모두 여전히 떠안고 있는 부채 규모가 커서 회복을 방해하고 있다. 모든 주요 자본주의 국가들은 수요에 필요한 것보다 생산 설비를 30% 넘게 가지고 있다고 밝히고 있다. 이는 기록적으로 높다. 이는 좀비기업들의 체계, 유휴 생산수단, 비생산 노동자들을 정리하는 것뿐만 아니라 부채의 더 많은 대손상각을 위해 또 다른 침체가 필요할 수도 있다는 것을 의미한다.

약한 회복

2009년 중반 대침체의 바닥 이후부터 세계 자본주의 경제의 회복은 1873~97년 또는 1929~42년처럼 장기불황에 아주 가깝다. 앞서 설명했 듯이 장기불황 동안에 경제성장은 이전의 추세율보다 아주 낮게 지속되 며, 실업은 이전의 정상 수준보다 훨씬 높게 유지되고, 디스인플레이션 (disinflation, 물가상승률 둔화)는 디플레이션(deflation, 물가가 하락하는 것)으로 전환된 다. 무엇보다 이런 경제 환경에서는 생산 자본의 투자가 이전 평균 수준 보다 훨씬 낮으며, 증가의 징후가 거의 없다.

역사상 두 번의 세계대전 기간을 제외하면, 산출액은 모든 침체 가운 데 20%만이 침체가 일어난지 2년 후에도 침체 전보다 여전히 낮았다. 이 런 상태가 단지 13%만 3년 이상 지속되고, 단지 6%만 5년 이상 지속되 었다. 이번에는 미국, 독일, 캐나다가 약 3년 후에 국내총생산의 이전 꼭 짓점 수준을 회복했다.

대침체의 2009년 바닥 이후부터 주요 자본주의 국가들은 이전에 있었 던 다른 침체들의 회복과 비교 했을 때 가장 약한 회복을 보였다. 심지어 미국에서도 2009년 중반 이후 회복은 전후의 모든 침체 이후에 있었던 것 가운데 가장 약했다(그림 7.1). 어떤 국가들은 위기 이전에 도달했던 실 질 산출 수준을 아직도 회복하지 못했다.

훨씬 더 놀라운 사실이 있다. 침체가 전혀 없었다면 2013년에 달성 했을 산출액과 비교해서 2008년 이후 실질 산출액의 손실을 계산해보 면, 그리스와 아일랜드는 2008~13년 도달했어야 하는 실질 산출액에 서 거의 40%의 잠재성장의 손실이 있었다. 영국은 거의 20% 잠재성장 의 손실이 있었고, 미국은 12% 손실, 심지어 독일도 5% 손실이 있었다 (그림 7.2를 보라).

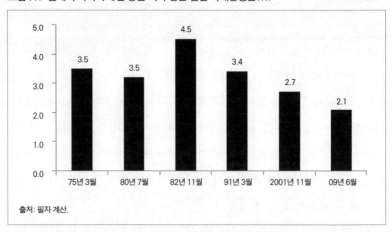

그림 7.1 침체의 바닥 후 6년 동안 미국 평균 실질 국내총생산(%)

출처: 필자 계산.

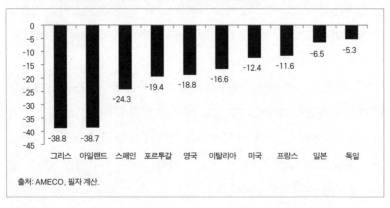

그림 7.2 이전 평균성장 추세와 비교한 국가별 산출의 손실(%)

출처: AMECO, 필자 계산.

대침체는 성장추세가 계속 이어졌다면 달성했을 국내총생산의 크기
보다 약 22%의 전반적이고 지속적인 손실을 낳았다. 이런 손실의 대부
분은 2009년 이후 더딘 '회복' 시기 때문이었다. 이 손실은 1980~82년
이중 하락 침체 때보다 50% 더 컸고(여전히 증가하고 있으며), 이는 실제로 장
기불황임을 확인해준다(그림 7.3을 보라).

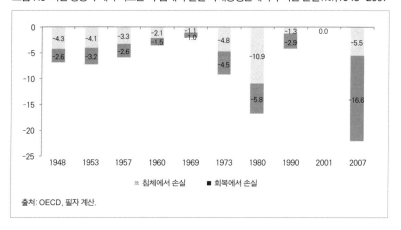

그림 7.3 이전 성장 추세와 비교한 각 침체의 실질 국내총생산에서 누적된 손실(%), 1948~2007

※ 침체에서 손실　■ 회복에서 손실

출처: OECD, 필자 계산.

최근 연구는 이전에 있었던 커다란 금융붕괴 뒤에 이어진 침체의 다섯 가지 사례에서 경제가 성장경로로 되돌아가는데 약 9년이 걸렸다고 밝혔다. 이제 미국 의회예산국(Congressional Budget Office)은 미국의 실질 국내총생산 성장이 결코 대침체 이전의 성장 경로로 되돌아가지 못할 것이라고 밝혔는데[2], "잠재 국내총생산에서 예상되는 감소는 유례없는 수준인데, 반면에 미국의 거의 모든 전후 침체, 전후 유럽의 침체, 유럽 금융위기와 관련된 침체, 심지어 1930년대 대불황이 끝내 잠재 국내총생산을 회복했다는 특징을 가진다."라고 말했다. 미국 실질 국내총생산은 영구적으로 침체 이전의 성장경로보다 7.2% 낮을 것이다! 대불황과 되풀이되는 침체가 안겨주는 것이 일자리, 소득, 서비스, 자본의 그런 낭비다. 미국 의회 예산국은 이것을 '순전한 영구적 침체'라고 불렀다. 미국 의회 예산국은 미국 추세 성장률이 둔화되어 고작 1.7%가 될 것이고, 가까운

---

2 David H. Papell and Ruxandra Prodan, "The Statistical Behavior of GDP after Financial Crises and Severe Recessions," University of Houston Research Paper, 2011, http://papers.ssrn.com/sol3/papers.cfm?abstract_id=1933988.

장래에 연간 2%를 넘지 못할 것이라고 판단한다.

국제통화기금은 세계 자본주의가 불황에 빠져 있을 것이라고 믿는다. 국제통화기금은 "위기 이후 산출액에서 큰 몫의 손실은 이제 영구적인 것 같고, 따라서 정책으로 투자를 위기 이전의 수준으로 완전하게 되돌릴 수 없을 것 같다."[3]고 말한다. 선진국들에서 잠재성장이 앞으로 5년 동안 증가하더라도, 금융위기 이전에 도달했던 수준 훨씬 아래에 머물 것이다. 같은 기간 동안 신흥경제국들은 잠재성장 하락을 겪을 것이다.

선진국들에서 잠재 생산능력이 최대화된다면 실질 국내총생산 성장 속도가 향후 5년 동안 평균으로 고작 1.6%에 이를 것인데, 이는 2008~14년 1.3%와 비교된다. 이런 성장은 2001~2007년 2.3% 성장 속도보다 약하고, 전후 20세기 평균의 약 절반이다.

전 세계의 부진

현재 회복은 V자형이나 심지어 L형(1990년대 일본의 경우)도 아니고, 제곱근 기호에 훨씬 가깝다. 주요 경제국들의 산출액이 연간 3~4% 성장 대신 연간 1~2% 성장에 가깝다. 그런 둔화는 이른바 신흥경제국들에도 역시 확산되었고, 연간 성장이 이전의 7~8%보다는 현재 4%에 가깝다.

국제통화기금은 2015년 보고서에서 세계 경제의 성장은 전후 평균 추세 성장률 보다 훨씬 낮으면서 계속해서 부진하며, 개선의 징후가 거의 없다. 국제통화기금은 세계경제의 '잠재 산출액'은 이전보다 훨씬 낮게 성장하고 있다고 주장한다. 선진국들에서 잠재 산출액 성장 하락은

---

3 IMF World Economic Outlook, April 2015, chapter 1.

2000년대 초반에 시작되었고, 신흥경제국들에서는 2009년 후에 시작되었다. 세계 경제가 이제 만성적 투자 약화, 낮은 실질 이자율과 낮은 명목 이자율, 신용거품, 처리할 수 없는 부채의 특징을 가진다는 걱정이 있다. 국제통화기금의 총재인 크리스틴 라가르드(Christine Lagarde)는 현재의 경제 성적이 "그렇게 만족스럽지 못하다."고 말했다.

국제통화기금에 따르면 마침내 세계 실업은 위기 전의 수준으로 돌아갔지만 고용은 연간 고작 1.5% 성장하고 있으며, 이는 위기 전의 2.0~2.5% 성장률보다 훨씬 낮다.[4] 선진국들의 실업은 2014년 7.4%였는데, 2007년 5.7%보다 훨씬 높았다.

2008년 이후 매년 국제통화기금은 세계 실질 국내총생산 성장 예측을 바꿔야만 했다. 현재 국제 통화기금은 선진 자본주의 국가들의 실질 국내총생산 성장이 2014년 1.8%에서 2015년 2.4%로 상승할 것이라고 예측한다. 국제통화기금의 세계 성장 예측을 달성하기 위해서는 선진 자본주의 국가들의 성장률이 3.5%가 되어야 하는데, 왜냐하면 신흥시장(특히 중국과 러시아)의 성장이 둔화되거나 심지어 하락하고 있고, 그래서 2015년 성장은 단지 4.3%일 것인데, 2013년보다 5% 낮기 때문이다.

경제협력개발기구도 세계 경제성장에 대한 예측치를 낮추었다. 투자 약화와 실망스러운 생산성 성장으로 세계 경제가 계속해서 낮은 수준의 균형에 머물 것이라는 위험이 있다고 경고했다.[5] 경제협력개발기구는 2015년 세계 경제가 3.1% 성장할 것이라고 예측하는데, 2014년 11월

---

4 다음을 보라. Ravi Balakrishnan and Juan Solé, "Close but Not there Yet: Getting to Full Employment in the United states," IMF Direct, April 28, 2015, http://blog-imfdirect.imf.org/2015/04/28/close-but-not-there-yet-getting-to-full-employment-in-the-united-states.

5 다음을 보라. "Strengthening Investment Key to Improving World Economy's B-Grade, Says OECD," March 6, 2015, http://www.oecd.org/economy/strengthening-investment-key-to-improving-world-economy.htm.

예측치 3.7%에서 크게 축소한 수치다. "세계 경제는 평균 B-등급으로 겨우 해쳐왔는데, 하지만 숙제를 끝내지 못한다면… 한 등급 하락할 가능성도 아주 높다."고 수석 경제학자 캐서린 만(Catherine Mann)이 말했다.[6]

세계은행도 세계 실질 국내총생산 성장에 대한 예측치를 낮추었다.[7] 세계은행은 세계 경제가 2015년 3.0%, 2016년 3.3% 성장할 것이라고 예측했는데, 이는 각각 3.4%와 3.5% 예측치에서 낮춘 것이다. 이렇게 낮게 수정한 예측은 미국이 2014년 2.5%보다 높게 성장하고, 2015년 3.2% 성장할 것이라는 데 기대고 있다. 2015년 미국 경제가 더 강해진다고 추정해도 다른 지역들, 즉 유로존, 일본, 러시아, 브라질, 중국, 남아프리카, 터키 같은 주요 신흥경제국(다만 인도는 올해 성장이 상승할 것 같음)의 성장 둔화와 물가하락을 벌충하지 못할 것이다. 신흥경제국들은 도움이 되지 못할 것 같은데 왜냐하면 세계은행에 따르면 이들의 경제는 완전한 잠재력보다 훨씬 낮게 운영되고 있기 때문이다.

세계무역기구(WTO)의 연간 보고서도 그렇게 말한다.[8] 세계무역기구에 따르면 세계무역은 적어도 앞으로 2년 이상 실망스러운 성장을 보일 것이고, 세계 무역 성장은 2015년 단지 3.3%일 것인데, 국제통화기금이 예측한 국내총생산 성장률보다 낮다.

2008년 금융위기 전 최소 30년 동안, 즉 세계화 시기 동안 세계 무역은 계속해서 세계 국내총생산 성장률의 2배로 성장했다. 이제는 세계 무역이 2014년 2.8% 성장하여 3년 동안 계속해서 세계 경제성장률과 같거

6 Catherine Mann, chief economist, press conference, OECD Economic Outlook, June 2015. 『파이낸셜타임스』 6월 3일자에 인용. http://www.ft.com/cms/s/0/962772f4-09e0-11e5-a6a8-00144eabdc0html#axzz3l-WT9r402.

7 다음을 보라. World Bank, http://www.worldbank.org/content/dam/Worldbank/GEP/GEP2015a/pdfs/GEP15a_web_full.pdf.

8 World Trade Organization press release, April 14, 2015. Geneva: WTO, https://www.wto.org/english/news_e/press15_e/pr793_e.htm.

나 낮게 성장하고 있다. 세계 무역의 성장 추세가 대침체 후에 계속해서 이전보다 훨씬 하락하고 있다(그림 7.4를 보라).

세계무역기구 사무총장 호베르토 아제베두(Roberto Azevêdo)는 최근 몇 년간의 실망스러운 무역 성장의 원인을 금융위기 후 회복 부진으로 보고 있다. 그는 또 전 세계 경제성장이 지정학적인 긴장에 '부서지기 쉽고' 취약한 상태라고 경고했다.[9]

케인스 학파의 주요 경제학자 브래드 드롱(Brad de Long)은 최근에 미국은 "잠재 산출액이 이전의 성장 추세로 돌아가는 V자형 빠른 회복을 겪지 않았다."[10]고 언급했다. 2008~2009년 대침체 기간 동안 바닥에서 미국의 실질 국내총생산은 2005~2007년 추세보다 11% 낮은 수준을 보여줬다. 현재 미국의 실질 국내총생산 추세는 2005~2007년 추세보다 16% 낮다. 1995~2007년 추세와 비교하여 누적된 산출액 손실은 미국 연간 국내총생산의 78%이며, 유로존 연간 국내총생산의 60%이다.

브래드 드롱은 계속해서 다음과 같이 말한다.

> 1년 반 전 우리들 가운에 몇몇이 2017년까지는 잠재 산출액 경로로 회복할 것이라고 예상했을 때, 우리는 대침체 때문에 북대서양 지역 국가들에서 연간 산출액의 약 80%의 생산 손실(즉 13조 달러)이 일어나게 될 것이라고 예측했다. 오늘날 5년 뒤에 새로운 정상(new normal)으로 회복한다고 낙관하고 있는 것 같은데, 이런 전망조차도 20조 달러 손실이 예상된다. 그리고

---

9 WTO press Release.
10 다음을 보라. Brad DeLong, "When Do We Start Calling This 'The Greater Depression'?," Washington Center for Equitable Growth, August 28, 2014, http://equitablegrowth. org/2014/08/28/start-calling-greater-depression-early-friday-focus-august-29-2014/.

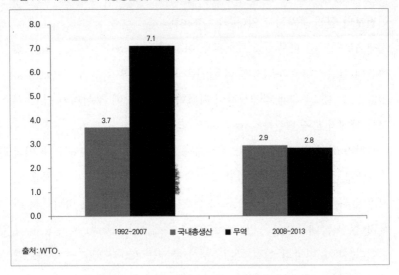

그림 7.4 세계 실질 국내총생산 및 세계 무역의 연간 평균 성장률(%), 1992~2013

출처: WTO.

2012~14년처럼 비관적이었던 5년의 기간에다 5년 뒤에 회복한다고 전망하는 것을 감안하면 35조 달러 부의 손실을 입을 것이라고 예상한다.

브래드 드롱은 "어떤 시점에서는 이런 상황을 '대침체'라고 부르기를 그만하고 '대불황(The Greater Depression)'이라고 부르기 시작해야 할 것이다."라고 결론지었다.

왜 회복되지 않는가?

벤 버냉키는 2014년 1월에 연준 의장 임기를 마쳤다. 그는 전미경제학회(AEA) 연례학술대회에서 연설을 하며 직무를 끝냈다.[11] 전미경제학회는 북미의 주류경제학자들을 대표한다. 벤 버냉키는 동료학자들에게 연설하면서, 2008년 세계위기가 폭발했을 때 금융붕괴를 막았던 자신이 펼친 정책의 성공을 말할 기회를 가졌다. 그는 연준이 상황을 바꾸기 위해 어떻게 성공적으로 대응했는지 강조했다.

그는 이번 위기에서 어떤 실수들을 피하기 위해 통화정책을 폈다고 말했다. 연준은 대출 금리를 거의 0%로 인하했고, 은행체계에 특히 대마불사였던 가장 큰 투자은행들에 엄청난 재정지원을 했고, 그러고 나서 '비전통적인' 통화정책을 폈는데, 즉 경제를 진작하기 위해 은행으로부터 국채, 회사채, 저당채권을 매입함으로써 통화량을 확대했다(양적완화). 연준의 대차대조표는 이런 매입으로 확대되어 거의 4조 달러가 되었는데, 이는 미국 국내총생산의 25%였다.

벤 버냉키는 이런 정책이 자본주의 경제를 구하는 데 성공했다고 확신했다. 과연 그랬을까? 첫째 그 정책은 사실 금융붕괴를 막지 못했다. 물론 골드만삭스, 모건스탠리, 제이피모건 같은 은행은 파산하지 않았다. 하지만 베어스턴스, 에이아이지(AIG), 리먼 브라더스는 파산했다(메릴린치도 거의 파산할 뻔했다). 선두에 있는 많은 주택담보대출 기관들이 파산했다. 더욱이 전국에서 중소은행들과 대출기관들 수백 개가 파산했다. 전 세계에서 금융붕괴가 있었는데, 이런 금융을 구하기 위해 현금과 대출로 적어도 3조 달러 정도의 비용을 납세자들에게 지웠다.

둘째, 벤 버냉키의 대단한 불황방지 통화정책으로 세계 및 미국 경제의 성장과 고용을 위기 이전 수준으로 회복시키지 못했다.[12] 그는 증권시장 호황 회복, 낮은 이자율 지속, 은행 보조금 지급에 기초하여 경제 회복이 진행되고 있다고 주장했다. 어쨌든 이런 금융 완화(financial largesse)가

---

11 Ben Bernanke, "The Federal Reserve : Looking Back, Looking forward," speech, Federal Reserve, January 3, 2014.

미국 경제의 실물 및 생산부문을 진작했다고 한다. 과연 그랬는가?

위기가 일어나는 동안에 케인스 학파 경제학자 로저 파머(Roger Farmer)는 연준이 급진적인 조치를 취해야 하고 증권 시장 가격을 높이기 위해 직접 주식 매입을 시작해야 한다고 생각했다(일본은행이 제한된 방식으로 해온 조치).**13** 로저 파머는 (화폐 발행을 통한) 이런 매입이 증권시장을 북돋우고, 그리하여 투자자들의 부를 회복시켜서, 그들로 하여금 더 많은 소비재 구매를 시작하게 하고 투자하도록 하고, 따라서 '유효 수요'(케인스 용어)를 높일 수 있게 할 수 있다고 생각했다. 벤 버냉키는 그렇게 하지 않았지만, 연준은 차선의 것을 행하였다. 연준은 아주 많은 현금을 금융 체계에 투입했고, 이는 증권시장에서 엄청난 상승을 낳았다. 스탠더드앤드푸어스 실질(물가상승을 조정함) 주가지수의 매일 종가의 월 평균에 기초하면 미국 증권 시장은 2009년 저점 이후 두 배를 넘어섰다.

로저 파머와 벤 버냉키가 바란 것과 다르게 이는 경제성장, 고용, 평균 소득의 회복으로 이어지지 않았다. 미국 경제성장은 훨씬 낮은 추세를 지속하고 있고, 실업 특히 장기실업은 평균 보다 훨씬 높게 유지되고 있으며, 가계의 평균 실질소득은 위기 이전 수준보다 아주 낮다(그림 7.5).**14**

벤 버냉키의 정책이 대형 투자은행, 증권시장, 부동산 투자자들한테

---

12 벤 버냉키는 연설에서 "회의론자들은 회복의 속도가 실망스러울 정도로 더디고, 물가상승률을 조정한 평균 국내총생산 성장률이 지난 몇 년 동안 연간비율로 단지 2%보다 조금 높고, 물가상승률은 위원회의 장기 목표 2% 미만입니다. 그러나 제가 말씀 드리겠지만, 회복은 강력한 역풍에 맞서 왔습니다. 이는 만약에 충분한 통화정책의 지원이 없었더라면, 경제성장이 어쩌면 상당히 더 약했을 수도 있고 심지어는 역성장을 했을 수도 있다는 것을 의미합니다. 대부분의 연구들은 선제 안내(forward guidance)와 대규모 자산 매입의 결합이 회복을 촉진하는 데 도움을 주었다는 결론을 지지합니다. 예를 들어 안내의 변화는 이자율 기대를 바꾼 것 같고, 많은 연구들에서 자산 매입이 장기 이자율을 낮추고, 자산 가격을 상승시켰다고 보여줍니다. 금융 상태의 이런 변화는 그 다음에 경제에 실질적인 도움이 된 것으로 보입니다." Ben Bernanke, "The Federal Reserve : Looking Back, Looking Forward."
13 Robert Farmer, *Expectations, Employment and Prices* (Oxford : Oxford University Press, 2010).

그림 7.5 미국 중위 가계 실질 연간 소득(미국 달러)

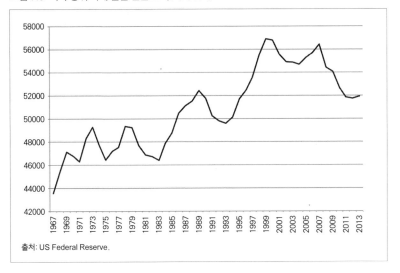

출처: US Federal Reserve.

효과가 있었을 수도 있지만, 실물경제(Main Street)나 노동인구 대부분과 실업자들에게는 효과가 없었다. 실물경제 기업 미국(Main Street corporate America)은 인력을 축소하고 임금 인상을 최저치로 유지함으로써 늘어난 이윤으로 불린 거대한 현금 잔고 사용을 시작하기에 충분히 독려되지 않은 것 같다. 대기업들의 이윤 폭은 거의 사상 최고치였고, 현금 준비금이 쌓였지만, 실물경제에서는 그에 조응하는 투자가 거의 없었으며, 대신에 그런 투자는 배당금, 자사주 되사기, 금융자산 투기에서 일어났다. 물론 자산 시장이 회복되었다. 미국 주택가격은 바닥에서 연간 13% 넘게 급

---

14 벤 버냉키는 연설에서 이것을 인정했다. "여전히 회복이 완전하지 않은 것은 분명합니다. 실업률이 7%로 여전히 높습니다. 장기실업 숫자도 여전히 일반적이지 않게 높고, 경제적 이유를 위해 단시간 노동하는 사람의 숫자 같은 노동력 저활용(labor underutilization)에 대한 다른 수치들은 실업률보다 낮게 개선되었습니다. 노동력 참여는 계속해서 하락했고, 이런 하락의 일부는 위기 이전 상황을 반영하고 있지만, 또 일부는 잠재노동자의 취업 전망에 관한 포기를 반영하고 있을 가능성이 높습니다." Ben Bernanke, "The Federal Reserve : Looking Back, Looking Forward."

등했다(영국에서도 비슷한 현상이 있었다).

은행: 바뀐 것 없이 그대로

세계은행 부문은 여전히 스캔들, 부패, 잘못된 경영의 진창 속에 빠져 있는데, 거의 매주 새로운 폭로가 일어나고 있다. 은행부문은 상정된 목적을 달성하는 데 계속 실패하고 있는데, 즉 가계와 기업이 운전자본과 투자를 성장시킬 수 있도록 유동성과 신용을 공급하는 것에 그렇게 하고 있다.

영국 은행들을 예로 들어 보자. 바클레이즈는 이른바 리보 조작 스캔들 관여 때문에 4억 5,000만 달러의 벌금을 물었다. 그 사건은 거래자들이 공모하여 전 세계 대부분 대출비용의 기준을 설정하는 은행간 대부 이자율을 조정했다. 리보 조작은 각국 정부당국, 자선기금, 기업이 대출에 대해 상환해야 하는 것보다 더 많은 돈을 지불했다는 것을 의미했다. 미국 의회는 멕시코 마약조직 돈을 세탁해주고, (스탠다드차타드처럼) 이란 제재를 위반한 것에 대해 HSBC를 기소했다. 로이드(Lloyds) 은행은 다른 은행들과 53억 달러에 달하는 개인상해보험을 고객들에게 불완전 판매하여 보상했다. 그 돈을 산업에 자금을 대고 대출 기간을 줄이는데 사용했다면 더 좋은 사용이 될 수도 있었다. 또 다른 비리 사건으로 스위스에 있는 HSBC의 프라이빗 뱅킹 사업부가 소득세 납부를 원하지 않는 많은 국가들의 부자 수천 명의 부당이익을 숨겨준 것이 밝혀졌다. HSBC는 이런 부자들이 가산세를 물지 않고 돈을 자국으로 돌려받을 수 있는 방법과 속임수를 적극적으로 마련했다.

영국의 은행 가운데 하나인 스코틀랜드왕립은행(Royal Bank of Scotland,

RBS)은 금융 산업에 봉사했다는 이유로 기사작위를 받은 프레드 굿윈(Fred Goodwin)의 경영 때문에 금융붕괴 때 쓰러졌다. 프레드 굿윈은 직원들을 괴롭히고, 위험과 엄청난 상여금을 좋아했다고 언급됐다. 그는 RBS를 그만뒀지만, 은행의 모든 고위 경영자들이 스캔들 뒤에 사퇴를 요청받을 때와 같이 이사회로부터 많은 연금과 퇴직금을 받았다. 그리고 2015년 5월 미국과 영국의 주요 은행들은 외환시장 조작 때문에 60억 달러의 벌금을 물었다. 그런 스캔들과 불법 행위들이 드러난 이후에 이런 세계적 은행들의 어느 누구도 기소되거나 형사 법원에서 유죄를 선고 받지 않았다.[15]

반대로 은행들은 이 모든 스캔들을 대수롭지 않게 생각했다. 제이피모건은 2008년 위기를 촉발한 바로 그 대량살상 금융 무기(세계에서 가장 큰 규모의 투자자 워런 버핏의 표현을 사용하면)인 파생상품의 대규모 거래에 참여하는 위험 거래 부서를 계속해서 운영했다. 제이피모건의 파생상품 부서의 별명인 '런던의 고래(London Whale)'는 결국 이 은행에 60억 달러의 손실을 안겼다! 이곳의 주요 거래담당자 브루노 익실(Bruno Iksil)은 그가 다루는 거래의 '무시무시한' 크기가 걱정된다고 고위 관리자들에게 말했다. 하지만 고위 관리자들은 그의 말을 무시했다. 제이피모건의 미국 감독기관인 미국 통화감독국(Office of Comptroller of the Currency)은 그 당시 은행들을 아주 면밀하게 감독하기로 되어 있었지만, 역시 전혀 그렇게 하지 않았다.

바클레이즈의 전임 은행장 밥 다이아몬드(Bob Diamond)는 결국 리보 조작 스캔들 때문에 사퇴했는데(하지만 영란은행 총재가 요구했기에 그렇게 했음), "나에게는 다른 사람들이 지켜보지 않으면 사람들이 어떻게 행동하는지를 보여주는 문화의 증거였다."고 진술했다.[16] 은행 문화는 고객들의 돈, 납세

---

15 다음을 보라. Michael Roberts and Mick Brooks, "It's Time to Take Over the Banks," Fire Brigades Union pamphlet, November 2011.

자들의 현금과 보증, 주주들의 투자를 이용하여 위험자산에 투자해서 엄청난 이윤을 번 뒤에 스스로에게 어마어마한 상여금을 지급하는 것이 분명하다.[17]

이런 비리 사건들이 드러난 이후에도 정말로 바뀐 게 전혀 없다. 최근 한 비밀 보고서는 바클레이즈 은행이 여전히 '무슨 수를 써서라도 수익을 버는' 일을 하고 있고, 그런 일을 하는 직원들에게 겁을 주고 협박을 가하고 있다고 밝혔다. 그러나 은행들은 계속해서 이전과 똑같이 하길 원한다.[18] 바클레이즈가 부분적 국유화의 위협을 당하던 세계 금융붕괴 동안에도 이 은행의 이사회는 카타르의 투자자들에게 대출해주었고, 그 뒤에 이 투자자들은 거금 120억 파운드를 이 은행의 주식에 투자했다. 바클레이즈는 이런 식으로 더 많은 대출을 해주면서 국가의 통제를 피했다! 얼마의 이득이 카타르 투자자들에게 지급되었는지 아직도 분명하지 않다.

벨기에 은행 덱시아(Dexia)는 결국 강제로 국유화가 되었는데, 2008년에 그와 똑같은 수법을 사용했다. 그리고 아이슬란드 은행 카우프싱(Kaupthing)도 그렇게 했는데, 카타르 왕족에게 돈을 대출해주었고, 카타르 왕족은 그 돈으로 그 은행에 투자했다. 그 카타르인들은 이득을 거뒀고, 그 주식은 값

---

16 Bob Diamond, BBC Today Business Lecture 2011, http://news.bbc.co.uk/today/hi/today/newsid_9630000/9630673.stm.

17 "사회의 어떤 집단에게 강탈이 삶의 방식이 될 때, 시간이 충분하게 지나면 그들은 자신들을 위해서 강탈에 권한을 부여하는 법체계와 강탈을 영광스럽게 하는 도덕률을 만든다." Frederic Bastiat, *The Law*: Selected Essays on Political Economy(Irvington-on-Hudson, NY: Foundation for Economic Education, 1848).

18 제이피모건투자은행의 전임 은행장 빌 윈터스(Bill Winters)는 "은행가를 맹비난하는 것은 나쁜 짓이다. 여러분들이 매일 아침에 일어날 때마다 신문의 머리기사에서 맹비난을 받는다면, 더 이상 그 분야에서 일하고 싶지 않을 것이고, 그러면 그 분야의 경제에 상처가 되는 영향이 있을 것이다. 영국이 세계 금융에서 좋은 장소로 남아 있으려면 은행업을 공격하는 일을 멈추어야 한다."고 말했다. Bill Winters, "Banker Bashing," *City AM*, February 6, 2013.

어치가 없었지만, 그들에게 문제가 되지 않았다. 이는 단지 은행에 손실을 늘렸고, 구제금융이 있을 경우에는 납세자들에게 비용을 더해주었다.

그리고 몬테 데이 파스키 디 시에나(Monte dei Paschi di Siena)가 있다. 이탈리아의 중심에 있는 이 오래되고 취약한 은행은 고삐 풀린 파생상품 부서가 입힌 7억 유로가 넘는 거래 손실을 숨기기 위해 이중장부를 사용한 것이 밝혀졌다. 이때 관리기관인 이탈리아은행(Bank of Italy)은 그 은행이 파산을 막기 위해 납세자들의 돈을 투입받으려고 호소하기 전까지는 아무것도 몰랐다고 주장했다. 현재 유럽중앙은행 총재인 마리오 드라기(Mario Draghi)가 당시 이탈리아 은행의 총재였다.

또 네덜란드 은행 라보은행(Rabobank)은 리보 조작에서 한 역할에 대해 10억 달러 합의금을 지불하는데 동의했다. 6년 동안 이 은행은 리보를 조작했고, 중요한 다른 기준금리들을 조작했다. 라보은행의 위트레흐트 본사, 뉴욕 지사, 도쿄 지사의 관리자 7명을 포함해서 30명이나 되는 직원들이 리보와 유리보(Euribor)를 바꾸기 위해 500차례에 걸쳐 부적절하게 문서로 요청했다. 이 은행의 최고경영자는 사임을 강요받았고, 그는 일어난 일에 대해 아는 게 없지만 자신의 책임이라고 말했다.

마찬가지로 스위스의 세계적 은행 유비에스(UBS)는 환율 관련 사업에 대해 내부 조사를 시작했고, "특정 직원들에 대해 적절한 조치를 취했으며 또 그렇게 할 것"이라고 말했다. 스위스 관리기관은 소송의 위험에 대비하여 은행이 가지고 있는 자본액을 절반 더 늘릴 것을 강제했다. 도이체방크(Deutsche Bank)는 소송에 대처하기 위해 12억 유로를 준비해 두었다고 말했다. 영국에서는 부분적으로 국유화된 로이드 은행이 3분기에 불완전판매보장보험을 위한 보상금 지불용으로 7억 5,000만 파운드를 준비해 두었다고 밝혔다. 이 은행의 위법행위에 대한 총 청구액은 현재 80억 파운드를 넘었고, 실제로는 납세자들이 비용을 처리했다.

오랜 세월의 협동조합운동 경력을 가지고 있다고 여겨지는 영국의 협동은행(Cooperative Bank)에 관해 무슨 말을 할 수 있을까? 이번 위기에서 이 은행은 필로폰 중독자였던 회장을 포함해서 여가시간에 남창을 고용하고, 은행 업무에 대해서는 거의 아무것도 모르고, 협동조합운동의 윤리적 목표들은 내팽개친 무모한 경영자들이 운영하고 공격적으로 투기한 금융기관으로 밝혀졌다. 이 은행은 부채 30억 달러를 짊어지고 쓰러졌으며, 여전히 협동조합 회원들은 이 은행이 과거의 협동조합과 단절된 영리 목적의 유한 책임회사로 은행가들이 운영하도록 자문을 받고 있다.

이런 비도덕적이고 불법으로 추정되는 행위에 대해 아무도 기소되지 않았다.[19] 대신에 비용을 줄이기 위해 그런 비리 사건과 위험 감수 사업에 연루되지 않았고 단지 비영업 부서 또는 영업 창구에서 일했던 은행 평직원 수천 명을 해고하는 일이 발생했다. 매월 더 많은 일자리를 없앨 것이다.

영국의 경제경영연구센터(Centre for Economics and Business Research)에 따르면, 영국의 은행 일자리 숫자는 2007년 35만 4,134명으로 꼭짓점이었는데, 이제 24만 명에 못 미친다. 거품의 한창 때 이후 그 일자리 세 개 가운데 하나는 사라질 것이다.[20]

---

19 무모하고 사기꾼 같은 은행 경영자들이 모든 범죄결과는 피하면서도 모든 부정 이득은 지킨 데 대해서는 다음을 보라. Matt Taibi, *Griftopia* (New York : Spiegel and Grau, 2010).

20 영란은행의 앤디 홀데인(Andy Haldane)은 "영국에서 은행업에 고용된 사람은 40만 명이다. 이들 가운데 대다수는 아마도 심지어 99%는 개인의 탐욕과 직무 태만에 젖어 있지 않았다. 또 심지어 잘나가는 때에도 그들은 고액 급여를 받지 못했다. 그들에게 비난을 퍼붓는 것은 부당할 뿐만 아니라 정확하지도 않다. 그 대신 나에게 위기는 자해를 낳는 내부 장려책을 가진 체계의 이야기이다. 예를 들어 구조, 영향력, 관리방식, 보수의 수준과 형태, 경쟁(의 부족)과 관련된다. 그런 자기 파괴 경향을 피하는 것은 장려책 및 금융 문화 바꾸기, 뿌리 및 줄기 바꾸기를 의미한다. 이는 체계적 접근법, 구조적 접근법, 금융개혁을 요한다."고 지적했다. Andy Haldane, Simon Brennan, and Vasileois Madouros, "The Contribution of the Financial Sector : Miracle or Mirage?", in *The Future of Finance: The LSE Report*, edited by Adair Turner (London : London School of Economics, 2010), pp. 87–120.

이렇게 계속되는 은행 비리 사건들의 규모와 성격은 마거릿 대처 (Margaret Thatcher) 총리 때 재무장관이었던 나이절 로슨(Nigel Lawson)같이 자유시장과 시티오브런던(City of London, 런던의 금융 중심지)의 옹호자들까지도 RBS의 완전한 국유화를 요구하게 만들었다. 납세자들이 이미 이 은행의 지분 82%를 소유했지만, 이는 아무런 의미가 없었다. 왜냐하면 납세자들은 은행이 어떻게 운영되어야 하는지, 상여금이 어떻게 지급되어야 하는지, 은행이 예금과 대출과 투자를 어떻게 해야 하는지에 대해 발언권이 전혀 없었다. 나이절 로슨은 이제 그 은행을 민영화가 아니라 완전히 국유화해야 하고, "그 은행이 기업 대출을 높여주는 도구로 바뀔 수 있도록" 정부가 개입해야 한다고 말한다. 대신에 영국 보수당 정부는 납세자들에게 손실을 안겨주면서 그 은행을 매각하는데 속도를 높일 것이라고 결정했다.

좋아지고 있는가?

전임 연준 의장 벤 버냉키와 주류경제학자들은 경제 상황이 좋아지고 있다고 말한다.[21] 하지만 자본축적은 경제성장과 고용을 1960년대의 수준으로 되돌리는 것은 고사하고, 위기 이전 수준으로 회복하기에도 여전히 아주 저조하고 불충분하다.

이는 세계 경제 부진의 주요 이유이며, 많은 선진국의 주택거품 붕괴

---

21 다음과 같은 경고를 덧붙였다. "금융의 회복, 주택시장의 잔액 증가, 재정긴축의 완화, 계속된 통화정책의 시행의 결합은 몇 분기 안에 미국 경제성장을 위해 좋은 징조이다. 하지만, 물론 과거 몇 년간의 경험에서 얻은 교훈이 있다면, 예측을 하는 게 조심스럽다는 것이다." Ben Bernanke, "The Federal Reserve : Looking Back, Looking Forward."

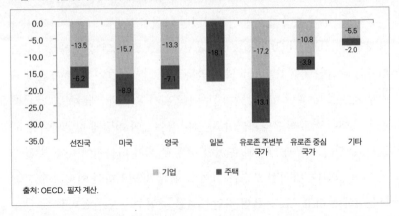

그림 7.6 기업 및 주택 투자의 2008년과 2014년 비교(% 차액)

출처: OECD. 필자 계산.

는 민간부문 투자 하락의 이유 가운데 하나였다. 하지만 기업투자의 붕괴는 훨씬 컸고, 오래 지속되었다.

국제통화기금은 2008년부터 2014년까지 선진국들의 기업투자가 대침체 전인 2007년 봄에 기대했던 것보다 13% 하락했다고 밝혔다(그림 7.6을 보라).

최근에 국제결제은행도 같은 점, 즉 대침체와 주요 경제국에서 뒤이어 일어나고 있는 약하고 느린 회복은 기업투자 붕괴의 산물, 즉 자본주의의 결함이라고 이해했다[22]. 국제결제은행은 다음과 같이 지적한다.

기업투자는 장기 성장의 주요 결정요인 일뿐만 아니라 총수요의 중요한 순환요소이다. 그러므로 이는 경기순환 변동의 큰 기여자이다. 지난 십년 간 이것은 분명하게 나타났다. 2008년 투자의 붕괴는 유효수요 축소의 큰 원인이며, 이런 유효수요 축소 때문에 많은 선진 경제국들은 수십 년 만

22 Ryan N. Banerjee, Jonathan Kearns, and Marco Jacopo Lombardi, "(Why) Is Investment Weak?", BIS, March 18, 2015, http://www.bis.org/publ/qtrpdf/r_qt1503g.htm.

에 최악의 침체를 겪었다. 선진 경제국들 전체에 비주택 부문 민간투자는 10~25% 하락했다.

투자와 이윤율

투자는 왜 뒤처지고 있는가? 폴 크루그먼은 독점력의 일반적 증가 때문에 투자가 뒤처지고 있다고 제시한다. 그는 "내가 생각하기에 가장 중요한 답은 독점 지대의 중요성 증가인데, 이 독점지대란 투자 수익을 나타내는 것이 아니라 대신에 시장 지배력으로 얻는 가치를 나타낸다."[23]고 했다. 독점의 증가가 투자 감소를 수반한 이윤 증가를 설명하는 것 같지만, 독점력이 과거 몇 년 동안 증가했다는 증거는 거의 없다. 무엇보다도 자본 지출은 경쟁 산업에도 낮다.

다른 설명은 포스트 케인스 학파의 것인데, 이윤 증가는 총 국민소득 가운데 실질임금의 감소와 노동분배율 감소를 반대로 나타낸다는 것이다. 스튜어트 랜슬리(Stewart Lansley)는 최근 몇 년 동안 임금에 대한 지속적인 압박이 '수요를 마르게 했고', 부채기반 소비를 부추겼고, 경제 위험을 높였다고 주장한다.[24]

다른 한편 오스트리아 학파 경제학자 벤자민 히긴스(Benjamin Higgins)는 기업들이 다소 '체제를 확신하지 못하기' 때문에 투자를 하지 않는 것 같

---

23 Paul Krugman, "Profits without Production", op-ed, *New York Times*, June 20, 2013, http://www.nytimes.com/2013/06/12/opinion/krugman-profits-without-production.html.

24 Stewart Lansley, "Wage Led Growth Is an Economic Imperative," New Left Project, September 2, 2013, http://www.newleftproject.org/index.php/site/article_comments/wage_led_growth_is_an_economic_imperative.

다고 생각한다. 이는 자본에 대한 투자자들의 사적소유권과 자본이 만든 소득이 정부의 조치, 즉 규제와 세제와 다른 통제들 때문에 더 많이 악화될 것이라고 기업들이 걱정하고 있다는 것을 의미한다.

국제통화기금은 투자 부진의 원인을 수요 부족 때문이라고 믿는다. 상품 수요가 부족하기 때문에 자본주의 기업들이 충분히 투자하지 않고 있다고 한다. 이 답변은 다음 질문을 불러일으킨다. 왜 수요가 부족한가? 국제통화기금도 역시 2007년 이후 총수요 변동의 가장 큰 구성 요소가 투자라는 것을 깨닫지 못하고 있다. 국제결제은행이 지적하듯이 결국 투자는 총수요의 부분이다.

지속되는 기업투자 부진을 설명하기 위해 독점력이나 임금 압박이나 '정부에 대한 우려' 주장 쪽으로 방향을 돌릴 필요가 없다. 낮은 이윤율이라는 객관적 실재가 있다. 현금 유동성과 이윤이 대기업에게 높을지는 몰라도, 이윤율은 영국이나 유럽 같은 많은 자본주의 국가들에서 회복되지 않았다.

제이피모건 소속 경제학자들은 세계 기업 이윤율에 대한 연구를 했다. 그 경제학자들은 이윤율이 대침체 전 거의 9%에서 2009년 바닥일 때 4% 미만까지 하락했고, 그러고 나서 2011년 8%로 회복했다고 보여줬다. 하지만 2012년 이윤율은 다시 하락하여 7%가 되었는데, 이는 대침체가 시작되었던 2008년 2월 꼭짓점보다 13% 낮았다. 이런 세계 이윤율 하락은 유럽과 신흥경제국의 이윤율 하락이 만들었다.

유엔보고서도 문제는 세계 기업투자와 수익성 회복의 실패 때문이라고 보여준다.[25] 2011년 세계 생산부문 투자 수익률은 약 20%로 세계 금

---

25 The United Nations Commission on Trade and Development(UNCTAD), *World Investment Report 2013-Global Value Chains: Investment and Trade for Development* (New York: United Nations, 2013).

융붕괴와 대침체 전의 선진 자본주의 국가들의 수치보다 낮았고, 세계 전체 수치보다 15% 낮았다.

유럽연합 집행위원회도 역시 유럽의 기업 수익성과 투자에 대해 언급했다.[26] 국내총생산에서 비주택 부문 투자(가계의 주택구매는 제외)의 몫이 "1990년대 중반 이후 가장 낮은 수준이다."라고 언급했다. 주요 이유는 "수익성 수준의 하락"이다. "기업 이윤의 액수가 투자 성장과 밀접한 상관관계를 가지는 경향이 있고, 현금이 많고 대출할 필요가 없는 기업들만 투자하는데 심지어 투자를 꺼린다."고 요점을 제시했다. 유럽연합 집행위원회는 유럽의 수익성은 "위기 이전 보다 낮은 수준에 머물러 있다."고 밝혔다.

국제결제은행은 "경제 전망에 대한 불확실성과 기대 이윤이 투자 추진에서 중요한 역할을 하며 반면에 자금조달 조건의 효과는 분명히 작다."고 믿는다. 국제결제은행은 낮은 성장과 저조한 투자의 원인이 은행으로부터 값싼 자금조달의 부족 또는 중앙은행의 신용투입의 부족이라는 합의된 생각을 기각했다.

그 대신에 국제결제은행은 이른바 '자본 형성의 성장이 더딘 것에 대해 더욱 그럴듯해 보이는 설명', 즉 '수익성 있는 투자 기회의 부족'이라고 생각한다. 국제결제은행에 따르면, 기업들은 자본 저량의 확대로부터 얻는 수익이 "자본의 위험조정 비용 또는 더 많은 유동성 금융자산에서 벌 수 있는 수익을 넘지 못한다."는 것을 알고 있다. 그래서 기업들은 이윤의 많은 양을 유형 생산투자에 지출하지 않는다. "기업들이 미래의 수요 조건을 상대적으로 확신한다고 하더라도, 추가 자본에 대한 수익률이 낮을 것 같다고 생각하면 투자를 꺼릴 수 있다."[27]

---

26 EU Commission, Winter Economic Forecast (EU commission, 2014).
27 Banerjee, Kearns, and Lombardi, "(Why) Is Investment Weak?"을 보라.

자본의 이윤율은 위험성 높은 첨단기술 투자를 정당화해주고, (현재 상환 비용이 낮다고 하더라도) 아주 많은 부채 부담을 감당할 수 있을 정도로 충분히 높아야 한다.

주요 자본주의 국가들에서 지속되는 장기불황의 이유가 낮은 이윤율과 과잉 부채인 것이 사실이라면, 상황의 개선이 시작될 것 같지 않다.

제이피모건은 일반적으로 자본주의 경제 회복의 낙관론자인데, 미국 기업이윤 폭(개별 생산기업으로 가는 이윤의 몫)이 기록적으로 높았지만, 이제 줄어들기 시작한다고 했다. 그 은행은 "자본으로 가는 기업 순 부가가치의 몫 또는 순 영업잉여는 2012년 꼭짓점을 찍은 후 약간 감소했다. 하지만 이윤으로 가는 몫은 본질적으로 이자상환을 뺀 순 영업잉여인데, 2012년 이후 거의 불변이다. 조정된 기업이윤은 2014년 4분기에 연간 비율로 5.5% 감소했다. 하지만… 우리는 경기순환이 자연스럽게 진행되면, 점진적으로 기업 이익(이윤 폭)을 압박하기 시작할 것이라고 생각한다."[28]고 했다.

확실히 미국에서는 이윤의 전체 **크기**가 위기 이전의 꼭짓점을 넘어섰는데, 하지만 이윤율은 그렇지 못하다. 다른 많은 선진 자본주의 국가들에서는 이윤량조차도 위기 이전 꼭짓점에 아직 도달하지 못했다. 지금의 정체(stagnation)를 설명하기 위해 불확실하고 예상하지 못한 부정적인 충격 또는 노동력 및 자본 시장의 가격 결정에 대한 정부 개입을 원인으로 삼지 말아야 한다. 단지 자본가들이 이전 수준으로 투자하기에는 이윤이 충분하지 않을 뿐이다.

유럽연합 집행위원회는 유로존의 기업들이 국내총생산의 12%에 해당하는 액수만큼 부채축소를 더 해야만 하고, 5년 동안 그런 조정이 확산되면, 기업투자가 국내총생산의 1.6% 감소할 수 있다고 믿는다. 국내

---

28 JP Morgan, Global Data Watch, April 3, 2015, pp. 13-14.

총생산 대비 비주택 부문 투자가 이 글을 쓰고 있는 현재 12%라는 낮은 수준임을 고려하면 그것은 투자의 성장에 꽤 큰 타격일 수 있다.[29]

물가하락이라는 괴물

미국 컨퍼런스 보드(US Conference Board, 1961년에 설립된 미국의 대표적인 비영리 민간 경제 조사기관. 전세계 60여 개 국에 1,200여 개의 경제 단체, 기업 등을 회원으로 하여 경제 및 경영에 대한 조사 활동을 수행하고 있다._옮긴이)는 생산성 성장을 면밀하게 다루는데, 고용된 사람 1인당 산출액(GDP)의 평균 변화로 측정한 세계 노동 생산성 성장이 2014년에 여전히 2.1%에 머무른 반면에 위기 이전 평균인 2.6%(1999~2006)로 상승할 조짐이 전혀 보이지 않는다고 밝혔다.

컨퍼런스 보드는 2014년 세계 생산성 성장에서 개선의 부족은 몇 가지 요인 때문에 일어났는데, 그 요인에는 미국과 일본에서 생산성 성장의 급격한 약화, 중국의 장기 생산성 둔화, 거의 중남미 전체의 생산성 붕괴, 러시아에서 생산성의 상당한 약화도 포함된다.

성숙한 자본주의 경제국들에서 노동생산성은 2014년 단지 0.6% 성장했는데, 2013년의 0.8%보다 조금 낮다. 미국의 생산성 성장은 2013년 1.2%에서 2014년 0.7%로 떨어졌고, 일본은 아주 약했던 1%에서 더 하락하여 -0.6%로 역성장했다. 유로 지역은 생산성에서 아주 작은 개선을 보였는데, 2013년 0.2%에서 2014년 0.3%로 성장했다.

2015년에는 세계 생산성 성장이 더욱 약화되어 2%로 하락할 것이고,

---

29 유럽연합 집행위원회는 "위기 시작 이후의 투자 변동과 위기 이전의 부채 축적 사이에 있는 강한 음의 상관관계는 부채축소 압력의 증가가 투자 약화 뒤에 있는 중요한 요인임을 시사한다."고 밝혔다. EU Commission, Winter Economic Forecast.

2005년 즈음에 시작된 장기 하락추세가 지속될 것으로 예측된다. 성숙한 자본주의 국가들에서 생산성 성장 성적에서 작은 개선에도 불구하고 (2014년 0.6%에서 2015년 0.8%까지), 신흥경제국과 개발도상국들은 2014년 3.4% 성장에서 2015년 2.9% 성장으로 아주 큰 둔화를 보일 것으로 예상된다.

더 나쁜 것은 생산성 성장이 둔화되면서, 세계 물가상승도 둔화되고 세계 주요 경제국들이 물가하락(불황의 또 다른 전형적인 지표)으로 향하고 있는 것 같다. 이는 국제통화기금이 걱정하는 것인데, 총재 크리스틴 라가르드는 각국 중앙은행들이 이 '물가하락이라는 괴물'에 대처하도록 호소했다.

2014년 말에 유로존은 5년이 넘는 동안 처음으로 물가하락에 빠졌다. 일본은 거의 다시 물가하락에 빠졌고, 미국과 영국의 연간 물가상승률은 중앙은행의 목표치인 2%에 훨씬 못 미친다.

우리 같은 보통사람들에게는 물가의 정체 또는 하락이 일상생활 비용과 관련하여 좋은 소식이지만, 자본의 전략가들에게는 이윤 폭의 축소, 투자 성장의 약화, '회복'의 종말을 의미한다. 사람들이 물가하락을 예상하면, 물가가 하락할 때까지 지출하지 않으려 한다. 물가상승이 없다면, 많은 부채를 가지고 있는 기업들은 부채의 실질가치가 하락해도 부담을 덜 수 없을 것이다. 이 기업들은 부채를 상환하기 위해 더 많은 이윤을 벌어야만 할 것이다.

제6장에서 보았듯이, 1980년대 초반 후 이른바 신자유주의 시기와 특히 2002년 이후 신용 및 부동산 거품 동안 증가한 과잉부채의 더미 때문에 대침체 뒤의 회복이 방해받고 있고, 제한되고 있다. 대침체와 은행붕괴와 구제금융에도 불구하고 세계경제의 부채 수준은 감소했다. 부채축소는 사실 일어나지 않고 있고, 적어도 큰 규모로는 일어나지 않고 있다.[30]

현재의 세계 저성장은 잠재 자본수익률과 비교한 차입 비용으로 보면 여전히 큰 부채 규모를 짊어지고 있는 부담의 반영이며, 따라서 성장을 이루는 데 여전히 큰 부채 규모를 짊어 있는 부담의 반영이다. 침체가 하는 일(유형자산과 무형자산의 가치를 하락시키는 것)이 아직 완수되지 않았다. 이자율이 상승하기 시작하면, 기업과 정부의 부채를 상환하는 비용이 지속할 수 없는 수준으로 상승할 수 있기 때문에, 새로운 침체가 쉽게 촉발될 수 있다.

침체는 이윤율의 의미 있는 상승을 여전히 막고 있는 자본의 남은 '과잉'을 '청소'해줄 것이다. 그 동안 주요 자본주의 국가들의 경제성장은 위기 이전 추세율보다 훨씬 낮게 유지되었고, 이와 함께 생산성 증가를 낳을 수 있는 자본주의 경제의 기본 능력보다 낮은 상태에 있다. 장기불황은 계속된다.

30 Richard Dobbs, Susan Lund, Jonathan Woetzel, and Mina Mutafchieva, "Debt and (Not Much) Deleverage", McKinsey Global Institute, February 2015, http://www.mckinsey.com/insights/economic_studies/debt_and_not_much_deleveraging/.

제8장

미국의 부진

내가 생각하기에 2008년 금융위기와 같은 유형이나 1980년대 중반 일본의 위기나 대불황 같은 것을 다시 겪으려면 오랜 시간이, 꽤 오랜 시간이 지나야 할 것이다. 내 생각에는 그런 종류의 위기는 긴 휴식이다.

—래리 서머스(Lawrence Summers)[1]

상위 자본주의 국가들 가운데 미국의 경제는 대침체에서 가장 좋은 회복을 이루었지만, 특별히 내세울 게 거의 없다. 성장률은 위기 이전 수준으로 회복되지 않았고, 기업투자 수준은 비슷하고, 실업이 줄었지만 금융붕괴 이전보다 훨씬 좋지 않다. 가장 중요한 것은 미국 자본의 이윤율이 2009년 최악의 순간으로부터 회복되었지만 여전히 2006년 수준보다 훨씬 아래에 있고, 심지어 1997년 수준보다 더 아래에 있다.

세계위기는 주택거품의 붕괴와 뒤이은 신용경색으로 미국에서 시작

---

1 In Olivier Blanchard et al., "Economic Forum: Policy Responses to the Crises," IMF Economic Forum, video, 1:32.55, November 8, 2013.

되었고, 이는 대서양을 가로질러 유럽으로 퍼졌다. 맨 처음 미국이 침체에 빠졌고, 가장 먼저 침체에서 빠져나왔다. 주요 자본주의 경제국들 가운데 미국이 처음으로 위기 이전의 산출액을 넘는 수준까지 회복했다.

그러나 투자는 여전히 꼭짓점 수준보다 낮으며, 실질 국내총생산 성장률도 과거 30년의 추세 성장률보다 여전히 낮다(그림 8.1을 보라). 2014년 미국의 연간 실질 국내총생산은 2.4% 상승으로 끝을 맺었는데, 대침체가 끝난 이후 미국 경제성장에서 아주 큰 수치다.

2008년 초부터 2009년 중반까지의 대침체 기간 동안 미국 경제는 연간 비율로 2.9% 축소되었고, 누적된 축소는 4.3%였다. 2009년 중반부터 2014는 말까지의 회복 기간 동안 미국 경제는 매년 단지 2.2% 성장했다.

이런 미국의 경제회복은 전후 기간 동안에 있었던 다른 회복들 보다 약했다. 더욱이 미국 실질 국내총생산 성장률은 장기에 걸쳐 둔화되었는데, 10년 동안 평균이 현재 연 1.7%로 하락했다. "가장 최근[2014년] 측정치(전년대비 1.43%)는 1973년 석유금수조치(Oil Embargo)로 촉발된 침체를 제

그림 8.1 1998~2014년 미국의 연간 실질 국내총생산 성장률(%)

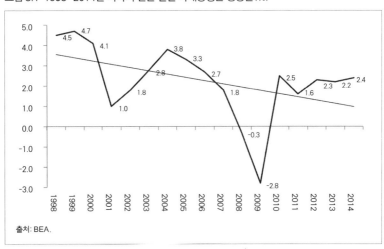

출처: BEA.

외한 모든 침체의 시작보다 낮았는데, 1973년 침체와 소수점 둘째 자리 까지 수치가 같다."[2]

사실 이번 장기불황은 영구적으로 인간 독창성의 잠재적 발휘를 낭비 했다. 이번 회복에서 산출액 성장은 과거 두 차례의 회복보다 약했는데, 침체동안 산출액이 훨씬 더 많이 감소했음에도 불구하고 그렇다. 실제 산출액과 추세 사이에 벌어진 엄청난 간극이 줄어드는 어떤 조짐도 없 다. 미국에서 잠재 산출액과 비교한 실제 산출액의 누적 손실은 2014년 6조 달러에 달했으며, 인당 거의 2만 달러의 손실에 해당한다.

미국의 연평균 실질 국내총생산 성장(대침체 기간을 포함)은 단지 0.9%로 2007년 2.4%와 비교되며, 1980년대 1990년대의 평균 실질 국내총생산 의 성장보다 훨씬 낮다(표 8.2를 보라).

2009년 이후 매년 회복이 주류경제학의 기대와 예측에 못 미쳤지만, 경제 예측 전문가들 사이에는 낙관론이 여전히 지배하고 있다.

예를 들어, 도이체방크는 2014년 미국 성장이 3%보다 높을 것이고, 2015년은 3.8%일 것이라고 예측했다. 거대한 '흡혈오징어' 골드만삭스 [3]는 "2014년 미국 경제의 성장 속도가 빨라져서 상승추세가 될 것"이라 며, 이 은행 소속 경제학자들은 "그런 성장 가속화는 개인소비와 기업의 자본지출에서 빠른 성장과 함께 주택에서 지속적인 지원으로 일어날 것 같다."[4]고 대강의 이유를 댔다. 그들의 희망은 박살이 났는데, 2014년 미 국의 실질 국내총생산이 단지 2.4%였기 때문이다.

실질 국내총생산 증가의 많은 부분은 기업의 재고 증가로부터 왔는데,

2 Doug Short, Advisor Perspectives, 2014, http://www.advisorprespectives.com/dshort/.
3 Matt Taibi, "The Great American Bubble Machine," *Rolling Stone*, no. 1082 (July 9, 2009).
4 Goldman Sachs, US Economics Analysis, December 2013.

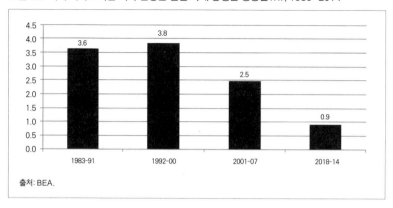

그림 8.2 여러 시기로 나눈 미국 연평균 실질 국내 총생산 성장률(%), 1983~2014

출처: BEA.

이는 기업들이 시장에 수요가 있을지 없을지 모르는 상품을 공급자로부터 구매했다는 의미다. 소비지출 성장은 대침체가 끝난 이후 연평균 2% 미만이며, 반면에 장비와 소프트웨어에 대한 기업의 지출은 계속해서 둔화되어 약 3%이며 이는 감가상각되고 노후한 기존 장비를 대체하기에 거의 충분하지 못하다.

회복 기간 동안에 미국은 실질 국내총생산 성장이 평균 2.2%로[5] 2009년 여름 이후 산출액 증가가 누적하여 총 10%이다. 소비지출은 실질 국내총생산 성장에서 65%를 차지하여 국내총생산 가운데 이것이 차지한 실제 몫 68%보다 조금 적었다. 정부지출은 떨어졌다. 주택건설(집짓기)은 미국경제의 성장에서 9%를 차지했다. 실질 국내총생산 성장에서 순수출이 0.4% 차감됐다. 가장 중요한 재고증가는 실질 국내총생산 증가 가운데 상당한 몫인 19%를 차지했다. 기업투자는 실질 국내총생산의 10% 상승 가운데 25% 기여를 했는데, 이는 경제를 더 강하게 만들기에 충분하지 못했다. 이 수치는 정부 통계 전문가들이 수상

---

5   게리 쉴링(Gary Shiling)은 *The Age of Deleveraging* (New York : Wiley, 2010)에서 이를 분석했다.

쩍게 '지적재산상품' 또는 소프트웨어를 더한 것도 포함한다.

투자 실패

금융자산과 부동산 투자 실패보다는 새로운 생산부문 투자 실패 때문에 미국 경제가 1947년 침체 후 가장 약한 회복을 겪고 있다. 전체 기업투자는 2007년 꼭짓점보다 여전히 낮으며, 성장률은 계속 둔화했지 가속화되지 않았다. 전체 기업투자는 2009년 침체 때 16% 감소했고, 2010년 2.5% 증가했으며, 2011년에 가속화하여 7.6%가 되었고, 그러고 나서 약간 둔화하여 2012년 7.3%가 되었다. 하지만 전체 기업투자는 2013년에 크게 둔화하여 단지 2.7%가 되었다. 매출 또는 자산으로 비교한 상위 500개 미국 기업의 투자 수준은 1990년대 수준보다 훨씬 낮다.

그림 8.3 2008년 꼭짓점과 비교한 2014년 부문별 미국 기업투자 수준(%)

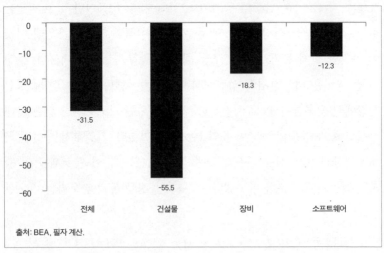

출처: BEA, 필자 계산.

기업 순투자(기존 저량의 감가상각을 공제함)는 여전히 위기 이전 꼭짓점보다 거의 1/3이 낮다. 건설물 순투자는 위기 이전 꼭짓점보다 절반 이상 낮으며, 장비 순투자는 거의 20% 낮다. 소프트웨어 순투자도 여전히 12% 낮다. 기업 순투자는 1980년대 이후 각각 이어진 회복 가운데 가장 낮다(국내총생산에서 차지하는 몫으로).(그림 8.3을 보라)

미국 기업의 자본 장비는 노후화되고 있고, 건설물의 평균 연령은 1964년 이후 가장 높으며, 장비의 평균 연령은 1995년 이후 가장 높고, 소프트웨어와 같은 지적재산 상품의 평균 연령은 1983년 이후 가장 높다. 분명한 것은 기업이 새로운 장비, 공장, 기술에 투자하지 않는다면, 미국 경제는 (기껏해야) 현재의 저성장 경로를 유지할 것이라는 점이다.

고용에서 약한 회복

예전의 침체들과 비교하면 미국의 고용 회복은 가장 약하다. 일자리를 다시 찾을 수 없는 장기 실업 노동자들의 숫자가 이보다 더 높았던 적이 없다.

미국의 실업률은 하락해왔는데, 그 이유는 노동인구(labor force)에서 노동자의 숫자가 더욱더 적어졌기 때문이다. 미국 노동인구 감소는 규모가 작아진 노동인구에서 고용 몫의 비율을 높이고 있다. 이런 통계는 다음과 같은데, 노동인구가 1,000명이고, 실업자가 70명이고, 300명이 일자리 구하기를 포기했다면, 실업률은 7%라는 식이다. 노동인구가 1,000명이고, 실업자가 60명이고, 구직을 포기한 사람이 310으로 늘었다면, 노동시장이 실제 더 나빠졌는데도 실업률은 6%로 줄어든다.

참여율(전체 인구 가운데 노동인구 비율)은 2014년 말까지 63% 하락했는데, 많은 숫자의 여성이 처음으로 노동인구에 포함되기 시작했던 1978년 이래 가장 낮은 수치이다.

미국의 고용된 노동력은 점점 더 임시직(part-time)이 되었다. 1968년에는 미국 고용노동자의 13.5%만 임시직이었다. 그 숫자는 2010년 1월 20.1%로 꼭짓점을 찍었다. 임시직 비율은 여전히 18%를 넘는다.

2000년대 초반 이후 임시직 노동자의 연간 증가가 지속되었으며, 반면에 2002년부터 정규직 일자리의 가파른 감소가 있었었는데, 이는 침체 기간 동안에 가속화되었다. 2002년부터 임시직 일자리의 숫자는 300만 개가 늘었고, 정규직 일자리도 비슷한 숫자로 줄었다.

덧붙이면 새로운 일자리 대부분은 여가 및 음식숙박업, 소매업, 패스트 푸드 같은 저임금 부문이다. 대침체 기간 동안 없어진 일자리의 약 60%는 중간 임금 일자리이고, 이 가운데 58%는 그때부터 저임금 일자리로 변하였다. 모든 미국 노동자 가운데 약 1/4은 1시간에 10달러 이하를 받는다. 빈곤노동자가정계획(Working Poor Families Project)에 따르면, "저소득 노동자 가정의 약 1/4은 계산원, 요리사, 요양 보호사, 경비원, 가정부, 소매 판매원, 식당 종업원, 운전기사와 같은 8개 직업에 고용되었다."[6] 미국은 실제 다른 G7 국가들보다 저임금 일자리에 고용된 노동자들의 비율이 높다.

중위 가계 실질임금은 가계 임금 범위의 중간인데, 대침체 이전 2007년 수준보다 8.3% 하락했고, 역사상 가장 높았던 1999년보다 9.1% 하락했다. 한 연구에 따르면, 현재 미국인의 77%가 적어도 얼마 동안은 근근이 살아

---

6 Brandon Roberts, Deborah Povich, and Mark Mather, "Low-Income Working Families: The Growing Economic Gap", Policy Brief, Working Poor Families Project, winter 2012~2013, http://www.workingpoorfamilies.org/wp-contnet/uploads/2013/01/Winter-2012_2013-WPFP-Data-Brief.pdf.

그림 8.4 미국 노동 참여율(고용되어 있는 노동가능 인구의 크기, %)

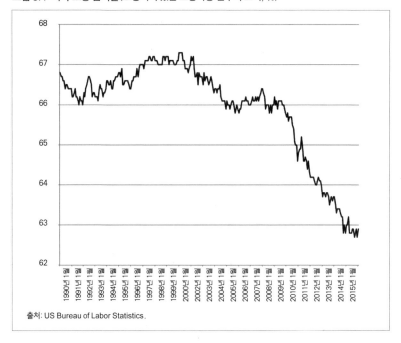

출처: US Bureau of Labor Statistics.

가고 있다. 공식 추정치로는 미국인의 15%가 빈곤 속에 살고 있다. 하지만 미국 소득자들 가운데 하위 절반에서 가장 높은 임금은 약 3만 4,000달러이다. 빈곤 한계선의 1.5배에서 2배 사이의 임금을 버는 미국인의 숫자가 1억 4,600만 명이다. 간단히 말해서, 중위 소득이 급락했는데, 왜냐하면 가장 많은 비중의 사람들이 더 이상 합리적인 임금을 지급하는 일자리를 찾을 수 없기 때문이다.

새로운 세대의 노동자들은 현재 정규직 일자리를 찾고 더욱 안정적이고 고임금 일자리로 이동하는 데 필요한 숙련도 개발에 어려움을 겪고 있다. 그런 상태가 길어질수록 손실과 잃어버린 시간을 보상받는 것이 더 어려워진다. 브루킹스연구소의 최근 연구는 2008~2009년 대침체 기간 동안 단기 및 장기실업 모두 가파르게 증가했다고 밝혔다.[7] 그러나 단기

실업은 2012년까지 정상 수준으로 회복되지만, 장기실업은 대침체 여파로 여전히 역사상 가장 높은 수준을 유지하고 있다. 장기실업에 처하면, 다시 고용될 가능성이 적어지고, 구직 노력이 줄어들 가능성은 커진다.

1970년대부터 모든 주요 경제국들에서 제조업 고용이 상대적으로 감소했는데, 하지만 그 감소의 속도는 이른바 신자유주의 시기에 가속화되었으며, 합리적인 임금을 지급하는 안정된 정규직 일자리 수백만 개가 없어졌는데, 특히 저숙련 제조업 부문에서 그랬다. 이 때문에 자본주의 부문은 착취율을 높여서 1965년부터 1980년대 초반 사이에 선진 자본주의 국가들에서 겪던 이윤율 하락을 상쇄할 수 있었다. 평균 '복지수당(건강보험, 연금 등등)'이 약간 증가했더라도 고용 노동자 평균 소득은 정체했다. 같은 기간에 고용된 노동인구의 상층부(최고경영자 등등)는 직장에서 신자유주의 대리인으로서 임금과 부에서 놀라운 증가를 얻었다.

실질임금은 감소했고, 불평등은 증가했다

미국의 평균 실질 주급(weekly wage)은 여전히 하락하고 있다. 상위 20%는 물론 더 좋아졌다. 이들의 평균 소득은 2008년부터 6% 상승했으며, 상위 5% 소득자들은 8% 폭등했다. 하지만 하위 29%는 여전히 대침체 이전의 꼭짓점보다 낮다. 이 가운데 어떤 것도 소비지출의 가파른 증가를 의미하지 않는다. 실로 1인당 실질 개인 소비 성장은 여전히 대침체

---

7 Olivier Coibion, Yuriy Gorodnichenko, and Dmitri Koustas, "Amerisclerosis? The Puzzling Rise of US Unemployment Persisitence", *Brookings Papers on Economic Activity* 47, no. 2 (2013), 193-260, http://www.brookings.edu/~/media/Projects/BPEA/Fall%202013/2013b_coibion_unemployment_persistence.pdf.

이전보다 훨씬 더디다.

2002~12년 시기 10년 동안 가계소득에 대한 한 연구에서 상위 0.01%의 실질소득이 76.2% 상승했고, 하위 90%는 10.7% 하락했다고 밝힌 것은 놀랍지 않다. 2012년 소득 상위 1%가 전체에서 19.3%를 차지했다. 이들의 몫이 이보다 유일하게 컸던 해는 1928년으로 19.6%였다.

2009년 이후 미국 가계가 가계 자산에서 21조 달러를 벌어들였지만(부동산 가격 상승으로), 평균 가계는 여전히 2007년 수준보다 훨씬 가난하다. 가계금융안정센터(Center for Household Financial Stability) 경제학자 윌리엄 에몬스(William Emmons)와 브라이언 노스(Bryan North)의 연구에 따르면, 평균 가계의 물가상승 조정 순자산은 62만 6,800달러로 2007년 꼭짓점 64만 5,100달러보다 2% 낮았다. 실로, 모든 미국인의 거의 절반이 2009년에 순자산이 전혀 늘지 않았고, 부채가 자산을 초과했다.

이런 불평등은 그런 약한 회복 기간 동안에 악화되었다. 경제개발협력기구는 "불평등이 지난 12개월보다 2010년 말까지 과거 3년 동안 훨씬 더 증가했으며" 미국은 경제협력개발기구 회원국들 가운데 가장 큰 폭의 불평등을 경험하고 있다고 생각한다.[8] 경제정책연구소(Economic Policy Institute)에 따르면 모든 미국 가계 가운데 가장 부유한 1%는 대략 평균적인 미국 중산층 가계가 가진 부의 288배이며, 하위 90%의 부를 합친 것보다 많다.[9] 2012년 단지 미국 부자 20명의 투자액은 가계 소득이 연간 3만 달러에 못 미치는 4인 가족을 지원하도록 계획된 연방정부 전체 식품보조 예산과 같았다. 월마트 창업자 샘 월튼(Sam Walton)의 상속인 6명은

8 OECD report, "Crisis Squeezes Income and Puts Pressure on Inequality and Poverty," http://www.oecd.org/els/soc/OECD2013-Inequality-and-Poverty-8p.pdf.

9 "The State of Working America," 12th ed., Economic Policy Institute, http://www.stateofworkingamerica.org/subjects/overview/?reader.

전체 미국인 하위 30%의 부를 합친 것과 대략 같았다. 이런 사실들로부터 2014년 미국이 '신나는 회복'의 길에 있다는 자본주의 매체와 주류경제학자들의 주장에 대한 다른 관점을 볼 수 있다.

캘리포니아 버클리 대학의 이매뉴얼 사에즈(Emmanuel Saez)와 런던정경대학의 가브리엘 주크먼(Gabriel Zucman) 같은 경제학자들은 상위 1%는 잊으라고 말한다.[10] 그들에 따르면, 경주의 승자는 0.1%였다. 1960년대부터 미국 가계에서 가장 부유한 0.1%는 오늘날 순자산이 최소한 2,000만 달러를 넘고, 그들이 차지하는 부의 몫은 약 10%에서 20% 넘게 두 배 이상 증가했다. 미국의 0.1%는 미국 부의 1/5를 차지하고 있다. 이에 비해 미국 가계 가운데 상위 1% 전체는 미국 소득의 약 22%를 차지하며, 자본이득을 포함한다(그림 8.5를 보라).

최고 부자(super-rich)가 증가한 반면에, 그냥 부유한 사람들은 거의 변동하지 않았다. 가계의 상위 1~5%에 속하는 부의 몫은 거의 변동되지 않았다. 이득은 상대적으로 엘리트들 즉 0.1%와 0.01%가 먹어치웠다. 상위 0.5%는 최소한 가계 소득이 55만 1,000달러인데, 1978년 이후 미국인의 급여에서 차지하는 몫이 약 3배 증가하여 약 18%가 되었다. 상위 1% 가운데 하위 절반은 보통의 부자들인데 미국인의 급여에서 차지하는 몫이 증가하여 약 4%가 되었다.

이매뉴얼 사에즈와 가브리엘 주크먼이 옳다면, 미국인들 가운데 아주 적은 수의 집단이 급여의 더욱더 많은 몫을 지배하고 있을 뿐만 아니라, 나머지 99.9%의 사람들보다 부를 훨씬 빠르게 늘리는데 성공하고 있다.

주류경제학에서는 불평등은 직장에서 숙련 차이의 결과이고, 노동이

---

10 Emmanuel Saez and Gabriel Zucman, "Wealth Inequality in the US since 1913: Evidence from Capitalized Income Tax Data," NBER Working Pper 20625, October 2014.

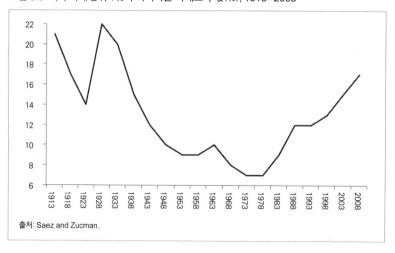

그림 8.5 미국 가계 상위 1%가 차지하는 가계소득 몫(%), 1913~2008

출처: Saez and Zucman.

차지하는 몫은 숙련과 교육을 개선하는 노동자와 과거의 숙련을 대체할 기계 도입 사이에 벌어지는 경주에 달려 있다고 주장하는데 익숙하다. 19세기 대부분 시기 동안 모든 농업 노동 가운데 약 25%가 곡식을 타작했다. 그 일은 1860년대에 자동화되었다. 20세기의 특징은 농업의 기계화뿐만 아니라 공장노동 기계화의 빠른 진전이었다. 하버드대 경제학자 클라우디아 골딘(Claudia Goldin)과 래리 캐츠(Larry Katz)는 이를 교육과 기술의 경주라고 묘사했다.[11]

미국 사회 전역의 소득 및 부의 불평등과 자본주의 부문에서 노동이 차지하는 소득 몫의 감소는 교육 수준과 직장에서 숙련 때문이 아니라 자본과 이윤의 역할 같은 더 깊은 요인들 때문임을 보여주는 증거가 있

---

[11] Claudia Goldin and Lawrence F. Katz, The Race between Education and Technology (Cambridge, MA: Harvard University Press, 2008) and National Bureau of Economic Research, May 2009, http://scholar.harvard.edu/files/1katz/files/the_race_between_education_and_technology_the_evolution_of_u.s_educational_wage_differentials_1890_to_2005_1.pdf.

다. 우리는 이윤과 누가 자본을 소유하고 있는지를 말하기 시작하는 것이 필요하다.[12] "우리는 자본/노동 차원의 불평등을 살피는 것을 몇 가지 이유 때문에 피했다. 1990년대에는 그런 관점이 중요하지 않은 것 같았고, 이제 충분히 많은 사람들(나를 포함해서!)이 상황이 바뀌었다는 것을 유의하지 않고 있다. 현재의 상황은 오래된 마르크스주의를 불러내고 있다. 오래된 사상이라는 게 사실을 무시할 이유가 아닌데, 너무나도 자주 그래왔다. 그리고 이는 정말 불편한 함의를 지닌다."[13] 사실 그렇다.

요약하면 다음과 같다. 미국 경제는 대침체가 끝난 이후부터 부진했다. 투자는 여전히 위기 이전 수준보다 아주 낮은데, 미국 기업들이 현금을 축장하고 있고 주식 가격을 유지하기 위해 부채를 늘리고 있기 때문이다. 반면에 평균 노동자들의 고용은 여전히 낮고 불안정하며 이번 위기가 시작되기 전보다 낮은 급여를 받는 경우가 흔하다. 평균 실질소득은 여전히 이번 침체 이전 꼭짓점보다 거의 10% 낮다. 하지만 가장 부유한 미국인들은 거의 손실을 보지 않았고, 2010년에 시작된 경제 회복 이후부터 거둬들인 새로운 가치에서 제일 큰 몫을 계속해서 벌고 있다. 대침체와 장기불황에서 지속되는 미국의 특징 가운데 하나는 이런 불평등의 놀라운 증가이며, 계급투쟁에서 그 중요성이 높아지고 있다.

---

12 폴 크루그먼은 "이야기가 완전히 바뀌었다. 21세기 경제의 소득분배에 무엇이 일어나고 있는지 이해하길 원한다면, 숙련에 관해 많이 얘기하는 것을 그만하고, **이윤과 누가 자본을 소유하고 있는지에 관해 더 많이 얘기를 시작하는 것이 필요하다.** 제 탓이다. 제 스스로 최근까지 이를 이해하지 못했다. 하지만 이는 정말 중요하다." Paul Krugman, "Human versus Physical Capital," Conscience of a Liberal, *New York Times*, December 11, 2012, http://krugman.blogs.nytimes.com/2012/12/11/human-versus-physica-capital/.

13 Paul Krugman, "The Rise of the Robots," Conscience of a Liberal, *New York Times*, December 8, 2012, http://krugman.blogs.nytimes.com/2012/12/08/rise-of-the-robots/.

제9장

실패하고 있는 유럽 계획

유럽의 의사결정 과정은 희망을 주지 못하는 결함을 가지고 있다… 유로의 생존은 순수하게 자본주의 경제의 합리성 문제가 아니며, 과거에도 아니었다. 그런 문제는 존재하지 않는다. 유로의 미래는 정치 요인들과 경제 요인들 사이의 복잡한 상호작용의 결과가 될 것이다. 우리는 유럽연합 당국의 집단적인 멍청함을 과소평가했던 것 같다… 그래서 유로의 생존은 풍전등화이다.

−믹 브룩스(Mick Brooks)[1]

유로 위기는 자본주의 위기이다

선진 자본주의 국가들 사이에서 유로존 국가들 지역은 대침체와 뒤이은 장기불황을 가장 심하게 겪었다. 이 장에서 말하려고 하는 이야기는 유럽의 경제 정체는 자본주의 부문의 낮은 이윤율의 결과이며, 이것 때문에 유럽에서 긴축이 추진되고 있다. 이는 경제통화동맹 내 선진국과 후진국이 특수하게 결합된 유로존에서 일어나는 불평등을 악화시키고

---

1 Mick Brooks, "The Crisis of Capitalism and the Euro," Karl Marx net, May 27, 2012, http://www.karlmarx.net/topics/europe/thecrisisofcapitalismandtheeuro.

있다. 신자유주의 긴축과 케인스 정책은 이윤율을 회복시키고 경제 회복을 북돋우는 데 실패했다.

이윤율의 일반적 위기에 더해서 유로 위기를 특징짓는 특수성이 있다. 자본주의의 발전과정은 결합되지만 불균등하다(그림 9.1를 보라). 자본주의는 세계화처럼 노동의 분업과 규모의 경제를 확장하고, 모든 부문이 가치법칙과 관련되게 한다는 의미에서 결합된다. 하지만 그 확장은 불균등하고 불평등한데, 강자가 약자들을 상대로 시장 점유율을 더 높이려고 추구하기 때문이다.

유로 계획은 세계 자본주의에서 미국과 아시아와 경쟁하기 위해 유럽의 모든 자본주의 경제국들을 단일 시장과 경쟁통화를 가진 하나의 경제단위로 통합하는 것이 목적이었다. 하지만 모든 회원국을 위한 물가상승에 대한 하나의 정책, 하나의 단기 이자율, 하나의 통화는 자본주의 불균등 발전의 요인들을 극복하기에 충분하지 않았으며, 특히 모든 국가의 성장이 멈추고 침체가 발생했을 때 그랬다. 1999년 유로 등장부터 공언된 목표는 1인당 국내총생산과 재정 및 국제수지 불균형에서 경제 약소

그림 9.1 2000~2016년 유로존 이전 성장 추세와 유로존 경제의 실질 국내총생산(2010년 유로 기준)

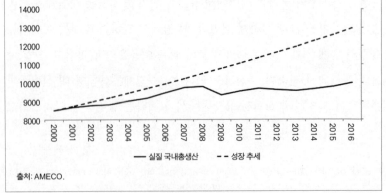

출처: AMECO.

그림 9.2

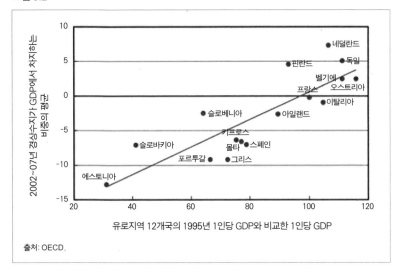

세로축: 2002~07년 경상수지가 GDP에서 차지하는 비중의 평균

가로축: 유로지역 12개국의 1995년 1인당 GDP와 비교한 1인당 GDP

그래프 내 레이블: 네덜란드, 핀란드, 독일, 벨기에, 오스트리아, 프랑스, 이탈리아, 슬로베니아, 아일랜드, 키프로스, 슬로바키아, 몰타, 스페인, 포르투갈, 그리스, 에스토니아

출처: OECD.

국과 경제 강대국의 수렴이었다. 하지만 그 대신에 반대의 상황이 일어 났으며, 이를 국제통화기금이 설명했다.[2] 그림 9.2의 곡선은 수평이 아니 고 우상향한다. 불균형이 커졌고, 수렴은 일어나지 않았다.

세계 침체는 유로 안에 괴리도(divergent forces)을 급격하게 증가시켰고, 해체의 위협을 주었다. 유로존 내 강대국과 약소국 간 자본 흐름의 단절 이 폭발적으로 증가했다. 독일 같은 부유한 국가들의 자본주의 부문이

---

2 "유로 도입 이후의 시기 동안 금융통합은 빠르게 진행되었고, 시장과 정부는 이를 성공의 징표로 묘사했다. 이것이 남부 유럽과 북부 유럽 모두 이롭게 할 것이라는 믿음이 널리 퍼 져 있었는데, 자본은 마침내 가장 좋게 쓰일 수 있는 곳에 유입될 수 있어서 진정한 수렴을 촉진할 수 있다는 것이었다. 하지만 사실 유럽연합 전체에서 생산성의 지속적인 수렴은 실 현되지 않았다. 2010년 금융위기가 유로 지역을 지배하면서 이런 저런 문제들이 전면으 로 나타났다… 사실상 유로 지역에 절대적인 진정한 수렴은 거의 없었다. 1999년 낮은 1인 당 소득을 가졌던 그 유로 지역 국가들의 1인당 소득 성장률이 가장 높지는 못했다." Nemat Shafik, "Convergence, Crisis and Capacity Building in Emerging Europe," IMF Direct, July 27, 2012, http://blog-imfdirect.imf.org/2012/07/27/convergence-crisis-and-capacity-building-in-emerging-europe/.

그리스와 슬로베니아 등등 약소국 자본주의 부문에 직접 대부해주는 것을 중단했다. 그 결과 단일 통화를 유지하기 위해 공식 통화 당국인 유럽중앙은행(ECB)과 각국 중앙은행들이 대신하여 대출을 해주어야 했다. 유로체계(Eurosystem)의 각국 중앙은행 간 '목표2' 결제 수치(그림 9.3을 보라)는 유로존 내 이런 거대한 괴리를 보여줬다.

유럽연합 집행위원회, 다수의 유럽연합 정치인들, 대부분의 자본주의 기업들 같이 유로 계획을 보전하고 싶은 이들은 그렇게 하는 유일한 방법이 더 큰 통합 쪽으로 과정을 확대하는 것임을 인식하고 있다. 이는 유로존의 모든 은행이 국가정부 관리기관의 권한 아래 있는 것이 아니라 유럽중앙은행 같은 유로 기구들의 권한 아래 있게 되는 은행동맹(banking union)을 의미한다. 2016년 1월부터 유럽중앙은행과 각국 중앙은행들은 해결과 구조조정을 위한 합의된 조건 위에서 유럽연합 전체 은행감독(EU

그림 9.3 유로체계 목표2 대변잔고(단위 유로)

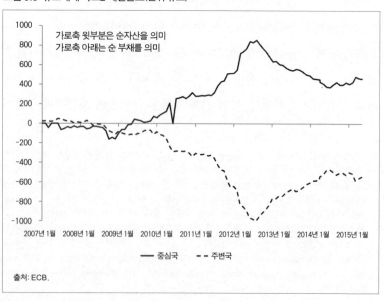

출처: ECB.

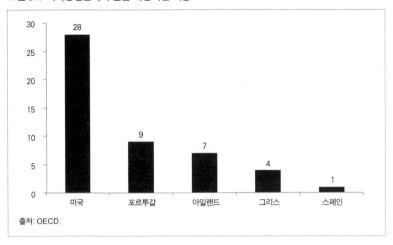

그림 9.4 국내총생산에서 연간 재정이전 비중

출처: OECD.

-wide banking supervision)을 제공할 것이다.

완전한 재정동맹(fiscal union) 설립이 훨씬 좋을 수 있는데, 그렇게 되면 유로존 기구가 세금과 지출을 관리하며, 유럽통화동맹(EMU)의 한 회원국에서 재정적자가 일어나면, 자동적으로 흑자국가들로부터 이전을 통해 균형을 맞출 수 있다. 이는 캐나다, 미국, 오스트레일리아 같은 연방 국가의 성격이다. 이런 이전은 미국 국내총생산의 28%에 이르는데, 유럽연합 예산에서 관리되고 의존하는 이전과 한 국가의 국내총생산의 10%보다 적은 구제금융과 비교된다.

하지만 유로존은 그런 재정동맹을 가지고 있지 않으며, 그런 것이 만들어질 가망이 거의 없다. 한참 발버둥친 후에 그 대신으로 독일과 유럽연합은 재정이전기금을 설립하는 데 동의했는데, 처음에는 유럽 재정안정 기금을 통해서였고, 그 후에는 유로 안정화 기구(Euro Stability Mechanism)를 통해서였다. 이 재정안정기금은 재정동맹의 자동 이전이 아니고, 회원국들이 기금을 받기 위해 충족시켜야 하는 재정 목표를 합의한 회의에 좌우되었다. 독일과 재정이 튼튼한 다른 국가들에서 반대가 커지고 있는데, 공공재정을 제대로 조달할 수 없으며 다루기 힘들다고 여겨지는 국가들한테 현금을 쏟아 부어야 하기 때문이다.

긴축정책

대신에 유럽중앙은행, 유럽연합 집행위원회, 유로존 소속 국가들은 노동 및 상품시장의 신자유주의 개혁과 함께 이른바 긴축이 유럽을 대침체로부터 빠져나오게 하는 유일한 방법이라고 선언했다. 공공지출에 대한 통제가 수렴을 만들 수 있다는 것이었다. 긴축 옹호자들은 긴축정책이 이윤율과 경제성장을 빠르게 회복시킬 수 있음을 보여주는 예로 발트 3국을 말하기 좋아한다.[3] 발트 3국의 정부들은 신자유주의 정책을 강력하게 채택했다. 에스토니아의 실업은 2010년 초 20%에서 2011년 10%로 하락했고, 경제는 8% 넘게 성장했다. 하지만 에스토니아의 실질 국내총생산은 여전히 2007년의 꼭짓점보다 약 9% 낮으며, 꼭짓점에서 바닥까지 17% 넘게 떨어졌다.

긴축의 진짜 목적은 실질임금의 급격한 하락과 법인세의 삭감을 달성하여, 이윤의 몫을 늘리는 것이었다. 에스토니아의 노동인구는 수천 명이 줄었는데, 유럽의 이곳저곳으로 일자리를 찾아서 이 작은 나라를 떠났기 때문이다. 에스토니아는 또한 사회기반시설 지출과 고용에 자금

---

3 정책연구센터(Center for Policy Studies)는 "에스토니아는 빠르고 분명한 긴축을 통한 호전이 해당 국가들한테 가능하다는 것을 증명했다… 이 정책은 지출 억제와 함께 급진적인 공급 측면(supply-side)의 개혁을 수행할 것이다… 필요한 것은 '과잉 차입, 불안정한 복지국가, 높은 부채 부담, 개혁되지 않고 비자유적인 노동시장, 과잉규제 등등을 끝내는 것이다.'" Ryan Bourne, "Estonia : A Case Study," CPS, September 2012.

을 대기 위해 유럽구조기금에서 34억 유로를 받았다. 이런 방식으로 임금 비용이 떨어졌고, 이윤은 높아졌다. 성공한 긴축의 다른 전형적인 사례로 드는 아일랜드는 비슷한 방식으로 '과잉' 노동인구를 제거함으로써 부분적 수출주도 회복을 달성했다. 아일랜드의 해외이민은 이제 1980년대 종반 암흑의 날들 이후 보지 못했던 수준으로 되돌아갔다.

긴축은 결국 예산 적자와 부채에서 요구된 감소를 수행해야 한다. 하지만 이미 수년 동안의 긴축이 있었고, 이런 목표를 충족하는 진전은 거의 달성되지 못했으며, 더 중요한 것은 유로존 내에서 노동비용 또는 대외 무역의 불균형을 줄여서 약소국의 경쟁력을 강하게 만드는 것도 마찬가지였다.

국민소득에서 조정된 임금 몫은, 여기서는 피고용인 1인당 요소비용으로 국내총생산에서 차지하는 비율로서 피고용인 1인당 보수로 정의되었는데(그림 9.5를 보라), 자본주의 경제가 노동력을 고용하는 비용(임금과 복지수당)인데, 매년 창조된 새로운 가치의 비율이다. 2009년 이후 모든 자본주의 국가에서 새로 생산된 가치에서 노동분배율을 줄이려고 애썼다. 모든 국가에서 노동은 위기의 대가를 치렀다.

놀랍지 않게 발트 3국과 곤경을 겪은 유로존 국가인 그리스, 아일랜드, 키프로스, 스페인, 포르투갈의 노동자들은 국내총생산에서 차지하는 임금 몫에 가장 큰 타격을 입었다. 이 국가들에서 실질임금은 하락했고, 실업은 급등했고, 수십만 명이 해외 여기저기로 일자리를 찾아서 고국을 떠났다. 이 때문에 해당 국가들의 기업들은 줄어든 노동력에 대해 착취율을 급격하게 높였는데, 그럼에도 불구하고 지금까지도 착취율은 이윤율을 대침체 이전 수준으로 회복시키기에 충분하지 못하며, 따라서 실업을 감소시키고 해당 국가들의 경제를 지속적인 성장경로로 만들기에 충분한 새로운 투자를 지속시키기에도 충분하지 못하다. 긴축정책을

편 지 5년이 지났고 심지어 어떤 곳에는 7년이 지났는데도 말이다.

주요 경제국인 일본과 미국 역시 임금 몫에서 '작은' 감소를 만들었는데, 이는 이윤율을 회복하는 데 도움을 주었다. 이탈리아 또는 프랑스 자본가들의 걱정은 착취율을 조금이라도 높이는 데 실패한 것이다. 이런 실패는 이윤율 회복 속도를 늦추고 있다. 이탈리아의 경제에 고통이 계속되고 있고, 프랑스의 경제는 정체하고 있다는 것은 의심의 여지가 없다. 그림 9.5에서 보여주듯이 슬로베니아 자본주의가 이윤율을 회복하려면 임금 몫을 더 많이 줄여야 할 필요가 있다. 적어도 포르투갈이나 아일랜드나 루마니아만큼 줄여야 한다.

이런 국가들의 정부는 전체 산출액에서 노동이 차지하는 몫에 타격을 주기 위해 고안된 노동시장 개혁, 지출 축소, 민영화에 대한 의제를 준비하고 있다. 더 큰 고통이 올 것이다. 이탈리아의 새로운 총리 마테오 렌치(Matteo Renzi)는 그런 신자유주의 정책 수단을 맹세했다. 프랑스의 프랑수아 올랑드(Francois Hollande)는 신자유주의 의제로 전환했고, 슬로베니아의 '사회민주주의' 연립정부도 비슷한 정책수단을 준비하고 있다.

노동분배율을 줄이거나 줄이려는 목표를 가졌던 이들은 단지 긴축을 추진한 정치인들만이 아니었다. 부채 구조조정과 통화 평가절하에 대해 케인스 대안에 기초한 정부정책도 같은 결과를 낳았다. 아이슬란드의 케인스 정책은 스페인이나 포르투갈의 긴축이 했던 것보다 노동분배율을 더 많이 떨어뜨렸다.[4]

폴 크루그먼은 (어떤 마르크스주의자들과 함께) 긴축은 효과가 없으며, 평가절하와 유로 탈퇴가 유일한 방법이라고 생각했던 케인스 학파의 주요 경제

---

4 다음 내 포스트를 보라. "Profitability, the Euro Crisis, and Icelandic Myths," Michael Roberts Bog, March 27, 2013, at http://thenestrecession.wordpress.com/2013/03/27/profitability-the-euro-crisis-and-icelandic-myths/.

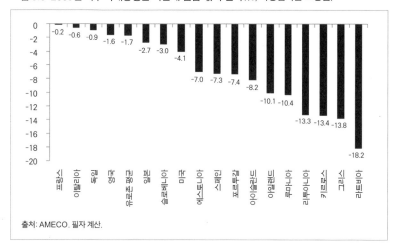

그림 9.5 2009년 이후 국내총생산 가운데 임금 몫의 변화(%, 자영업자는 조정됨)

출처: AMECO. 필자 계산.

학자였다. 그러나 유럽중앙은행이 유로존 경제에 숨 쉴 공간을 줄 수 있도록 충분한 유동성을 보장하기 위해 취할 수 있는 것을 하겠다고 공표한 뒤에 폴 그루그먼은 그 의견을 철회하기 시작했다.[5]

5 "그래서 유로 위기는 끝났는가? 아니다. 부채의 동태가 좋아질 때까지 또는 아마도 부채의 동태 내부 평가절하와 함께 좋아질 때까지는 아니다. 우리는 아직 위기의 국가들 가운데 어떤 국가도 상대적 임금의 하락으로 분명한 수출 주도 회복에 도달했거나 긴축이 부채부담 축소에 실제로 비용을 치른 것을 보지 못했다. 하지만 나는 유로 회의론자이지만 이것이 가능할 수도 있다고 보는 것이 현재 가능하다는 것을 인정한다. (경제, 사람, 정치에 가져올) 그 비용은 엄청날 것이다. 그리고 전체 상황은 여전히 아주 나빠질 수도 있다. 그러나 유럽중앙은행이 자신의 임무를 강화하고 수행하려는 의지는 유럽에 약간의 숨 쉴 공간을 주었다." Paul Krugman, "The State of the Euro," Conscience of a Liberal, *New York Times*, January 1, 2014, http://Krugman.blogs.nytimes.com/2014/01/01/the-state-of-the-euro-in-one-graph/.

이민: 안전판

실제로 유럽중앙은행이 필요할 경우 신용을 제공하기로 한 약속의 결과로 나타난 숨 쉴 공간은 적었고, 그런 숨 쉴 공간은 해외이민과 더 관련되었다. 새로운 가치 가운데 노동분배율이 감소하는 데 두드러지게 기여한 것 중 하나는 해외이민이다. 해외이민은 스페인처럼 상대적으로 큰 경제국들의 자본주의 부문에 비용을 감소시키는 데 중요한 기여를 했다. 위기 이전에 스페인은 노동인구를 위해 이민 수용국이었는데, 중남미, 포르투갈, 북아프리카로부터 이민을 받았다. 이것이 완전히 뒤바뀌었다.

수십만 명의 이민자들이 매년 고국으로 되돌아가고 있으며, 스페인이 기록을 시작한 지 처음으로 전체 인구가 감소하고 있다. 스페인의 인구는 1999년 4,000만 명에서 4,700만 명으로 급증했고, 이는 현대 유럽 국가가 경험한 가장 뚜렷한 인구 변화 가운데 하나였다. 그런 급증은 거의 전적으로 에콰도르, 볼리비아, 루마니아, 모로코 같은 국가들로부터 이민이었다. 스페인에 살고 있는 외국인 숫자는 10년 만에 여덟 배 증가했고, 이들이 인구에서 차지하는 몫은 1999년 2% 미만에서 2009년 12%가 넘는 수치로 급증했다.

현재 이들은 점점 더 스페인을 완전히 떠나고 있다. 위기가 시작되고 1년 뒤 2008년에 스페인은 고국으로 가는 사람보다 여전히 이민 오는 사람이 더 많았으며, 31만 명이 더 많은 걸로 기록됐다. 이 숫자는 2009년 고작 1만 3,000명으로 줄었고, 2010년에는 음의 숫자로 돌아섰다. 2012년에는 이민 오는 사람보다 고국으로 돌아가는 사람이 1만 4,000명 더 많았고, 이런 탈출의 속도가 높아지고 있다. 스페인 통계청에 따르면, 해외 국적의 인구가 660만인데, 딱 2년 전 700만 이상에서 감소한 수치다. 이런 순 해외이민은 스페인 자본주의에 안전판으로 역할 한다. 순 해외이민이 아니면 실업이 훨씬 더 높을 것이다. 순 해외이민은 사회 폭발을 부추기지 않으면서 자본주의 부문이 노동 비용을 낮추는 것을 돕는다. 하지만 장기적으로 보면 이것은 스페인 자본주의 팽창에 심각한 곤란을 의미한다. 위기를 촉발한 부동산 거품으로 인해 부동산 공실의 엄청난 과잉이 여전히 남아 있다. 인구감소는 이런 비생산 자본의 형태가 계속해서 스페인의 회복을 짓누를 것이라는 점을 의미한다. 국내총생산 대비 공공부문 부채비율은 100%인데, 이 부채를 상환하기 위한 가치를 착취할 노동자가 더욱더 줄어들 것이다.

더 적어진 노동인구의 생산성이 증가할 수 없다면, 스페인의 성장률은 제한될 것이다. 결국 이민 가는 대부분의 사람들은 노동인구에서 숙련자들이며 더욱 생산적인 사람들이다. 그들은 독일, 프랑스, 미국, 그리고 심지어는 중남미로 떠나고 있다. 아마 그들은 돌아올 것이다. 발트 3국 또는 아일랜드 국민들이 과거에 침체가 끝난 후에 돌아왔듯이 말이다. 하지만 이번 장기불황의 길이를 고려할 때, 이번에는 다를 수 있다.

유로존의 침체, 즉 실질 국내총생산에서 축소로 재정긴축 계획은 문제를 더 키웠다. 국내총생산 대비 재정적자 비율 또는 부채비율에서 분모가 줄어들어, 이 비율들의 값이 커졌는데 정부지출의 엄청난 축소와 세금 인상에도 불구하고 그렇다. 프랑스는 유로존 지도자들이 설정한 국내총생산 대비 3% 미만의 재정적자 목표를 약속했는데, 2016년 3.4%가 될 것으로 예측된다. 그리고 스페인과 포르투갈도 역시 2016년 3% 목표를 초과할 것 같고, 그리스도 역시 그렇다. 전체적으로 유로존의 국가부채비율은 예측 기간 동안 거의 바뀌지 않을 것인데, 2014년에는 국내총생산의 94.9%로 역사상 가장 높았다.

노동한테 가장 중요한 것은 유럽연합 집행위원회가 유로존의 실업률이 거의 개선되지 않을 것이라고 보고 있다는 점이다. 실업률은 2013년

12월에 12%로 역사상 가장 높았고, 2016년에 여전히 10.5%가 될 전망인데, 이는 대침체 이전보다 거의 20% 높다. 스페인과 그리스의 노동인구 가운데 1/4은 2015년까지 일자리를 얻지 못할 것이다. 포르투갈의 실업률은 계속해서 17.5% 언저리가 것이다.

영국은 호황인가?

반대로 긴축이 아마도 유로존 밖에 있는 나라인 영국에서 먹힌 것 같다. 아니 정확하게 얘기하면, 긴축에 파운드의 평가절하를 더한 것이 먹힌 것 같은데, 두 가지 흐름의 주류경제학의 정책에서 가장 좋은 것이다.

2015년 영국이 호황을 맞이하고 있거나 회복 분위기에 있다는 얘기를 들었다. 하지만 산업생산은 여전히 2010년보다 낮고 대침체 시작 수준보다 약 10~15% 낮다. 이를 '호황'의 맥락에 넣고 있다.

영국의 매체와 정부는 2014년 영국 경제가 다른 G7 국가보다 더 빠르게 성장하고 있다는 뉴스를 많이 만들어냈다. 하지만 영국 경제는 세계 주요 자본주의 국가들 가운데 회복이 가장 느렸고, 전체 산출액이 공황 이전의 수준으로 회복되는 데 2014년까지 6년 걸렸다. 하지만 1인당 국내총생산은 여전히 위기 이전보다 낮은 수준에 머물러 있다. 얼마나 자원과 번영을 낭비하고 있는가.

사실 근면한 노동자들의 실질소득은 7년 연속 평균 실질소득이 하락한 후에 단지 2015년에 하락을 멈추었다. 젊은 노동자들의 실질소득은 그 기간 동안 12% 넘게 하락했다. 민간부문 노동자들의 실질소득은 2009년 이후 오르지 않았다. 공공부문 노동자들의 실질소득은 빨라도 2018년 전에는 오르지 않을 것이다.

평균 실질임금은 여전히 하락하고 있다. 대부분 영국의 가계는 호황을 경험하지 않고 있으며, 런던의 상위 1%만 즐거운 시간을 보내고 있을 뿐이다. 이것이 호황인가? 다른 선진 자본주의 국가들보다 좋기는 한 것인가? 낮은 비용, 낮은 부담(low-load)의 경제는 영국이 경제협력기구 회원국들 가운데 스페인 다음으로 저숙련 일자리의 비중이 가장 높다는 것을 의미한다. 영국 일자리의 22%는 단지 초등교육만 요구하는데, 독일과 스웨덴 같은 나라는 5% 미만이라는 것과 비교된다. 저숙련 일자리는 분명하게 저임금을 의미하며 더 많은 사회적 함의를 가지고 있다. 지난 10년 동안 노동빈곤이 20% 증가했으며, 이는 엄청난 사회복지 수당 청구서를 만들어내게 했다.[6]

레졸루션재단은 앞으로 몇 년간 경제성장이 일어나더라도 2019년까지는 노동인구의 중위 실질소득은 침체 시작 때보다 여전이 낮을 것이라고 전망한다.

파운드가 25% 평가하락 된 후에도 영국의 경상수지 적자는 조금도 개선되지 않았다. 영국의 수출기업들은 아일랜드, 스페인, 포르투갈의 수출기업들보다 성적이 훨씬 나빴다. 예를 들어 BAE시스템스(무기 생산 기업)는 스코틀랜드와 영국 공장에서 1,775개의 일자리를 없앴고, 포츠머스에 있는 조선소를 완전히 문 닫았다. BAE시스템스는 그렇게 인원축소를 한 이유에 대해 수요의 '커다란' 감소 때문이라고 말했다.

하지만 이는 경제에서 재화 생산자들의 부문이다. 확실히 영국에서 중요한 것은 영국의 강력한 서비스 부문인 기업 서비스, 금융, 부동산 서비스, '창조' 산업이다. 이런 위기에서는 호황이 시작되지 않았는가? 마침내 서비스 부문은 이제야 위기 이전 수준으로 회복되었다.

---

6 경제협력기구 수치는 OECD, OECD Skills Outlook (Paris : OECD, 2013)에서 인용했다.

'균형 잡힌 성장'의 어떤 징후도 거의 없다. 성장은 소비지출과 주택가격에 있지 투자나 수출에서는 없으며, 런던과 동서지역 주변에 있지 다른 지역에는 없다.[7] 저금리에 기초한 소비 증가, 주택가격 상승, 중앙은행 및 정부 신용이 투자와 산출액의 궁극적 호황을 촉발할 수 있을까? 글쎄다. 그런 호황은 자본주의 경제에서 오래가지 않는다. 자본주의 경제는 이윤율 상승과 투자 증가에 좌우된다. 바로 이 이윤율 상승과 투자 증가가 영국에서 뚜렷하지 않다. 자본주의 부문의 이윤율은 여전히 낮으며, 투자도 그렇게 낮으며, 생산성 성장은 없고, 고용주들은 임시직 노동과 시간제 노동을 낮은 임금으로 사용하고 있다[영(0)시간 계약 등등].

마이클 버크(Michael Burke)는 투자에서 침체가 어째서 자본주의 경제회복에 주요 이유인지를 정확하게 보여주었다.[8] 영국 정부의 긴축정책은 그 주요 목표인 정부투자 축소를 위한 역할을 정확하게 수행했다. 장기 생산투자가 회복되지 않는다면, 아무리 많은 화폐를 추가로 투입하거나 아무리 많은 정부지출이 추가로 일어난다 해도, 현대 자본주의 경제는 회복되지 않는다.

널리 알려진 긴축정책에도 불구하고, 정부의 예산적자는 여전히 고질적으로 높으며, 국내총생산 대비 공공부채는 100%를 향해가고 있다. 순수익률로 측정된 영국기업들의 이윤율은 2014년 말에 약 12%였다. 이는 2009년 바닥에서 오른 것이지만, 1990년대 중반보다 여전히 낮다.

---

7 도이체방크의 경제학자 조지 버클리(George Buckley)가 지적하듯이 이 시점까지 영국 경제는 많은 외부의 도움을 누렸다. "이자율은 300년 만에 가장 낮았고, 국내총생산의 거의 25% 되는 양적완화가 있었고, 대출을 위한 자금조달계획(Funding for Lending Scheme)이 있었고… [그리고] 주택구입지원계획(Help to Buy schemes) 1, 2가 있었다. 이 모든 것이 많은 지원이었는데, 여러분 스스로 생각하기에 이것이 지속가능한가?" George Buckley, "Bank of England Split," *Daily Telegraph*, February 20, 2013.

8 Michael Burke, "The Cash Hoard of Western Companies," *Socialist Economic Bulletin*, October 21, 2013.

저임금과 저숙련이 저절로 지속되고 있다. 임금이 낮으면 고용주에게 많은 투자가 필요하지 않다. 새로운 기술과 공정에 투자하는 것보다 값싼 노동자들을 사용하는 것이 비용이 적게 든다. 노동자들이 임시계약 노동자이거나 영시간 계약 노동자라면, 왜 이들의 능력 개발의 투자에 방해가 되는가? 낮은 투자는 숙련이 낮게 유지되고, 임금이 낮게 유지된다는 것을 의미한다.

이것이 영국의 생산성 수치에 반영되어 있음을 볼 수 있다. 고용이 증가하지만 경제가 성장하지 않는다면, 생산성은 반드시 하락한다. 영국에서 자영업자는 침체 이후에 고용의 성장에서 3/4를 차지하면서 G7의 다른 국가들보다 훨씬 빠르게 증가했다. 소득은 붕괴했는데, 특히 자영업자들의 소득이 그러했다. 대부분의 국가들에서 소득이 회복되었지만 영국에서는 여전히 침체 이전의 수준보다 훨씬 낮다.

미국을 제외하고 금융붕괴 이후 모든 주요 경제 국가들에서 생산성에 타격이 있었다. 그러나 대부분 영국보다 더욱 빠르게 회복되었다.

영국은 침체 전 10년 동안 생산성 격차를 없애고 있었는데, 금융위기와 함께 다시 격차가 나타나기 시작했다. 지난 20년 동안 얻은 상대적인 생산성 이득은 완전히 사라져버렸다. 영국은 이제 힘들게 일하는 낮은 생산성 국가이며, 똑똑하게 일하는 높은 생산성 국가가 아니다.

영국의 회복은 역사상 기준으로 최악이며 G7의 대부분 국가들과 비교했을 때도 그렇다. 마침내 성장이 2014년에 상승했지만, 이는 가뭄 뒤 느리게 흐르는 강을 보는 것과 같았다.[9] 또 다른 주택거품에 힘입은 영국의 호황은 2015년 여름에 이미 시들기 시작했다.

---

9   다음을 보라. https://flipchartfairytales.wordpress.com/2014/12/17/the-rise-of-the-highly-skilled-but-low-paid-worker/.

독일: 성공 이야기

독일은 유럽에서 가장 크고 가장 중요한 자본주의 경제국인데, 아직 유럽의 가장 중요한 제국주의 강국은 아니다(유럽에서 독일은 영국과 프랑스와 경쟁하고 있다.). 독일은 유로존 회원국 가운데 가장 큰 채권국이고 자금 제공자이다. 얼핏 보기에는 독일의 경제 건강은 모두 좋아 보이고, 독일 자본주의는 앞으로 4년 더 현재의 상태를 유지할 것으로 보인다.

유로 부채위기를 겪고, 곤경에 빠진 유로존 국가들에 구제금융 제공을 위해 독일 납세자들의 호주머니에서 우발비용을 치렀음에도 불구하고, 독일 지배계급은 여전히 독일 마르크 대신에 유로를 유지할 가치가 있다고 믿는다. 이는 독일 자본주의가 단일 통화의 거래 및 자본 통합으로부터 가장 많은 이득을 얻었기 때문이다. 이것에 대한 가장 좋은 지표는 독일 자본의 이윤율에 일어난 일을 관찰하는 것이다.

독일의 이윤율은 1960년대 초반부터 1980년대 초반 침체까지 끊임없이 하락했다(30% 하락). 이 기간 동안 나머지 주요 자본주의 경제국들도 마찬가지였다. 그리고 나서 회복이 있었으며(약 33% 상승), 1990년대 초반 침체 기간 동안은 약간 하락했고 그런 다음 서독과 동독이 하나의 자본주의 경제로 통합되고 1990년대 동안 정체가 있었다. 독일 이윤율의 실제 상승이 1999년 유로존 형성과 함께 시작되었고, 1980년대 초반부터 2007년까지 있었던 상승의 2/3를 만들었다(그림 9.6을 보라).

독일 자본주의는 재화 수출과 자본 투자로 유로존으로 팽창해가면서 2008년 대침체 전까지 엄청난 편익을 누렸으며(그림 9.7을 보라), 반면에 다른 유로 동반자들은 나빠졌다.

일단 동유럽이 통합되면서, 독일의 공업품 수출 기반은 세계 제조업의 새로운 힘인 중국만큼이나 성장했다. 하지만 대침체 기간 동안 이윤율의

그림 9.6 1960~2014년 독일 자본의 순수익률(%)

출처: AMECO. 필자 계산.

그림 9.7 유럽통화동맹이 형성된 이후부터 2007년까지 자본 이윤율 변화(%)

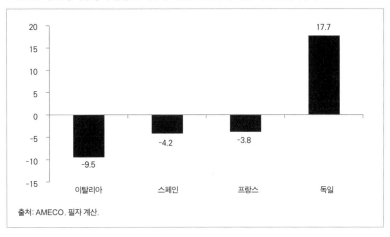

출처: AMECO. 필자 계산.

하락은 상당했으며, 유럽연합의 예측에서는 이윤율의 큰 회복을 제시하고 있지 않다. 실로 앞으로 이윤율로 2005년의 수준보다 낮을 것이다.

 1980년대 초반부터 2007년까지 이윤율이 상승한 이유는 유기적 구성이 5%로 작게 상승한 반면에 잉여가치율이 38%로 훨씬 많이 상승한 것 때문으로 분석될 수 있다. 이는 잉여가치율의 상승이 유기적 구성의 상승을 능가할 때 이윤율이 상승한다는 점에서 마르크스의 이윤율 법칙과 정합성을 가진다. 불변자본의 비용이 많이 상승하는 것을 막는 반면에 독일 노동계급으로부터 더 많은 잉여가치를 착취해내는 능력이 독일 자본주의의 이야기인 것 같다. 달리 말하면, 불변자본의 비용은 혁신과 새로운 기술 투자가 만든 저렴화 효과 때문이고, 잉여가치율이 높게 상승한 것은 처음에 터키와 다른 곳으로부터 노동 수입을 이용하여 노동인구를 늘렸기 때문이고, 나중에는 유럽으로 직접 확대하여 노동인구를 늘렸기 때문이다.

이윤율의 진정한 급등은 유로존 등장으로 시작되었다. 이 시기 동안 자본의 유기적 구성은 거의 변동 하지 않은 반면, 잉여가치율은 17% 상승했다. 독일 자본은 유럽통화동맹과 동유럽에서 값싼 노동력을 착취하여 비용을 낮게 유지할 수 있었다. (장벽 없이 단일 통화로) 공장과 자본을 스페인, 폴란드, 이탈리아, 헝가리 등등으로 수출하여 독일 산업이 유럽과 세계의 나머지 부분들도 지배할 수 있었다.

유럽의 다른 지역으로 일자리를 잃을 수 있다는 두려움을 이용하여 독일 자본가들이 임금을 높이고 조건을 개선하려는 노동자들의 능력에 큰 제한을 가할 수 있었다는 것이 가장 중요했다. 독일 이윤율의 큰 상승은 잉여가치율 또는 착취율의 가파른 상승 때문에 일어났으며 특히 2003년부터 계속되었다(그림 9.8을 보라).

2003년부터 무슨 일이 일어났기에 독일 자본주의는 자국 노동자들을 그렇게 더 강하게 착취할 수 있었을까? 2003~2005년 사회민주당이 주도한 정부는 폭넓은 노동시장 개혁을 많이 시행했는데, 이른바 하르츠 개혁(Hartz reforms)이 그것이다. 이 개혁 법안 가운데 앞의 세 부분인 하르

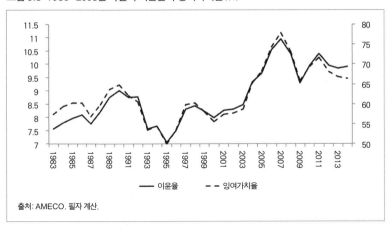

그림 9.8 1983~2008년 독일의 이윤율과 잉여가치율(%)

출처: AMECO. 필자 계산.

츠개혁 I, II, III은 주로 새로운 종류의 고용 기회를 만들어내는 것(하르츠 I), 추가적인 임금 보조금 도입(하르츠 II), 연방고용청의 구조조정(하르츠 III)과 관련된다. 마지막 부분인 하르츠 IV는 2005년에 시행되었고 장기실업자들의 실업수당에서 커다란 삭감을 낳았다. 2005~2008년 사이에 실업률은 거의 11%에서 7.5%로 떨어졌는데, 대침체 기간 동안 거의 증가하지 않았으며, 그런 뒤에 계속해서 하락 추세를 이어갔으며, 2012년 말에는 5.5%에 이르렀는데, 하지만 이는 1960년대 팽창의 황금기보다 여전히 높은 상태다.

독일의 실업률

놀라운 성공이었다. 그러나 노동에겐 그렇지 않았다. 독일 노동력의 약 1/4이 현재 '저임금'을 받고 있는데, 가장 흔한 정의인 중위 임금의 2/3 미만을 사용하면 그렇고, 그 비율은 리투아니아를 제외한 17개 유럽 국가들보다 높다. 최근 고용연구소(Institute for Employment Research)의 연구는 독일의 임금 불평등이 1990년대부터 증가했으며, 특히 소득 범위의 맨 하위에서 그러했다고 밝혔다. 독일의 임시 노동자의 숫자는 지난 10년 간 거의 2배가 되어 약 82만 2,000명이라고 연방 고용청이 밝혔다. 이는 유럽 전역에서 보았던 것이고, 스페인의 이중 노동체계가 좋은 예이다.

그래서 독일 노동인구에서 실업 비중의 축소는 일자리에서 실질소득을 희생시켜서 얻었다. 실직하게 되면 낮은 복지수당을 받는다는 두려움과 함께 유로존의 다른 지역이나 동유럽으로 기업의 해외이전이라는 위협이 결합되어 독일 노동자들로 하여금 임금의 아주 낮은 상승을 받아들이게 강요했고, 반면에 자본가들은 큰 이윤 확대를 거뒀다. 유로존 시기 동안 실질임금은 하락했고 현재는 1999년 수준보다 낮은 반면에, 독일의 1인당 실질 국내총생산은 거의 30% 증가했다.

의심의 여지없이 독일 자본주의는 유럽 시장과 세계 시장에서 아주 경쟁력이 있다. 독일 자본과 주류경제학자들은 하르츠 개혁이 성공했다고 여기는 것 같다.

물론 이는 독일 노동계급이 나머지 유로존 국가들의 노동자들보다 더 잘산다는 것을 부정하지 않는다. 독일 자본주의는 동독과 통일된 이후부터 성공했을 수 있다. 하지만 앞으로 장기 전망은 그렇게 좋지 못하다. 독일 자본주의의 노동인구는 축소되고 있고 늙어가고 있으며, 국외에서 새로운 노동력 착취를 위한 지역이 줄어들고 있는 반면, 중국과 아시아 같은 지역으로부터 경쟁이 거세질 것이다. 유로존을 유지하는 비용이 증가할 것이다. 이 모든 것이 독일 자본의 전략가들에게 문제다.

스페인 종교재판

독일 자본주의는 유로계획으로부터 편익을 얻었던 것 같고, 독일 자본은 세계 금융붕괴에서 제한된 손상을 입었던 것 같다. 하지만 이는 다른 유로존 국가들과 완전히 다른 이야기이며, 특히 남부 및 서부 유럽의 이른바 주변부 회원국들에게 특히 그렇다.

스페인은 유로존에서 네 번째 큰 경제국이다. 실업률이 기록된 이후 처음으로 2013년에 27%가 되었으며, 이 수치를 유지했다. 이는 4,700만 스페인 인구에서 직업이 없는 사람이 600만 명임을 의미한다. 청년실업(15~24세)이 천문학적인 수치 55%에 달했는데, 오직 그리스 청년의 고용 상황이 스페인보다 더 나빴다.

스페인 정부조차도 실업률이 적어도 2016년까지 25% 이상을 유지할 것이라고 인정하며, 반면에 국제통화기금은 2018년까지 이 수준 이상을 유지할 것이라고 생각한다. 2008년 시작된 심각한 경제침체 기간 동안 처음에는 종신고용이 임시고용만큼이나 하락하기 시작했으며, 2008년 이후부터는 장기실업이 두 배가 되었다.

스페인인들이 유럽의 다른 국가들 또는 심어지 중남미 지역으로 일자리를 찾아 떠나는 것을 제외하면 실업률은 훨씬 높았다. 순 해외이민은 매년 25만 명에 달했고, 가장 많은 교육을 받고 생산적인 젊은 시민들 일부의 유출이 일어났다. 평균임금은 급락하고 있는데, 2012년에 명목 기준(즉, 물가상승 조정 전 수치)으로 거의 6% 하락했다. 임금은 2012년 4/4 분기에 연간 비율로 14% 하락했다. 물가상승을 조정한 후의 실질임금은 지난해 거의 9% 하락했는데, 정부가 부가가치세와 다른 세금을 인상했기 때문이다.

이런 고통은 스페인인의 99%를 덮쳤고, 상위 1%는 계속해서 잘살고 있다. 스페인 증권시장은 호황이며, 정부채권 가격도 회복되었다. 유럽 중앙은행이 스페인 은행들에 자금을 지원하면서 새로운 신용거품이 만들어지고 있다. 하지만 현금은 필요한 곳으로, 즉 고용을 회복하기 위해 사업과 투자에 더 많은 자금을 투입해야 하는 중소기업을 돕기 위해 가지 않는다. 스페인의 중소기업들은 (그리스를 제외하고) 유럽의 다른 국가들 중소기업들보다 그 큰 고통을 겪고 있다. 은행들은 이런 중소기업들에게 대출해주지 않고 있다.

많이 알려진 스페인의 경제 호황은 1990년대 동안 매년 3.5% 실질 성장을 보였고, 이 호황의 기반이 2000년대에 산업과 수출을 위한 생산적 투자에서 주택 및 부동산 신용거품으로 옮아갔는데, 마치 아일랜드의 켈트의 호랑이 호황(Celtic Tiger boom)과 같았다. 소득대비 주택가격은 150%로 꼭짓점을 찍었는데, 거의 아일랜드만큼 높았다. 스페인의 비율은 120%로 떨어졌지만 아일랜드의 비율은 85%로 급락했다. 스페인의 가계부채는 국내총생산의 90%에 도달했다. 부동산 개발업자를 포함한 비금융 기업부채는 국내총생산의 200%에 이르렀는데, 경제협력기구 회원국들 가운데 가장 높았다.

주택건설은 1995년부터 2007년까지 두 배가 되었고, 2007년 국내총생산의 22%에 도달했다. 부동산 투자는 2006년 국내총생산의 12.5%에서 2013년 말 5.3%로 하락했으며 역사상 최저치인 1997년 7%보다 낮았다. 주택 과잉은 현재 70만 채이다. 신규 주택 판매는 2007년 40만 채에서 2012년 11만 5,000채로 떨어졌다. 판매되지 않은 주택의 과잉을 해결하는 데 6년이 걸릴 것이다. 주택가격은 명목 기준으로 31% 하락했고 실질 기준으로 38% 하락했지만, 아직 좀 더 하락할 것이다(아일랜드 주택가격은 60% 떨어졌다). 부동산 호황 기간 동안 신용은 매년 20% 성장했고, 매년 7% 성장한 명목 국내총생산 보다 훨씬 빨랐다. 하지만 대출은 2008년 붕괴했다. 민간부문은 2008년 꼭짓점 이후 국내총생산의 15%만큼 부채를 축소했다. 부채는 받아들일 수 있는 국제적 수준 160%보다 여전히 훨씬 높다. 이는 심각하게 경제회복을 저지하고 있다. 스페인에서 자본가들은 무거운 부채부담을 맞춰야 한다면 투자하지 않으려 한다. 스페인 기업들은 주요 경제국들 가운데 가장 부채를 많이 지고 있다.

부동산 호황을 위해 조달한 많은 자금이 주로 다른 유럽 국가들의 은행으로부터 왔는데, 이런 은행들은 부동산에서 나는 이득을 게걸스레 탐했다. 스페인 가계저축과 기업 이윤으로 부동산 호황에 자금을 대기에 거의 충분하지 않았지만, 전체 소비자 구매가 이를 가능하게 만들었다. 생산비는 급등했고, 스페인 수출품의 실질가격은 2000년부터 2009년까지 20% 상승했으며, 이는 세계 시장에서 이 수출품의 가격을 높였다. 유럽의 나머지 국가 및 세계 시장에 대한 스페인의 대외 적자는 빠르게 커졌다.

경상수지 적자는 2007년 국내총생산의 10%에 이르렀고, 순 국제부채(부채와 주식)는 국내총생산의 92%에 도달했는데, 성장하는 신흥경제를 위해 권장되는 건전한 수준 35%보다 훨씬 높았다. 총 대외 부채는 국내총생산의 160%인데, 단기대출이 거의 절반이다. 외국은행들에 가는 대외 부채 이자가 매년 국내총생산의 2.5%를 빨아 먹었다. 스페인 은행들과 기업들은 이제 오직 유럽중앙은행으로부터 대출할 수 있다. 유로체계로부터 대출이 2010년 국내총생산의 6%에서 2012년 12%로 상승했다. 스페인은행(Bank of Spain)이 유로체계에 지고 있는 순부채는 국내총생산의 30%이다. 이는 엄청난 짐이며, 스페인 자본주의의 숨겨진 아킬레스건, 즉 이윤율의 장기 하락을 일으키는 점이기에 감당할 수 없는 짐이다(그림 9.9를 보라).

1945년 전후 시기 프랑코 장군의 군사 통치 아래서 스페인 자본주의

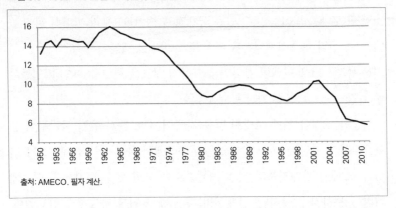

그림 9.9 1950~2010년 스페인의 이윤율(%)

출처: AMECO. 필자 계산.

의 성공은 대단하지 않았다. 이윤율은 다른 자본주의 국가들이 1963년부터 계속 하락했듯이, 전후 자본주의 황금기의 위대한 절정에서 하락했으며, 이는 고전적인 방식이었는데, 자본의 유기적 구성이 거의 30% 상승한 반면에 잉여가치율이 거의 비슷하게 하락했었다. 프랑코 사후에 스페인 자본주의는 일시적으로 하락을 반전시켰는데, 해외 투자가 유입되어 새로운 산업을 세웠기 때문이며, 이는 풍부한 과잉 노동인구와 임시 고용계약 체계(반면 종신고용은 동결) 이른바 이중 노동정책이 낳은 착취율의 가파른 상승에 의존했다.

착취율은 1996년까지 50% 넘게 상승했으며, 이는 1990년대 해외 주도 투자 호황을 동반했다. 이는 노동 대비 자본 비율을 19%만큼 올렸는데, 독일과 다른 자본주의 국가들의 기업들이 값싼 노동력과 높은 이윤율을 찾아서 스페인으로 옮겨 왔기 때문이다. 이는 결국 이윤율에 새로운 압력을 주었다. 1996년부터 이윤율은 가파르게 하락했는데, 2000년대 호황동안 임금은 이윤을 압박했기 때문이다.

스페인 자본가들은 부동산 투자로 전환하여 생산부문의 이윤율 약화를 위장해준 값싼 신용호황에 올라탔다. 스페인 경제기적은 대침체 때

안타까운 종말을 맞았고, 이는 부동산 거품 폭발을 낳았고, 은행붕괴를 일으켰다. 실로 사건들은 미국과 영국과 다르게 위의 순서대로 일어났다.

긴축과 높은 실업의 목적은 스페인 이윤율을 회복시키는 것이다. 이는 인민에게 행한 스페인 종교재판의 현대 자본주의 형태이다. 기업 수익은 2012년 30억 유로가 줄었지만(0.5% 하락), 노동자들의 임금 축소는 170억 유로였고(5%), 그래서 이윤은 60억 유로 증가했다. 단위 노동 비용은 2012년 3.5% 하락했는데, 노동법이 도입되어 종신고용 직원을 해고하기 쉽고, 이중 노동체계를 끝낼 수 있게 했기 때문이다. 이는 신자유주의 정책의 역설적인 반전이다. 그 목적은 임시 노동자들에게 권리를 제공하는 것이 아니고 종신 노동자들의 권리를 끝내는 것이었다.

국제통화기금은 2015~18년 사이에 스페인의 경제성장이 연평균 1.5% 정도 될 것이라고 믿었다. 이런 예측은 이전의 낙관론에서 상당히 낮춘 수정을 의미한다.

이런 끔찍한 불황은 역시 스페인 국가를 분열시키기 시작했다. 지방정부들의 부채는 심각하며, 엄청난 부채 축소를 하도록 요구받고 있다. 카탈로니아와 바스크 지방같이 독립주의 이해관계를 가지고 있는 부유한 지역은 스페인으로부터 독립의 소리를 내고 있다. 유로 분리의 확률을 높이고 있는 구심력도 역시 스페인에 같은 작용을 하고 있다.

더 낮은 임금과 높은 실업률이 결국 스페인의 수출품을 더 경쟁력 있게 해주고, 따라서 수출을 통한 성장의 회복을 가능하게 해줄까? 실질 기준으로 스페인의 수출은 2007년부터 263억 유로 증가했지만(+10%), 수입은 644억 유로 감소했다(-20%). 더 낮은 임금과 더 낮은 노동비용은 수출에 도움이 되지만, 이런 순수출의 변화는 1,080억 유로라는 투자의 완전한 붕괴(실질 기준으로 -36%)와 비교하면 새발의 피다. 스페인 불황은 자본가 투자의 붕괴 결과이다. 이를 반전시키기 위해서는 이윤율의 급등이 필요하다. 투자가 회복될 때까지 불황은 끝나지 않을 것이다.

확실하게 단위 노동 비용이 충분히 하락하고, 약한 기업들이 충분하게 파산하고, 수출품의 가격이 충분히 싸지게 될 때, 기업 이윤율이 자본주의 축적을 위해 화형에 처해진 수백만 실업자, 아주 낮은 생활수준, 심하게 훼손된 연금, 파괴된 공공 서비스의 잿더미 위에서 상승할 것이다. 스페인 종교재판은 결국 몇 년 더 고통을 만든 다음에 임무를 다할 것이다.

이탈리아: 정체에 깊이 빠져 있음

여러 면에서 이탈리아는 가장 심각한 상태에 있다. 이탈리아의 자본은 대침체 이전에도 부진한 상태에 있었다. 이윤율은 2000년부터 계속 하락하고 있으며, 1963년 수준으로 되돌아갔다.(그림 9.10을 보라).

2009년 중반 대침체의 바닥 때부터 이탈리아의 이윤율은 훨씬 더 하락했고, 2004년 이후부터 현재까지 거의 30% 하락했는데, 이는 유로존 전체가 15% 하락한 것과 비교된다.

낮이 가고 밤이 오듯이 이윤율이 하락하자 이탈리아 자본가들의 순투자가 완전히 말라버렸다(그림 9.11을 보라). 대침체 말부터 투자의 회복은 없었다. 실질 투자 수준은 2007년 초의 꼭짓점에서 35% 하락했다.

긴축정책은 처음에 2010년 실비오 베를루스코니(Silvio Berlusconi)가 그 뒤에는 은행가들의 사람인 마리오 몬티(Mario Monti)가 더욱 힘차게 도입했으나 실패했는데, 그들의 임기 중에도 그랬다. 국내총생산 대비 공공부채 비율은 계속해서 상승하고 있고, 노동비용은 다른 나라에서는 긴축 때문에 급격히 감소했지만 이탈리아에서는 계속해서 상승하고 있는데, 임금이 하락함에도 그렇다. 그 이유는 생산성이 하락하고 있기 때문이다.

그림 9.10 1963~2009년 이탈리아 자본의 이윤율(%)

2007년 이윤율이 1963년과 같다. 2000년 이후 유로존에 가입하면서 이탈리아의 이윤율은 20% 넘게 하락했는데, 영국과 미국 이윤율 하락의 두 배이다.

출처: AMECO. 필자 계산.

그림 9.11 1964~2009년 이탈리아의 연간 순투자 성장(%)

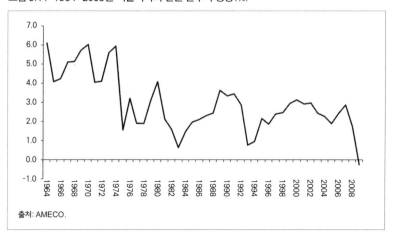

출처: AMECO.

이탈리아 자본주의는 여전히 마비 상태이며, 자본가의 기준에서 상황을 전환하기 위해 이윤율과 생산성을 높이는 과감한 수단을 취하려고 한다. 이탈리아의 유일한 희망은 유로존의 나머지 국가들의 경제회복이 되살아나서 성장과 고용을 개선한다는 것이다.

그리스: 최악의 재앙

다음으로 그리스의 비극적 이야기가 있다. 그리스는 부채 디플레이션 함정에 빠져서 아직도 벗어나지 못하고 있다. 국내총생산 대비 총 공공 부채 및 민간부채비율은 기록적인 수준으로 상승했고, 여전히 상승하고 있다. 그리스 기업들은 자산 대비 부채비율이 235%로 현대 자본주의 국가들 가운데 가장 높으며, 유로존 기업 평균의 두 배를 넘는다. 이 부채비율은 부분적으로 그리스 정부의 재정적자가 차단되었기 때문이고, 주된 이유는 명목 국내총생산 성장은 여전히 없으면서 부채 상환 비용은 계속해서 상승하고 있기 때문이다.

공공부채비율은 이제 국내총생산의 180%를 넘는다. 어떤 형태로든 부채탕감의 합의가 이뤄지지 않는다면, 이른바 트로이카, 즉 유럽연합 집행위원회, 국제통화기금, 유럽중앙은행이 그리스에 강요한 마지막 구제계획은 더 많은 부채를 안겨서 부채비율이 국내총생산의 200%를 넘게 할 것이다. 트로이카는 그리스의 공공 부문이 부채이자 상환 전 흑자를 국내총생산의 3.5%로 달성하여 부채비율을 낮추길 원한다. 5년 더 긴축정책을 펴는 것은 정치적으로 불가능하고 경제적으로도 소용없다는 것이 현실이다.

2015년 1월 선거에서 긴축을 반대하는 좌파 정부 시리자(Syriza)의 선출은 트로이카의 정치와 목표에 분명한 도전이었다. 이는 긴축정책의 지속에 대해, 트로이카가 그리스 정부와 은행들에 모든 신용을 차단하겠다는 위협에 대해 중대한 충돌을 만들었는데, 만약 긴축을 계속 시행된다면, 그리스는 유로존과 유럽연합을 탈퇴할 수도 있었다. 결국 그리스 정부는 트로이카의 요구에 굴복했고, 유럽연합을 떠나는 것보다 새로운 구제계획을 위한 추가 긴축정책을 받아 들였다.

그때 많은 케인스 학파 경제학자들과 좌파의 많은 사람들이 그리스가 유로 및 독일 주도의 트로이카 구제책과 결별하는 방안을 지지했다. 그리스는 자국 통화 드라크마를 되살려야 하고, 그런 다음에 드라크마를 평가절하하여 수출을 촉진하고 통화팽창으로 부채의 실질 가치를 떨어뜨려야 한다고 주장했다. 요약하면 그리스는 아르헨티나가 한 것처럼 해야 하고, 공공부채의 채무불이행 선언을 해야 한다고 주장했다.

이런 정책 대안에서 두 가지 질문이 생겨난다. 첫째, 2002년 아르헨티나의 선택은 성공했는가? 아르헨티나의 경험은 부분적으로는 예외적인데, 결국 성공하지 못한 것으로 증명됐다. 둘째, 유로 위기가 자본주의의 위기이고, 단순히 '너무 강한' 통화로서 유로의 문제가 아니라면, 그리스의 평가절하와 채무불이행은 그리스 자본주의에 오직 임시방편이 될 뿐이고, 이는 유로가 정한 긴축 만큼이나 노동 대중의 구미에 맞지 않는다. 그것은 하이퍼인플레이션과 유로부채를 떠안은 기업의 붕괴를 의미할 수도 있다. 아르헨티나의 위기 재발은 그런 예상을 확인해주었다.[10]

그리스 가계의 생활수준과 임금소득을 축소한 것이 그리스 산업을 더욱 '경쟁력 있게' 만들고 있다는 것은 사실이다. (감소하고 있는) 생산 단위당 노동비용은 2010년 이후 30% 하락했다(그림 9.12를 보라).

그리스는 에스토니아 같이 작은 나라가 아니지만 상대적으로 작은 자본주의 경제국이며, 주로 가공된 광물, 의약품, 식품 무역과 여행 같은 서비스에 의존한다.

그리스의 긴축은 공공부문을 목표로 하는 것으로 여겨졌다. 하지만 실제로는 민간부문 노동자들이 가장 큰 타격을 입었다. 공공부문 고용은

---

10 Roberts, "Argentina, Paul Krugman and the Great Recession," Michael Roberts blog, February 3, 2014, http://thenextrecession.wordpress.com/2014/02/03/argentina-paul-krugman-and-great-recession/.

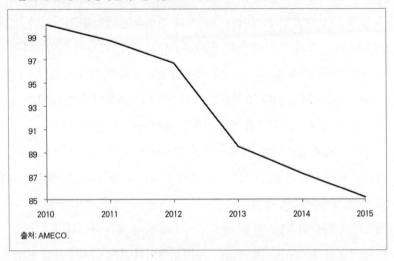

그림 9.12 그리스의 명목 단위노동비용(2010=100)

출처: AMECO.

2009년에서 2011년까지 약 5만 6,000명 줄었는데, 7.8% 하락이다. 민간 부문 고용(노동력에서 훨씬 많은 비중을 차지)은 13% 하락했다. 노동비용은 18.5% 하락했다. 이것이 긴축의 진짜 목표다.

그리스의 이윤율은 2007년이 꼭짓점이었는데, 이는 위기가 실제 이 나라를 강타하기 약 2년 전이다. 그런 다음 투자는 2007년부터 50% 폭락했다(그림 9.13을 보라). 긴축으로 잉여가치율이 2009년부터 25% 상승했다. 하지만 그리스 자본주의는 여전히 비효율적인 자본들 때문에 지장을 받고 있고, 자본의 유기적 구성은 여전히 높은 수준이다. 그래서 투자는 아직 회복되지 않고 있다.

트로이카는 그리스 정부가 유럽중앙은행, 유로그룹(Eurogroup) 기관들, 국제통화기금에 진 부채의 탕감을 허용하지 않을 것이다. 하지만 트로이카는 상환조건을 완화했다. 그러나 단지 상환조건의 완화로 그리스 자본주의를 회복시킬 수 없다. 유로존 지도자들이 그리스의 대출을 대손상 각하지 않는다면, 앞으로 몇 년 안에 이 지역 전체 경제가 급격하게 회복

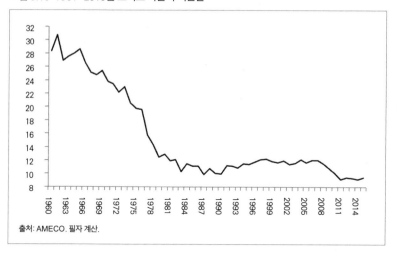

그림 9.13 1961~2015년 그리스 자본의 이윤율

출처: AMECO. 필자 계산.

해서 그리스에 그 효과가 떨어지지 않는다면, 그리스 자본주의는 여전히 납작 엎드려 있을 것이다.

아주 작은 회원국들이 가장 심한 고통을 겪었다

아일랜드, 포르투갈, 키프로스같이 유로존에서 작은 회원국들이 심한 고통을 겪었다. 슬로베니아는 인구 200만 명의 아주 작은 국가로 알프스 산맥을 따라 서쪽에는 이탈리아와 북쪽에는 오스트리아 사이에 끼여 있는데, 유로존에 가입한 유일한 발칸 국가이다. 슬로베니아는 다른 발칸 국가들보다 잘 살았으며, 공산주의 유고슬라비아 연방공화국이 해체된 후 크로아티아, 세르비아, 보스니아, 코소보 사이에 벌어진 대살육전을 피했다. 슬로베니아는 전진 하겠다는 희망을 가지고 유럽연합과 유로존에 가입했다. 그리고 나서 2007년 경제위기가 폭발했다. 슬로베니아는 한동안 최악은 피한 것 같았다. 하지만 이제 엄청난 피해를 두들겨 맞고 있다. 슬로베니아의 경제는 2011년 시작된 심각한 침체에 빠져 있다. 모든 정당들의 대응은 긴축이었는데, 유럽연합 기구들이 지휘한 것이었다. 그것은 재앙이었으며, 결국 슬로베니아 사람들은 재앙을 충분하게 경험했다. 2012년 11월 긴축을 끝낼 것을 요구하는 거대한 시위가 있었다. 이 시위는 중도우파와 중도좌파 지도자들이 비리 사건에 연루된 것으로 밝혀지자 고조되었다.

슬로베니아의 경제위기는 아일랜드의 것과 아주 비슷했다. 국가 소유 은행들이 슬로베니아의 기업들에 거대한 대출을 해주었고, 이 대출은 주로 건설과 부동산 부문에 일어났으며, 엄청난 상업 부동산 거품을 촉진했다. 경제침체가 시작되었을 때, 이 거품은 붕괴했다. 아일랜드처럼 정치인들이 미친 신용거품을 촉진하기 위해서 건축업자 및 개발업자와 담합했고, 수고에 대한 보상으로 한몫을 챙겼다는 것이 밝혀졌다.

한동안 이는 덮였지만, 미상환 대출이 전체 대출에서 20%에 도달하자 은행들은 거의 파산상태가 되었다. 유럽연합과 국제통화기금은 다를 바 없이 '아일랜드 해법'을 내놓았는데, 이는 모든 악성부채를 '부실채권 전담은행(bad bank)'으로 옮기며, 따라서 납세자들이 '빚을 떠안게 되며' 반면에 부실채권을 정리한 은행들은 자금을 받아서 자본 재구성(recapitalize)을 하게 되는데, 외국인 투자자나 다른 이들에게 가능한 빨리 이 은행들을 팔기 위한 목적이다. 슬로베니아 정부의 공공부채는 2008년 국내총생산의 23%에서 2017년까지 70%로 증가할 것이며, 이는 납세자들에게 엄청난 부담이 될 것이다.

신용거품 때 쌓인 부채 규모 때문에 은행이 더 많은 신용과 기업의 새로운 투자자금을 제공할 능력이 파괴되었다. 비주택 자본 투자는 2007년부터 거의 국내총생산의 6% 정도 감소했는데, 슬로베니아 자본주의 부문에서 파업이나 파산이 일어났기 때문이다 그런 감소는 유로존에서 아일랜드 다음으로 두 번째 크기이다. 불황은 이런 작은 국가에 엄청나게 컸다.

유로는 살아남을 것인가?

자본주의 경제가 침체에서 벗어나는 방법은 두 가지가 있다. 첫 번째 방법은 이윤을 늘리고 투자를 재개하기에 충분할 정도로 노동력의 착취율을 높이는 것이다. 두 번째 방법은 약하고 수익성이 없는 자본(즉, 기업들)을 청산하거나 오래된 기계, 장비, 공장을 기업 회계장부에서 감가상각 처리하는 것이다(즉, 자본 저량에 가치감소가 일어나는 것). 물론 자본가들은 침체 후에 이윤량과 이윤율 회복을 모두 시도한다.

이번 위기에서는 이런 회복이 2009년 중반 대침체의 바닥 이후부터 오래 걸리고 있다. 자본 저량의 가치 하락과 이전에 축적한 부채 축소를 진전 시키는 데 시간이 오래 걸리고 있으며, 심지어 통화정책이 이 진전을 막고 있다. 하지만 착취율 증가의 진전은 상당하다.

케인스 학파 해법

유로존 위기를 단일통화지역의 경직성과 유로존 지도자들의 공격적인 긴축정책 탓으로 돌려왔다. 하지만 유로 위기는 단지 부분적으로 (유럽연합 기구들뿐만 아니라 영국처럼 유로존 외부의 국가들이 추진한) 긴축정책의 결과이다. 경제위기가/또는 평가절하라는 케인스 학파의 대안 정책의 추진이 침체를 끝내는 데 거의 아무것도 하지 못했으며, 여전히 가계로 하여금 소득 손실을 겪게 만들었다. 긴축은 일자리와 공공서비스의 손실, 따라서 소득의 손실을 의미한다. 케인스 학파 정책은 물가 상승, 통화가치 하락, 궁극적으로 이자율 인상을 통한 실질소득의 손실을 의미한다.

유럽연합과 유로존 밖에 있는 아주 작은 나라 아이슬란드를 예로 들어보자. 유로존의 회원국들은 이용할 수 없는 정책으로 폭넓은 지지를 받은 케인스 학파 정책인 통화 평가절하로 여전히 평균 실질임금은 유로 기준으로 50% 하락했고, 크로나 기준으로 거의 20% 하락했다.

자본주의 생산양식에서 이윤율 회복은 경제회복을 위한 비결이다. 그래서 어떤 친자본가 정책이 이런 기준에 가장 잘 들어맞았는가? 그리스와 아이슬란드를 비교해보자. 아이슬란드의 이윤율은 2005년부터 급락했고, 결국 이 나라의 부동산 거품이 터졌고, 이와 함께 은행들이 2008~2009년 붕괴했다. 2008년에 통화 평가절하를 시작했지만, 2012년

그림 9.14 2005~2015년 그리스와 아이슬란드의 자본 순수익률(2010=100)

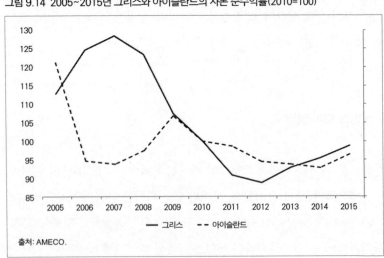

출처: AMECO.

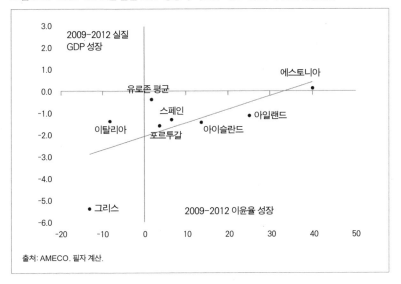

그림 9.15 2009~2012년 실질 GDP 성장과 비교한 자본이윤율의 평균 성장(%)

출처: AMECO. 필자 계산.

이윤율은 2004년 꼭짓점 수준의 한참 아래에 머물러 있으며, 2008년부터 더딘 회복이 있었을 뿐이다. 세계 위기가 휩쓸기 전까지 그리스의 이윤율은 높은 상태를 유지했으나 위기를 맞은 다음 급락했고 2014년에 단지 하락을 멈추었다. '긴축의' 그리스 이윤율과 '평가절하의' 아이슬란드 이윤율은 2005년 이후 거의 비슷한 정도로 하락했다(그림 9.14를 보라). 두 정책이 똑같이 쓸모없다고 말할 수 있다.

유로 위기는 세계 자본주의 침체의 산물이며, 뒤이어진 회복의 실패도 마찬가지다. 대부분 자본주의 국가들의 이윤율은 2007년 꼭짓점에서 훨씬 아래에 있으며(미국만 예외다), 이탈리아와 슬로베니아 같은 국가들의 경제는 여전히 하강하고 있다.

실로 대침체 바닥 이후부터 이윤율과 성장의 상관관계를 보면 추세선이 양의 기울기를 갖는다(그림 9.15를 보라). 에스토니아와 아일랜드는 이윤율에서 가장 큰 회복을 보였다(긴축, 임금축소, 생활수준 저하, 실업자의 대량이민을 통

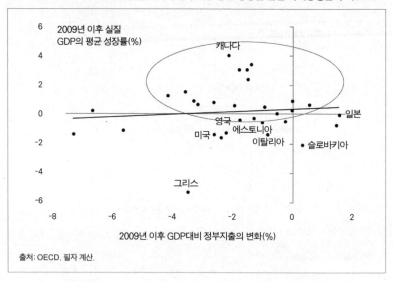

그림 9.16 2009~2013 국내총생산 대비 정부지출 평균 성장을 실질 국내총생산과 비교(%)

출처: OECD. 필자 계산.

해). 그 결과 이 국가들은 국내총생산이 가장 많이 회복되었는데, 물론 대단한 것은 못된다. 이윤율 회복이 약하거나 없는 곳에서는 실질 국내총생산이 2009년 이후 가장 많이 축소되었다.

　이윤율과 성장의 상관관계는 케인스 지표인 정부지출과 성장의 상관관계보다 훨씬 좋다(그림 9.16을 보라). 일본과 슬로베니아 같이 2009년부터 국내총생산 대비 정부지출을 늘린 국가들(케인스 방식의 확대를 통해)은 전혀 성장하지 못한 반면에 2009년 이후 긴축과 국내총생산 대비 정부지출 축소를 적용한 국가들은 약간의 성장을 이루었다. 성장과 긴축의 진정한 상관관계는 전혀 없는데(추세선이 거의 변동 없다), 케인스 승수가 어떻게 나타나더라도 그렇다.[11]

---

11 Michael Roberts, "Eurozone Debt, Monetary Union and Argentina," Michael Roberts blog, May 10, 2012, http://thenextrecession.wordpress.com/2012/05/10/eurozon-debtmonetary-union-and-argentina/.

유로 계획의 실패

은행뿐만 아니라 자본주의 비금융 부문의 부채 증가는 유럽 자본주의 국가들이 빠르게 회복할 수 있는 능력에 하방 압력을 가하고 있는데, 심지어 일자리 축소, 폐업, 자본비용 축소를 위한 투자의 종료 이후에도 그렇다. 위기 전에 민간부문 부채가 더 많이 성장할수록 성장은 더 적었다. 대차대조표 스트레스가 유럽통화동맹의 약한 회원국들과 영국과 미국의 금융 중심지에 더 많아졌다.

유로존 소속 주변부 국가들의 부채상환 부담은 현재 각 정부가 거둬들이는 세입의 거의 10%를 차지한다. 유로존의 다른 13개 회원국들은 부채부담이 평균으로 단지 3.5%이며, 많은 부채를 떠안은 주변부 국가들과 다른 유로존 국가들 간 부채상환 부담의 격차는 향후 5년간 더 벌어질 것으로 예측된다. 이런 높은 부채상환 규모 때문에 심지어 이자율이 하락해도 부채를 많이 떠안고 있는 국가들이 투자하고 사회안전망을 유지할 수 있는 능력이 악화될 것이다. 예를 들어, 포르투갈의 73억 유로 이자상환은 교육지출을 넘어섰고, 건강부문 예산과 거의 맞먹는다.

유로 위기는 정말로 국가부채 위기 또는 재정위기가 아니다. 그 근원은 자본주의 실패에 있으며, 거대한 은행 및 민간 신용위기에 있으며, 자본주의 실패에 대처하지 못하는 유럽연합 집행위원회, 유럽중앙은행, 각료이사회, 유럽의회 같은 비민주적인 범유럽 자본주의 기구들의 무능력에 있다.

통화동맹을 통해 미국 및 아시아와 세계무대에서 경쟁하려는 프랑스와 독일의 야망은 근본적으로 실패했다. 하나로 통일된 자본주의 유럽이라는 원래의 꿈, 즉 생산·노동·금융의 자유시장이라는 원래의 꿈(영원한 이상향)은 엉망진창이 되었다. 이제 단일 통화동맹이 위협받고 있다. 그것은 언제나 야망이었다.

미국 투자은행 제이피모건은 자본주의에서 유럽의 통화동맹 설립을 위한 '올바른 조건'이 존재했는지 조사했다.[12] 이 은행은 세계경제포럼 (World Economic Forum)의 세계경쟁력 보고서(Global Competitiveness Report)[13]를 이용하여 국가들 사이의 차이를 측정했다. 이보고서는 노동시장부터 정부기구들과 사적소유권까지 100개 이상의 변수를 이용하여 국가들의 순위를 매기고 있다. 제이피모건은 유로존 회원국들 사이에 놀라울 정도로 다양한 수치가 존재하는 것을 밝혔다. 가장 큰 차이는 급여와 생산성, 분쟁해결에서 법률체계의 효율성, 반독점 정책, 정부지출, 과학연구의 질에 있었다.

실로, 가설상 통화동맹으로 가정할 수 있는 국가들보다 유로존 회원국들 간 차이점이 더 컸다. 중미를 위한 통화동맹을 만든다면 더 말이 될 수 있다. 동아시아에서 통화동맹을 만든다면 더 말이 될 수 있다. 옛 소비에트 연방이나 오스만 제국을 재구성하여 통화동맹으로 만든다면 더 말이 될 수 있다. 사실 "북위 5도에 위치하는 모든 나라를 통화동맹으로 만든다면 더 말이 될 수 있다."[14]

하지만 유럽통화동맹은 영국이 참여를 거부한 이후에도 프랑스와 독일이 유럽을 주도하려는 정치적 야망 때문에 진행되었다. 물론 그 목적은 약소국과 강대국의 수렴을 낳는 것이었다. 이는 2002~2007년 호황시기 동안에 아주 실패 했다. 대침체는 그 불평등을 드러냈고 확대했다.

현존하는 통화동맹이 살아남을 수 있을까? 그렇다. 다만 경제성장이

---

12 JP Morgan, Eye on the Market, "The Road Less Travelled," May 2, 2012.

13 Global Competitiveness Report 2011~2012, World Economic Forum, Geneva (2011). http://www3.weforum.org/docs/WEF_GCR_Report_2011-12.pdf.

14 JP Morgan, Eye on the Market, "The Road Less Travelled."

대성공을 거둔다면, 그리고/또는 독일 자본주의가 곤경에 선뜻 맞서고, 재정 이전을 통해서 병든 약소국들을 돕기위해 지원을 준비한다면 말이다. 독일 사람들은 그리스, 포르투갈, 아일랜드, 스페인 같은 국가들이 '재정목표를 고수한다'면 그렇게 할 수 있다고 말하는데, 이는 좋지 않다. 이런 나라들은 그렇게 할 수 없다. 그래서 독일은 긴축을 더 요구하는 것 없이 더 많은 재정이전을 하도록 결정해야 한다. 그러나 독일인이 부과하고 있는 재정적자 때문에 정확히 자본주의 약소국들에게 이전기금(transfer funds)의 필요를 인정하기를 회피하고 있다.

독일인이 이것을 꺼려하는 이유는 적절한 재정동맹의 비용이 많이 나갈 수도 있다는 것이다. 동독의 통합과 개선을 돕는 데 20년이 걸렸는데, 부분적으로 소득세에서 '추가연대세금(solidarity surcharge)'을 냈다. 이런 보조는 서독 국내총생산의 거의 2/3를 차지했다. 그 보조금은 동독의 예산 부족분을 채워주고, 동독의 연금과 사회보장체계에 자금을 채워주었다. 동시에 200만 명(동독 인구의 8%)에 가까운 동독인들이 일자리를 찾아서 서독으로 왔다. 이는 자금과 일자리의 이전과 같은데, 유럽통화동맹을 떠받치기 위해서 해야만 하는 일이다. 통화동맹들은 계속 유지될 수 없다. 유럽의 통화동맹은 단지 15년 존재했다. 통화동맹들은 분열되거나 아니면 국가들의 세입이 합쳐지는 완전한 재정동맹으로 옮아가든지 둘 중에 하나다.

연방공화국인 독일을 예로 들어 보자. 독일연방의 각 주들 사이에 재정이전 제도가 있는데, 이른바 주간재정조정(Länderfinanzausgleich)이다. 독일 헌법은 이 재정이전제도의 목표가 전체 주들 사이에 재정력의 수렴이라고 명시하고 있다. 현재 제도는 독일 정부(Bund)와 주(Länder)들 사이의 수직 지급과 주들 사이의 수평지급으로 구성되어 있다. 이전지급 수령을 위한 적격성은 주들의 상대적 재정력을 나타내는 지수(Finanzkraftmesszahl, 재정력 지수_옮긴이)로 결정된다. 바이에른 주, 바덴뷔르템베르크 주, 헤센 주는 현재 유일한 순 기부자이고, 베를린은 이 재정이전의 가장 큰 규모의 순 수혜자이다. 1990년 독일 통일 이후부터, 독일 남부에서 북동부로 재정이전은 확실히 이런 주들의 재정력과 생활수준의 수렴에 도움을 줬다. 그럼에도 불구하고 25년간의 재정이전 지급이 일어난 후 이런 주들의 경제는 여전히 불평등이 높은 상태로 있다. 예를 들어 독일의 실업률은 주에 따라 크게 차이가 난다.

당연히 부유한 바이에른 주와 헤센 주는 낭비가 많은 베를린과 작센 주 같은 주를 위해 독일의 재정동맹에서 자신들이 너무 많은 부담을 지고 있다고 불평하고 있다. 하지만 이것이 국민국가에서 중요한 점이다. 전임 영국 노동당 정부 총리 고든 브라운은 2014년 9월 스코틀랜드의 독립투표 동안에 재정동맹을 가진 국민국가는 "각자는 수입에 따라서서 각자는 필요에 따라서로"를 의미한다고 말했다. 공산주의를 떠올리는 말이 아닌가!

영국을 예로 들어보자. 이는 4개의 국가(nation)와 여러 지역이 하나의 정부를 이룬다. 세금은 중앙정부(central state)가 걷고(스코틀랜드, 웨일스, 북아일랜드에 약간의 권한이전이 있다), 부채를 조달하는 것도 대부분 중앙정부가 한다(지방정부 채권 또는 대출이 약간 있다). 웨일스는 영국에서 가난한 지역이다. 웨일스는 부유한 영국 남동부와 무역적자를 가지고 있다. 웨일스 주민들은 정부로부터 받는 지원금보다 훨씬 적게 세입에 기여하고 있다. 그래서 웨일스는 정부와 자본주의 부문에 쌍둥이 적자를 내고 있는데, 마치 그리스가 유로존의 나머지 국가에 쌍둥이 적자를 내는 것처럼 말이다.

웨일스에서 1인당 세입(5,400파운드)은 영국 전체(7,300파운드)보다 26% 낮았고, 북아일랜드(5,700파운드)는 23% 낮았다. 웨일스와 북아일랜드는 연합왕국 내 다른 국가들보다 소득과 부가 적으며, 이에 따라 모든 주요 세금에서 1인당 세수가 적었다. 잉글랜드의 공공재정적자는 1인당 약

2,000파운드인데, 웨일스는 6,000파운드이다. 그래서 차액이 4,000파운드인데, 이는 공공지출 증가분 1,383파운드와 세금 감소분 약 2,400파운드가 합해진 것이다. 이는 세금 공제, 소득 보조금, 낮은 임금과 높은 실업률과 더 많은 사회적 필요를 가진 웨일스에 대한 주택수당과 관련하여 공공지출 증가 때문이다. 재정동맹 내의 재정이전은 이런 격차를 개선한다(그러나 없어지는 못한다).

스코틀랜드의 세수(2012~13년 1인당 7,100파운드)는 영국 전체 세수(7,300파운드)와 비슷하다. 하지만 스코틀랜드의 1인당 공공지출은 연합왕국 내 나머지 국가들보다 높으며, 잉글랜드보다 약 20% 높다. 그래서 스코틀랜드의 재정적자는 잉글랜드의 재정적자보다 크다. 지출과 세입에 대해 스코틀랜드로 권한이전 때문에 점점 영국의 재정동맹을 약화시키고 있다.

때때로 영국의 부유한 남부에서는 자신들이 웨일스 실업자들을 위해 돈을 지불해야만 하는데, 그 근거가 그렇게 타당하지 않다는 불만이 있다. 결국 이것의 극단적 논리는 런던 상류층 지역 켄싱턴의 아주 부유한 주민들의 세수를 가난한 웨일스 주민들 또는 잉글랜드 북부 주민들에게 재분배하지 말아야 한다는 것이다. 이는 켄싱턴이 영국이라는 재정 및 통화 동맹과 결별해야 하고, 국경 통제를 시작해야 하고, 독립된 정부·군사력·중앙은행을 세워야 한다는 것을 의미할 수 있다. 물론 그들의 부는 곧 사라질 것이다. 왜냐하면 그들의 부는 영국 전 지역 주민의 노동에 기초하며, 해외로부터 온 주민의 노동에 더 많이 그렇게 하고 있기 때문이다. 이것이 독일과 북부 유럽의 많은 독립주의자들이 잊고 있는 중요한 점이다. 유로존이 각국으로 분리되면, 북부 유럽의 국내총생산에 지속되는 손실은 상당할 것이다(즉각적이지 않더라도).

미국의 예는 또한 처음에 존재했던 국가연합(Commonwealth of states)에 비해 연방정부가 가지는 이점을 보여준다. 분리 독립의 생각을 사라지게 했던 통일 국가를 세우기 위해 피를 흘리는 내전을 치렀다. 현재 미국 연방정부는 세금을 거두어서 각 주에 자금을 내려 보낸다(각 주가 주세를 거두지만). 미국에서 완전한 금융동맹(financial union)은 재정동맹보다 나중에 만들어졌다. 금융동맹은 일련의 은행붕괴를 겪고 난 후 연방준비은행이 설립되었을 때 건설되었다. 현재 연방준비제도를 통해 달러는 주들 사이에 거래 및 자본 '적자'를 메우기 위해 재분배된다. 그 결과 1인당 국가 평균 세수는 약 8,000달러이지만, 델라웨어, 뉴욕, 뉴저지, 매사추세츠, 미네소타, 코네티컷 같은 부유한 주는 세금을 1인당 25~50% 더 내며, 앨라배마, 미시시피, 웨스트버지니아, 켄터키, 미시간 같은 주나 몬타나같이 '사람들이 없는' 주는 평균보다 25~50% 적게 세금을 낸다.

유로계획이 살아남는다면, 독일이나 영국이나 미국 같은 계통의 재정동맹이 필요하다. 하지만 자본주의 유럽연합에서 성취할 수 없는데, 부유한 회원국들의 국가 이해가 '평등한' 동맹보다 앞서기 때문이다. 재정동맹에 대한 독일의 관점은 모든 회원국들이 자국 예산정책을 운영한다는 구속력 있는 합의와 관련되는데, 따라서 국가 간 재정이전이 필요하지 않다는 것이다! 이는 달성하기 불가능하며, 유로존이 합리적인 속도로 성장하더라도 그러한데, 그 속도는 합리적이지 않다.

유로존의 중앙 예산(유로 국내총생산의 아주 작은 규모 1%에서)이 완전한 연방 재정동맹을 향해 점점 성장해야한다는 생각은 강대국들과 거대한 관료조직과 '독립된' 중앙은행과 아주 약한 유럽의회(다시 말해 유럽 연방을 위해 어떤 민주적 기여도 하지 않는)를 가지고 있는 유로존에서는 몽상일 뿐이다. 그 대신에 우리는 어중간하고 실패한 해법을 가지고 있으며 거기에는 민주주의도 없다. 강한 국가들로부터 약한 국가들로 자원 이전은 있지만, 유로 기구들은 오직 엄격한 예산 목표에 메어 있었다.

재정동맹은 실로 유럽의 적절한 민주주의 연방인데, 자본주의 생산양식의 폐기와 공동 소유권과 "각자의 부에 따라서에서 각자의 필요에 따라서로"에 기초한 대안적 생산양식으로 교체를 통해서만 가능하다.

신자유주의 재앙

유로 지도자들과 국제통화기금이 요구한 신자유주의 해법으로는 성장이 회복되지 않았다. 경제개발협력기구는 여전히 구조개혁을 하면 부채를 떠안고 있는 회원국들의 1인당 국내총생산 크기의 증가를 가져다줄 것이라고 주장하고 있다(G20 회의를 위한 최근 경제협력기구 보고서를 보라).[15] 이렇게 훌륭하게 성장을 높이는 구조개혁이란 무엇인가? 포르투갈을 위해서 국제통화기금과 유럽연합이 결정한 그런 구조개혁은 연간 공휴일 나흘 축소, 최저 유급 연가 사흘 축소, 잔업수당 50% 축소, 단체협약 적용 폐기였다. 그리고 나서 더 많은 노동시간 운영, 노동자 해고 권한의 제한 제거, 실직에 대한 퇴직금 삭감, 노동쟁의에 대한 강제 중재가 있게 된다. 다르게 말하면, 노동자들은 더 적은 권리와 더 높은 해고 위험을 가지고 더 적은 돈을 위해서 더 긴 시간 동안 더 열심히 일해야 한다. 남부 유럽은 북부의 투자를 위한 값싼 노동력의 중심지가 될 수밖에 없다. 그런 것이 훌륭하게 성장을 높이는 구조개혁이다.

그런 후 시장의 규제 철폐가 있다. 공공재가 경쟁에 노출된다. 이는 전기나 인터넷선을 공급하는 기업들이 경쟁하고, 소비자들은 몇 푼을 절약하기 위해 공급자를 끊임없이 바꾸는 것을 의미한다. 약국들이 이득을

---

15 다음에서 보고서를 이용할 수 있다. http//www.oecd.org/g20/topics/frame-work-strong-sustainable-balanced-growth/ambitious-reforms-can-create-a-growth-path-that-is-both-strong-and-inclusive.htm.

줄여야 하고 그래서 작은 약국의 약사들은 적게 벌게 되지만, 진정한 독점인 대형 제약회사의 약 가격에는 감소가 없다. 직업에서 규제 철폐가 일어나고, 따라서 변호사들은 전과 같이 많은 돈을 벌 수 없지만, 누구나 최소한의 훈련이나 아니면 아무 훈련 없이 선생이나 택시 운전기사가 될 수 있고, 대형트럭을 운전할 수 있게 된다. 마지막으로 남아 있는 국영기업의 민영화인데, 부채를 상환하고 자본주의 부문의 잠재 이윤을 키우기 위해 국영기업을 민간 자산 회사들에 싸게 팔아버린다. 이는 그리스, 스페인, 이탈리아, 아일랜드와 다소 비슷한 제안이다.

유럽연합 지도자들과 경제협력개발기구의 이런 신자유주의 해법의 진짜 목적은 보통 말하는 그런 성장을 회복시키는 것이 아니고 노동력의 착취를 높이는 것이다. 이는 이윤율을 북돋울 수 있고, 그러면 민간부문은 일자리 창출과 더 많은 국내총생산을 위해 투자하게 될 것인데, 물론 이는 자본주의가 그전에 다른 침체를 맞지 않았다고 가정하고서다.

그런 정책들은 아직까지 효과가 없었다. 유로존에서 약한 자본주의 경제국들의 경우에 그런 정책들은 끔직했다. 그리스, 포르투갈, 스페인, 이탈리아, 키프로스, 슬로베니아, 아일랜드의 인민들은 이미 그리스가 겪었던 청년실업자 전체를 잃어버린 세대로 만들어 버리는 긴축을 앞으로 몇 년간 더 견딜 수 있을까?

2014년 유럽의회 선거에서 보여주었듯이, 유권자들은 인내를 잃고 있고 화가 나 있다. 유럽연합 지도자들과 자본의 전략가들은 경제성장을 빠르게 회복시키는 것이 필요한데, 그렇지 않으면 더 큰 정치적인 폭발이 일어날 수 있다. 그러나 현재의 이윤율 수준을 고려하면, 세계 자본주의가 또 다른 침체로 빠져들기까지 얼마 남지 않은 것 같다. 그러면 유로 생존의 모든 가능성은 사라지게 된다.

제10장

일본의 정체

일본의 침체가 영원히 계속될 것처럼 보인다. 동학 분석을 보면 이는 일시적인 현상인데, 이 분석 모형에서는 단지 한 기간 동안 지속될 것 같다. 하지만 한 '기간'의 길이가 분명하지 않다(3년일 수도 있고, 20년일 수도 있다). 아무런 정책 조치가 없다고 하더라도 가격조정이나 자생적 구조 변화로 문제가 마침내 해결될 것이다. 결국에 일본은 정책의 반응이 어떠하든 간에 덫에서 빠져나올 것이다. 하지만 다만 오래 걸린다….

–폴 크루그먼[1]

일본 경제는 현재 20년 넘게 정체하고 있다. 그래서 2009년 중반 대침체가 끝난 이후부터도 일본의 회복이 아주 약하다는 것은 그다지 놀랍지 않다. 이 정체의 핵심은 일본의 자본 이윤율의 장기 하락인데, 이는 자본의 높은 유기적 구성과 이를 벌충하기 위해 일본 자본 전략가들이 최근까지 노동력 착취율의 충분한 상승을 꾀하지 못했기 때문이다.

일본에는 대침체 말부터 두 개의 선거가 아주 빠르게 연이어 있었다. 각 선거에서 아베 신조가 이끄는 보수당인 자유민주당(LDP)이 승리했다.

---

1 Paul Krugman, "Japan's Trap," May 1998, http://web.mit.edu/krugman/www/japtrap.html.

아베 신조(安倍晋三)는 경제정책의 '세 개의 화살'이라고 이름 붙여진 정책으로 정체를 끝내고 이윤율과 성장을 회복시킬 것이라고 약속했다. 세 개의 화살은 일본은행의 통화자극(monetary stimulus), 정부의 재정자극, 이윤율을 높이기 위해 가장 중요한 노동시장 및 상품시장의 신자유주의 개혁이다.

제2차 세계대전 후 일본 제조업의 위대한 성장은 높은 이윤율이 이끌었다. 이윤율은 1960년대 종반 동안 빠르게 하락했고, 일본의 '기적'은 1970년대 중반에 끝났다. 1974~75년 전후 첫 번째 세계 경제위기 이후 일본은 허우적대기 시작했다. 1974년부터 1990년까지 연간 경제성장이 3.8%였는데, 1956년부터 1973년까지의 9.2%와 비교된다.

일본 호황은 부분적으로 산업예비군의 규모(와 일본 경제의 주요 부문으로 끌어들일 수 있었던 많은 소기업 저임금 노동자들) 때문에 추동되었다. 일본 호황은 또한 높은 수준의 투자에 기초했는데, 이 투자는 주요 수출 지향 부문들에서 이뤄졌으며, 이는 1960~70년대 생산성을 놀라울 정도로 높은 수준으로 상승시키는 데 도움을 줬다. 그러나 1974~75년 세계침체 후 일본 자본주의는 값싼 노동력의 산업예비군을 고갈시켜버렸고, 자본의 유기적 구성의 상승으로 이윤율이 낮게 유지되었다.

국내 소비가 계속 억제되고, 일본 밖의 세계시장은 팽창하는 동안에, 일본 선두 기업들은 유럽과 북미의 낙후기업들보다 저가로 판매하면서 세계 차원에서 잉여가치를 전유했다. 하지만 일본의 기적은 점차 사그라들었는데, 이는 내수 부문에서 임금 상승과 유기적 구성의 상승(그림 10.1으로 보라), 소비재에서 해외시장 포화, 1980년대부터 한쪽에서는 미국과 새로운 경쟁 다른 쪽에서는 아시아 호랑이들과 새로운 경쟁 등의 결합 때문이었다. 최후의 결정타는 1985년 플라자 합의로 부과된 엔의 가치 상승이었다. 이런 요인들은 1980년대 종반부터 일본의 자산 가격 거품을 낮게 했다.

일본 자본주의는 부동산과 금융 같은 비생산 부문에서 더 높은 이윤율을 추구함으로써 이윤율을 끌어올리려고 애썼으며, 거대한 신용호황을 만들었다. 2002년 후 미국과 유럽에서 일어났던 신용호황보다 일본에서 먼저 있었다. 1989년 일본의 신용거품은 2007~2008년 세계 금융붕괴와 비슷한 처참한 방식으로 폭발했다. 일본은 침체로 빠졌고, 이에 겹쳐서 1990~91년 세계 침체가 발생했다. 하지만 다른 주요 자본주의 경제 국들에서는 침체 후에 상대적으로 회복이 있었던 반면, 일본의 이윤율은 1990년대 동안 더 하락했다.

이것의 주된 이유는 은행, 대기업, 정부의 지배 엘리트들이 과잉 확대된 금융부문의 부채축소를 꺼려한 것이었다. 미국과 유럽 정부들이 2009년에 했던 것처럼, 지배 엘리트들은 납세자들과 국가가 은행과 대형 기관들에 구제금융을 해주길 원했다. 그 결과 일본은 엄청난 공공부문 부채를 떠안았고, 이것이 새로운 가치와 저축을 빨아 먹으면서 일본 경제의 생산부문에 부담을 만들었다(국민계정 산출 대비 공공부채는 유럽과 미국의 공공부채보다 2배 이상이 많다). 일본 자본주의는 좀비 자본주의가 되었다.

2001년 일본의 정치 엘리트들은 신자유주의자 총리 고이즈미 준이치로(小泉純一郞) 아래서 개혁을 시도했다. 고이즈미 준이치로는 은행 구조조정, 국가기관 민영화, 세금인상을 선택했다. 이 개혁은 이윤율의 단기 회복을 만들었는데, 이는 평균 생활기준의 하락, 연금 감소, 직장복지 악화의 대가였다. 유권자들은 예전 사회주의자, 사회민주주의자, 자유주의자의 연합인 새로운 민주당이 일본 정치를 깨끗하게 만들고 부패를 끝내고 성장을 회복시킬 추진력이 되리라고 희망했다. 그러나 2011년 3월 지진/쓰나미, 뒤이은 핵발전소 노심용융 사고, 세계 경제위기의 삼중 재난이 일본 자본주의를 다시 한 번 타격했다. 2010년까지 일본의 명목 국내총생산은 1994년보다 낮았다.

2013년부터 자유민주당은 다시 집권하여, 정부 사업들에 더 많이 지출하고, 세금을 올리지 않고, 엔을 평가절하 하여 수출을 촉진하고, 핵발전 시설을 복구하고, 군비를 늘리고, 중국에 더 '강하게' 대응할 것이라고 약속했다. 이는 지난 30년 동안 되풀이 되고 있는 싫증나는 정책들이다.

친자본주의 거시정책에는 세 가지 도구가 있는데, 재정, 통화(monetary), 환율(currency)이다. 자본주의를 불황에서 벗어나게 하기 위해 이 정책 도구들 가운데 어떤 것을 사용하는 게 가장 좋은지에 대해 주류경제 자문가들 사이에 혼란이 있다. 벤 버냉키 같은 통화주의자들은 이자율 인하와 화폐 더미 '찍어내기'를 좋아한다. 케인스 경제학자들은 더 나아가길 원하는데, 신자유주의 재정긴축 정책들을 뒤집어서 정부지출 승수가 마술을 부리게 하고 싶어 한다. 발언권이 약한 몇몇 사상가들은 수출을 촉진하기 위해 통화 평가절하의 혜택을 옹호한다. 새로 선출된 일본 정부는 세 가지 모든 해법을 한꺼번에 추진했다.

정부의 대답은 경제에 재정자극을 또 추가하는 것이었고, 유동성을 또 쏟아 붓는 것이었고, 주요 무역 경쟁국들의 통화 대비 엔 가치를 평가절하 하는 것이었다. 이는 일본자본주의를 위해 특히 중요했는데, 성장의 추가 개선을 위해 수출과 투자에 의존하고 있기 때문이다. 그 결과 달러 대비 엔의 가치는 꼭짓점에서 20% 하락했다.

일본인들의 생각에 이것은 필수였는데, 왜냐하면 대침체가 시작된 후 엔은 주요 통화들과 '가치하락 경쟁'에서 뒤처져 있었기 때문이다. 한때 엔은 대침체가 시작된 후 실질 기준으로 무역 경쟁국들의 통화에 비해 30~40% 평가상승 되어 있었다. 같은 기간에 영국 파운드는 25%, 유로는 10~15% 평가하락 했다. 심지어는 빠르게 성장하고 있는 신흥 자본주의 국가들의 통화들도 평가상승 하지 않았다.

그림 10.1 일본의 자본 이윤율(%)과 자본의 유기적 구성

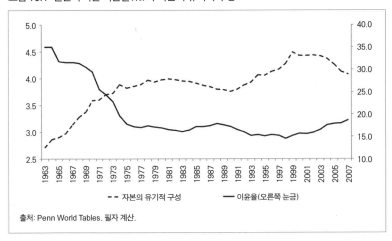

출처: Penn World Tables. 필자 계산.

이런 일본의 정책수단은 효과가 있었는가? 케인스 학파 지도자 폴크
루그먼은 의심스러워 한다.[2] 그에게 일본의 문제는 통화측면의 문제인
데, 즉 일본은 고전적인 케인스 유동성 함정에 빠져 있는데, 이는 부채 디
플레이션이 작동하고 있기 때문에 0%에 가까운 이자율로도 투자와 지
출을 회복시키지 못한다는 것이다. 필요한 것은 엄청난 재정자극이다.[3]
그래서 대답은 더 많은 재정 지출과 인위적으로 물가를 상승시키기 위한
화폐 발권이다. 사실 이는 미국 정부도 하고 있어야 한다는 것이었다.[4]

흥미롭게도 폴 크루그먼에 일반적으로 동의하는 또 다른 케인스 경제

---

2 Paul Krugman, "The Japan Story," Conscience of a Liberal, *New York Times*, February
5, 2013, http://Krugman.blogs.nytimes.com/2013/02/the-japan-story/.

3 "여기에 나의 사례가 있다. 일본은 유동성 함정에 빠져 있으면서 지난 20년 동안 많은 지출
을 했는데, 내가 몇 년 동안 설명했듯이 이런 함정을 이해하는 하나의 방법은 실질 이자율이
0%이라 해도 완전고용 상태에서 사람들이 저축하기를 원하는 액수가 투자하려는 액수보다
많다는 것이다. 역시 완전고용상태라 해도… 이런 상황에서 필요한 것은 음(-)의 실질 이자
율인데, 이는 약간의 기대 인플레이션이 필요하다는 것을 의미하는데, 왜냐하면 명목 이자
율은 0%이거나 거의 0%이기 때문이다."

학자는 일본 정체에 대한 이런 해석과 크루그먼/아데어(Adair) 해법에 반대한다. 『파이낸셜타임스』칼럼니스트인 마틴 울프(Martin Wolf)는 일본이 몇 년간 풍부한 '재정자극'을 했는데, 이것이 일본경제를 제 궤도에 올리는데 한 일이 거의 없다고 지적했다.[5] 물가상승을 만들려던 통화자극과엔 평가절하는 모두 효과가 없는데, 문제는 크루그먼이 주장하듯이 물가하락이 아니기 때문이다.[6] 마틴 울프에 따르면 문제는 일본 산업이 수익성은 있지만 투자를 꺼린다는 것이다. "그래서 무엇이 근본 원인가? '민간저축의 과잉'이다. 아니 더 정확하게는 투자에 비하여 기업이 보유하고 있는 총 소득의 엄청난 구조적 과잉이다."[7]

마틴 울프의 관점에 약간의 진실이 있다. 지난 20년 동안 일본 산업은 거의 늘어나는 현금유동성 만큼이나 실물경제에 다시 투자하지 않았다. 그래서 일본 경제가 허우적대고 있다.

일본의 자본주의 부문은 다른 주요 자본주의 국가들처럼 경제성장을 회복시키기 위해 준비 하지 않고 있고, 공장·장비·고용에 투자하지 않고 있다. 하지만 이를 설명할 수 있는 것도 일본 기업부문의 이윤율이다.

---

4 "음, 그리고 이와 관련해서 미국은 어떠한가? 당분간 우리도 같은 상황에 처해있을 것이다. 내 생각에 우리는 일본과 같은 인구문제가 없기 때문에 우리의 유동성 함정은 아마도 일시적인 것이고 부채축소의 산물이라고 사람들이 주장할 수도 있을 것이다. 그래서 미국의 경우에 재정자극은 정상적인 거시경제학이 부활된 시대를 여는 다리로 기능할 가능성이 훨씬 크다. 그렇긴 하지만, 나는 연준이 기대 인플레이션을 살짝 높이려는 노력을 환영하며, 이를 더 많이 보고 싶다… 이는 너무 조심스러웠던 재정 및 통화 정책의 이야기이며, 실패한 자극책의 이야기가 아니다." Krugman, "The Japan Story."

5 Martin Wolf, "Japan Can Put People before Profits," *Financial Times*, February 5, 2013.

6 "지속적인 재정적자와 물가하락은 수수께끼이다. 표준적인 해석은 재정적자와 물가하락은 통화정책의 실수 때문이라는 것이다. 중앙은행이 물가하락을 막았다면 실질 이자율은 음(-)이 되었을 것이고, 이는 민간투자와 소비를 강화시켰을 것이라는 생각이다. 나는 이런 생각이 도움이 되었을 수도 있다고 생각한다. 하지만 물가하락이 일본병의 근본 원인이라는 것에는 동의하지 않는다." Martin Wolf, "Japan Can Put People before Profits," *Financial Times*, February 5, 2013.

7 Wolf, "Japan Can Put People before Profits."

그림 10.2 1999~2015년 일본 자본의 순수익률과 총투자(2010=100)

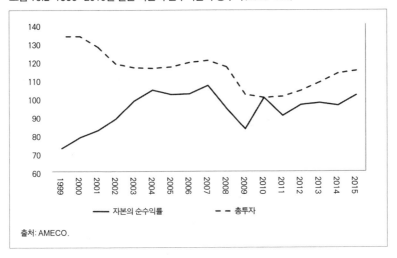

출처: AMECO.

2002년부터 일본의 이윤율은 60% 상승했지만(그림 10.2, 실선, 왼쪽에 눈금이 있음), 투자는 거의 변동이 없었다(점선, 오른쪽에 눈금이 있음). 대침체 기간 동안 이윤율은 급락했고 이에 따라 투자도 급락했다. 이윤율이 이제 회복되었지만, 2007년 꼭짓점보다 여전히 낮으며, 그래서 투자도 여전히 아주 부진하다.

마틴 울프는 이런 '과잉저축'(즉 이윤)을 '과점' 기업들로부터 가져와서 더 많은 재화를 위해서 사용하자고 요구한다.[8] 이것은 어떻게 해야 하는가? 그는 법인세를 삭감하지 말고 거두어야 하며, 이윤이 주주들의 배당으로 가도록 하여 주주들이 지출할 수 있게 하며, 임금을 높여한다고 제안한다. 하지만 이런 제안은 자본주의 부문이 아주 싫어하는 것이며 쇠귀에 경 읽기가 될 것이다. 이런 제안들은 효과가 없을 것인데, 왜냐하면

---

8 "균형이 잘 잡힌 경제를 위한 비결은 과점 기업으로부터 사용할 수 없다고 밝혀진 거대한 잉여 이윤을 가져오는 것이다. 결국 거대한 재정 부채를 만드는 기업의 자금잉여를 잘라내야 한다. 대신에 대중이 그 소득을 누려야 한다." Wolf, "Japan Can Put People before Profits."

이윤율이 다시 하락할 것이기 때문이다.

대신에 일본정부는 성장 회복의 방법으로 계속해서 자국 통화의 평가절하와 경제에 물가상승을 만드는 것을 고려하고 있다. 이는 아주 1930년 대 '근린 궁핍화'의 전통인데, 다른 케인스 정책들도 마찬가지다. 그 목적은 일본 수출품을 값싸게 만들면서 세계시장 몫을 빼앗는 것이다.

역사상 평가절하가 길게 효과가 있었던 적이 없는데, 왜냐하면 이는 다른 나라 정부들도 평가절하 경쟁을 위한 같은 정책을 채택하게 만들기 때문이다. 통화 약세가 나은 성장을 만드는데 도움이 된다는 증거는 거의 없다. 대침체 이후 기록을 살펴보자. 2007년부터 가치가 가장 많이 떨어진 통화는 파운드와 유로였지만, 평균 실질 국내총생산 성장은 아주 작았으며, 반면에 미국 달러는 평가상승 되었지만 미국 경제는 같은 기간에 훨씬 좋은 기록을 냈다.

케인스 학파 경제학자 노아 스미스(Noah Smith)는 2000년부터 2007년까지 일본 경제의 빠른 성장의 원인이 무엇인지 물었다. 그가 알고 싶어 하는 좋은 이유가 있다. 일본 경제의 성적은 그에게 수수께끼이며, 어떤 케인스 설명과도 맞지 않는 것 같다. 노아 스미스가 지적하듯이 2000~2007년 동안 일본은 거의 0%에 가까운 이자율과 물가하락으로 케인스 유동성 함정에 빠져 있었다. 케인스 이론에 따르면, 일본은 10년 더 불황을 겪어야만 했다. 하지만 실제로는 그렇지 않았다.

대신에 일본은 1990년대의 잃어버린 10년과 비교해보면 2000년대에 성장률을 높였다. 실로 일본은 미국과 비교하여 1990년대 겪었던 1인당 국내총생산의 하락을 부분적으로 역전시켰다. 노아 스미스는 고이즈미 집권 시기에 있었던 상대적 경제 회복에 대해 가능한 해석을 검토했는데, 역시 케인스 정책과는 거의 맞지 않는 것이었다.

경제 개선은 단지 상대적이었다. 1981~90년 실질 국내총생산 성장은 평균 4.6%였는데, 이른바 거품의 시기였다. 거품 뒤에 1990년대 붕괴가 뒤따랐고, 평균 성장은 1993~99년(1991~92년 침체는 제외) 사이 매년 단지 0.7% 하락했다. 그러고 나서 1998~99년 침체 뒤에, 2000~2007년 연평균 성장은 개선되어 1.5%가 되었다. 이는 여전히 거품의 시기보다 훨씬 낮지만 1990년대 성장률의 두 배이다. 이번 장기불황의 최근 7년 동안 일본 경제는 매년 단지 0.2% 성장했다.

노아 스미스는 일본이 2000년대에 동안 계속해서 케인스 방식의 유동성 함정과 물가하락에 빠져 있었다고 지적했다. 또한 상대적인 회복은 케인스 방식의 재정자극으로 설명될 수 없는데, 왜냐하면 정부지출이 절대 액수와 국내총생산의 비율에서 하락했고, 국내총생산 대비 재정적자도 줄었기 때문이다. 반대로 1990년대 동안 상당한 추가 정부지출과 재정적자 증가가 있었지만 이런 케인스 처방은 일본 경제를 회복시키는 데 실패했다. 그런 후 2000년대 동안 고이즈미 집권 때 재정긴축이 있었지만, 경제성장은 더 빨랐다! 물론 이런 역설의 부분은 1990년대 미미한 성장이 국내총생산 대비 정부지출 및 적자의 비율이 상승했지만 절대 액수에서 정부지출과 적자가 증가했으며, 그래서 경제에 거의 효과가 없었던 것을 의미한다는 것이다.

순수출의 기여는 2000년대에도 많지는 않았던 것 같다. 하지만 노아 스미스는 은행 대출이 2000년대에 증가했음을 언급한다. 이 은행 대출은 1990년대에 붕괴했는데, 이때 은행들이 거품의 시기 동안 쌓았던 부채를 축소했다. 하지만 스미스는 이를 어떻게 설명해야 할지 모른다.[9]

2000년대에 성장과 투자가 상승했다면, 그 주된 이유는 이윤율의 상승임이 틀림없다. 이는 정확하게 통계에서 보여준다. 1980년대 동안 일본의 이윤율은 엄청난 신용 및 부동산 거품으로 높은 상태를 유지했지만, 지속될 수는 없었다. 1989년 신용거품이 터진 후에 일본의 평균 이윤율은 1990년대 동안 거의 20% 하락했다. 하지만 1998년에서 2007년까지 거의 30% 상승했다.

자본의 유기적 구성(고용된 노동력 비용 대비 공장·장비·원료의 가치)은 제2차 세계대전 후 처음으로 하락했으며, 동시에 노동력 착취율은 거의 25% 상승했다. 다시 말해서, 일본 기업들은 오래된 자산(자본)에 감가(가치감소)가 일어나게 했고, 노동력을 줄였고, 노동 단위당 이윤율을 높였다. 이는 자본주의 생산을 위한 고전적인 해결책인데, 노동을 희생키는 것이다 (그림 10.3을 보라).

일본 자본은 또한 1980년대 거품의 10년 동안 쌓았던 부채의 가치를 많이 낮추었고, 부채를 많이 축소시켰다. 1980년대에 비금융 기업부채는 국내총생산 대비 거의 25% 상승했었고 가계부채(금융 및 주택)는 37% 폭증했었다. 1990년대 동안 기업부문은 부채축소를 15% 했으며, 이는 이윤율 회복의 기반이 되었다. 일본 기업들은 독일·영국·미국 기업들에 비해 (국내총생산 대비) 아주 높은 수준의 부채를 가지고 있었다. 하지만 1990년대 동안 그런 부채를 축소하기 시작했고, 2002까지 대부분의 부채를 축소했다. 다른 나라들에서는 그 반대의 일이 일어났다.

평균 실질 국내총생산의 성장이 (상대적으로) 회복되었는데, 이는 일본 자본이 오래된 자본(유형자본과 가공자본)에 감가(가치감소)가 충분하게 일어나게

---

9 사실 그는 2000년대 일본에 대한 분석을 다음과 같이 요약한다. "2000~2007년 시기 동안 일본은 엄격하게 측정(국내총생산/노동가능인구로 계산)했을 때 꽤 빠르게 성장했고, 인구통계를 설명한 후에는 미국보다도 상당히 빠르게 성장했다. 그러나 이 전체 기간 동안 일본은 유동성 함정에 깊숙이 빠져 있었고, 정부지출은 감소했으며, 은행 및 기업은 부채축소를 했다. 또한 일본은 무역수지에서 큰 개선이 없었고, 큰 폭의 평가절하도 없었으며, 물가상승이나 기대인플레이션의 상승도 없었다. 덧붙이자면, 일본 서비스 부문의 총요소 생산성은 거의 변동이 없었다." 그는 "일본의 사례는 거시경제 분석이 틀렸음을 입증하는' 것이라고 자주 얘기한다."며 결론을 맺는다. Noah Smith, "The Koizumi Years: A Macroeconomic Puzzle," Noahpinion (blog), February 9, 2013, http://noahpinionblog.blogspost. co.uk/2013/02/the-koizumi-years-macroeconomic-puzzle.html.

그림 10.3 1988~2007년 일본의 이윤율 구성요소별 변동(%)

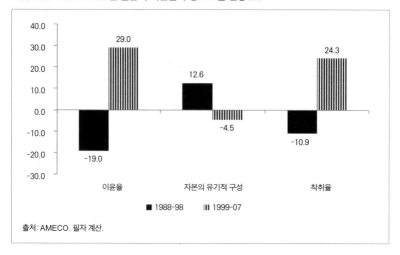

출처: AMECO. 필자 계산.

했고, 은행들은 다시 대부해줄 수 있는 건강한 상태가 되었기 때문이다. 이는 1990년대 잃어버린 10년 동안 일본 인민의 소득과 일자리를 희생시킨 대가이며, 그런 희생은 1988년 극심한 물가하락 침체에서 절정을 이루었다.

2008~2009년 세계 침체는 일본에 심한 타격을 주었는데, 그 이유는 일본의 이윤율과 성장이 세계시장에 의존하고 있기 때문이다. 이는 수수께끼를 설명해준다.

대침체의 바닥 이후 일본의 경제성장은 거의 없었고, 현재 우익 정부는 이 문제를 해결하기 위해서 모든 케인스 정책들을 완전히 사용하고 있다.

일본 자본은 여전히 많은 부채를 가지고 있고 낮은 이윤율을 겪고 있을 뿐만 아니라, 인구 감소와 고령화 문제도 지니고 있다. 노동력으로부터 가치와 잉여가치를 더 많이 착취할 능력이 노동력 공급 축소로 제한되어 있다. 이는 자본이 이윤율을 높이기 위해 노동력을 더욱 강도 높게 착취하거나 비용이 많이 드는 새로운 기술에 더 많이 투자하여 상대적 잉여가치를 늘려야 한다는 것을 의미한다.

일본은 또한 노동인구 확대 부족을 겪고 있다. 단기적으로 이는 일본의 1인당 국내총생산 성장이 국내총생산 성장보다 더 좋아 보이게 만들 수 있다는 것을 의미하는데, 그래서 최근 몇 년간 미국의 1인당 국내총생산 성장은 일본보다 더 낮지 않았다(그림 10.4를 보라). 장기적으로 이는 일본에 나쁜 소식인데, 부채 부담이 많아질 것이고, 종속인구(부양해야 할 인구_옮긴이) 대비 노동인구 비율이 감소할 것이기 때문이다. 이는 성장과 부채에 시한폭탄이다.

위기로 이동은 아마도 느릴 것인데, 왜냐하면 일본이 수십 년 동안 엄청난 양의 외환보유고와 해외자산을 축적했고, 그래서 기댈 수 있는 자금을 많이 가지고 있기 때문이다. 일본의 순 국제투자대조표(international investment position)는 56% 흑자이며 반면에 미국은 19% 적자이다. 또 일본의 부채는 대부분 자국 시민들이 가지고 있지만 (단지 7%만 외국인이 소유), 미

그림 10.4 1989~2014년 1인당 실질 GDP 연평균 성장(%)

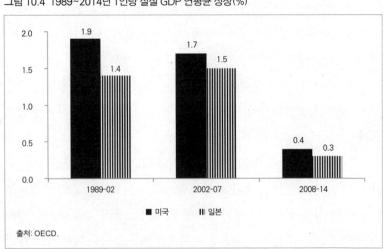

출처: OECD.

국 정부의 부채는 외국인이 40%를 가지고 있다. 그러나 미국 달러는 여전히 세계의 준비통화이며, 이는 미국이 적자와 부채에 자금을 대는 데 상당한 자유를 준다. 일본의 은행들과 정부는 서로 얽혀 있다. 1990년대 동안 정부가 은행들에 구제금융을 했고, 현재는 은행들이 정부를 구제금융 하고 있다. 다음에는 모두 같이 쓰러질 것이다.

1990년대 일본에서 케인스 정책들은 효과가 없었으며, 2010년대에도 또한 효과가 없을 것이다. 2010년대는 또 다른 잃어버린 10년이 될 것이다. 재정긴축은 효과가 없었고, 실로 이는 상황을 더 나쁘게 만들었다. 또한 일본에서 적용한 재정자극도 효과가 없었다. 케인스 경제학자들은 지금까지 재정자극을 충분하게 적용하지 않았으며, 재정자극을 통화 평가절하 및 심지어는 화폐 공급을 통한 물가상승과 결합시키는 것이 필요하다고 주장한다. 다시 말해서 자본주의 경제정책 세 가지 도구 모두를 한꺼번에 추진하자는 얘기다. 이는 일본이 해온 것이다. 하지만 일본의 불황은 계속되고 있다.

제11장

나머지 국가들도
불황에서 벗어날 수 없다

서양이 다시 침체로 빠져 든다면 신흥시장들이 세계를 구하지 못한다. 서로 연결되어
있는 세계 경제에서 비동조화는 묘한 매력이 있는 미신이다.
　　　　　　　　　　　　　　　　　　-2011년 8월 23일 D. K. 마타이(D.K. Matai)[1]

　　장기불황은 신흥시장을 포함해서 세계 곳곳을 휩싸고 있다. 신흥경제
국 시장들은 신자유주의 호황 동안 자본 축적의 새로운 중심지들로서
자본 세계화 확대의 일환으로서 생겨났다. 이런 이유 때문에 이 신흥경
제국들은 세계 체제의 동학과 현재의 장기불황에 면역을 가지고 있지
못하다.

　　1970년대 이후부터 세계 경제의 확대를 가능하게 했던 요인들 가운데
하나는 무역과 투자의 세계화였다. 무역이 확대되면서 자본의 이동도 확
대되었다. 선진 자본주의 국가들에서 이윤율이 하락하면서 기업들은 공

1　D. K. Matai, "Can China Save the World," M2g, August 2, 2011.

그림 11.1 1980~2012 선진 자본주의 국가와 신흥경제국의 GDP 대비 투자비율(%)

출처: World Bank.

장을 해외로 이전했고, 아시아와 중남미의 값싸고 풍부하게 공급된 노동력을 이용했다. 특히 중국, 인도, 아시아의 몇몇 작은 경제국들은 가치와 잉여가치 확대를 위해 새롭고 거대한 원천이었다(그림 11.1을 보라).[2]

1990년대 초반 이후 G7의 이윤율과 세계 이윤율 간 괴리가 있었다. 이는 비 G7 국가들이 이윤율을 지속시키는데 점점 더 큰 역할을 하고 있다는 것을 보여준다. 주요 신흥경제국들에서 이윤율이 꼭짓점에 도달했고, 세계 자본주의는 이제 이윤율에서 하강국면에 있다. 하지만 지난 30년간 역사는 신흥경제국들이 얼마동안 격차 우위(differential premium)를 유지할 것임을 시사한다.

중국과 다른 신흥경제국들은 아직 노동인구가 더 이상 증가하지 않으며, 절대적 잉여가치 확대가 제한되는 시점, 이른바 루이스 전환점(Lewis turning point)에 도달하지 않았다.[3] 하지만 중국은 멀지 않았다. 그러는 동

---

2 하지만 여전히 해외투자가 다른 선진국으로 향하는 것이 지배적이었다.

안에 중국은 농촌 거주민 250만 명을 새로 건설된 읍내와 도시로 이주시키는 방대한 계획을 앞으로 몇 년 동안 밀고 나갈 것이다. 이는 생산에 노동력을 엄청나게 확대하는 것이다. 대규모 추세가 수십 년 전에 시작되었다. 1980년대 초반에 중국 인구의 80%가 농촌지역에 살았지만, 오늘날 단지 47%만 살고 있는데 이는 농촌지역으로 분류된 도시에서 일하는 인구 17%를 추가한 수치다.

세계 전반의 이야기는 신흥경제국들에서 산업 노동인구의 증가와 선진경제국들에서 산업노동인구의 감소로 나타났다.[4] 앞으로 50년 동안 중국의 인구는 감소할 것으로 예상되고 반면에 인도의 인구는 강하게 증가할 것으로 예상된다. 인도네시아의 인구는 꾸준히 증가할 것으로 예상된다. 나이지리아의 인구는 이번 세기 동안 8배로 불어날 것으로 예상된다.

브릭스에서 취약한 5개국으로

신흥경제국들에서 자본이 확대할 잠재력이 여전히 있지만, 세계 불황의 효과는 신흥경제국들에 심하게 영향을 주고 있다. 신흥경제국들은 2009년 중반에 대침체가 끝났을 때부터 선진국으로부터 값싼 신용이 이전되어 성장의 증진(과 물가상승)을 경험했다. 이런 팽창은 역시 허구로 드러나고 있는데, 대규모 신흥경제국들에서 성장이 둔화하고 있고, 세계에

---

3 다음을 보라. Michael Roberts, "China's Transition: New Leaders, Old Policies," Michael Roberts blog, November 16, 2012, http://thenesttrecession.wordpress.com/2012/11/16/chinas-transition-new-leaders-old-policies/.

4 John Smith, *Imperialism and the Globalisation of Production*, Ph. D. thesis, University of Sheffield, 2010.

그림 11.2 1990~2012년 총고정자본 형성에서 세계 해외투자가 차지하는 몫(%)

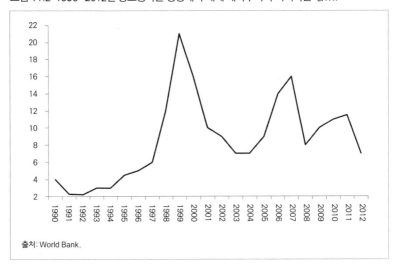

출처: World Bank.

서 중앙은행들은 금융부문에 대한 신용공급을 줄이기 시작했기 때문이다. 세계은행은 최근에 양적완화의 영향을 추정한 보고서를 발행했다.[5] 이 보고서는 최근의 회복동안 선진국에서 신흥경제국으로 일어났던 민간자본 이동의 60%는 중앙은행의 신용공급 때문이며 기업이익 개선이 아니었다고 밝혔다. 또한 세계은행의 자료는 세계 차원의 해외직접투자가 국내투자에 비해 회복되지 않았다고 밝혔다(그림 11.2를 보라). 우리가 아시다시피 대부분 주요경제국들에서 국내투자는 여전히 침체 상태다.

증권시장에서 호황이 있었던 것 같지만, 자본주의 생산부문의 유형자산 투자는 그렇지 않았다. 유엔무역개발회의(United Nations Commission on Trade and Development, UNCTAD)는 문제가 세계적으로 기업 투자수익률의 회

5 Jamus Jerome Lim, Sanket Mohapatra, and Marc Stocker, "Tiner, Taper, QE, Bye? The Effect of Quantitative Easing on Financial Flows to Developing Countries," Background paper for Global Economic Prospects 2014, Washington, DC, World Bank.

복 실패 때문이라고 밝혔다.[6] 2011년 세계 생산부문 투자에 대한 이윤율은 (2007년) 세계 금융붕괴와 대침체 전의 선진 자본주의 경제국들에 비해서는 약 20% 낮았으며, 전 세계에 비해서는 15% 낮았다. 세계 대부분의 국가들에서 이윤율이 위기 이전 수준보다 낮을 것이다.

그 결과 브릭스(BRICS: 브라질, 러시아, 인도, 중국, 남아프리카공화국. 골드만삭스의 수석 경제학자 짐 오닐Jim O'Neill이 붙인 이름)가 세계 자본주의 성장의 구세주가 될 것으로 예상되었으나, 이제는 '취약한 5개국(fragile five, 인도, 브라질, 인도네시아, 터키, 남아프리카공화국)'으로 바뀌었다. 이는 이질적인 집단인데, 이 허우적대는 신흥경제국들은 제조품이나 서비스를 많이 판매하지 않고 농산품이나 금속상품을 많이 판매하는 것에 의존하기 때문이다. 이는 특히 아르헨티나, 브라질, 남아프리카, 칠레의 경우이다.

신용이 세계적으로 휘청거리면서, 사회기반시설 투자가 감소하고 있다. 건설에서 원료 (구리, 철광석, 강철, 석탄 등등) 수요 역시 상대적으로 감소하고 있다. 그 결과는 오스트레일리아, 칠레, 브라질과 다른 나라들의 수출품에 대한 수요 손실이다. 대침체와 뒤이은 약한 회복은 신흥경제국들의 무역 감소와 이 국가들로 향하는 투자흐름이 감소하게 했다. 이런 국가들의 성장률도 역시 서서히 떨어지기 시작했다. 위기는 전 세계적이다.

브라질: 축제는 끝났다

브라질 전체 경제의 이윤율 변동을 분석함으로써 마르크스주의 관점에서 브라질 경제를 살펴볼 수 있다(그림 11.3을 보라).

---

6 UNCTAD, World Investment Report (UNCTAD, 2013).

1963년부터 2008년까지 이윤율은 장기적으로 약 19% 하락했다. 하지만 이윤율의 이런 장기 하락은 실제로는 1963년부터 1980년대 초까지의 하락과 1990년대 하락의 산물이다. 이런 20년 정도 시기 동안, 이윤율은 30% 넘게 하락했는데, 자본의 유기적 구성이 23% 상승했고, 착취율은 17% 하락했기 때문이다. 이는 마르크스 이윤율 법칙이 작동하고 있는 전형적인 예이다.

1990년대 중반부터 브라질의 지배 엘리트들은 이윤율 회복을 위해 고안된 신자유주의 정책을 채택했다. 1993년에서 2004년 사이에 이윤율은 35% 상승했다. 이유는 해외투자가 산업(자동차, 화학, 석유)으로 유입되면서 자본의 유기적 구성이 20% 상승했지만, 착취율은 55%로 더욱 많이 상승했기 때문이다. 착취율이 상승한 이유는 브라질인들이 집약적인 자본주의 생산 방식을 가진 산업 및 농산 가공 부문에 노동력으로 더 많이 투입되지만, 임금은 억제되었기 때문이다.

브라질은 세계시장에서 농산물의 주요 생산자 및 수출자가 되었다. 주

그림 11.3 1953~2010년 브라질의 자본 이윤율(%)

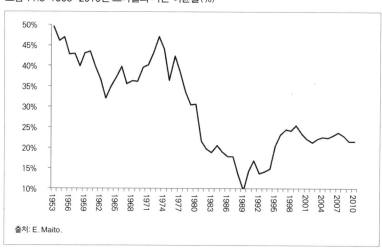

출처: E. Maito.

요 수출품에는 콩, 콩가공품, 쇠고기, 가금류 고기, 설탕, 에탄올, 커피, 오렌지 주스, 담배가 있다. 브라질의 농식품 부문은 이제 국내총생산의 약 28%를 차지한다. 브라질은 미국과 유럽연합 다음으로 세계에서 세 번째로 큰 농산물 수출국이다(금액 기준). 빠른 수출 성장은 농산 수출품의 구성이 열대성 생산물에서 가공품으로 바뀌게 했는데, 이는 부가가치의 크기를 늘려주었다. 가공품은 이제 농산 수출품에서 약 3/5을 차지하고 있다.

몇몇 다른 신흥경제국들처럼 브라질도 자국 내의 신자유주의 정책을 지원해주는 우호적인 대외 요인들로부터 혜택을 봤다. 식료품의 가격이 상승했다. 어떤 면에서는 그것은 1980년대 영국 대처 정부에 도움을 준 북해 석유의 발견과 같았다. 지난 10년간 지속적으로 높은 상품 가격에서 얻은 소득의 횡재(income windfall)는 유례없는 일이었다. 이를 연환산하면 국내 소득의 평균 15%이고, 누계하면 국내소득의 90%에 가깝다.[7] 중국 수요가 만든 상품 가격 상승, 착취율 증가로 나타난 생산성 이득, 농촌 지역으로부터 고용 확대가 결합되어 10년 동안 이윤율과 성장을 높였다. 2002년 위기 후 국내총생산 성장은 2010년까지 연평균 4%를 넘었다. 이는 전반적인 생활수준과 삶에서 커다란 개선을 낳았다.

하지만 자본주의 발전의 불평등은 여전히 체제 안에 박혀 있었다. 브라질의 소득과 부의 불평등은 극심한 수준으로 계속되고 있는데, 오직 인종차별정책 폐지 이후 남아프리카만이 이보다 더 심하고, 1인당 지니계수로 측정하면 오직 멕시코만이 이보다 심하다.

지난 10년간의 호황에도 불구하고 브라질의 평균 가계 순 조정 가처분 소득은 경제개발협력기구의 연평균 2만 3,047달러보다 훨씬 낮다.

---

7 Alejandro Werner, "After a Golden Decade Can Latin America Keep its Luster," EconoMonitor, May 7, 2013, http://www.economonitor.com/blog/2013/05/after-a-golden-decade-can-latin-america-keep-its-luster/.

평균이 그렇다. 1,600만이 넘는 국민이 여전히 극빈으로 여겨지는 삶을 살고 있으며 월 소득이 70헤알(real, 약 33달러)보다 낮다. 남성의 약 80%는 직업을 가지고 있고, 여성은 56%로 비교가 되며, 피고용인의 12%는 아주 장시간 일을 하는데, 이는 경제개발협력기구 평균인 9%보다 높으며, 남성의 15%가 아주 장기간 일을 하는데, 여성은 9%로 비교가 된다. 국민의 약 7.9%가 지난 12개월 동안 폭행 희생자로 전락했다고 보고되었는데, 이는 경제개발협력기구 평균 4%의 거의 두 배이다. 브라질의 자살률은 10만 명당 21.0%이며 이는 경제개발협력기구 평균의 거의 10배이며 세계에서 가장 높은 나라 가운데 하나이다. 폭력은 젊은 사람들한테 집중되어 있으며, 지난 15년간 폭력은 브라질에서 주요 사회 문제가 되었다. 브라질의 지역 격차는 여전히 아주 높은데, 평균 국내총생산이 북동부 지역은 전국 평균의 고작 46%이고 남동부 지역은 전국 평균보다 34% 높다.

　루이스 이나시오 룰라 다 실바(Luiz Inácio Lula da Silva) 대통령 정부의 상품 호황기 동안 노동계급에게 몇몇 중요한 이득이 있었는데, 사회보호체계, 노동자들에게 낮은 이자율의 신용 증대, 일반 건강보험 및 교육이 그것들이다. 가족수당계획인 보우사 파밀리아(The Bolsa Família)는 이 정책들에서 가장 뚜렷한 측면이다. 2004년에서 2011년 사이에 소득이전으로 혜택을 받은 가계의 숫자는 두 배가 넘었는데, 650만에서 1,330만으로 늘었으며, 이는 전체 인구의 거의 1/4을 나타낸다. 많이 소외된 지역에서 이 가족수당계획의 지급은 지역 경제에 주된 동력기관이 되었다. 정부정책의 다른 기둥은 노조와 협상하여 채택된 것인데, 최저임금과 조합연금(associated pension)이었다. 임금은 2002년에서 2012년 사이에 명목기준으로 211% 상승했으며, 물가상승을 조정하여 실질 기준으로는 66% 상승했다. 실업률 12.3에서 6.7%로 폭락했고, 노동인구는 매년 1.6% 팽창했다.

그러나 이런 호황 동안에도 마르크스의 이윤율 법칙은 여전히 작동했다. 2004년 이윤율은 하락하기 시작했는데 (2008년에 8% 하락했으며 그 이후 더 많이 하락했다), 임금이 급등했고, 착취율이 25% 하락했기 때문이다. 단지 상품가격에서 계속된 호황 때문에 성장이 지속될 수 있었다.

2008~2009년 세계침체가 닥쳐왔을 때, 신흥경제국들도 그 결과를 피할 수 없었다. 브라질의 경우 상품가격 상승과 정부조달 투자를 늘린 정부의 인위적인 정책으로 다른 국가들과 비교했을 때 최악의 침체를 피할 수 있었다.

하지만 브라질의 주요 농산 수출품의 가격이 2011부터 하락하기 시작하여 계속되고 있다. 세계 상품가격이 다시 급격하게 하락했고, 이윤율은 더 하락하기 시작했다. 수출품의 이윤율은 2004년 전에 가장 좋았던 시기보다 약 20% 낮다.

2011년 이후 브라질의 국내총생산 성장은 결과적으로 둔화되었다. 2013년 이후 제조업 투자와 수출에서 급격한 하락이 있었다. 공공 투자가 0.4% 포인트 상승하여 국내총생산의 5.4%가 되었지만, 국내총생산 대비 민간투자가 14.3%에서 12.7%로 하락한 것을 벌충하기에는 충분하지 못했다. 산업은 위기 이전 생산수준을 회복하지 못했다.

정부는 기업부문에 대한 감세와 우대책을 통해서 민간부문 투자를 촉진하려고 했지만, 이는 재정적자를 늘리는 대가를 치렀다. 공공부채의 이자 비용이 늘었고, 이는 정부로 하여금 많은 사람들이 의존하고 있던 교통, 주택, 교육에 대한 보조금을 삭감하게 만들었다. 최후의 결정타는 기초 공공서비스를 희생시켜 축구와 올림픽 개최에 엄청난 지출을 한 것이었다(부분적으로 자본주의 부문의 이윤을 북돋우기 위해).

그 뒤에 이어진 불만 때문에 정부의 양보가 있었지만, 정부는 신자유주의 정책을 그만두려는 의지를 보이지 않았다. 재무장관 구이도 만테가

(Guido Mantega)는 "어려움을 겪는 부문을 앞으로 지원하기 위해서 제공할 지원금을 보충하기 위해 세금을 올리거나 공공지출을 삭감하겠다."고 말하며 그 의지를 분명히 했다. 생활수준에 추가 타격을 주지 않고는 자본주의 부문 이윤율은 회복되지 않을 것이고, 세계 경제 회복이 약하고 중국이 둔화하는 한 경제성장은 여전히 낮은 상태로 머물 것이다. 축제는 끝났다.

남아프리카: 만델라의 유산

2013년 넬슨 만델라(Nelson Mandela)의 죽음은 남아프리카 흑인 대중이 포악하고 잔인하고 억압적인 인종차별 체제(apartheid system, 아파르트헤이트 체제) 시기 동안에 성취한 위대한 승리를 상기 시켰다. 그 인종차별 체제는 처음에 영국 제국주의가 북돋았고, 그러고 나서 반동적이고 인종차별적인 남아프리카 백인 지배계급이 아주 적은 소수의 특권을 유지하기 위해 채택했다. 넬슨 만델라는 정치범으로 감옥에서 27년을 보냈고, 그가 대표했던 사람들은 미국을 포함한 주요 제국주의 열강의 지원을 받던 말도 안 되는 체제를 무너뜨리기 위해 수십 년 동안 길고 힘든 투쟁을 했다.

하지만 1990년대 인종차별체제의 종말은 또한 남아프리카 백인 지배계급과 주요 자본주의 국가들의 지배계급들의 태도 변화에도 기인한다. 더 이상 넬슨 만델라를 테러리스트로 여기지 말아야 하고 흑인 대통령을 피할 수 없으며 심지어 필요하다는 실리적인 결정이 있었다.

그때 남아프리카 자본주의 경제는 무너져 있었다. 남아프리카의 수출품이 세계적으로 불매되고 있었을 뿐만 아니라 광산과 공장에서 흑인 노동력의 생산성이 하락해 있었다. 산업 투자의 질과 해외로부터 투자 이

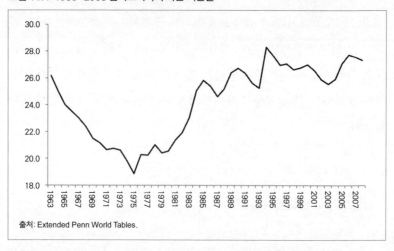

그림 11.4 1963~2008 남아프리카의 자본 이윤율

출처: Extended Penn World Tables.

용 가능성이 급격히 떨어져 있었다. 이는 1980년대 초반 세계 침체에서 자본의 이윤율이 전후 최저에 도달했다는 사실에서 나타난다(그림 11.4를 보라). 다른 자본주의 체제와 다르게 인종차별 체제의 남아프리카는 흑인 노동인구의 착취 강화를 통해 상황을 전환할 방법을 찾지 못했다.

지배계급은 전략을 바꿔야만 했다. 프레데리크 데 클레르크(Frederik Willem de Klerk) 집권 때 백인 지도부는 수십 년간 펼친 옛 정책을 바꾸어서, 넬슨 만델라의 석방을 선택했고, 노동규율과 이윤율을 회복할 수 있는 흑인 다수 정부를 찬성했다. 넬슨 만델라의 석방으로 프레데리크 데 클레르크는 넬슨 만델라와 함께 노벨평화상을 수상했다. 넬슨 만델라는 76살로 대통령에 당선됐다! 넬슨 만델라의 1기 정부 때 해외투자가 쏟아져 들어오고, 노동력 착취율이 급등하면서 이윤율이 급격하게 상승했다(그림 11.5를 보라).

이윤율 상승은 2000년대 초반에 끝났는데, 자본의 유기적 구성이 가파르게 상승하면서다. 남아프리카 산업은 현재 어려움을 겪고 있는데,

그림 11.5 남아프리카의 착취율 또는 잉여가치율(임금에 대한 비율)

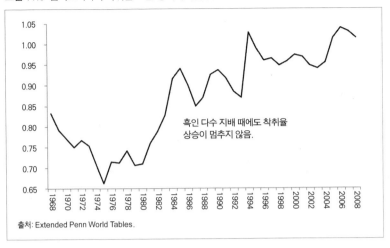

흑인 다수 지배 때에도 착취율
상승이 멈추지 않음.

출처: Extended Penn World Tables.

실업과 범죄가 세계 최고 수준에 있으며, 경제성장은 무너지고 있다.

넬슨 만델라와 그 뒤 타보 음베키(Thabo Mbeki)의 집권 때 남아프리카는 흑인 다수의 정말 끔찍한 생활 상태, 위생시설, 주택, 전기, 교육, 등등에서 약간의 개선을 보여줬고, 운동에 대한 잔인하고 독단적인 통제와 인종차별 체제의 불평등을 끝냈다. 하지만 남아프리카는 여전히 소득과 부의 불평등이 세계에서 가장 높으며, 흑인 자본가들이 백인 자본가들과 함께 경제에 참여했기 때문에 불평등은 더 상승하지는 않았다. 스스로 천명하고 있는 사회주의 이념에도 불구하고, 아프리카민족회의(African National Congress, ANC)는 자본주의 생산양식을 공동소유로 바꾸는 쪽으로 전혀 나아가지 못했으며, 심지어는 광산이나 자원산업에서도 그렇다.[8]

---

8 경제협력개발기구는 신흥경제국들의 소득 불평등에 대한 보고서에서 다음과 같이 언급한다. "한 극단인 두 나라에서(브라질과 인도네시아) 지난 10년간 있었던 강한 산출 성장이 소득 불평등 감소와 백병전을 벌였다. 다른 극단인 네 나라(중국, 인도, 러시아, 남아프리카)는 같은 기간 동안 경제가 강하게 팽창했음에도 불구하고, 불평등의 수준에서 가파른 상승을 기록했다." OECD, *Special Focus: Inequality in Emerging Economies* (Paris: OECD, 2011).

한줌 밖에 되지 않는 부유한 백인 소수는 인종차별 체제 종말로 거의 영향을 받지 않았다.[9] 현재 부유한 백인들은 부유한 흑인들과 결합해 있는데, 이 흑인들은 기업을 지배하고 있으며 여당인 아프리카민족회의(ANC)의 흑인 지도부에 압도적인 영향력을 행사하고 있다. 이 정당은 다수의 흑인 노동계급과 최근 성장한 소수 흑인 지배계급 사이의 날카로운 분열을 보여주고 있다. 이 갈라진 틈에서 아주 자주 분출이 일어나는데, 그러나 결정적인 폭발은 없는 듯하다. 넬슨 만델라의 유산은 인종차별 체제의 종말이었지만, 평등과 더 나은 삶을 위한 투쟁을 계속되고 있다.

터키: 숲을 가꿀 나무가 없다

터키에서 시위의 폭발은 2013년에 시작되었다. 사람들이 탁심 게지 공원(Taksim Gezi Park)을 또 다른 쇼핑센터로 바꾸려는 정부계획의 일환으로 공원 나무를 없애는 것을 멈추게 하려고 시도 했을 때였다. 이 쇼핑센터에는 또 다른 사원이 포함될 수도 있었고, 세속의 아타튀르크 문화센터(Atatürk Cultural Center) 파괴와 오스만 제국 양식의 병영 생활관으로 대체가 포함될 수도 있었다. 이는 역사의 우연이 아니었는데, 왜냐하면 개발을 위한 녹지 공간의 상실에 대해 다양한 터키인들(노동계급과 중간계급)이 점점 더 반대했기 때문이다. 경제개발협력기구에 따르면 터키인의 33%는

---

9 또 경제협력개발기구는 다음과 같이 언급한다. "이는 남아프리카에 특히 심각한 도전이다. 이 나라의 지리적 분리에는 인종들 간 불평등을 반영하기 때문이다. 인종차별체제 종말 이후 실질소득은 모든 집단에서 증가했지만 많은 아프리카인들은 여전히 빈곤하게 살고 있다. 어떤 빈곤 기준으로든지 아프리카인들은 유색인종들보다 훨씬 가난하고, 인도인이나 아시아인들보다 훨씬 가난하고, 백인들보다 가난하다." OECD, *Special Focus: Inequality in Emerging Economies.*

녹지 공간 접근 부족을 느끼고 있는데 이는 경제협력기구 소속 유럽 국가들 평균인 12%보다 훨씬 높은 수치이며 그 지역에서 가장 높은 수준의 불만족이다.

터키 자본주의는 지난 10년간 진전되어 왔으며, 집권당인 정의발전당(Justice and Development Party, AK)과 국내 자본과 해외 자본과 관련 되는 일에는 어떤 것(나무를 포함해서)도 막아서면 안 되었다. 터키는 경제협력기구라는 부자 클럽의 사다리를 오르길 원하며, 여전히 2010년대 말까지 유럽연합 가입을 위해 다투고 있다. 동시에 정부는 독재적으로 이런 자본주의 팽창 위에 이슬람 양식의 국가 상부구조를 세우려고 하는 데, 예를 들어 술에 대한 엄격한 규칙, 종교의식, 옷, 여성의 예속이라는 양식이다.

시위 때까지는 정의발전당이 잘 나갔는데, 선거 때마다 이겼고, 그리하여 이전의 아타튀르크 세속주의 군대의 규모를 축소했으며, 부패한 중간계급의 세속주의 야당들을 해산시켰다. 이를 수행하는데 정의발전당은 엄청나게 많은 도시 빈민자들의 지지를 받았는데, 이 정당은 10년이 넘는 기간 동안 여러 도시에서 조심스럽게 기반을 만들었다. 물론 도전받지 않는 권력을 쥐면서 이 정당은 대기업과 해외 자본의 도구가 되었다(정책에 종종 균열이 있었음에도 불구하고). 정의발전당 정부는 점점 스스로를 지역의 권력이 될 수 있다고 생각했고, 이란, 팔레스타인, 시리아 등 지역의 여러 충돌에 개입하려 했다.

얼핏 보기에는 터키 자본은 많은 문제없이 전진하고 있는 것 같다. 해외투자가 쏟아져 들어와서 뒤처진 시골에서 도시지역으로 유입된 노동인구를 착취하는 동안(전형적인 신흥 자본주의 발전)에, 최근 시기에 경제성장이 빨랐다는 것은 사실이다. 겉으로 드러난 이런 경제성장은 허약한 자본주의의 덜덜 떨고 있는 다리 위에 이루어졌고, 부패, 종교 후진성, 인권과 법에 대한 존중 결핍에 파묻혀 있다. 국제통화기금에 따르면 지니계수로 측정한 소득의 불평등은 약 40으로 선진 자본주의국들 가운데 가장 불평등한 미국보다 높으며, 러시아를 제외하고 유럽의 신흥경제국 가운데 가장 높다.

터키가 국경없는기자회의 언론자유지수(Reporters Without Borders' Freedom Index in 2014)에서 154위를 차지한 것은 놀라운 일이 아니다.[10] 터키는 "현재 세계에서 언론인들을 위한 가장 큰 감옥"일 뿐만 아니라 언론매체 사장들은 정부의 압력 때문에 언론인들을 해고하고 있다. 15세에서 64세까지 노동가능인구의 48%만이 직업을 가지고 있는데, 이는 경제협력개발기구 고용 평균 66%보다 훨씬 낮은 수치이고 경제협력개발기구에서 가장 낮은 고용률이다. 터키인들은 1년에 1,877시간 노동하는데, 경제협력개발기구 평균 1,776시간 보다 많다. 그러나 터키에서 피고용인의 45%는 아주 긴 시간 노동을 하며, 단연코 경제협력개발기구에서 가장 높은 비율인데, 경제협력개발기구의 평균은 9%이다.

인구의 약 67%는 현재 주택 상태에 만족하고 있다고 말하는데, 경제협력개발기구 평균인 87%보다 훨씬 낮으며, 경제협력개발기구 회원국 가운데 가장 낮은 수준이다. 터키에서 평균 주택은 1인당 0.9개의 방을 포함하는데 이는 경제협력개발기구 평균 1인당 1.6개 방보다 적다. 기본 시설 차원에서는 터키 인구의 87.3%가 실내 수세식 화장실을 개인적으로 이용할 수 있는 주택에 살고 있는데, 이는 경제협력개발기구 평균 97.8%보다 낮으며, 경제협력개발기구 회원국 전체에서 가장 낮다.

최우수성과학교체계(best-performing school system)는 겨우 모든 학생들한테 높은 질의 교육을 제공하고 있다. 터키에서 가장 높은 사회경제적 배경을 가진 20%와 가장 낮은 사회경제적 배경을 가진 20% 사이의 평균

---

10 국경없는기자회 2014년 언론자유지수. http://rsf.org/index2014/en-middle-est.php.

격차는 106 포인트이며 이는 경제협력기구개발 평균 99 포인트보다 높다. 이는 터키의 학교체계는 주로 잘사는 사람들한테 더 높은 질의 교육을 제공한다는 것을 의미한다.

전체 건강지출은 터키 국내총생산의 6.1%를 차지하는데, 경제협력개발기구 회원국 평균 9.5%보다 3% 포인트 이상 낮다. 2008년 1인당 건강지출 규모가 913 달러로 경제협력개발기구에서 가장 낮았으며, 경제협력개발기구 평균은 3,268 달러이다. 터키 인구의 약 61%만 물의 질에 만족한다고 말한다. 이 수치도 경제협력개발기구에서 가장 낮으며, 경제협력개발기구의 평균 만족 수준은 84%이다. 이는 터키가 아직까지 주민들한테 좋은 질의 물을 제공하는 데 어려움을 갖고 있다는 것을 의미한다.

대침체는 다른 나라를 강타한 것만큼이나 강하게 터기 자본주의를 타격했다. 정부의 답(국제통화기금의 충고에 반대함)은 국내 수요를 진작할 수 있도록 신용거품을 부풀게 하는 것이었다. 이는 물가상승률을 두 자리 숫자까지 올렸고, 2011년에 경상수지적자를 국내총생산의 10%까지 높였으며(달러 기준으로 세계에서 두 번째 규모), 세계 불확실성 지속의 시기에 터키를 자본 이탈의 위험에 노출시켰다. 대외 자금조달 필요가 국내총생산의 약 25%인데 그래서 터키 은행들은 단기 해외 대출에 의존하고 있다. 이 나라는 20년 만에 농업 경제에서 서비스 경제로 도약했으며, 침체는 제조업 기반을 약화시켰다. 에지자주바슈(Eczacıbaşı)와 졸루(Zorlu) 같은 기업 총수들은 과거 몇 년 동안 핵심 사업에 투자하기보다는 거대한 쇼핑몰을 건설했다.

2003년과 2011년 사이 실질 국내총생산 성장은 연평균 5.3%였지만 실업률은 두 자리 숫자에 머물렀고, 따라서 착취할 산업예비군들을 창조했다. 다른 나라들과의 무역 및 소득 적자는 국내총생산의 평균 5%를 넘었다. 이 시기는 터키 자본주의에서 좋은 시기였다. 2010년대 가운데 남은 시기 동안 경제성장은 둔화하여 기껏해야 연간 4% 미만일 것으로 예상되며, 대외 적자는 국내총생산의 증가하여 7.5%가 될 것으로 예상된다. 지난 10년간 호황은 부분적으로 부동산, 신용, 서비스, 건설에 기반을 두었고, 제조업, 무역, 투자에는 적게 기초했다.

이는 터키 노동인구의 팽창이 둔화되기 시작하면서 자본의 이윤율이 하락했기 때문이다. 이윤율의 하락은 1990년대 동안 뚜렷했다(그림 11.6을 보라). 정의발전당이 창당한 지 1년 만인 2002년 선거들에서 대기업들의 후원으로 압도적 승리를 거둔 것은 우연이 아니었다. 정의발전당 집권 아래 이윤율은 급격하게 회복했다(부분적으로 비생산 부문 투자에 기초하여). 대침체는 상황을 역전시켰고, 이때 이윤율의 회복은 무너졌다. 이윤율이 2010년 초반 즈음 공황 이전의 꼭짓점을 회복했지만, 그때 이후부터 이윤율은 폭락했고 여전히 대침체 이전의 꼭짓점보다 낮다.

2013년부터 터키 경제는 둔화되었는데, 국내 수요의 약화가 이끌었

그림 11.6 1950~2010년 터키의 자본 이윤율(%)

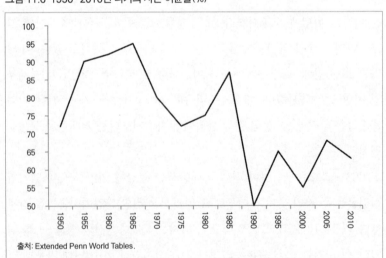

출처: Extended Penn World Tables.

다. 국민저축은 지난 15년 동안 급격하게 하락했는데, 1990년대 종반 국내총생산의 25%에서 현재는 15% 미만이다. 이런 하락의 폭은 같은 시기 동안 G20 국가들보다 컸으며, 다른 신흥경제국들의 경험과는 정반대이다. 터키는 교역재 부문으로 더 많은 해외직접투자 유입을 끌어들이기 위해 노동시장을 경쟁성 있게 만들도록 강요받고 있다. 국내총생산의 약 2% 정도 되는 해외직접투자 유입은 G20 평균보다 여전히 낮으며, 그것의 대부분은 은행업과 부동산 같은 비생산 부문으로 치우쳐 있다.

터키는 해외자본 이동 때문에 추동되는 호경기-불경기 순환 경향을 가지는 상태에 있다. 세계 제국주의의 건강이 터키의 경제성장에 여전히 무엇보다 중요한 요소이다.

인도의 모디노믹스(Modinomics)

2014년 4~5월에 인도는 인류 역사상 가장 큰 민주 선거를 치렀는데, 만약 '민주주의'가 의회 선거를 의미한다면 말이다. 약 8억 1,400만 명의 인도인들이 투표권을 가졌다. 나렌드라 모디(Narendra Modi)가 이끄는 인도인민당(Bharatiya Janata Party, BJP, 바라티야 자나타 당)이 승리했다. 인도인민당은 1998~2004년에도 집권했지만 인도 자본들한테 신뢰할 수 없는 당으로 판명되었는데, 무솔리니의 검은 여단(Black Brigades)을 본뜬 단체인 힌두교 파시스트 정당 민족봉사단(the Rashtriya Swayamsevak Sangh, RSS)의 전임 회원들과 함께해서 문제가 되었다.

나렌드라 모디는 물 흐르듯이 인도인민당으로 들어갔지만 오랜 시간 동안 민족봉사단의 회원이었다. 그는 물론 전향했고, 이제는 전체 자본의 뜻을 받들 것이고, 더 이상 그가 이전에 가졌던 힌두 공동체주의(Hindu communalism)를 밀고 나가지 않을 것이라고 주장했다. 하지만 나렌드라 모디는 2001년부터 구자라트 주의 수상(chief minister)을 했고, 이 주에서는 정부로부터 어떤 항의도 받지 않고 무슬림 집단학살이 일어났다. 하지만 그러한 것이 감당할 수 있는 한도 안에 있는 한 인도 자본가 계급에게 문제가 되지 않는다. 인도 자본가 계급에게 나렌드라 모디는 구자라트 주에서 증명되었듯이 '친기업' 정부를 이끌고 있다. 구자라트 주에서 다국적 기업들은 값싼 토지 계약, 감세, 환경법 규제폐지로 환영 받았다. 이것이 나렌드라 모디가 말하는 모디노믹스이다.

인도 자본주의의 문제들이 증가하고 있다. 인도는 지난 10년 동안 연평균 9%가 넘는 놀라운 성장을 달성한 후에 최근 몇 년간 둔화하기 시작했다.

사회기반시설 및 기업 투자의 침체는 최근 인도 성장 둔화에 가장 크게 기여한 단일 요소이다. 인도의 투자 성장은 최근 10년간 평균 12%를 넘었는데, 최근 2년 동안에 0%를 향해 하락하고 있다(그림 11.7을 보라).

인도의 주류경제학자들은 높은 이자율과 '너무 엄격한' 노동권을 탓한다. 국제통화기금도 "경제정책 전반의 미래 방향 및 기업 신뢰 악화와 관련한 불확실성 증가"[11]를 탓한다. 국제통화기금은 국영기업들이 수익을 낼 수 있도록 인도정부가 에너지 가격을 올리길 원하고, 노조로 하여금 임금과 고용을 보전하지 못하게 해서 청년실업자들이 일자리를 얻을 수 있게 (물론 더 낮은 임금) 하도록 원한다.

인도 노동자의 2/3는 10명 미만의 노동자를 고용하는 소기업에 일하고 있으며, 이런 곳에서는 노동권이 무시되고 있는데, 실로 대부분 일용

---

11 "India's Investment Slowdown," IMF Direct, March 25, 2014, http://blog-imfdirect. imf.org/2014/03/25/indias-investment-slow-down-the-high-cost-of-economic-policy-uncertainty.

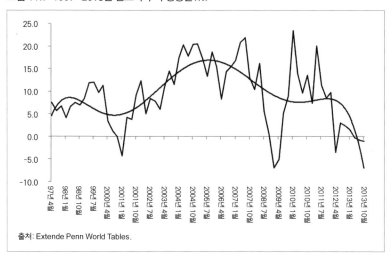

그림 11.7 1997~2013년 인도의 투자 성장률(%)

직이며, 현금으로 급여를 지급받는데, 세금과 규제를 피하고 있는 이른 바 비공식 부문이다. 인도는 주요 신흥경제국들 가운데 가장 큰 비공식 부문을 가지고 있다.

하지만 소기업들은 생산성이 아주 떨어진다. 실로 인도는 아시아에서 가장 낮은 생산성 수준을 가지고 있다. 일반적으로 할 일이 충분치 않은 농민들이 도시로 이주하여 제조업 일자리를 가진다면 생산성이 올라갈 수 있다. 이는 중국이 노동인구를 탈바꿈한 방식인데, 물론 자본이 노동 인구를 더 많이 착취하게 되었을 뿐만 아니라 생산성과 임금도 올렸다. 중국은 노동의 이주와 사회기반시설 건설의 국가 계획을 통해서 그것을 수행했다. 인도의 도시화율은 중국보다 한참 뒤처진다. 그래서 아직 인도와 해외 자본은 주로 젊은 노동력으로 된 거대한 산업예비군을 이윤을 위해 완전히 착취하지 못하고 있다.

그 결과 고용 성장은 비극적으로 느리다. 1,000만~1,200만으로 추정되는 인도 청년들이 매년 노동인구로 유입되지만, 많은 이들이 적합한 숙련이 부족하거나 일자리가 없어서 직장을 가지지 못한다. 국민의회당 (Congress Party)은 기업에 '차별금지조치(affirmative action)'를 도입하여 낮은 카스트 계급의 농촌 인구를 위한 일자리를 제공할 것이라고 말했다. 이는 대자본가들과 소자본가들을 확대하는 것 외에 거의 아무 효과가 없을 것이다. 동시에 이 당은 국제통화기금이 말하는 '노동유연화 정책 강화'에 동의한다.

인도 12억 인구를 위한 기초 자원 문제가 있다. 현재 식수의 85%를 기계로 퍼 올린 지하수로 공급하며 이는 모든 용도를 위한 주요 수자원이다. 북인도의 지하수는 세계에서 가장 빠른 속도로 감소하고 있으며, 많은 지역은 이미 '물 꼭짓점(peak water)'(즉 지속적인 관리가 필요한 수준)을 지난 것 같다. 세계은행은 인도 지하수자원 대부분이 20년 안에 임계점에 도달할 것이라고 예측했다.

인도 자본의 큰 요구는 정부의 규모를 축소하는 것이다. 관료주의적이고 비효율적이라 할지라도, 중앙정부와 주정부뿐만 아니라 독립 초창기부터 설립된 국영기업은 인도 경제에 어떤 연대를 제공해왔다. 하지만 다국적 기업들과 인도의 대자본가들은 이를 없애길 원한다. 중앙정부와 주정부는 수백만 명의 가난한 인도인들에게 식량과 연료를 보조하기 때문에 연간 재정에서 큰 적자를 내고 있다. 차입으로 이런 적자에 자금을 대고 있고, 이용할 수 있는 세수로 차입 비용을 메우고 있고, 세수를 교육이나 건강이나 교통에 대해 거의 사용하지 못하고 있다.

정부 세수는 낮은데, 인도 기업들은 세금을 거의 내지 않으며, 부자들은 더욱 적게 내기 때문이다. 인도의 소득 불평등은 중국이나 브라질, 남아프리카만큼이나 높지는 않은데, 하지만 그 불평등은 인도의 공식 지니계수보다 더 높은 것 같다. 왜냐하면 부자들이 숨긴 소득이 엄청나며 이는 계속 증가해왔기 때문이다. 경제개발협력기구에 따르면 인도의 소득 불평등은 1990년대 초반 이후 두 배가 되었다.[12] 인도 인구에서 가장 부유한 10%는 가장 가난한 10%보다 12배나 더 많이 버는 데, 이는 1990년대 약 6배와 비교된다.

나렌드라 모디가 옹호하는 인도 자본을 위한 대답은 민영화, 식량 및 연료 보조금의 삭감, 판매세(소비세의 한 종류_옮긴이) 신설이다. 이 판매세는 빈민에게 가장 큰 타격을 주기 때문에 세수를 거두는 가장 퇴행적인 방식의 세금이다. 이런 것들이 신자유주의 정책과 늘 함께 하듯이, 그 목적은 노동력의 착취율을 높여서 자본의 이윤율을 올리고 그리하여 현재 인도 자본이 꺼려하고 있는 투자를 하게끔 장려하는 데 있다.

인도 기업들의 부채는 점점 더 커지고 있는데, 국내총생산 대비 기업 부채는 아시아에서 가장 높은 국가 가운데 하나이다. 부채상환 비용이 가파르게 증가하고 있는데, 인도준비은행(Reserve Bank of India)이 아시아에서 가장 높은 물가상승을 통제하기 위하여 이자율을 크게 인상시키고 있기 때문이다.

인도 자본의 이윤율은 세계 경제침체가 시작되기 이전부터 ('신흥시장'의 높은 수준에서이지만) 꾸준히 하락했다(그림 11.8을 보라). 최근에 이윤율은 더욱 많이 하락했고, 현재는 1980년대 수준보다 약 20% 낮다. 2000년대 초반 두 자리 수 경제성장의 호황기 때는 모든 이야기가 인도의 소프트웨어 외주 제작 산업과 새로운 자동차 공장에 관한 것이었는데, 노동에게로 분배되는 가치의 몫을 급격하게 삭감하지 않고는 그런 호황을 돌이킬 가능성은 없어 보인다. 모디노믹스는 충분한 성장과 이윤율 개선을 가져다줄 수 있도록 인도 자본주의의 실패를 '해결'하지 못할 것이다.

---

[12] OECD, *Special Focus: Inequality in Emerging Economies*.

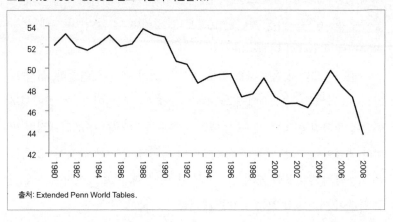

그림 11.8 1980~2008년 인도 자본의 이윤율(%)

출처: Extended Penn World Tables.

동유럽의 이행 경제

이른바 유럽의 이행 경제국들이 소비에트 진영과 분리된 때로부터 약 25년이 지났다. 나에게 '이행'이란 의미는 소비에트 진영 내에 있던 경제 국들이 국가 소유의 중앙 계획경제로부터 사적 소유 기업들을 가진 완전한 자본주의 경제로 탈바꿈한 것이다.

유럽의 이행 경제국들을 하나로 묶어 서술하는 것은 잘못일 수 있는데, 이 국가들에 살고 있는 1억 8,000만 명 인구들은 다양한 사안과 문제에 직면해 있기 때문이다. 이른바 비세그라드 집단(Visegrád Group)인 폴란드, 체코 공화국, 헝가리, 슬로바키아는 가장 부유하고 빠른 성장을 해왔다. 이 국가들은 지리적으로든 경제적으로든 서유럽의 선진 자본주의 국가들과 가깝다. 서유럽은 특히 독일은 이런 나라들의 수출을 위한 부유한 시장을 제공했다. 그리고 독일과 다른 나라들의 기업들은 값싸고 숙련된 노동력과 약한 규제, 낮은 세금, 거의 없는 환경규제를 이용하기 위해 그런 지역으로 옮기거나 외주제작을 맡기면서 해외투자 유입의 잠재력을 제공했다.

소비에트 진영이 몰락했을 때, 비세그라드 집단과 발트 3국에서 노동자들의 시간당 보수는 서독 임금의 10% 미만이었다. 심지어 2011년에도 여전히 독일 노동자 평균 보수의 25%에 지나지 않았다.[13]

그 다음으로 남동부 유럽과 발칸 국가들의 무리가 있는데, 모두 약 10개국이며 500만 명보다 많지 않은 인구를 가진 나라들이다. 이 작은 경제국들은 특히 유고슬라비아 연방이 해체되자 더 부유해지기 위한 힘겨운 투쟁에 직면했는데, 왜냐하면 이 나라들은 해외 투자에 아주 많이 의존하고 있고 이는 노동자들을 부유하게 만들기보다 착취하기 때문이다. 이 나라들은 유고슬라비아 해체를 가장 강하게 밀어붙였던 독일의 위성국가가 되었다.

그 다음으로 아주 작은 발트 3국이 있는데, 스칸디나비아, 폴란드, 독일, 러시아 사이에 끼어 있으며 역사적으로 이런 큰 강국들로부터 휘둘려 왔다. 하지만 이 국가들은 그렇게 작은 인구가 살아갈 수 있을 정도로 충분한 자금을 마련하거나 투자를 하지 못하고 있다. 그래서 스웨덴은 이들 나라의 은행 체계에서 큰 역할을 하고 있으며, 발트 3국은 러시아의 분노를 유발하지 않고, 서쪽에 있는 유럽과 통합하는 것이 더 쉽다는 것을 알게 됐다.

마지막으로 이 목록의 가장 밑줄에는 러시아와 접경한 국가들이 있다(우크라이나, 벨라루스, 몰도바). 이 국가들은 인구는 많지만 가난하며 여전히 러시아의 영향력과 투자에 매여 있고, 상당한 수의 러시아인이 소수 민족

---

13 US Bureau of Labor Statistics, "International Comparison of Hourly Compensation Costs" (2011), http://www.bls.gov/fls/#compensation.

으로 있다.

이 이행 경제국들에서 25년간의 자본주의를 겪은 후 1억 8,000명 인구의 대다수는 이득을 얻었는가? 1인당 국내총생산으로 번영을 측정해 보면 자본주의는 큰 성공을 거두지 못했다. 1990년에 중앙 유럽, 동유럽, 남동부 유럽의 1인당 국내총생산은 독일의 약 35%였으며, 2011년에는 38%였다. 이는 소비에트 진영이 몰락했을 때, 엄청난 붕괴를 겪은 후 회복된 수치인데, 1993년에는 독일의 1인당 국내총생산의 25%까지 하락했었다. 그런 끔찍한 침체 후에 상황은 개선되었고, 2000년대에는 개선의 속도가 빨라졌다. 하지만 그러고 나서 자본주의의 세계 금융붕괴와 대침체가 닥쳤고, 많은 이행 경제국들에서 신용 및 자산 거품이 터졌고, 이 국가들은 퇴보했다.[14]

물론 이 모든 국가들에게 이른바 서유럽이란 천국으로 수렴은 전혀 일어나지 않았다. 비세그라드 집단은 단연코 성적이 가장 좋았는데, 유로존으로 수출하는 이점이 그렇게 만들었다. 중앙유럽 국가들의 수출이 국내총생산에서 차지하는 몫은 약 80%이다. 유럽은 세계 무역 중심지이며, 재화와 서비스의 세계 무역에서 거의 절반을 차지한다. 단지 재화무역이 중앙 유럽과 동유럽의 국내총생산에 차지하는 비율은 2002년 44%에서 오늘날 70%가 넘는다. 남유럽에서는 20%에 못 미친다. 서유럽은 유럽에서 가장 큰 무역시장이다. 유럽의 많은 국가들은 서유럽의 최종재에 투입물을 공급하는 공급 사슬의 부분이 되었다. 예를 들어 독일 자동차 제조업체들은 중앙유럽에 생산시설을 지어서 그들의 생산 일부를 이 지역으로 이전했다.

---

14 N. Shafik, "Convergence, Crisis and Capacity Building in Emerging Europe," IMF Direct, July 27, 2013; http://blog-imfdirect.imf.org/2012/07/27/convergence-crisis-and-capacity-building-in-emerging-europe/.

무역이 관계의 중심에 있는 한, 금융관계(주로 은행들을 통한)가 더욱 중요하다. 유럽의 금융체계는 소유권과 자금조달의 측면에서 서유럽 은행들과 밀접하게 통합되어 있다. 벨라루스, 러시아, 슬로베니아, 터키에서 외국소유 은행들(여기서는 외국인 주체가 25% 이상 지분을 가지고 있고, 가장 큰 주주인 은행을 의미)이 이 시장의 약 35%를 차지하고, 반면에 보스니아 헤르체고비나, 크로아티아, 체코 공화국, 에스토니아, 루마니아, 슬로바키아 공화국에서는 외국 은행들이 이 시장의 80%까지 차지하고 있다. 반면에 외국 은행들은 유로 지역의 시장에서는 평균 20% 미만을 차지하고 있다. 외국 은행들의 국경 간 자금조달은 유럽의 많은 국가들에서 중요하다. 이는 불가리아, 크로아티아, 에스토니아, 헝가리, 라트비아, 리투아니아, 몬테네그로, 슬로베니아에서 2011년 말에 30%를 넘었다.

이런 밀접한 금융 관계는 서유럽에서 발생한 충격이 중앙유럽, 동유럽, 남동부 유럽에 커다란 영향을 안기는 전조가 되었다. 이는 2008~2009년 동안 일어난 일이다. 리먼 브라더스 파산 전에 서유럽 모은행들은 이런 지역 신용의 빠른 팽창에 자금을 댔는데, 이는 자산 가격 및 국내 수요 호황을 부추겼다. 하지만 세계 위기가 서유럽을 강타했을 때, 그런 자금 흐름은 갑자기 중단되었으며, 이는 그 지역을 심각한 침체로 빠뜨렸고, 2010년 서유럽으로 가는 수출이 회복된 후에야 침체가 약화되기 시작했다. 대규모 대외 부채를 차환할 필요성은 차입 필요액(borrowing requirements)을 높게 지속시켰다. 해외 통화 대출의 큰 저량은 환율과 통화정책을 제약했다. 러시아와 우크라이나는 상품가격 하락이 일어나기 쉬운 상태이다. 적자와 부채를 줄이려는 협력된 노력에도 불구하고 많은 국가들에서 재정적자가 여전히 상당하다. 은행체계는 큰 저량의 불이행 대출을 떠안고 있다. 이는 2008년 이전에는 존재하지 않던 문제이다.

대침체 이전 시기 동안 이행 경제국들에서 노동생산성 성장은 선진 서유럽보다 훨씬 높았다. 다시 말해 착취율 상승이 더 높았다. 하지만 비세그라드 국가들이 유로존 생산성 수준에 도달하려면 갈 길이 여전히 멀다. 그런 국가들은 독일과 스웨덴 같은 국가들의 단지 절반 밖에 되지 않는다. 나머지 이행 경제국들은 생산성 격차를 좁히는 데 거의 진전을 이루지 못했다(미국이 기준점). 비세그라드 국가들과 다른 국가들의 격차는 커지고 있다.

'성공한' 비세그라드 국가들 내에서도 역시 상당한 격차가 있다. 헝가리는 생산성 증가를 통해서 경쟁하는 능력에서 큰 실패를 겪었다. 1990년에 생산성 수준은 폴란드보다 50% 높았다. 이제는 폴란드의 생산성이 더 높으며, 체코 공화국과 슬로바키아도 더 나은 수준에 있다. 하지만 헝가리는 주류 자본주의 경제학자들이 자본 이동 및 시장의 '자유화' 때문에 좇아야 하는 모델로 언급했었다. 이제 헝가리는 엄청난 해외 부채 부담으로 버둥거리고 있다.

또한 비세그라드 국가들은 더 많은 일자리를 창조하는 새로운 공장과 사업체에 해외 직접투자를 끌어들일 수 있었다. 다른 국가들은 스스로 투자하기 위해 차입하는 수고를 해야 했다. 해외 통화들로 된 부채는 더욱 증가했다. 이행 경제국들 대부분은 점점 독일과 미국 제국주의의 식민지에 지나지 않게 되었다. 하지만 지금은 비세그라드 국가들조차도 외국 자본들이 조심히 지켜보고 있다.

남동부 유럽의 이행 경제국들은 너무 작아서 혼자서는 자본주의 성공 이야기를 만들 만큼 발전할 수 없었다. 대부분 유럽에서 노동자 10명 미만의 기업들은 부가가치 생산에서 약 1/5만 차지하지만 남동부 유럽에서는 거의 1/3을 차지한다. 그런 아주 작은 기업들은 '해외로 나갈' 숙련이나 자원을 가지고 있지 않다. 그래서 이런 국가들은 번영을 이룰 어떤 가능성이나 유로존 선두 국가들이나 심지어는 비세그라드 국가들과 평등해질 가능성도 없이 유럽에 잡혀 먹힐 수밖에 없다. 이 국가들은 여전히 유럽의 밑바닥에 있을 것이다.

발트 3국도 크기는 아주 작지만, 더 좋은 수렴 기회를 가지고 있는데, 스칸디나비아와 독일의 자본과 가까우며, 아주 '골치 아픈' 국가들이 아니기 때문이다. 하지만 대침체의 충격이 보여줬듯이 이 나라들도 역시 힘겨울 것이다. 실로 불황은 2010년대에 남동부 유럽과 발칸 국가들과 발트 3국을 지배했다. 접경국(우크라이나, 벨라루스)들은 인구도 많고 자원도 있지만 러시아 깡패 자본주의에 묶여 있다.

주류경제학이 이 이행 경제국들의 진전(또는 퇴보)을 논의할 때 일반적으로 간과하는 다른 전개의 부분이 있다. 그것은 베를린 장벽이 무너진 후 지난 25년 동안 만들어진 것인데, 소득 및 부의 불평등 증가이다.

유럽의 신흥경제국들은 1990년 모든 신흥경제국들 가운데 가장 평등한 지역이었다. 이때 이 지역의 지니계수는 29.4로 중남미의 49.7, 아시아의 34.7, 중동의 34.5 사하라 이남 아프리카의 47.2와 비교 되었다. 그러나 자본주의로 이행과 국유 자산의 민영화로 모든 신흥시장 지역의 지니계수 가운데 가장 큰 급등을 보여주었다. 이 지역에서 지니계수는 3.6% 포인트 상승하여 아시아의 2.6% 포인트, 중동의 2.2% 포인트 상승과 비교되며, 중남미의 1.1% 포인트, 아프리카의 3.2% 포인트 하락과 비교된다. 유럽의 신흥경제국 내에서 1990년 가장 평등한 국가는 발트 3국, 남동부 유럽, 발칸 국가들이었는데, 현재는 가장 가난한 이행 경제국으로 되었다. 하지만 2010년 러시아를 제외하면 동유럽에 불가리아가 가장 불평등한 국가인데, 그다음이 발트 3국이다. 자본주의로 이행은 불평등의 엄청난 증가를 의미한다. 지난 25년간 국민소득에 있었던 어떤 증가도 공정하게 나눠지지 않았다.

옛 공산주의 국가들 가운데 어떤 국가도 세계 자본주의 위기의 충격을 피하지 못했다. 왜냐하면 이 국가들은 너무 작거나 세계 무역과 자본 시장에 매우 통합되어 있기 때문이다. 서유럽으로부터 금융완화로 크게 뒷받침되었던 번영의 시기는 세계 은행붕괴로 무너지면서 끝을 맺었고, 중앙 유럽 및 동유럽 대부분의 국가들에서 국내 수요의 가파른 감소가 일어났다. 세계무역의 거대한 침체는 위기를 악화시켰고, 수출을 강타했다. 그 결과 이 지역의 국가들은 2008년과 2009년에 유례없는 경제 축소를 겪었다. 이 지역이 2010년 회복되기 시작하기까지, 국내총생산은 몇몇 국가들에서 25%만큼이나 하락했고, 알바니아와 폴란드 같은 몇몇 국가들은 상대적으로 하락이 크지 않았다.

발트 3국 모두는 세계 경제위기 동안 롤러코스트를 타듯 기복을 겪었다. 위기 이전의 호황은 유럽연합의 자금과 스칸디나비아 은행들로부터 많은 자본 유입에 기반을 두었다. 세계침체 때 이 국가들은 엄격한 긴축 계획을 선택했는데, 정부지출 통제뿐만 아니라 경쟁력을 회복시키려는 목적으로 물가와 임금에 하방압력을 가했다. 임금 하락(wage deflation)은 역시 노동과 자원을 건설 같은 비교역재 부문에서 공업품, 농산물, 임산물 같은 교역재 부문으로 전환을 용이하게 하여 수출 주도 경제 회복을 가능하게 만들 것으로 여겨졌다.

내부 평가절하로 제조업 임금을 낮추었고, 단위 노동 비용을 줄였는데, 이는 임금 및 생산성의 변화를 반영한다. 하지만 실질 국내총생산은 여전히 위기 이전의 꼭짓점으로 회복하지 못했다. 1인당 실질 국내총생산은 위기 이전보다 더 높지만 단지 상당한 해외이민 때문이다. 실업은 여전히 높다. 불가리아는 지난 10년 동안 59만 2,000명이나 인구가 감소했다. 730만 명의 인구를 가진 나라에서 이는 대단히 크다. 더욱이 이 나라는 1985년 이후 전체 인구에서 150만 명이 감소했는데, 이는 유럽뿐만 아니라 세계 기준에서도 기록이다. 불가리아는 1985년 거의 900만 명의 인구를 가졌지만, 지금은 제2차 세계대전 이후 1945년과 거의 비슷한 인구를 가지고 있다. 인구 감소가 계속되고 있다.

폴란드는 대침체의 타격이 별로 없었다. 이 나라는 2009년 침체를 피한 유일한 유럽연합 회원국이었다. 폴란드의 경제는 여전히 약 2% 성장을 겨우 이어가고 있는데, 유로존에서 어려움을 겪고 있는 주변부보다 훨씬 좋은 상태다. 실업률이 2013년 14.2%로 6년간 가장 높은 수치였지만, 대도시에서는 훨씬 낮다. 이 도시들은 회사 사무실과 외주 생산 센터를 건설하는 투자자뿐만 아니라 언어 학교 및 다른 기업들의 숫자를 늘리고 있는 곳이다.

최근 금융시장의 개선에도 불구하고 이 지역의 성장은 올해 가파르게 둔화했는데, 유로 지역에서 일어난 침체의 전파 때문이다. 더욱이 긴축된 무역 및 금융 관계는 유로 지역에서 재개된 악화로부터 이 지역을 계속 위험에 처하게 한다.

유로 지역 위기가 강화된다면, 중부 유럽, 동유럽, 남동부 유럽이 무역과 금융부문을 통해 심하게 영향을 받을 것이다. 유로 지역 성장이 빠르게 하락하면 수출은 어려움을 겪을 것이고, 금융시장 압박이 강화될 것이고, 모 은행의 자금제공 규모가 줄어들 것이고, 자본 유입이 감소할 것이며, 이는 국내 수요에 더욱 영향을 줄 것이다.

이 국가들은 전반적으로 자본주의로 전환되었고, 많은 국가들이 여전히 작은 국가들이기 때문에 세계 자본주의의 호황과 침체에 휘둘리며, 특히 이윤율에 그렇게 되고 있다. 이윤율은 자본주의 축적의 생명선이다. 이윤의 증가 또는 많은 이윤이 없으면 자본가들은 투자하지 않으며, 사람들은 고용되지 못하고 경제는 성장하지 못한다.

자본주의 생산양식은 풍부한 노동력 공급의 흡수 속도를 높인다. 다른

그림 11.9 1997~2007년 지역별 노동인구 연간 성장률

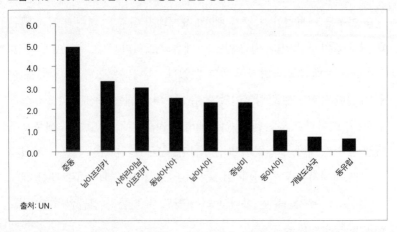

출처: UN.

신흥경제국들과 같이 동유럽 자본주의는 절대적 잉여가치의 팽창을 통해 발전했다. 그러나 그 성장은 소멸되기 시작했다. 동유럽 노동인구의 성장은 1997년 이후 신흥 자본주의 지역에서 가장 작았다(그림 11.9를 보라).[15]

실로 몇몇 이행 경제국들의 노동인구는 빠르게 줄고 있다. 이 국가들은 상대적인 잉여가치를 늘려서, 즉 기술 향상과 단위 생산비 인하를 통한 착취율을 높여서 이윤율을 높이는 것이 필요할 것이다. 이는 점점 더 어려워질 것이다.

이행 경제국들의 이윤율을 더욱 자세히 살펴본다면, 이행 이후에 이윤율이 꽤 빠르게 성장한 것을 알 수 있다. 적어도 동유럽국들 가운데 가장 크고 가장 중요한 폴란드가 하나의 지표라면 그렇다. 폴란드의 이윤율은 1990년 35%에서 1990년대 말에 45%로 상승했다(그림 11.10을 보라). 이윤율은 계속 상승하여 2004년에 50% 상승이라는 꼭짓점에 이르렀다.[16] 그 이후부터 이윤율은 정체하고 있고, 그때의 꼭짓점을 넘어서지 못하고 있

---

15 John Smith, "Imperialism and the Law of Value," *Global Discourse* 2, no.1 (2011).

그림 11.10 1991~2013년 폴란드의 자본 이윤율

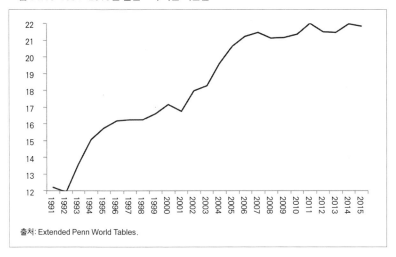

출처: Extended Penn World Tables.

다. 이는 폴란드 투자와 국내총생산 성장이 이제부터 계속 하락할 것이라는 암시다.

대침체 기간 동안 이윤율에는 어떤 영향이 있었는가? 오직 리투아니아만 침체 이전보다 현재의 이윤율이 더 높다. 루마니아, 불가리아, 슬로베니아, 라트비아의 이윤율은 여전히 위기 이전의 꼭짓점보다 30% 이상 낮다. 대침체 기간 동안 가장 적게 감소한 나라는 폴란드와 슬로바키아이고 가장 크게 감소한 나라는 라트비아다. 가장 크게 이윤율이 회복된 나라는 발트 3국인데, 이 가운데 단지 리투아니아만 위기 이전의 수준으로 회복했다. 폴란드, 체코 공화국, 남동부 유럽에서는 이윤율의 회복이 전혀 없다(그림 11.11을 보라).[17]

---

16 다음 자료를 가지고 필자가 계산함. Extended Penn World Tables, August 2011, Adalmir Marquetti, Extended Penn World Tables, Duncan Foley homepage, March 25, 2012, http://sites.google.com/a/newschool.edu/duncan-foley-hompage/home/EPWT.

17 유럽연합 집행위원회(EU Commission, Ameco database, 2014, http://ec.europa.eu/economy_finance/ameco/user/serie/SelectSerie.cfm)자료 이용하여 필자 계산 필자 계산.

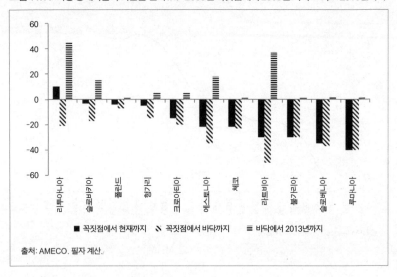

그림 11.11 이행 경제국들의 이윤율 변화(%): 2008년 꼭짓점에서 2009년 바닥 그리고 2013년까지

■ 꼭짓점에서 현재까지   ⧅ 꼭짓점에서 바닥까지   ☰ 바닥에서 2013년까지

출처: AMECO. 필자 계산.

　이 모든 것은 이행 경제국들이 여전히 세계 자본주의의 특히 서유럽의 새로운 경제침체에 아주 취약하다는 것을 의미한다.

　이런 자본주의 국가들에 대한 다음 질문은 유럽연합이나 유로존에 더욱 통합되는 것이 앞으로 최선의 방법인지이다. 지금까지 모든 지도자들과 기업 엘리트들은 유럽연합 가입을 추진하고, 더 나아가 단일통화 도입을 추진하는 것 외에 다른 것은 거의 생각하지 않았던 것 같다. 이런 생각들은 식어버렸다. 지금까지 남동부유럽 국가들과 몇몇 발칸 국가들과 함께 비세그라드 국가들과 발트 3국이 유럽연합에 가입했다. 에스토니아, 슬로바키아, 슬로베니아 같은 작은 국가들은 한 걸음 더 나아가서 유로 지역에 가입했다.

　하지만 가입과 비가입이 이런 국가들의 경제 건강을 결정짓지 않는다. 슬로베니아는 현재 심각한 위기에 있지만 슬로바키아는 그렇지 않다. 에스토니아는 극심한 침체를 겪었으며, 리투아니아와 라트비아뿐만 아니라 헝가리도 그렇지 않다. 이 주제는 가입과 비가입의 문제가 아니고 각 국가에 세계 자본주의 위기가 미친 영향이다.

호시기 동안 유럽에서 수렴의 힘들은 강했으나, 이제는 반대의 힘이 더 강력하다. 이 때문에 비세그라드 국가들이 더 통합되는 것이 어려워졌으며, 남부 유럽은 불가능하게 만들었다. 접경국들은 러시아의 통제로부터 벗어나 유럽으로 향하는 것 또는 러시아의 포옹을 맞이하는 것 사이에서 여전히 나뉘어 있다.

유로 부채위기와 불황이 계속된다면 부르주아지 합의에 대한 정치 분열이 증가할 것이고, 독일이 유로계획을 버리기로 결정한다면, 유로는 분열의 위협을 당할 것이다. 이는 이행 경제국들 내에서 더 큰 격차를 낳게 할 것이다. 체코 공화국, 슬로바키아, 아마도 폴란드 같은 유의 국가는 북부유럽 동맹 안에 있는 독일 제국주의의 더욱 밀접한 위성국들이 될 것이다. 발트 3국도 뒤를 따를 것이다. 헝가리, 남동부 유럽, 발칸국가들은 더 심한 불황과 빈곤으로 떨어질 것이다. 접경국들은 러시아 자본의 이해와 독일이 주도하는 유럽의 이해 사이에 일어나는 줄다리기의 중간에 끼어 있다. 우크라이나의 혼란과 잠재된 분열의 경험이 이를 보여준다.

중국은 예외인가?

신흥경제국들의 이야기에 대단한 예외 하나가 있는데, 선진 자본주의 국들의 장기불황의 영향을 피한 중국이다.

2013년 전국인민대표대회가 열리기 전에 친자본주의 세력은 정부의 방향 변화를 강하게 요구하고 있었다. 이는 중국 국무원의 발전연구중심과 함께 발행한 중국의 미래에 대한 세계은행 보고서에서 강조되었다.[18] 이 보고서에는 국영기업들의 규모를 축소하지 않는다면, 중국에서 경제위기가 있을 것이라는 주장이 있었다. 중국은 '강한 개혁'을 시행하는 것이 필요했는데, 이는 국유기업들을 매각하거나 국유기업들을 더욱 영리기업처럼 운영하는 것이다. 세계은행은 중국 인구의 소득이 어떤 수준에 도달하면 중국의 성장이 빠르게 둔화할 것이라고 하는데, 이는 세계은행의 경제학자들이 '중간소득 함정'이라고 부르는 현상이다. 이 보고서에서는 이에 대한 해답은 국영 산업을 매각할 '자산관리회사'를 설립하고, 지방정부의 재정을 점검하고, '경쟁 및 기업가 정신'을 고취하는 것이었다.

여섯 가지 전략 수단 가운데 첫 번째 것은 국가의 민영화이다. 국가의 민주주의화, 일당 지배를 끝내는 것, 개인의 권리와 자유에 대한 억압을 끝내는 것, 노동조합의 권리를 허용하는 것 등등에 관한 언급은 없다. 세계은행 보고서의 필자들은 자본주의를 원할 뿐 민주주의에는 관심이 없다. 이 보고서는 자본주의 생산양식이 아직 중국을 지배하고 있지 않다고 인정하며, 실로 세계은행과 중국 내 세계은행 지지자들에 따르면 이것이 문제라고 한다. 또 이 보고서는 지난 30년 동안 중국의 놀라운 경제 성공이 국가 관료의 계획과 정부의 투자 관리를 통해 성장을 달성한 경제에 기초한다고 인정한다. 중국은 6억 2,000만 명을 국제적으로 정의된 빈곤에서 벗어나게 하고 있다. 중국의 경제성장률은 19세기 신흥 자본주의 경제국이 등장하던 동안의 성장률과 맞먹을지 모르겠다. 하지만 어떤 나라도 그렇게 빠르게 성장한 적이 없으며, 또 그렇게 성장 규모가 컸던 적이 없다(세계 인구의 22%를 차지). 세계 인구의 16%를 가진 인도가 오직

---

18 World Bank, "China 2030," 2012, http://www.worldbank.org/en/news/2012/02/27/china-2030-executive-summary.

비슷하다. 존 로스(John Ross)는 2010년 87개 국가들이 1인당 국내총생산에서 중국보다 높았지만, 83개 국가들은 중국보다 낮았다고 지적했다.[19] 1980년대 초반에 세계 인구의 3/4이 중국 인구의 평균보다 더 잘 살았다. 이제는 단지 31%만 중국 인구의 평균보다 더 잘산다. 이는 유례없는 성취이다.

세계은행이 예측하듯이 중국이 중기적으로 둔화한다고 하더라도, 2010년대 말 이전에 여전히 국내총생산에서 21조 달러 이상을 추가할 것이며, 2010년 말까지는 미국 경제 규모에 도달할 것이다. 중국 소비가 국내총생산에 차지하는 몫이 자본주의 수준에서 아주 낮지만(국내총생산의 35~45% 사이인데, 어떻게 측정하던지 간에 성숙 자본주의국의 65~75%와 비교된다), 2020년까지 연간 소비에서 10조 달러가 더 추가될 것인데, 이는 미국 연간 소비 규모와 같다. 이 수치는 세계은행 보고서에서 나왔다.

이는 자본주의 생산양식의 지배 없이 달성되었다. 중국의 "중국 특색의 사회주의"는 이상한 짐승(weird beast)이다. 물론 마르크스의 정의이나 노동자의 민주적 관리의 어떤 기준으로도 사회주의가 아니다. 지난 30년 동안 해외 또는 국내에서 사적 소유 기업의 커다란 확대가 있었고, 주식 시장과 다른 금융기관들의 확립이 있었다. 하지만 대다수 고용과 투자는 공산당이 지휘와 통제하고 있는 공적 소유 기업들 또는 기관이 수행했다. 중국 산업에서 최고 기업들의 대부분은 외국인 소유 다국적 기업들이 아니고 국유 기업들이다.[20]

주요 은행들은 국가 소유이며, 이 은행들의 대출 및 예금 정책은 정부의 지시를 받는다(중국의 중앙은행과 다른 친자본주의 요소들로부터 많은 유감을 만들어낸다).

---

19 John Ross, "China Has Overtaken the Us," Key Trends in Globalisation, September 9, 2013, http://ablog.typepad.com/keytredsinglobalization/2013/09/china-has-overtaken-the-us.html.

외국 자본이 중국으로 들어오고 나가는 자유가 없다. 자본 통제가 부과되어 있고, 시행되고 있고 있으며, 통화의 가치는 경제 목표를 설정하기 위해 조작된다(미국 의회에 큰 골칫거리다).

동시에 일당 국가 체계는 중국의 산업과 활동의 모든 수준에 침투하고 있다. 조제프 판(Joseph Fan)과 다른 사람들의 보고서에 따르면[21], 공산당 당원을 세 명 이상 고용하는 모든 기업 내에는 당 조직이 있다. 모든 당 조직은 비서를 선출하는데, 이 비서는 각 기업의 대안적인 관리체계의 핵심 인물이다. 이는 국유기업들, 부분적으로 민영화된 기업들, 민간 부문에서 마을 정부 또는 지방 정부 소유 기업들인 '새로운 경제 조직들' 뒤에서 당의 통제를 강화한다. 1999년 이 가운데 단지 3%만이 당세포를 가지고 있었다. 2013년에는 그 수치가 그의 13%였다.[22]

실제로는 100명 이상을 고용하고 있는 거의 모든 중국 기업들이 기업

---

20 미국-중국경제 및 안보검토위원회의 최근 보고서는 객관적이고 균형 잡힌 검토를 제공하고 있다. "중국 경제에서 국유 기업 및 국가 관리 기업의 비중이 크다. 합리적인 가정에 기초하면 눈에 보이는 국가 부문(국유 기업과 국유 기업이 직접 통제하는 기업)은 중국 비농업 국내총생산의 40%를 넘게 차지하고 있다. 간접적으로 관리되는 기업과 도시집단 기업과 지방 공공기업들의 기여를 고려하면, 국가가 소유하고 관리하는 기업들의 국내총생산 몫은 약 50%이다." Andrew Szamosszegi and Cole Kyle, "An Analysis of State Owned Enterprises and Stes Capitalism in China," US-China Economic and Security Review Commission, 2011, http://origin.www.uscc.gov/sites/default/files/Research/10_26_11_CapitalTradeSOEStudy.pdf. China Copyright and Media, "CCP Central Committee Resolution Concerning Some Major Issues in Comprehensively Deepening Reform", China Copyright and Media, November 12, 2013, https://chinacopyrightandmedia.wordpress.com/2013/11/15/ccp-central-committee-resolution-concerning-some-major-issues-in-comprehensively-deepening-reform/.

21 Joseph Fan, Randall Morck, and Bernard Yeung, "Capitalizing China," NBER Working Paper 17687, December 2011, http://www.nber.org/papers/w17687.

22 보고서에서 다음과 같이 지적한다. "모든 규제 기관, 모든 국유기업, 사실상 모든 주요 금융기관 국유기업들의 모든 고위 인사들의 승진을 관리함으로써 중국 공산당은 레닌의 감제고지(Lenin's Commanding Heights, 중요 산업을 국가가 통제하는 것을 의미)를 유일하게 보유하고 있다." China.org, "Third Plenum," 2013, http://wiki.china.org.cn/wiki/index.php/Third_Plenum.

내 당세포에 기초한 관리 체계를 가지고 있다. 이는 마오주의 시대의 유물은 아니다. 이는 중국 경제의 통제를 유지하기 위해 특별히 세운 현재의 체계이다.[23] 이는 성숙 자본주의의 국유기업들 또는 기관들에 있는 정상적 관계로 보이지 않는데, 최근에 국유화된 영국의 은행 또는 잠시 공적 소유가 된 미국의 제너럴 모터스는 어느 정도 거리를 두고 관리된다. 납세자들이 이런 기업들에 자금을 대지만, 이 기업들은 순수하게 이윤을 목적으로 운영된다. 반면에 중국 은행들은 이윤에 어떤 영향을 주더라도 정부가 정한 대출 및 투자 목표를 맞춰야 한다.

중국에서도 가치의 법칙이 작동하는데, 주로 해외 무역과 자본 유입을 통해서이고 이뿐만 아니라 국내의 재화·서비스·자금 시장을 통해서이다. 중국의 이윤율을 추계하는 여러 시도가 있었다.[24]

이윤율에서 세 개의 순환이 있었다. 1978년에서 1990년 사이 덩샤오핑 개혁개방을 통해 자본주의 생산이 팽창하면서 이윤율 상승이 있었다. 하지만 1990년부터 1990년대 말까지 이윤율 하락이 있었는데, 과잉투자가 서서히 높아졌고, 다른 경제국들 특히 신흥경제국들이 일련의 위기

---

23 조지프 팬 등등은 보고서에서 다음과 같이 말한다. "중국공산당 조직부는 모든 주요 은행, 규제기관, 정부 부처 및 기관, 국유 기업, 심지어 공식적으로 고안된 많은 비국유 기업에 걸쳐서 모든 고위 인사 승진을 관리한다. 공산당은 은행, 규제기관, 기업, 정부, 당 기관 전체에 인사를 단행하는데, 하나의 거대한 인적자원 관리표로 국가 경제의 많은 부문을 다룬다. 야심 있는 청년 간부는 정부 부처에서 일을 시작할 수도 있고, 국유 은행에서 중간 관리자가 될 수 있고, 이름 있는 기업의 당 고위직이 될 수 있고, 최고 규제 관리직이 될 수 있고, 시장이나 성장으로 임명될 수 있고 다른 국유은행의 은행장이 될 수도 있고, 아마도 궁극적으로는 중앙정부나 공산당의 고위직이 될 수도 있다. 모든 것은 중국 공산당 조직부의 영광 때문이다." Fan, Morck, and Yeung, "Capitalizing China."

24 필자는 Michael Roberts, *The Great Recession* (London: Lulu, 2009), chapter 12에서 이 작업을 했다. 약간 다른 결론에 도달한 다른 연구들도 있다. Zhang Yu and Zhao Feng, "Rate of Profit in China," 2006, and Mylene Gaulard, "Baisse du taux de profit et croissance chinoise," 2010, http://gesd.free.fr/m6gaulard.pdf, 2010. 또한 Esteban Maito, "The Historical Transience of Capital: The Downward Trend in the Rate of Profit since the 19th Century," Working Paper, University of Buenos Aires, Argentina, 2014, http://gesd.free.fr/maito14.pdf.

를 겪었기 때문이다(1994년 멕시코 위기, 1997~98년 아시아 위기, 1998~2001년 남미 위기).
이윤율 하락은 국내총생산 성장의 둔화를 동반했다. 1999경부터 계속
이윤율의 상승이 있었는데, 역시 경제성장률의 상승도 나타났다(세계가 신
용을 불리는 속도로 팽창하면서). 평세계연구소(Fung Global Institute)는 2004년 이윤
율이 꼭짓점에 도달했다고 제시했다.[25]

2007년 후, 세계 자본주의의 침체는 중국의 이윤율을 하락으로 이끌
었다. 임금 상승이 있었지만 해외 상품판매는 그만큼 일어나지 않았고,
그래서 잉여가치율은 부진한(그림 11.12의 점선을 보라) 반면에, 고정자본 투자
는 높게 머물러 있었다. 그래서 이윤율이 하락했다. 피할 수 없이 이는 국
내총생산 성장에 해로운 효과를 주었는데, 이윤이 투자를 낳고 투자가
성장을 낳기 때문인데, 특히 중국에서 그렇다.

선 리핑(Sun Liping)에 따르면, 소득 불평등 지수인 중국의 지니계수는 공
산당이 중국경제를 시장의 힘에 개방하기 시작했을 때인 1978년 0.30에
서 최근 0.46까지 상승했다. 실로 중국의 지니계수는 지난 20년 동안 아
시아의 다른 국가들보다 더 많이 상승했다. 불평등의 증가는 부분적으로
농촌 소농이 도시로 이동한 중국 경제의 도시화의 결과이다. 노동력 착
취 현장과 공장의 도시 임금은 점점 더 소농의 소득을 앞서 나갔다(애플 아
이패드를 조립하는 노동자가 시간당 2달러 미만을 받기에 그런 도시 임금은 자랑할 만한 것이 아니다).
하지만 이는 또한 부분적으로 엘리트들이 권력의 사다리를 통제하는 반
면에 중국의 몇몇 억만장자들은 번창하도록 허용한 결과이다.

2010년대 말까지는 중국의 국내총생산이 미국보다 훨씬 높아질 것이
지만, 평균 생활수준이 미국의 단지 1/3 수준일 것이다. 심지어 도시와
연해지역 경제권도 그럴 것이다. 생활수준이 상승하고 인구가 고령화되

---

25 Fung Global Institute, Asian Perspectives, 2014.

그림 11.12 1978~2010 중국의 이윤율(%)과 잉여가치율(임금에 대한 비율로)

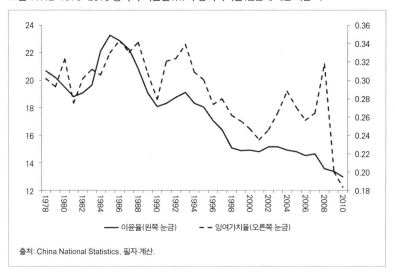

출처: China National Statistics. 필자 계산.

면서(2025년 즈음 노동력은 증가를 멈출 것이고, 은퇴 인구는 급격하게 늘어날 것이다) 중국 인구는 현대 경제의 물질적 혜택을 얻기를 원할 것이다. 이는 주류경제학이 강조하는 것처럼 단순하게 자동차, 첨단기기, 의류를 의미하는 게 아니다. 이는 또한 충분한 연금, 적절한 교통 및 사회기반시설, 공공의료서비스, 교육 등 이른바 공공재를 의미한다.

자본주의 경로가 적용되고, 가치 법칙이 지배하게 되면, 중국 인민은 만성적인 경제 불안전성(호황과 침체), 고용과 소득의 불안, 불평등 증가에 노출될 것이다. 반면에 중국 인민이 생산한 잉여가 군대와 경찰이 받쳐주고 있는 엘리트의 통제에 여전히 있고, 반대 없이 지배한다면, 더욱 부유해진, 더 많은 교육을 받은 인구의 욕구와 열망을 충족시키지 못할 것이다.

주류경제학은 중국 경제가 가고 있는 길에 대해 혼란스러워 했다. 몇몇 매체와 경제학자들은 중국의 성장이 두 자리 수의 성장 속도에서 둔화되고 있으며, 사실 과잉투자, 신용기반 부동산 거품의 역전과 은행체계의 숨은 악성 부채의 소용돌이가 초래한 위기 또는 침체로 향하고 있다고 생각한다. 다른 한편, 몇몇 경제학자들은 경제성장이 둔화되고 있는지 모르지만, 중국 당국이 지난 시기 동안 쌓아둔 현금 준비금에서 부채의 대손상각에 자금을 대고 또 신용완화를 통해 연착륙을 꾀할 수 있을 것이라 믿는다.

이런 가까운 미래에 대한 논쟁 뒤에는 역시 중국은 산업투자, 사회기반시설 투자, 수출 증대를 통해서 계속 빠르게 성장할 수 있거나 아니면 선진 자본주의 국가들이 하는 것으로 가정되는 것으로서 재화 수입을 늘려서, 증가하는 중간계급에 공급하는 소비 주도 경제로 전환할 필요가 있다는 논의가 놓여 있다. 주류경제학은 '시장기반 경제'(즉 자본주의)로 더욱 발전하지 않고는 이것이 가능하지 않다고 생각하는데, 왜냐하면 소비자 사회의 복잡성은 오직 자본주의에서만 작동이 가능하고, 정부 및 국유 산업으로 된 지나친 중앙계획 아래서는 작동하지 않는다고 보기 때문이다.

중국 경제성장은 분명하게 둔화되었다. 최근 전국인민대표회의의 지도자들은 실질성장률 목표를 단지 연간 7.5%로 잡았는데, 2008년 대침체의 바닥 이후에는 볼 수 없었던 성장률이다. 이는 세계 기준으로 부러움을 사는 성장률인데, 미국은 가까스로 2%를 유지하며, 유럽과 일본은 기껏 해야 거의 변동이 없고, 심지어 가장 빠르게 성장하는 인도는 가까운 미래에 그런 성장률을 달성하지 못할 것이다.

중국 경제가 실업률 증가 없이 농촌지역에서 도시로 유입되는 많은 노동자를 흡수하기 위해 일자리를 충분히 제공하려면, 적어도 연간 8% 실질 성장이 필요하다. 그래서 앞으로 문제가 나타날 것 같다.

중국이 급격한 둔화로 향하고 있거나 또는 심지어 이른바 경착륙으로 향하고 있다는 예측을 위해 제시된 주요 논거는 최근 몇 년간 중국의 빠른 성장은 중국 은행들의 과잉 신용 공급에 기초해 있으며 이는 부동산 거품을 만들었고 현재 터지고 있다는 것이다. 부동산 거품의 많은 부분은 지방정부가 은행으로부터 드러나지 않게 많은 액수를 대출하고, 민간 부동산 개발업자들에게 토지를 매각하여 지방정부지출에 자금을 댔던 행위로 인해 만들어졌다. 이런 토지 매각은 종종 촌장들이 이해하기 힘들었다.

이 부동산 거품은 터지고 말았다. 중국 대부분의 도시에서 부동산 가격이 하락했다. 지방정부와 부동산 개발업자들은 엄청난 부채를 만들었고, 이는 은행의 부외 특별목적회사(special-purpose vehicles)에 숨겨졌다. 중국경제가 은행으로부터 취한 이른바 총 사회 자금조달은 국내총생산의 180%에 도달했다. 이런 그림자 금융은 미국과 유럽의 은행들이 저지르고, 2008년 금융붕괴를 낳게 했던 부외 거래 혼란(off-balance sheet mess)과 유사했다. 중국이 똑같은 방향으로 향하고 있다는 게 위험하다. 하지만 그런가?

중국은 소비보다는 투자에 자금을 대기 위해 대출을 했고, 기업들이 주요 대출자이다. 기업부채는 크게 증가했다. 이런 기업부채의 증가는 이윤의 성장을 앞지른다.

중국은 외국 대부자에 의존하지 않는다. 덧붙이면 인민폐는 자유롭게 외국 통화들로 전환되지 않는다. 중국은 순 채권자일 뿐 아니라 외환관리를 하고 있다. 국내 채권자들은 돈을 중국에서 해외로 빼내갈 수 없다. 국내 채권자들이 금융체계에서 화폐 일부를 빼낸다면, 다른 국내 자산에 채워 넣어야만 한다. 중국 인민은행은 어떤 인출에 대해서든 대처할 수 있다. 더욱이 국제통화기금에 따르면 심지어 중국의 '늘어난 공공부채'(이는 항상 공식 자료에 잡히지 않고 있는 지방정부의 지출을 포함한다)는 단지 국내총생산의 45%였다. 중국 정부는 원하기만 하면 가능한 손실을 떠안을 수 있는 것 같다. 특히 1990년 일본과 다르다. 이때의 일본에 비해 중국이 상대적으로 저발전국이지만 장기적으로 따라잡기 잠재력이 여전히 좋기 때문이다.

주류경제학의 주장은 중국이 이른바 중간 소득 함정을 벗어나기 위해서는 완전한 소비주도 자본주의로 전환이 필요하다는 것이다. 신흥경제국들은 대자본 투자와 값싼 노동력과 새로운 기술을 이용한 수출품으로 빠르게 성장할 수 있는데, 중국 모델이 그렇다. 하지만 1960년에 '중간 소득'이었던 101개 국가 가운데, 2008년까지 단지 13개 국가만 그 집단에서 떨어져 나와 선진국이 되었다.

그 다음으로 주류경제학은 내수 소비 진작으로 전환이 있어야 하며, 국가주도 경제는 이것을 할 수 없다고 주장한다. 그래서 그 주장은 자유무역과 자본으로 자유화하는 것이다. 이것이 취할 수 있는 유일한 방법이다.[26]

좌파 경제학자 존 로스(John Ross)는 다른 관점을 가지고 있다.[27] 소비를 늘리는 것이 실제로 경제정책의 목표인 것 같다. 불행하게도 이는 중국의 국내총생산에서 소비가 차지하는 몫을 급격하게 늘리는 생각과 혼동되어 왔다고 존 로스는 주장한다. 이 두 가지 목표는 실제 서로 모순이

---

26 제임스 맥그리거(James McGregor)의 언급은 이 주장의 전형이다. James McGregor, *No Ancient Wisdom, No Followers: The Challenges of Chinese Authoritarian Capitalism* (Westport CT: Prospecta Press, 2012). 제임스 맥그리거는 "사회기반시설을 건설하고, 국민들이 현재만큼 잘살게 하는 데 중국이 잘해 왔지만, 국영산업이 경제성장의 목을 조르고 있기 때문에 민간산업에 불을 다시 붙여야 한다." James McGregor, January 20, 2014, http://jamesmcgreor-inc.com/.

27 John Ross, "Investment Will Boost China's Economy," Key Trends in Globalisation, November 15, 2013, http://ablog.typepad.com/keytredsinglobalisation/2012/10/investment-will-boost-chinas-economy.html.

되는데, 국내총생산 성장이 크게 투자 때문에 일어나고, 투자가 지속성 있는 소비를 뒷받침하기 때문이다. 하지만 국내총생산에서 소비 비중이 급격하게 증가하면 투자 규모를 축소하고, 그리하여 의도와 다르게 국내총생산 하락을 낳으며, 그 결과 소비 성장률 하락을 만든다. 이는 왜 '소비주도 성장'이 혼동된 생각인지 보여준다.

중국공산당의 3중전회의(제18차 중국공산당 중앙위원회 제3차 전체회의_옮긴이)[28]에서 앞으로 5년에서 10년 동안 무엇을 할지 논의했다.[29] '중국 특색의 사회주의'라는 일반 철학에서 변화는 없었으며, 따라서 국영기업부문의 우위 유지에도 변화가 없었다. 더 많은 민주주의나 인민들에 의한 법체계의 관리와 결정을 위한 어떤 조치도 없었다. 반대로 지도부는 중국 인민들을 감시 및 통제하고 반체제 행동을 억제하기 위해서 더욱 억압적인 국가 안보 서비스를 세워나가고 있다.

중국 정치 엘리트들이 동의한 정책의 목표와 정책 제안에는 중국 경제·사회·정치 모델의 성격을 바꾸겠다는 것은 없다. 중국 지도부 다수는 공산당 간부들이 모든 수준에서 지휘하고 있는 국영기업이 지배하는 경제 모델을 계속 유지해나갈 것이다. 시장이 경제를 지배하지 못할 것이고, 가치의 법칙이 가격, 노동자의 소득, 국내 거래를 지배하지 못할 것이다.

정치 엘리트들은 세계은행과 친자본주의 요소가 원하는 '자본주의 길'을 따르도록 강제하는 위기나 침체를 촉발하지 않으면서 이런 '가운데 길'을 계속 유지할 수 있을까? 빠르게 성장하고 있는 도시 노동계급 인구가 국가 운영에 대한 발언권을 높이기 시작할 때 정치 엘리트들은 아

---

28 Chinag.org, "Third Plenum."
29 China Copyright and Media, "CCP Central Committee Resolution."

래로부터 폭발에 직면할 것인가?

존 로스가 지적하듯이 중국의 산업 성장은 정말 여전히 휘청거리고 있다.[30] 적어도 앞으로 10년 더 중국의 연간 실질성장률은 최소한 6~7% 가 될 것이다. 노동인구는 여전히 성장하고 있지만 곧 꼭짓점에 도달할 것이고, 산업기계에 결합될 농촌 노동자들과 소농들이 수십만 명 있다. 중국은 팽창을 지속할 필요 때문에 점점 더 많이 세계의 원료를 빨아들 이고 있다. 중국의 위대한 경제 기적이 고갈될 날은 그렇게 많이 남지 않 았다.

---

[30] "세계은행 자료를 보면 2007년 중국 산업생산은 단지 미국의 60%이었고 ,반면에 2011년 이는 121%였다. 그러므로 중국의 산업생산은 미국의 2/3에 미치지 못하다가 단지 6년 만 에 상당한 폭으로 앞지르게 되었다… 6년 만에 중국의 산출액은 거의 두 배가 되었고, 미 국, 유럽, 일본의 산업생산은 위기 이전의 수준조차도 회복하지 못했다." Ross, "China Has Overtaken the US."

제12장

순환 속 순환

내가 지금은 설명할 필요가 없는 이유들 때문에, 자본주의 생산은 주기적 순환을 가진다는 것을 여러분들은 알고 있습니다.
　　　　　　　　　　　　　　　－1865년 엥겔스에게 보낸 마르크스의 편지에서[1]

우리는 자본주의 경제에서 장기 순환이 매우 개연성 있는 것으로 고려할 수 있다.
　　　　　　　　　　　　　　　　　　　　－콘드라티예프(N. Kondratiev)[2]

2008년에 세계로 확산된 전반적 경제위기는 대불황(Great Depression)이다. 이는 미국에서 금융위기로 촉발되었지만 이것이 대불황의 원인은 아니었다. 이 위기는 장기 호황이 결국 장기 침체에 길을 열어주는 자본주의 축적의 장기 반복 형태 가운데 아주 정상적 단계이다.
　　　　　　　　　　　　　　　　　　　　－안와르 샤이크(Anwar Shaikh)[3]

이 장에서는 미래를 예측해보기로 한다. 이번 장기불황의 본질과 원인을 더욱 이론적이고 그리고 아마도 논쟁을 불러일으키는 수준으로까지 논의하는 것이 필요하다. 이는 자본주의에서 일어난 세 차례 대불황을 자본주의 순환과 위기에 관한 넓은 범위의 이론으로 일반화하는 것을 목표로 한다.

1　Karl Marx, *Value Price and Profit* (1964; London: Wildside Press, 2008), chapter 12.
2　N. Kondratiev, *The Long Wave Cycle* (1925; New York: Dutton, 1984).
3　Anwar Shaikh, "The Falling Rate of Profit as the Cause of Long Waves," in New Findings in Long Wave Research, edited by A. Kleinknecht, Ernest Mandel, and Immanuel Wallerstein (London: Macmillan, 1992), pp. 174-95, http://gesd.free.fr/shaikh92w.pdf.

많은 면에서 이 장은 증거가 완전하게 확인되지 않은 사실상 일련의 전제들이다. 첫 번째 전제는 위기가 자본주의에 고질적이고 계속해서 일어난다는 것인데, 이는 마르크스의 이윤율 법칙에 있는 설명이며, 앞의 장에서 논의했다. 이 장에서는 계속해서 이런 위기가 측정할 수 있고 예측할 수 있는 규칙적인 시기로 일어난다고 주장한다.

특히 주요 자본주의국들 각각에서 이윤율 순환이 있으며, 그 순환의 길이는 다양하다. 우리가 세계 이윤율 측정을 발전시키면, 이윤율의 순환을 세계적으로 발전시킬 수 있다. 이윤율 순환은 바닥에서 바닥으로까지 32~36년에 걸쳐서 완성되는 것 같다.

덧붙이면, 이런 이윤율의 순환이 자본주의 내 다른 순환들의 작동과 연결된다고 제안한다. 확인할 수 있는 첫 번째 순환은 아주 짧은 것이며 자본주의 기업들 내 운전 자본들의 유량에 기초하는데, 즉 생산이 일어날 때 원료와 재고의 증가와 축소이다. 이 재고순환은 조지프 키친(Joseph Kitchin)이 처음으로 밝혔고, 일반적으로 4년 주기이다.

두 번째는 가장 잘 알려진 것인데, 8~10년마다 완성되는 것으로 보이는 호황과 침체의 경기순환인데, 때때로 쥐글라르 순환(Juglar cycle)이라고 불린다. 이 순환은 투자·고용·산출로 구성된 자본주의 경제의 전체 운동에 기초하는데, 오직 이윤율만 제외한다.

세 번째는 주요 공장과 사회기반 시설과 주택의 건설 순환이다. 이는 경기순환의 두 배 정도의 기간인 약 18년 주기인 것 같다. 이는 경제학자 시몬 쿠즈네츠(Simon Kuznets)의 이름을 따서 쿠즈네츠 순환이라고 부른다.

마지막으로 모든 순환에서 가장 논란이 되고 논쟁이 되는 것인데, 약 50~70년 주기의 순환으로 생산 가격 및 상품 가격으로 구성된 세계 무역의 변동 때문에 일어나며, 세계 인구 요소와 자원 요소에 의존하는 것 같다: 이 순환의 존재를 옹호하는 니콜라이 콘드라티예프(Nikolai

Kondratiev)의 이름을 따서 콘드라티예프 순환(Kondratiev cycle)이라 부른다.

이 장의 주요 전제는 침체(쥐글라르 순환 양식)와 대비되는 것으로서 불황은 모든 순환이 어떤 하나의 국면에 같이 있을 때, 즉 모든 순환이 하강국면에 함께 있을 때 나타난다는 것이며, 콘드라티예프 순환은 25~35년의 하강국면이 있고, 이윤의 순환은 16~18년의 하강국면이 있는 등등이다.

이런 국면은 아주 자주 일어나지 않는다. 사실 장기 콘드라티예프 순환의 주기를 고려하면, 오직 50년에서 70년마다 한번 일어날 수 있다. 이것이 맞으면, 왜 1873년 시작된 19세기 장기불황이 일어난 지 단지 56년 뒤에 1929년 시작된 대공황이 일어났고, 이로부터 약 76년 뒤에 2008년에 시작한 현재의 장기불황이 일어났는지를 콘드라티예프 순환으로 설명할 수 있다.

이는 특히 2005년 미국의 부동산 시장 붕괴가 왜 대침체로 이어졌는지 설명해준다. 이전에 미국에 있었던 부동산 침체는 1990년대 초반 상업용 부동산에서 일어났는데(저축과 대출 스캔들), 1991년의 침체가 함께 일어났다. 하지만 그다음 부동산 침체는 2009~10년 시기였는데, 정확하게 대침체에서 가장 바닥에 있었던 때였다.

순환

순환이란 무엇인가? 이는 '조화파(harmonic wave)'로 묘사된다.[4] 이는 어떤 종류의 복원력(restorative force)으로부터 온다. 복원력 때문에 높이 있는 것

---

4 Noah Smith, "Is the Business Cycle a Cycle," Noahpinion (blog), February 15, 2013, http://noahpinionblog.blogspot.co.uk/2013/02/is-business-cycles-cycle.html.

은 다시 낮게 내려가게 하고 낮게 있는 것은 다시 높이 올라가게 한다. 스프링에 붙어 있는 공을 상상해보라. 스프링을 당기면, 모든 힘은 스프링이 늘어난 반대방향으로 공을 당긴다. 이는 순환을 일으킨다.

주류경제학 모형의 경기순환은 이런 정의 아래 있는 순환이 아니다. 주류경제학의 경기 순환은 균형 경향에 있는 충격으로서 모형을 만들었다. 일시적인 충격 뒤에 경제는 중간(즉 경향)으로 되돌아간다. 이는 조화 운동과 아주 다르다. 주류경제학에서는 호경기 뒤에 불경기가 올 필요가 없다.[5]

성장 추세 또는 균형으로부터 모든 괴리는 단순하게 임의의 충격 또는 일시적 충격이라는 생각은 근거가 없다. 야구, 선거, 기후 변화, 금융붕괴, 포커, 일시적이지 않거나 사소하지 않은 정상에서 크게 벗어난 변화에 대한 일기예보에서 자세한 사례 연구가 풍부하게 있다.[6]

자본주의의 조화순환에 대한 지지는 보통 두 가지 이유 때문에 기각된다. 첫째, 순환을 보여주는 통계 또는 자료가 거짓되고, 실제로 단지 우연한 충격의 표현이며, 더 나아가, 장기 순환에서 전환점이 너무 적어서 통계 유의성이 적용될 수 없다. 둘째, 분명한 경기순환을 설명할 수 있는 이론 모형이 없으며 이것 없이는 경기순환에 대한 조사는 무의미하다는 것이다.

하지만 모든 것은 '경험들' 또는 가정들의 질에 의존하며, 이로부터 통계 기법은 결과에 대한 확률의 정도를 제공할 수 있다. 가장 좋은 경제

---

5 "주류경제학에 새로운 접근법이 있는 데, 은닉 마르코프 모형(Hidden Semi-Markov Mode, HSMMs)이다. 은닉 마르코프 모형에서는 두 가지 경제 상태가 있는 데, 좋은 상태와 나쁜 상태이다. 하지만 이런 상태 사이의 전환은 예기치 않게 갑작스러우며, 조화파처럼 순조로운 것이 아니다. 은닉 마르코프 모형에서 전환의 가능성은 마지막 전환 이후의 시간이 길어지면서 커진다. 다르게 말해서 경제가 호경기 상태로 오래 있을수록 갑자기 붕괴와 '불경기' 상태로 전환을 겪을 가능성이 커진다. 이는 순수한 조화 순환(harmonic cycles)과 같지 않다." Smith, "Is the Business Cycle a Cycle?"

6 Nate Silver, *The Signal and the Noise: Why Most Predictions Fail-but Some Don't* (New York: Penguin Press, 2012).

이론과 설명은 총계, 평균, 특이치를 관찰하는 것에서 온다. 줄이자면, 경기순환을 정의하고 밝히는 것은 불가능하지 않으며, 만약 그렇게 할 수 있다면, 의미 있는 설명력을 제공할 수 있다.

경기순환에 대해 마르크스가 말한 것

마르크스는 자본주의에 순환이 있다고 생각했다. "경기순환이 시작되면, 규칙적으로 되풀이된다. 결과가 이번에는 원인이 되고, 전체 과정에서 일어나는 다양한 사건들은 항상 스스로의 조건을 재생산하는데, 주기성의 형태를 가진다."[7]

마르크스는 자본주의 경제의 순환을 밝히기 위해 아주 많은 시간을 쓰면서 연구했다.[8] 마르크스는 특히 경기순환에서 주기성을 찾았다. 마르크스는 자본주의 경제에 연구를 마치기 직전까지 계속해서 경기순환 운동을 찾았다. 그는 1873년 5월 엥겔스에게 "내가 오랫동안 씨름해온 문제"에 관해 편지를 썼다. 마르크스는 "가격, 할인율이 주어진 등등의 표를 조사했고… 나는 여러 번 위기를 분석하기 위해서 불규칙적인 곡선으

---

7 Karl Marx, *Capital*, vol. 1 (1867; London : Penguin, 2004), 633.
8 "지금까지 한동안 내 머리를 쥐어짜게 한 문제에 관해 무어(Moore) 씨에게 말하였다네. 하지만 그는 이 문제를 적어도 당분간 해결할 수 없다고 생각하는데, 그 문제와 많은 요인들이 관련되어 있고, 그 요인들 대부분은 아직 밝혀지지 않았기 때문이라네. 문제는 다음과 같다네. 아시다시피 상승과 하락의 지그재그를 보이며 해마다 일어난 가격, 할인율 등등의 변동의 곡선에 관한 것이라네. 나는 이런 등락을 계산하여 불규칙한 곡선으로 그려서 위기를 분석하려고 다양하게 시도했으며, 위기를 관장하는 주요 법칙을 내가 수학적으로 확인할 수 있을 것 같다고 믿게 됐다네(자료가 충분히 연구된다면 그렇게 할 수 있다고 여전히 믿고 있다네). 내가 말했듯이 무어 씨는 현재로는 그 일을 해낼 수 없으며, 내가 한 동안 그 일을 포기하기로 결심했다고 생각하고 있다네." Karl Marx, "Letter to Engels," May 31, 1873, *Marx-Engels Werke*, vol 33, 821.

로 이 수치들의 등락을 계산했으며, 수학적으로 위기가 주요 법칙을 밝힐 수 있다고 생각한다네(나는 여전히 아주 분명한 자료를 가지고 그렇게 하는 것이 가능하다고 생각한다)."[9]라고 했다.

마르크스는 고정자본의 비이동성을 경기순환의 주기성을 설명하는 부분으로 보았다. 그는 축적 순환(호황과 침체)의 주기가 약 5~7년이라고 생각했는데, 1852년 예상한 위기가 일어나지 않았을 때 10년으로 수정한 관점이다.

그래서 마르크스는 경기순환이 고정자본의 갱신과 관련된다는 생각을 발전시켰다. 이에 근거해서 마르크스는 "고정자본의 대규모 발전이 10년 주기로 고정자본을 갱신하는 방식으로 결정되는 자본 전체의 재생산 단계와 관련되기 때문에 모든 순환에서 산업이 약 10년의 주기를 이룬다는 것은 의심의 여지가 없는 것 같다. 우리는 역시 다른 결정 요인들을 찾을 것인데, 이는 그런 결정요인들 가운데 하나이다."[10]라고 했다.

엥겔스는 감가상각 때문에 7.5%를 저축하는 것이 정상이고, 이는 13년의 갱신 주기를 의미한다고 마르크스에게 말했는데, 그러나 20~30년 된 기계도 여전히 운전되고 있다고 언급했다.[11] 마르크스는 "13년이라는 수치는 이론과 아주 일치하는데, 왜냐하면 이 수치는 주요 위기가 되풀이되는 주기와 거의 일치하는 산업 재생산의 한 주기의 단위를 정립해주기 때문이다. 말할 필요도 없이 위기의 과정은 또한 아주 다양한 종류의 요인들에 의해서 결정되는데, 이런 요인들은 재생산의 주기 동안에 좌우된다. 나에게 중요한 일은 주요 산업의 직접적인 자료로 세운 가정으로부터 경기순환을 결정하는 하나의 요인을 찾는 것이다."라고 결론지었다.[12]

---

9 Karl Marx, *Collected Works* (London: Lawrence and Wishart, 1990), 44:504.

10 Marx, *Collected Works*, 29:105.

11 Marx, *Collected Works*, 40:279-81.

마르크스의 요점은 "관련된 회전의 주기는 수년간 이루어지는데 이 주기 내에서 자본은 고정자본에 의해 한정된다. 그 회전의 주기는 주기적인 순환(위기)을 위한 물질적 기초 가운데 하나가 된다… 하지만 위기가 항상 새로운 대규모 투자의 출발점이다. 그러므로 우리가 사회 전체를 고려하면, 이는 다른 회전 주기의 대략 새로운 물질적 기초이다."[13]라고 결론을 짓는다. 그래서 마르크스는 자신의 위기 이론을 고정자본 회전의 주기와 연결시켰다.

마르크스는 "지금까지 이런 순환의 주기는 10년 또는 12년이었는데, 하지만 이것이 고정된 수치라고 간주할 이유는 없다."고 생각했다. 사실 마르크스는 자본 갱신의 주기는 짧아질 수 있다고 생각했다. 나중에 엥겔스는 "예전에 10년 주기였던 순환 과정의 정확한 형태는 상대적으로 짧고 약한 개선과 상대적으로 길면서 불분명한 불황(여러 산업 국가들에서 각기 다른 시기에 일어난다)이 교대하는 더욱 만성적이고 아주 오래가는 순환 과정으로 바뀐 것 같다."고 주장하기 시작했다.[14] 그래서 경기순환 주기는 10~13년보다 더 길 수도 있는 것 같다.

이윤의 순환

마르크스와 엥겔스는 현재 우리가 경기순환 또는 쥐글라르 순환이라고 부르는 것을 밝히려고 노력했다. 이 순환은 공장·기계·새로운 기술 등 고정자본 투자의 성장과 감소 때문에 생긴다.

---

12 Marx, *Collected Works*, 40:282.
13 Karl Marx, *Capital*, vol. 2 (1885: London: Penguin, 1992), 264.
14 Karl Marx, *Capital*, vol. 3 (1895: London: Penguin, 1992), 477n.

게다가 현대의 학자들은 이윤순환, 즉 어떤 한 나라나 세계 경제의 전체 이윤율 경로에서 일어나는 상승과 하강 운동을 밝혔다. 안와르 샤이크는 17년의 상승 및 하강 파동을 가진 그런 이윤율 순환을 밝혔다.[15] 밍키리(Minqi Li)와 동료들은 19세기 중반부터 주요 자본주의 경제국들에서 이윤율과 축적률의 운동에서 네 차례의 장기 파동이 있다고 밝혔다.[16] 19세기 종반 가운데 후반기의 이윤율 장기 파동(꼭짓점에서 바닥까지)은 1870년대 초반부터 1890년대 종반까지 23년 또는 그 이상 동안 지속된다. 20세기 초반의 이윤율 장기 파동은 1897년에서 1939년까지 42년간 지속되고, 20세기 중반 이윤율 장기 파동(제2차 세계대전 시기를 포함)은 1939년부터 1983년까지 44년간 지속된다. 그러므로 1897년에서 1983년까지 두 차례 이윤율 장기 파동은 각각 약 40~45년간 지속되었다. 현재의 이윤율 장기 파동은 1983년에 시작되었고 1997년 꼭짓점을 찍었고 2010년대 말 즈음 바닥이 될 것이라고 가정한다.

바수(Basu)와 마놀라코스(Manolakos)는 전후 미국 경제 분석에서 이보다 더 나아갔다.[17] 이들의 분석은 어떤 다른 것 보다 통계 측면에서 훨씬 복잡하다. 그들은 "가장 실증적인 연구는 단순하게 조사된 시계열(조사 대상의 변동을 일정한 시간 간격으로 관측한 값의 배열 또는 그런 통계_옮긴이) 그림을 가지면서 추세가 이 자료와 들어맞는다. 그러나 상쇄 경향들이 적절하게 통제되지 않으면 하강 추세 존재의 여부가 마르크스 가설 검증을 유효하게 해주지 않는다." 그들은 "학자들이 총계 경제활동의 장기 파동은 일반 이윤율의

---

15 Shaikh, "The Falling Rate of Profit as Cause of Long Waves."

16 Minq Li, Feng Xiao, and Andong Zhu, "Long Waves, Institutional Changes, and Historical Trends," *Journal of World Systems Research* 13(2007), 33-54, http://gesd.free.fr/lietal.pdf.

17 D. Basu and P. T. Manolakos, "Is There a Tendency for the Rate of Profit to Fall? Econometric Evidence for the Us Economy, 1948~2007," Review of Radical Political Economics 45 (2012), http://gesd.free.fr//basumano.pdf

장기 파동과 관련되는 것 같다고 추측해왔다. 실제 1869년 이후 미국 경제에서 일반이윤율의 그림은 장기 파동을 보여준다."고 밝혔다.

바수와 마놀라코스에게는 네 개의 파동 또는 국면이 있는데, 1869~94년 시기의 축소로 시작된다. 이 축소는 1890년대 불황과 일치한다. 그 다음 국면은 1894년부터 대불황 시작까지의 시기와 일치하는데, 강한 추세는 없지만 짧은 순환들이 있다. 세 번째 국면은 대불황과 일치하는 상당한 축소와 제2차 세계대전과 일치하는 상당한 팽창이 있다. 마지막 국면은 이윤율이 1980년대 초반 즈음까지 축소하며, 팽창이 이어진다. 그래서 이들은 "따라서, 시계열은 상당한 지속성을 나타내고, 이 자료들에 확률 추세(stochastic trend)가 있다고 가정하는 것은 타당하다."[18]고 한다. 다르게 말하면 순환이 있다.

이런 이윤율 순환은 왜 존재하는가? 이는 실제로 상쇄경향이 소멸하여 경향이 나타나는 마르크스 이윤율 저하 법칙의 산물이다.[19] 적어도 미국의 경우에서 이 증거가 보여주듯이, 하락의 근본 경향을 압도하는 상쇄 경향 때문에 이윤율 상승의 순환이 있는데, 하지만 약 16~18년 후에 마르크스의 법칙이 다시 지배하면서 이윤율 하락에 길을 내준다.

19세기 후반기 영국

여러 자본주의 국가들에서 이런 이윤율 순환을 포착할 수 있을까? 두

---

18 Basu and Manolakos, "Is There Tendency for the Rate of Profit to Fall?", 82.

19 바수와 마놀라코스는 "자본주의 생산 아래서 또는 기술변화의 장기적 노동력 절약 경향은 이윤율을 조건으로 시간이 지남에 따라 하락하게 한다. 상쇄경향이 이런 작동체계를 무효화하거나 또는 반전시킬 만큼 충분히 강하다면 이윤율은 상승 운동을 보여준다(1982~2000년 시기처럼)." Basu and Manolakos, "Is There Tendency for the Rate of Profit to Fall?"

가지 사례의 연구를 살펴보자. 첫째는 마르크스의 시대 동안 세계 경제의 주도권을 가지고 있었던 1850년부터 1914년까지 영국 경제이다. 둘째는 제2차 세계대전 이후 시기의 미국 경제이다.

첫 번째 사례는 19세기 종반 불황에 관한 장에서 이미 다루었다. 이제 그 시기를 순환의 관점에서 살펴보자. 앞에서 보았듯이, 마르크스는 자기가 살고 있던 시기에 영국에 대해 이용할 수 있는 실증적인 증거로 자신의 가설을 검증하기 어렵다는 것을 알았다. 그러나 우리는 더 좋은 통계 자료를 가지고 있다. 그래서 우리는 마르크스의 방식으로 이윤율을 그릴 수 있다.

첫째, 1855년에서 1914년 사이에 영국의 이윤율은 바닥에서 바닥까지 약 30년 이상의 순환 또는 각각 약 15년의 두 개 국면을 가진다. 1885~71년의 상승국면 뒤에 1871~84년의 하강국면이 오는데, 여러 침체가 자주 심각하게 발생하는 시기로 언급된다. 실로 1880년대는 1930년대와 같은 대불황으로 간주되었다. 1884년 후부터 1899년까지 이윤율에서 다른 (불안한) 상승국면이 있다. 마지막으로 1990년부터 1914년 제1차 세계대전 발발까지 이윤율의 하락이 있다.

자료는 1855~1914년 영국 자본주의의 이윤율 순환의 주요 이유가 자본의 유기적 구성의 변화임을 보여준다. 자본의 유기적 구성과 이윤율 사이에는 의미 있는 역관계가 있다.

전후 미국의 이윤율 순환

두 번째 사례인 1946~2007년 미국 경제에서 우리는 비슷하게 상승 파동과 하강 파동을 가진 이윤율 순환을 밝혔으며, 각각의 파동은 약

15~17년이다. 황금기라고 불리는 첫 번째 파동 내내 이윤율은 아주 높다. 1950년대 하락한 후에 다시 상승하여 1965년에 꼭짓점에 도달한다. 그때부터 자본의 유기적 구성은 상승하고 이윤율은 하락하여 1982년 경제침체 기간 동안 저점에 도달한다. 이윤율은 전후 첫 번째 경제 대침체인 1974~75년에 가파르게 하락했다. 하지만 1966년 이윤율의 꾸준한 하강이 이런 급락을 위한 씨앗을 뿌렸다. 두 차례의 큰 경제침체 후에 1982년까지 그만큼 자본의 유기적 구성의 하락이 있었고, 이윤율은 꾸준히 상승했고 1990~92년 침체 기간 동안 상승의 짧은 중단을 제외하고는 상승하여 1997년에 새로운 꼭짓점에 도달했다. 1997년 후 이윤율은 하락했다. 지금은 1965~82년 시기와 비슷한 이윤율 순환의 하강 파동에 있다. 이 두 연구는 이윤율 순환과 마르크스의 이윤율 법칙 간에 강력한 상관관계를 제공한다.

전후 이윤순환은 다른 주요 자본주의 국가들에서도 비슷한 모습으로 나타났다(그림 12.1을 보라). 15개국을 하나의 집합으로 하여 마이토(Maito)는

그림 12.1 1950~2009년 14개국의 세계 이윤율(단순 중간 평균, %)

출처: E. Maito.

1950년부터 1960년대 중반까지의 전후 자본주의의 황금기는 이윤율이 높았으며, 이후 1982년까지 이윤율 하락의 시기로 이어졌다고 밝혔다. 그러고 나서 1990년대 중반까지 신자유주의 시기의 이윤율 회복이 있었다. 이제 주요 자본주의 경제국들은 이윤율 하강 파동에 있는데, 대침체와 불황에서 절정을 이루었다.

역시 이 자료는 이런 이윤율의 순환이 마르크스의 이윤율 저하 경향과 상쇄경향의 법칙에 의해 일어난다는 것을 시사한다. G7 경제국들에서 이윤율은 1950년과 2011년 사이에 장기적으로 하락했는데, 이 시기 동안 자본의 유기적 구성이 잉여가치율보다 훨씬 많이 상승했기 때문이다(그림 12.2를 보라). 그러나 신자유주의 시기 동안 이윤율이 상승했는데, 자본의 유기적 구성이 실제 적게 하락했지만 잉여가치율은 상당히 상승했기 때문이다. 현재의 장기불황 시기 동안 이윤율은 20% 넘게 하락했는데, 자본의 유기적 구성이 이윤율의 상승을 앞섰기 때문이다.

그림 12.2 1950~2014년 자본주의 상위 7개국 이윤율·자본의 유기적 구성·착취율 변화

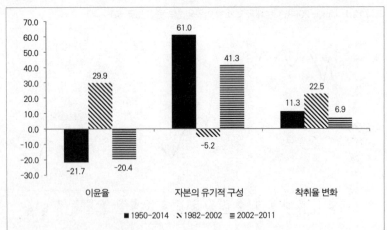

마르크스의 이윤율 법칙이 이런 방식의 순환을 가진다면, 이는 그 법칙이 대침체와 관련되어 있는지 없는지, 대침체가 단지 금융위기인지 아닌지 토론하는 데 큰 도움을 줄 수 있다. 이윤율 순환의 접근법이 맞으면, 우리는 여전히 1997년에 시작된 이윤율 하강국면에 있으며 2010년대 말이 되어서야 바닥을 칠 것이다(또는 더 일찍). 이윤율이 상승하는 환경을 만들기 위해 자본의 가치가 충분히 하락하려면(노동의 경우에는 약화되려면), 또 다른 침체가 필요할 수도 있다.

미국과 G7 국가의 통계 자료를 1929년까지 확대하면, 1938년부터 1944년까지 이윤율의 큰 상승을 볼 수 있다. 이 시기는 제2차 세계대전을 포함한다. 전쟁은 새로운 차원의 '창조적 파괴'를 더했다. 자본 저량의 물리적 파괴는 가치 파괴를 수반했다. 이는 자본비용의 급격한 하락을 만들었다. 전쟁은 내생적 이윤의 순환에 급격하게 개입할 수 있는 외생적 사건이었다.[20]

제2차 세계대전이 없었다면 이윤율은 어떻게 되었을까? 1938년에 미국 이윤율은 하락하고 있었다. 전쟁이 없었다면, 1946년까지 순환의 저점으로 하락했을 것이고, 그 후 1964년까지 상승국면으로 들어갔을 것이다. 이것이 정확하다면 1946~64년 시기는 정말 상승국면이 될 수밖에 없는 시기였다.

마르크스와 엥겔스는 고정자산 갱신 주기를 얼마나 올바르게 추정했을까? 미국 경제분석국은 민간 비주택 고정자산의 갱신 연령구성 자료

---

20 마르크스는 물리적 파괴가 가치에 미치는 영향을 고려했다. "이는 상품의 물리적 파괴에서 가장 분명하게 보인다. 이는 심지어 조업 중단의 형태로 간접적으로 일어날 수 있다. 하지만 이런 측면에서 시간은 모든 생산수단(토지는 제외)을 공격하고 악화시키며, 실제로 조업중단은 생산수단의 더 큰 파괴를 일으킬 수 있다. 하지만 이런 경우에 가장 큰 효과는 이런 생산수단이 그 기능을 멈춘다는 것, 즉 생산수단으로서 기능이 짧은 시기 동안 또는 긴 시기 동안 방해 받을 수 있다는 것이다." Marx, *Capital*, vol. 3, 362.

를 제공한다. 1963년부터 미국 이윤율이 꼭짓점을 찍고 나서 하락하기 시작했다. 고정자산 갱신 연령구조가 1980~82년 침체 후 시작된 이윤율 전환점에 약 17년에서 14.5년으로 준 것으로 보인다. 1982년부터 자본의 유기적 구성은 하락했고 투자의 성장은 둔화되었다. 고정자산 갱신 연령 구조는 17년으로 다시 늘어났다. 고정 자산의 갱신이 자본주의 축적에서 일어나는 어떤 순환을 설명하는 모형이라면 그 순환은 약 15~17년이라고 예상할 수 있다는 것은 분명하다.

이윤순환과 증권·신용 시장

이윤순환의 길이는 선두에 있는 모든 금융 중심지들의 증권시장 순환으로 뒷받침된다. 미국 증권시장 순환의 길이는 미국 이윤율 순환의 길이와 거의 똑같다(18년의 상승장세 순환 다음에 비슷한 기간의 하락장세 순환이 이어진다). 증권시장은 이윤율이 꼭짓점을 찍은 후 2년 뒤 꼭짓점을 찍는 것 같다. 이는 실제로 사람들이 예상할 수 있는 것인데, 왜냐하면 증권시장은 기업의 이윤율과 밀접하게 관련되어 있으며, 은행 대출 또는 채권에 관련 된 것 보다 더 그렇다. 이윤율이 하강 파동으로 접어들면, 증권시장도 곧 뒤따르는데, 짧은 시차를 가지더라도 그렇다.

이런 밀접한 관계는 한 경제에서 축적된 자산에 대해 기업의 시장 자본화를 측정함으로써 밝힐 수 있다. 토빈의 Q는 주식시장에서 기업의 '시장 자본화'(이 경우에는 스탠다드앤드푸어 주가지수 상위 500개 기업. 기업의 전체 발행주식의 총 시장가격을 나타낸 것인데, 주당 현재 시장가격×발행주식 수로 계산함_옮긴이)를 계산하여, 이 값을 기업이 축적한 유형자산의 갱신 가치로 나누어서 얻는다. 갱신 가치는 기업이 소유한 모든 물리적 자산(공장, 장비 등등)을 갱신하기 위해 지불한 비용이다.

토빈의 Q는 증권시장에서 투기자들이 기업 자산의 실제 실질가치(actual real value)보다 많이 얻거나 또는 적게 얻을 수 있는 가치를 측정한다. 그림 12.3에서 볼 수 있듯이 1948~2013년 시기 동안 토빈의 Q는 약 0.33에서 시작했다. 증권시장 주식의 가치는 기업의 소유한 자산의 실질가치의 단지 1/3 정도였다. 이는 상승하여 1968년 거의 1.00이 되었다. 그때 이 수치는 토빈의 Q의 꼭짓점이었다. 그 후 이는 하락하여 1981년 단지 0.30이 되었다. 이는 바닥이었다. 1982년부터 이는 상승하여 1999년 1.70에 도달했다. 그래서 증권시장 가치는 기업 자산의 실질가치보다 70%가 더 많았다. 1999년부터 이는 하락했는데, 2009년 0.60이 되었고 하지만 그러고 나서 약간 상승하여 2014년 거의 1.00이 되었다.

1948년부터 1968년까지 장기의 상승장세가 있었고, 그 후 1981년까지 하락장세가 이어졌고, 그러고 나서 다시 1999년까지 상승장세가 있었다. 미국 증권시장 순환은 거의 미국 이윤순환과 같으며, 전환점만 약간 다르다.

신용 순환(credit cycle)을 밝히기 위해 새로운 연구가 시작되었는데, 적어도 주요 자본주의 국가들에서 신용 순환이 16~18년 주기라는 것을 밝혔다. 클라우디오 보리오(Claudio Borio)는 부동산 가격 지수(소득 대비 부동산 가격)와 신용 변화(국내총생산 대비 신용)를 이용하여 스스로 '금융 순환(financial cycle)'이라고 부른 것을 밝혔다.[21] 그의 금융 순환의 길이는 이윤순환과 일치한다. 하지만 그것은 이윤순환과 반대로 진행되는 것으로 나타나는데, 적어도 미국에서 그렇다. 이윤이 하강국면에 있을 때, 금융 순환은 상

---

21 Claudio Borio, "The Financial Cycle and Macroeconomics: What Have We Learnt," BIS Working Paper, 2012.

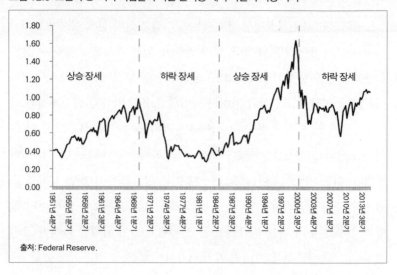

그림 12.3 토빈의 Q: 미국 기업들의 자본 순저량 대비 자본의 시장 가치

출처: Federal Reserve.

승국면에 있다. 이는 생산 자산의 이윤율이 하락할 때 자본가들은 생산 부문 투자 대신에 부동산 같은 비생산 부문 투자를 추구한다는 것을 시사한다. 이는 2008~2009년 대침체 때 절정을 이루었던 자본주의 생산 부문과 비생산 부문의 관계를 이해하는 것과 아주 관련된다.

콘드라티예프 순환

자본주의 생산의 더 장기적인 순환에 관해 얘기해보자. 자본주의 이윤 순환이 바닥에서 바닥까지 대략 32~36년 주기인 것처럼 주식시장 및 신용시장 순환도 그러하며, 그런데 이런 주기의 두 배 정도, 즉 64~72년 정도 되는 물가 순환이 또한 있는 것 같다. 이 순환은 러시아 경제학자 니콜라이 콘드라티예프가 1920년대에 처음 제대로 밝혔다. 그는 물가와 이자율이 약 27년 동안 상승하는 시기가 나타났고 그런 다음 반대로 하강하는 시기가 나타난다고 주장했다.

니콜라이 콘드라티예프의 '장기순환'은 세 가지 측면에서 비판되었다. 첫째, 50년 또는 그보다 더 긴 순환이 실제로 존재한다는 기업 통계의 증거가 없다고 주장되었다. 측정점이 거의 없으며, 니콜라이 콘드라티예프가 분석한 경제 시계열은 신뢰할 수 없는 것으로 간주되었다

둘째, 경기순환은 자본주의 생산양식에 내생적이어야 한다는 콘드라티예프의 주장이 기각되었다. 경제성장의 상대적 속도의 변화 또는 생산가격의 변화는 전쟁, 혁명, 질병, 날씨 또는 자본주의 경제 조직의 더욱 특수한 새로운 단계(제국주의, 금융화 등등) 때문에 일어난다는 다른 합의가 있었다.

셋째, 이런 장기순환이 존재한다 하더라도 이를 설명할 수 있는 신뢰할 만한 이론이나 모형이 없다는 비판이었다. 니콜라이 콘드라티예프는 이 모든 비판으로부터 자신의 이론을 방어했다. 그는 이용할 수 있는 자료들은 "이런 순환이 주기성을 갖는다는 데 제기하는 의문을 극복하기에는" 부적합하지만, "그럼에도 불구하고 이용할 수 있는 자료들은 이런 주기성이 아주 개연성 있다고 주장하기에는 충분하다."고 인정했다. 특히 생산가격과 상품가격의 시계열은 그런 순환의 주기성을 위한 가장 좋은 근거가 되었으며, "임의의 외생 원인들로는 설명할 수 없다."[22]

그는 이 순환의 긴 주기는 정상적인 경기순환 내에 완료될 수 없는 자본의 대규모 사업의 회임기간에 기초하며, 이런 투자는 여러 파동이 연속된 기간에 걸쳐 일어날 수 있다고 생각했다. 그는 긴 주기의 순환이 외생적 요인들 때문에 일어난다는 비판을 기각했다.[23]

---

22 Kondratiev, *The Long Wave Cycle*.

그 뒤에 학자들은 내생적인 콘드라티예프 순환의 경험적 근거를 제공했다.[24] 장기 순환이 많은 혁신 또는 장기 지속적인 자본 사업의 결과라는 콘드라티예프의 제안을 받쳐주는 이론적 근거와 경험적 근거가 발전되었다. 어네스트 만델(Ernest Mandel)은 장기 순환을 이윤율 변동과 관련짓는 것을 시도 했는데, 하지만 오히려 이상하게 그런 순환에서 하강국면은 자본주의에 내생적이지만 상승국면은 외생적이라고 주장했다.[25]

이자율은 콘드라티예프 가격 순환의 아주 좋은 대리변수이다. 미국의 단기 이자율(연방준비은행이 설정한 연방기금 금리) 수준은 1946년부터 상승해서 1981년 꼭짓점에 도달했고 그 후 하락했다.

일찍이 19세기 영국을 대상으로 파악한 이윤율 순환을 가지고 주장한 콘드라티예프 순환을 20세기 미국과 연결 지을 수 있을까? 그림 12.4의 왼쪽에는 콘드라티예프 순환이 있는데, 이윤순환의 국면도 함께 있다. 첫 번째 콘드라티예프 순환은 1785년경에 시작되고, 상승하여 1818년경 가격 꼭짓점에 도달하고 그 후 하락하여 1840년대 초반에 바닥에 도달한다. 두 번째 콘드라티예프 순환은 1860년대 중반 꼭짓점에 도달했고 그러고 나서 1880년대 중반 또는 1890년대 초에 바닥에 도달했다. 세 번째 콘드라티예프 순환은 1920년대에 꼭짓점에 도달했고 1946년에 바닥에 도달했다. 네 번째 콘드라티예프 순환은 1980년에 꼭짓점에 도달

---

23 "여러 단계를 거치면서 자본주의는 여전히 자본주의로 있으며 그 기본 특징과 규칙성을 유지한다. 그렇지 않으면 어떻게 그 여러 단계가 자본주의의 단계일 수 있는가?… 가치와 가격의 법칙 또는 이윤 및 경제 순환의 국면에 따른 이윤 변동의 법칙이 일반화될 수 없도록 자본주의 발전의 각 단계에서 완전히 다른지 나는 깨닫지 못하겠다." Kondratiev, *The Long Wave Cycle*.

24 골드스타인(Goldstein)은 "경험적 분석은 18세기 종반 산업화의 시작 이전과 이후의 가격 통계자료에서 장기 파동을 강하게 입증했다. 가격 파동은 여러 유럽 국가들에서 일치했으며, 이는 세계 체제의 중심의 확장과 산업 시대의 통합 증대를 반영했다." Joshua Goldstein, "Kondratieff Waves as War Cycles," *International Studies Quarterly* 29 (1985), 411–4.

25 E. Mandel, *Long Waves in Capitalist Development* (New York: Random House, 1995).

했고 2018년경에 바닥에 도달했다.

혁신 순환

그래프는 요제프 슘페터(Joseph Schumpeter)가 밝힌 이른바 혁신 순환을 보여준다.[26] 이 순환 내에 과학적 발견이 이루어진다. 과학적 발견은 결국 자본주의 생산의 새로운 기술의 발전 또는 성장을 낳는다. 그 뒤에 새로운 기술이 시작되고, 이는 산업부문 전반에 또는 새로 팽창하는 부문들에 적용된다. 그러고 나서 이 기술은 성숙기에 도달하고, 이시기에는 이 기술로 인한 부가가치가 강화된다. 결국 이윤을 위한 팽창이 고갈될 때 이 기술은 포화의 시기에 들어선다. 마지막으로 이 기술은 쇠퇴하고 사라진다.

여섯 단계가 있는데, 각 단계는 이윤순환 국면의 변화와 들어맞는다. 두 가지 사례가 있다. 자동차 대량생산 기술이 있는데, 이른바 포드주의 산업 모형이다. 1946년은 이 기술의 엄청난 팽창을 위한 시작 단계였다. 하지만 1960년대 중반경에 이는 산출과 판매가 꾸준히 증가하는 성숙기로 들어섰다. 1980년대 초반 이후 신자유주의 시기 동안 자동차 생산은 '포화' 시장이 되었고(적어도 선진 자본주의국들에서), 선두 부문의 하나라는 지위에서 후퇴했는데, 적어도 상대적으로 그렇다. 1997년 이후 현재 이윤순환의 하강국면에서 미국과 유럽 그리고 심지어 일본에서도 자동차 생산은 상당히 쇠퇴했고, 아시아와 중남미로 이동했다.

---

26 Joseph Schumpeter, *Business Cycles: A Theoretical, Historical and Statistical Analysis of the Capitalist Process* (New York: McGraw-Hill, 1939).

그림 12.4 자본주의에서 순환

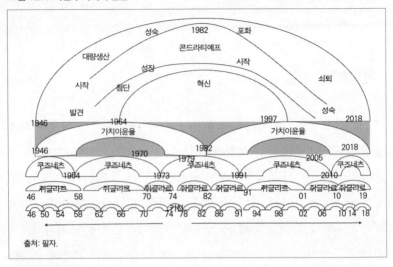

출처: 필자.

　다른 예는 첨단 기술(컴퓨터, 인터넷 통신 등등)이다. 주요한 과학적 발견이 전후 시기 1950년대와 1960년대 초에 이루어졌다. 1960년대 중반에서 1980년대 초반까지 시기 동안 이런 발견들이 적용 가능한 새로운 기술로 전환되었다(개인용 컴퓨터, 디지털 매체 등등). 1980년대와 1990년대 내내 첨단 기술이 대규모로 시작되었고, 2000년에 터진 닷컴 거품 때 절정을 이루었다. 지금도 첨단 기술과 이 기술의 적용은 선두 기술 부문이 되었다. 이 도식에서 이 기술들은 2020년대와 2030년대에 아마도 더욱 세계적으로 포화 시장으로 들어 설 것이며, 21세기 중반 경에 자본주의의 중요한 이윤 창조자의 지위에서 쇠퇴할 것이다. 혁신 순환은 콘드라티예프 순환과 들어맞는다.

　콘드라티예프 순환은 콘드라티예프가 살았던 시대의 약 55년 주기에서 세 번째 순환에서는 64년 주기로 네 번째 순환에서는 72년 주기로 늘어났다. 순환 주기의 길이가 늘어난 다양한 이유가 제시되었는데, 인구

구조와 정부부채 조달을 포함한다. 자본주의 생산양식이 세계적으로 지배하게 되면서, 콘드라티예프 순환은 이제 이윤율 순환에 훨씬 가깝게 움직이는데, 특히 전후 시기부터 그렇다.

그림 12.4의 오른 쪽은 이윤율 순환이 콘드라티예프 순환과 어떻게 통합되어서 이른바 사계절, 즉 봄(이윤율 상승), 콘드라티예프 순환의 상승국면과 함께 일어나는 여름(이윤율 하락), 가을(이윤율 상승), 콘드라티예프 순환의 하강국면과 함께 일어나는 겨울(이윤율 하락)을 이루는지 보여준다. 겨울국면에서 이 모형은 불황의 시기가 나타나는 것으로 예상한다(물가하락 또는 물가상승 둔화와 함께 높은 실업률 또는 실업률 상승과 경제성장 부진). 이전의 겨울 시기는 1840년대, 1880~90년대(첫 번째 장기불황), 1930년대(대불황), 그리고 현재의 다른 불황(장기불황)이다.

더 많은 운동 순환

현대 자본주의에서 작동하는 운동의 더 많은 순환들이 있는데, 부동산 가격과 건설의 순환, 경제 호황과 침체의 순환(이른바 경기순환), 재고순환이 있다.

부동산 가격의 변동에 기초하고 있는 약 18년의 순환이 있는 것으로 나타났다. 미국 경제학자 사이먼 쿠즈네츠(Simon Kuznets)는 1930년대에 이 순환이 존재했다고 밝혔다. 우리는 미국 주택가격을 검토함으로써 이 순환을 측정할 수 있다(그림 12.5를 보라). 1945년 후 첫 번째 꼭짓점은 1951년에 도달했고, 주택가격은 하락하여 1958년에 바닥이 되었으며, 그리고 나서 상승하여 1969년에 새로운 꼭짓점에 이르렀고, 다시 하락하여 1971년에 바닥을 쳤다. 그 뒤에 1979~80년에 꼭짓점에 도달했고, 1991년에 바닥을 쳤다. 18년 순환을 상정하면, 미국 주택가격의 그

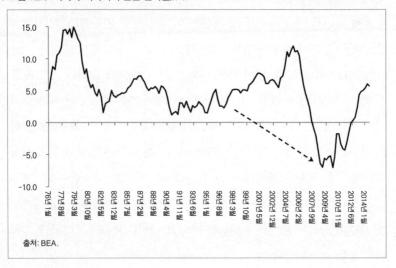

그림 12.5 미국 주택가격의 연간 변화율(%)

출처: BEA.

이후 바닥은 2009~10년이어야 한다.[27] 사실 그랬다.

부동산 순환은 마르크스주의 이윤순환이나 주식시장 순환이나 콘드라티예프 가격/화폐 순환과 들어맞지 않는다. 부동산 순환 외의 순환들은 자본주의 축적 운동 법칙의 산물이다. 이런 순환들은 자본주의 경제의 생산부문에서 작동한다. 반대로 부동산 순환은 대체로 자본주의 경제의 비생산 부문에서 작동한다. 주택은 소비자 소득의 큰 이용자이다. 그래서 주택가격의 순환은 자본가와 노동자의 지출 행태를 반영하며 자본의 이윤율을 반영하지 않는다. 이런 이유 때문에 부동산 순환은 그 전환의 시기가 이윤순환과 다르다. 미국 이윤순환은 1982년에 바닥을 찍었고, 그 후 15년간 또는 16년간 상승하여 1997년 꼭짓점에 도달했

---

27 "미국 주택가격 거품이 2005년에 끝내 터진다면, 우리는 앞으로 4년간 미국 주택가격 상승이 다시 폭락하고 하락할 것이며 적어도 전체 물가상승에 상대적으로 그렇게 될 것이라고 예상할 수 있다." Michael Roberts, *The Great Recession* (London: Lulu, 2009).

다. 증권시장 순환도 역시 1982년에 바닥을 쳤고, 그 후 상승하여 18년 뒤 2000년에 꼭짓점에 도달했다. 반대로 미국 부동산 순환은 약 9년 뒤 1991년에 바닥을 쳤고, 단지 2005년에 꼭짓점에 도달했으며 그 후 하락하여 2010년에 바닥이 되었다.

클레망 쥐글라르(Clément Juglar)는 약 10년 주기의 경기순환에 주목한 첫 번째 주류경제학자였다. 성장과 침체로 이루어진 이 순환은 이제 약 9년에서 10년인 것으로 보인다. 이는 최근 시기 동안 각 침체의 바닥 간 주기이다. 자본주의 경제학자들은 침체를 국내총생산에서 두 분기 연속 감소 또는 연간 산출의 두 분기 연속 감소로 정의하는데, 물가상승을 조정한 후의 계산이다. 이에 근거하면, 과거 60년간 일곱 차례의 침체가 있었고, 심각성과 길이의 정도는 다양하다. 1946년 이후 두 차례 주기의 이윤율 순환 동안에 일곱 차례 주기의 쥐글라르 순환이 있었고 한 차례 주기의 쥐글라르 순환이 현재의 이윤율 순환이 완결될 때 완성될 것인데, 이는 완전한 이윤율 순환 안에 네 차례의 경기순환이 있다는 것을 의미한다.

쥐글라르 순환은 마르크스주의 이윤율 순환과 다른 전환점을 가지고 있다. 쥐글라르 순환은 생산부문과 비생산 부문, 정부부문도 포함한 전체 경제의 순환이다. 따라서 이윤율 순환 및 자본주의 생산부문의 변동은 나머지 경제와 시차를 가진다. 이윤율이 하락하고 이윤량이 감소하기 시작하면, 투자가 감소하고, 그 다음으로 고용과 소득이 감소한다. 몇 달 후나 몇 분기 후나 심지어는 몇 년 후에 침체(산출 감소, 실업 증가)가 온다.

마지막으로 약 4~5년의 훨씬 짧은 경기순환이 있다. 키친(Kitchin)은 1930년대에 이것을 발견했다. 이 순환은 자본가들이 판매를 위한 재고를 얼마나 유지할지에 관한 훨씬 단기적인 결정의 산물로 보인다. 자본가들은 약 2~4년보다 더 길게 보지 못하는 것으로 보인다. 자본가들은 생산을 확대하고 기존 생산 설비의 이용을 극대화한다. 경쟁을 위해 투쟁하면서 자본주의 생산자들은 판매할 수 있는 것보다 더 많은 재고를 생산하게 된다. 그래서 재고가 다 팔릴 때까지 생산은 둔화된다.

그림 12.4에서 보듯이, 이 경기순환들은 통합될 수 있다. 다시 말해, 64~72년의 장기 콘드라티예프 순환은 항상 4~5년의 짧은 키친 순환으로 나눠질 수 있다. 따라서 콘드라티예프 순환 안에 두 차례의 이윤율 순환이 있고, 네 차례의 쿠즈네츠 순환이 있고, 여덟 차례의 쥐글라르 순환이 있고, 열여덟 차례의 키친 순환이 있다.

이윤순환이 핵심이다. 1946년부터 1965년까지 이윤순환의 상승 파동은 콘드라티예프 순환의 상승 파동과 일치한다. 따라서 1950년대 중반 쥐글라르 순환과 쿠즈네츠 순환의 바닥은 경제성장과 고용에서 아주 심각한 침체 또는 하강을 만들지 않았다. 키친 순환은 또한 1958년에 바닥이었기 때문에 1954년보다 '경제의 일시적인 성장 중단'이 더 길었다. 콘드라티예프 상승 파동의 환경에서 높은 이윤율과 상승하는 이윤율은 일반적으로 자본주의에 좋은 소식이다.

1965년에서 1982년까지 이윤율은 하락했다. 하지만 콘드라티예프 순환은 여전히 가격상승 파동에 있었다. 가격상승을 동반한 경제침체들 (1970년, 1974년, 1980~82년) 다른 말로 스태그플레이션이 더욱 악화된 채로 연속해서 일어났다. 1974년에 쿠즈네츠 순환, 쥐글라르 순환, 키친 순환이 함께 바닥을 이루었다. 이윤율이 하락하는 환경에서 세계자본주의는 전후에 첫 동시적인 경제침체를 겪었다. 1980~82년 침체는 심각했고 오래 지속되었는데, 이윤율이 여러 번 저점에 도달했고 콘드라티예프 순환의 꼭짓점을 찍었다. 하지만 부동산 순환인 쿠즈네츠 순환 또한 꼭짓점에 있었는데, 그래서 산출과 고용이 감소했고 반면에 물가는 높은 수준을 유지했다. 최악의 스태그플레이션 위기였다.

그다음 이윤율 상승 파동(1982~97)은 콘드라티예프 가격 순환의 하강

파동과 같이 일어났는데, 우리는 여전히 이 콘드라티예프 가격 순환 속에 있다. 따라서 이윤율 상승에 물가상승률 하락이 동반되었는데, 물가상승률은 1982년 15%에서 1990년대 종반까지 단지 2~3%였다. 이윤율 상승과 높은 이윤율(1997년까지)은 역시 1991년과 2001년에 있었던 쥐글라르 순환의 바닥이 1974년과 1980~82년만큼 깊거나 심각하지는 않았다는 의미다. 쿠즈네츠 순환은 1991년에 다시 바닥이 되었고, 1991년의 침체를 미국과 다른 나라들에서 주택시장이 호황이었던 2001년 침체보다 훨씬 더 심각하게 만들었다.

불만스러운 겨울

현재 우리는 다른 이윤율 하강 파동에 있는데 2018년이 지나서야 바닥에 도달할 것 같다. 그래서 산출과 고용의 침체는 적어도 1974~75년과 1980~82년처럼 심각하고 장기간 지속될 것이다. 이는 현재 이윤의 하강 파동이 1982년 시작된 콘드라티예프 가격순환의 하강 파동과 동시에 일어나고 있으면서 2018년 즈음을 지나서야 바닥에 도달할 것이기 때문이다.

세 차례의 불황(19세기 종반 장기불황, 1930년대 대불황, 현재의 장기불황)은 콘드라티예프 순환의 겨울 국면과 함께 일어났다. 이 장기불황들은 역시 자본주의의 다른 단계로 발전하는 것과 함께 일어났다. 19세기 종반 장기불황은 제국주의 발전과 '식민지'로 금융자본의 팽창과 세계 분할을 위한 제국주의 열강들 간 전쟁을 위한 자극제였고, 이는 결국 제1차 세계대전을 초래했다.

이 대불황은 새로운 제국주의 전쟁을 초래했고, 제1차 세계대전 때까지 해결되지 못했다. 패권을 가진 제국주의 강국 대영제국은 1914~18년 전쟁 때문에 돌이킬 수 없을 정도로 약해졌지만, 상승하던 패권국 미국은 제국주의 패권의 해체를 맡으려고 준비하거나 맡으려고 하지 않았다. 제국주의 경쟁국인 독일과 일본은 더 많은 전리품을 얻으려고 노력했다. 이는 제2차 세계대전으로 이어졌고 결국 1945년 이후 팍스아메리카나가 시작되게 했다.

현재 콘드라티예프 순환의 가을 국면(1982~2000)에서 소비에트 연방의 몰락을 보았다. 현재 장기불황은 미 제국주의의 패권을 위협하고 있는데, 미국의 패권은 이미 중국, 브라질, 인도, 러시아 같은 새로운 야심찬 강국들 때문에 상대적으로 약화되었다. 새로운 경쟁이 앞으로 10년 정도의 기간 동안 커다란 충돌을 불러일으킬 수 있는 위협이 되고 있다.

결국 현재 전개되고 있는 콘드라티예프 순환의 겨울 국면은 콘드라티예프 봄 국면에 길을 내 주면서 현대 자본주의의 다섯 번째 콘드라티예프 순환이 시작될 것이다. 자본주의는 겨울 국면 동안에 여러 번의 침체를 겪으면서 자본의 가치가 파괴 된 뒤에 새로운 상승국면으로 접어들 것이다(2001년 침체, 2008~2009년 대침체, 아마도 2016~17년 마지막 침체?). 2030년대 중반부터 우리는 콘드라티예프 순환의 여름 국면에 접어들 것이며, 이때 이윤율은 하락할 것이고, 자본주의는 다시 위기에 빠질 것이고, 계급투쟁은 강화될 것이다. 이는 2050년대까지 지속될 것 같다. 이야말로 우리가 장기적 관점이라고 부르는 것이다!

이런 잠정적인 예측은 자본주의에 내재한 순환 운동에 영향을 미치는 어떤 외생적 요인도 상정하지 않는다. 그런 외생적 요인들은 새로운 세계전쟁(또는 주요 경제국들에서 혁명)을 포함하고, 그러나 또한 지구 자체를 훼손하는 변화도 포함한다. 이 책의 마지막 장에서 몇몇 외생적인 요인들과 현재 장기불황 이후 자본주의의 장기적 미래를 검토하기로 한다.

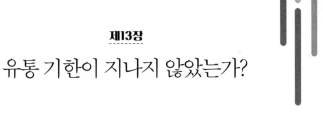

제13장

유통 기한이 지나지 않았는가?

원리상 발전된 자본주의에서 대규모 위기는 최종 위기가 될 수 있다. 하지만 그렇게 되지 않는다면, 대규모 위기는 더 나아간 축적을 위한 전제로 남는다. 하지만 마르크스주의 체계에서 영구적인 위기는 극복할 수 있는 위기로 인식되며… 오늘날 세계 자본의 조건에서 지속되는 경제 및 정치 위기는 자본에게 새로운 팽창을 시작할 수 있는 기회를 주는 것으로서 일어날 수 있다.

　　　　　　　　　　　　　　　　　　　　　　　－폴 매틱(Paul Mattick)[1]

전통적인 관점을 제시하는 사람들은 경쟁하고 협력하는 엄청난 숫자의 세계 노동자들이 궁극적으로 이번 세기의 모습을 만들 커다란 힘에 때려눕혀질 가능성이 크다는 것을 보지 못한다. 세계화는 확실히 의미 있지만 사실 우리를 변화로 이끄는 주요한 힘의 하나 일뿐이며, 그 커다란 힘은 계속 기술이다.

　　　　　　　　　　　　　　　　　　　　　　　－마틴 포드(Martin Ford)[2]

　현재 세계경제는 장기불황에 빠져 있다. 이것이 이 책에서 주되게 전달하고자 하는 말이다. 하지만 세계 자본주의는 이런 불황 상태로 계속 머물러 있지 않을 것이다. 결국 아마도 자본의 가치(생산수단의 가치, 가공자본의 가치, 고용된 노동자의 가치)를 더 파괴하는 또 한 번의 침체를 겪은 후에, 살아남은 자본들을 위해 이윤율이 충분히 상승하여 투자와 성장의 상승국면을 시작할 것이다. 물론 이는 주요 자본주의 경제국들에서 계급투쟁으로 노동력이 자본을 상대로 승리를 거두는 것을 가정하지 않을 경우이다.

1　Paul Mattick, *Economic Crisis and Crisis Theory* (London: Merlin Press, 1974).
2　Martin Ford, *The Lights in the Tunnel: Automation, Accelerating Technology and the Economy of the Future* (Acculant, 2009).

그래서 현재의 장기불황은 최종위기가 아니다. 세상에는 착취당할 훨씬 더 많은 사람이 있으며, 그리고 가치와 잉여가치의 팽창을 위한 새로운 콘드라티예프 순환을 제공할 새로운 기술혁신들이 항상 있다.

21세기에 자본주의는 지배적 생산양식과 사회구성체로서 생존하는 데 위협이 되는 새로운 모순들을 스스로 창조하고 있으며, 그리고 건강한 지구를 존속케 하는 문제에 관해서도 그렇다.

불평등 증가

자본주의의 첫 번째 모순은 소득과 부의 불평등 증가이다. 부자와 가난한 사람의 격차는 오직 계급투쟁만 악화시킨다. 부와 소득의 불평등은 국가 내 뿐만 아니라 국가 간에도 있다.

국제연합(UN)은 최근 연구에서 이를 자세히 분석했다.[3] 이 연구에서 세계 상위 1% 부자가 전 세계 부의 48%를 가지고 있으며, 상위 10%가 86%를 가지고 있다고 밝혔다. 이는 전 세계의 부이며, 단지 한 나라 안에서 불평등이 아님을 기억하라. 실제 세계 상위 10% 부자들의 대부분은 G7 국가들에 살고 있다.

세계에서 3억 9,300만 명의 인구는 10만 달러 이상의 순자산(모든 부채를 공제한 자산)을 가지고 있다. G7 국가에서 주택담보대출 없이 주택을 가지고 있다고 해도, 10만 달러 이상의 순자산은 그렇게 많지 않은 것 같아 보일 수도 있다. 하지만 영국과 미국의 수백만 인구가 이 집단에 속하며,

---

3 Jim Davies and Tony Shorrocks, United Nations : In Equality Matters, 2013, http://www.un.org/esa/socdev/documents/reports/Inequality-Matters.pdf and since in Credit Suisse Global Wealth Report (Credit Suisse, 2014).

세계 상위 10% 부자도 그렇다. 이는 세계 성인 2/3가 얼마나 순자산을 적게 가지고 있는지와(순자산이 10만 달러 미만), 수십억 인구는 전혀 가지고 있지 못하다는 것을 보여준다.

이는 연간 소득이 아니고 부인데, 다시 말해 성인 32억 명은 사실상 전혀 부가 없다. 이 범위의 반대 극에서는 단지 3,200만 명이 부의 98%를 가지고 있거나 또는 모든 가계의 부 가운데 41%를 가지고 있거나 또는 각자 100만 달러 이상의 부를 가지고 있다. 아주 많은 순자산을 가지고 있는 단지 9만 8,700명의 인구는 5,000만 달러 이상의 부를 가지고 있고 이들 가운데 3만 3,900명은 1억 달러 이상의 부를 가지고 있다. 이런 최고 부자(super-rich)들 가운데 절반은 미국에 살고 있다.

이 모든 것이 앤서니 셔록스(Anthony Shorrocks)와 짐 데이비스(Jim Davis)가 쓴 세계 부 보고서에 실려 있다.[4] 저자들은 세계 부가 241조 달러로 역사상 가장 높게 도달했으며 미국이 그 증가에서 대부분을 차지했다고 밝혔다. 평균 부는 성인 1인당 5만 1,600달러로 새로운 꼭짓점에 도달했지만, 부의 분배는 대단히 불평등했다. 이 연구는 세계적으로 부자 세대와 가난한 세대 간 사회적 이동이 거의 없다는 것을 밝혔다. 87%는 부자로 또는 가난한 사람으로 그대로 머물러 있으며, 부의 피라미드에서 상하 이동이 거의 없었다.

세계의 부는 앞으로 몇 년 동안에 거의 40% 증가할 것이고, 2018년 즈음에 334조 달러에 도달 할 것으로 예상된다. 신흥경제국들이 부의 증가에서 29%를 차지할 것인데, 하지만 이 국가들은 현재 부에서는 단지 21%만 차지하고 있으며, 중국이 신흥경제국 부의 증가에서 거의 50%를

---

4 Jim Davies and Tony Shorrocks, United Nations: In Equality Matters, 2013, http://www.un.org/esa/socdev/documents/reports/Inequality-Matters.pdf and since in Credit Suisse Global Wealth Report (Credit Suisse, 2014).

차지할 것이다. 부의 성장은 주로 중간층의 성장으로 일어날 것이지만, 백만장자의 숫자 역시 두드러지게 증가할 것이다.

세계은행에 근무했던 브랑코 밀라노비치(Branco Milanović)는 세계 소득(부가 아니다) 불평등에 관한 자신의 최고의 연구를 최근에 갱신했다.[5] 2005년에 브랑코 밀라노비치는 자신의 책 『세계 불평등World Apart』에서 세계 소득(과 부의) 불평등은 '20대 80'(즉 세계 인구의 80%인 66억 명은 가난한 사람으로 분류될 수 있다는 것)이고 이런 상황은 개선되는 것이 아니라 악화되고 있으며, 성장하고 있는 이른바 브릭스(브라질, 러시아, 인도, 중국, 남아프리카)를 고려한다고 하더라도 그렇다고 신중하게 서술했다.

소득 불평등의 일반적 척도는 지니계수이다. 이 척도는 이탈리아 출신 통계학자이자 경제학자인 코라도 지니(Corrado Gini)의 이름을 땄다. 지니계수 값의 범위는 0(모든 사람이 똑같은 소득을 가질 경우)에서 1(또는 100. 이는 비율 또는 지수로 표현한 것)까지인데, 1의 값은 한사람이 (한 도시, 한 주, 한 국가, 세계의) 전체 소득을 가지는 경우를 나타낸다(불평등 계산과 관련된 인구가 얼마이든지 간에). 브랑코 밀라노비치는 각 국가와 세계의 지니 계수를 계산하기 위해 수십 개 국가들의 국가가계조사를 원시 자료(통계 결과를 위해 가공되지 않은 상태의 통계 자료_옮긴이)로 사용했다. 나중에 그는 자신의 자료를 수정했고 이제 세계는 92대 8이며 예전에 계산했을 때보다 소득이 훨씬 더 불평등해졌다.[6]

브랑코 밀라노비치는 국가 간 세계 불평등이 개별 국가 내의 불평등보다 훨씬 커졌다고 언급한다. 세계 지니계수는 약 0.7이며, 가장 불평등이

5 Branco Milanović, "Global Inequality by the Numbers," World Bank Policy Research Working Paper, 2012.

6 브랑코 밀라노비치는 "세계 전체 소득을 절반으로 나눠보자. 가장 부유한 인구 8%가 절반을 가지고 나머지 인구 92%가 나머지 절반을 가진다. 그래서 92대 8이다. 미국에서 그 숫자는 78대 22이다. 독일을 보면 그 숫자는 71대 29이다."라고 결론을 내렸다. Branco Milanović, "Global Inequality by the Numbers," World Bank Policy Research Working Paper, 2012.

높은 나라인 브라질 내의 불평등보다 훨씬 심하다. 이는 미국의 불평등보다 거의 두 배로 심하다. 브랑코 밀라노비치는 세계 상위 1%를 차지하는 '소득자' 6,000만 명 정도의 소득이 1988년 이후부터 60% 증가했다고 밝혔다. 이들 가운데 절반 정도가 가장 부유한 미국인 12%이다. 상위 1%에서 나머지 사람들은 영국인, 일본인, 프랑스인, 독일인 가운데 상위 3~6%를 구성하며, 그리고 러시아, 브라질, 남아프리카를 포함한 다른 몇몇 나라들의 상위 1%를 구성한다. 이런 사람들에는 세계 자본가 계급이 포함된다. 즉 자본주의 체제의 소유자들과 통제자들이며, 제국주의의 전략가들과 정책가들이다.

하지만 브랑코 밀라노비치는 지난 20년 동안 소득이 훨씬 많이 오른 사람들은 세계 중간층에 있는 사람들이라고 밝혔다. 이 사람들은 자본가가 아니다. 이들은 주로 인도와 중국 국민들인데, 예전에 소농 또는 농촌 노동자였다가 도시로 이주하여 세계화된 노동력 착취현장과 공장에서 일하는 사람들이다. 그들의 실질임금은 맨 아랫부분에서 대폭 상승했는데, 그들의 조건과 권리는 그렇지 않다.

소득을 가장 못 번 사람들은 가장 가난한 사람들인데(주로 아프리카의 농촌지역 농부임), 이들은 20년 동안 소득이 전혀 오르지 않았다. 소득이 오르지 않은 사람 가운데 다른 이들은 세계적으로는 잘사는 사람들 축에 끼는 것 같은데, 하지만 사실 그들은 주로 동유럽의 옛 공산주의 국가의 노동계급과 선진 자본주의 국가들의 노동계급 일반이다. 동유럽 공산주의 국가의 노동계급들의 생활수준은 1990년대 자본주의로 회귀 때문에 크게 하락했고, 선진 자본주의 국가들의 노동계급 일반의 실질임금은 지난 20년간 정체했다.

브랑코 밀라노비치는 자본주의 생산양식의 지배를 동반한 산업혁명 때부터 세계 소득의 불평등이 증가했다고 보여주었다.[7] 하지만 그는

2002년 이후 그가 측정한 세계 불평등의 감소 때문에 놀라워했는데, 이는 "역사적으로 중요한 것 같다."고 했다. 그는 이것이 크고 가난한 국가들(중국과 인도)의 따라잡기 때문이며, 각국 내 불평등의 상승 압력을 극복했다고 설명했다.

이것은 세계 불평등이 지금부터 계속 줄어들 것이란 의미인가? 중국과 인도의 성장이 둔화한다면 그런 현상은 오래가지 못할 것이다. 브랑코 밀라노비치는 두 개의 기준 연도(1870년과 2000년)의 불평등 타일계수(Theil coefficient)를 이용하여, 오늘날 세계 전체 불평등이 1870년보다 더 커졌다는 것을 보여주고 있다.

그러나 브랑코 밀라노비치는 몇몇 논쟁적인 주장을 한다. 세계 불평등은 두 부분으로 나누어질 수 있다. 첫 번째 요소는 각 국가 내 소득의 차이 때문이며, 이는 전체 불평등에서 이 요소가 부자 미국인과 가난한 미국인 간 소득 차이, 부자 중국인과 가난한 중국인 간 소득 차이, 부자 이집트인과 가난한 이집트인 간 소득 차이 때문이라는 것을 의미한다. 각국 내 불평등을 모두 더하면, 세계 불평등에 대한 총 기여를 얻을 수 있다. 브랑코 밀라노비치는 이것을 세계 불평등의 전통적 마르크스주의 계급 요소라고 부른다. 왜냐하면 이것은 각국 내에서 소득이 다른 계급들 간 소득 불평등(의 총합)을 설명하기 때문이다. 두 번째 요소는 그가 '위치(location)' 요소라고 부르는 것인데, 모든 국가들의 평균 소득 간 차이를 일컫는다. 1870년 즈음 '계급'은 세계 불평등의 2/3 이상을 설명했다. 1870년 이후 시기 동안 개인 소득의 50% 이상이 그 개인이 살고 있거나 태어난 국가의 평균 소득에 의존한다.

---

7 "세계 불평등의 꾸준한 증가가 한 세기 이상 지속되었고, 그 뒤 세계 불평등이 높은 수준에 머무르면서 거의 변하지 않았던 시기가 아마도 50년 이어진 것 같다." Branco Milanović, "Global Inequality by the Numbers," World Bank Policy Research Working Paper, 2012.

브랑코 밀라노비치는 이것을 가지고 마르크스주의 계급분석이 잘못된 것으로 증명되었다고 결론 내린다. 하지만 각 제국주의 국가들 내 소득(과 부)의 불평등은 지난 30년 동안 증가했으며, 현재는 1870년보다 더 높지 않다하더라도 그만큼 높은 수준에 있다. 이는 불평등에 대한 온당한 마르크스주의 계급 요소이다. 모든 계급 사회는 부와 소득의 양극화를 만들어냈다. 이는 노동으로 생산된 잉여를 강탈하여 지배하는 부자 엘리트(유럽의 봉건 영주이든, 아시아의 봉건 영주이든, 종교 카스트이든, 노예 소유주이든)의 관점이다. 하지만 과거 계급 사회는 그것이 정상이고 신의 섭리라고 생각했다. 반대로 자본주의는 자유시장, 등가교환, 기회의 균등에 대해 얘기한다. 하지만 현실은 이전 계급 사회들과 다르지 않다.

생산성 성장의 하락

이 책의 주요 논지는 (주요 경제국들이 이끄는) 세계 자본주의 경제가 19세기 종반과 20세기 중반에 선두 자본주의 국가들이 경험했던 것과 비슷한 장기불황에 빠져 있다는 것이다.

세계 생산성 성장은 둔화하고 있다. 생산성 성장을 면밀하게 조사하는 미국 컨퍼런스 보드(Conference Board)는 고용 노동자 1인당 (국내총생산) 산출의 평균 변화로 측정한 세계 노동생산성 성장이 2014년 2.1%로 머무른 반면에, 위기 이전의 평균 2.6%(1999~2006)으로 강화될 조짐이 전혀 보이지 않는다고 밝혔다.

세계 생산성 성장의 둔화는 세계 경제가 불황과 싸우고 있다는 또 다른 신호이다. 점점 더 세계 자본주의는 역동적 성장을 만드는 데 실패하고 있다(그림 13.1을 보라).

그림 13.1 OECD 시간당 노동생산성(%, 연간비교)

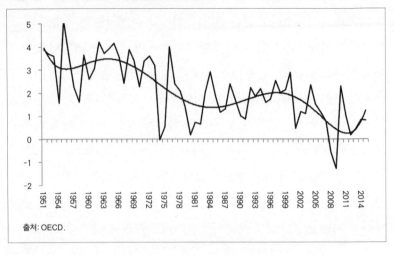

출처: OECD.

세계화와 첨단 기술 혁명은 1990년대 생산성 성장 하락을 반전시켰지만, 이번 세기 동안 선진국들의 생산성 성장은 정체로 향하고 있다. 단지 신흥경제국들의 생산성 성장 때문에 세계 생산성 성장을 연 2%에 가깝게 유지하는 것이 가능했다. 대침체 이후부터 생산성 성장은 하락하여 연 1% 미만이 되었다.

실질 국내총생산은 두 가지 요소로 구성된다고 생각할 수 있다. 첫 번째 요소는 고용된 노동자 1인당 생산한 새로운 가치의 변화를 보여주고, 두 번째 요소는 초과 고용된 노동자 숫자를 보여준다. 주류 신고전학파 경제학의 관점에서는 이런 요소들이 경제에 독립되어 있고 외생적이라고 본다. 즉, 기술 진보와 인구 성장이 자본주의 생산양식의 과정에서 독립변수라는 것이다.

마르크스주의 관점은 그 반대이다. 마르크스주의 경제학에서 고용 성장은 그와 같이 인구성장에 의존하지 않고, 경제 가운데 자본주의 부문의 노동력 수요에 의존한다고 본다. 그래서 자본가 투자가 독립변수이며, 고용이 종속변수이다. 투자가 성장할 때 자본 축적은 고용에 양의 효과를 줄 수 있지만, 기계와 기술(로봇)이 노동을 대체하면 음의 효과도 줄 수 있다. 마찬가지로 생산성 성장은 실제로 투자 성장의 다른 면이다. 자본 축적은 생산성을 증대하고 상대적 잉여가치를 늘리는 새로운 기술의 도입으로 이윤율을 높이는 것을 겨냥한다. 개별 자본가들이 새로운 기술 도입으로 그렇게 하지 않을 때보다 더 많은 가치를 생산하지 못한다고 생각하면 새로운 기술을 아예 도입하지 않는다.

자본주의 생산성 과정의 결점은 경쟁 자본가들보다 저가로 공급하기 위해 생산성 증대를 추진하면 이윤율이 하락하는 경향이 일어나는데, 이 이윤율 하락 경향은 시간이 지나면서 잉여가치율 상승과 다른 상쇄요인들을 제압한다. 이는 이윤율 위기를 초래하고, 이 위기는 축적과 성장 과정을 다시 시작하게 만드는 오직 침체와 기존에 사용한 자본의 가치하락으로 해결될 수 있다.

생산성 성장 수치가 보여주는 것은 자본주의(또는 적어도 선진 자본주의 국가들)가 생산성 증대를 만들 능력이 약해지고 있다는 것이다. 따라서 자본가들은 새로운 가치에서 노동한테 가는 몫을 압박하고, 이윤 몫을 늘려서 벌충했다. 무엇보다도 자본가들은 '실물경제'에서 자본 축적률을 줄였고, 점점 더 금융과 부동산 투기에서 초과이윤을 얻으려고 애썼다. 선진 자본주의 경제국들에서 자본 축적의 저량 성장에 관해 그림 13.2를 살펴보자.

세계 생산성 성장은 연간 2% 미만이다. 신흥경제국들의 생산성 성장이 연간 3% 정도이고, 선진 경제국들은 1% 미만인데, 현재 선진 경제국들이 세계 국내총생산의 52%를 나타낸다(2025년까지 선진 경제국들의 세계 국내총생산 몫이 48%까지 감소할 것으로 전망된다).

생산성 이야기는 선진 경제국들의 고용 성장에도 되풀이된다. 21세기

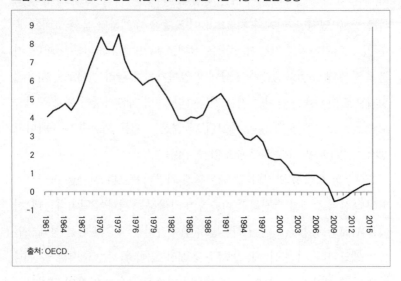

그림 13.2 1961~2015 선진 자본주의국들의 순 자본 저량의 연간 성장

출처: OECD.

에 고용 성장은 연간 1%보다 훨씬 작다.

이 우울한 성장률과 고용이 단순히 세계 경제가 회복되면 상승할 순환적 하강 상태가 아니라면, 세계 고용 성장률(생산성 성장)을 연간 1% 늘릴 경우에, 다음 10년 동안 세계 성장은 연간 3%에 지나지 않을 것이다(선진 경제국들은 단지 2%가 최대치다). 이런 자료의 증거는 순환적 하강이 아니며 세계 자본주의의 역동성이 시들고 있다는 것을 보여준다.

신고전학파 경제학은 총요소 생산성이라고 부르는 더 복잡한 생산성 척도를 사용하길 좋아한다. 이는 고용된 노동력의 생산성뿐만 아니라 혁신으로 이룬 생산성도 측정한다. 그 척도는 실제로는 실질 국내총생산과 노동 및 '자본' 투입물의 생산성 간 차이에서 얻은 나머지이다. 그래서 실제로 다소 위조된 수치이다. 하지만 콘퍼런스 보드는 그 수치를 액면가대로 고려하여 2013년 세계 경제의 총요소 생산성이 0미만으로 떨어졌고 이는 '자원의 최적 배분과 사용에서 효율성이 정체되고 있다'는 것을

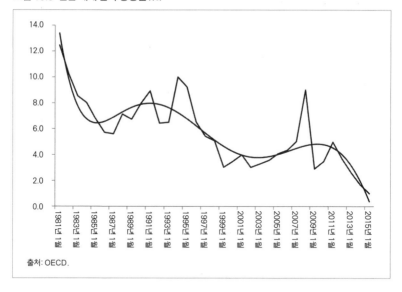

그림 13.3 연간 세계 물가 상승률(%)

출처: OECD.

보여준다고 밝혔다.

더 나쁜 것은 생산성 성장이 둔화되면서 세계 물가상승률도 둔화하고 있고, 몇몇 주요 경제국들은 물가하락으로 향하고 있는 것으로 보인다. 이는 불황의 또 다른 전형적인 지표이다.

영구적 정체인가?

생산성의 둔화와 점진적 물가하락은 이런 불황의 시대의 심각한 지표이다. '불황'이라고 이름 붙이는 것은 현재까지 어떤 이론적 관점에 있더라도 경제학자들로부터 많은 지지를 얻지 못했다. 하지만 '영구적 불황'이란 생각은 주류의 '위대하고 훌륭한' 학자들로부터 나타났다. 위기의 원인에 관한 국제통화기금토론회[8]에서 래리 서머스는 중앙은행들이 낮은 금리 또는 제로 금리를 만들거나 화폐를 발행하여 정부 채권과 민간 부문의 금융자산을 구매하는 양적완화를 통해 경제를 회복시키려는 노력으로는 경제를 '정상 성장'으로 되돌려놓지 못할 것이라고 말했다.[9]

분명하게 '비전통적' 통화정책도 주식시장에 새로운 (물가상승이 없는) 거품을 만드는 것 외에는 경제에 효험이 없다. 래리 서머스의 관점은 폴 크루그먼, 가빈 데이비스(Gavyn Davies), 마틴 울프 같은 케인스 추종자들의 장황한 설명에서도 되풀이되었다. 그들은 자본주의가 '자동적으로' '균형 성장'으로 되돌아가게끔 작동하지 않으며, 물가하락 압력이 지배하게 된다고 보는 것 같다.[10] 주요 자본주의 경제국들은 음(-)의 실질 이자율을

---

8 Olivier Blanchard et al., "Economic Forum: Policy Responses to the Crises," IMF Economic Forum, video, 1:32.55, November 8, 2013.

9 올리비에 블랑샤르 등은 "심지어 거대한 거품도 총수요 초과를 만들 만큼 충분하지 않다… 이 모든 금융의 무모함으로부터 오는 수요의 인위적 자극조차도 어떤 초과를 만들지 못한다… 근본 문제는 영원히 존재할지 모른다." 그래서 "우리는 아마도 몇 년 후에 제로 명목금리가 만성적이고 경제활동의 체계적 저해요소(경제를 잠재력보다 억제하는 것)가 되는 경제를 관리하는 방법을 생각하는 것이 필요할지 모른다."고 했다. Blanchard et al., "Policy Responses to the Crisis."
가우티 에거트슨(Gauti Eggertsson)과 닐 메로트라(Neil Mehrotra)는 더욱 형식을 갖춘 장기 정체 모형을 대불황 종말로 향하던 1938년 앨빈 한센(Alvin Hansen)에 기초해서 케인스 양식으로 보여주었다. 앨빈 한센은 전미경제학회 회장이었다. 그는 대불황이 완전고용을 위한 어떤 자연력이 없으면서 계속되는 실업과 경제 정체라는 새로운 시대의 시작일 수 있다고 의견을 제시했다. 이 생각은 '장기 정체' 가설로 불렸다. 앨빈 한센에 따르면, 장기 정체의 주요 추진력 가운데 하나는 출산율 감소와 총수요를 억누르는 저축의 과잉공급이다. Gauti Eggertsson and Neil Mehrotra, "A Model of Secular Stagnation," NBER Working Paper, October 2014.

10 폴 크루그먼은 다음과 같이 언급한다. "만약에 지난 5년 동안 우리가 살았던 세상이 새로운 정상이라면? 앞으로 1년 또는 2년이 아니라 몇 십 년 동안 물가하락 같은 조건이 지속된다면?" 그래서 "장기 정체 경우라면, 즉 완전 고용이 거의 없고 침체된 경제가 정상으로 지속되는 상태라면?" 그는 계속해서 "래리 서머스의 대답은 지금의 경제는 완전고용에 가까운 상태를 달성하기 위해서 거품이 필요할 수도 있으며, 거품 없는 경제가 음(-)의 자연 이자율을 가진다는 것이다. 이 주장은 2008년 금융위기 이후의 시기의 진실만이 되는 것이 아니며, 주장하건대 1980년대 이후부터 진실이며, 하지만 점점 더 심각해지고 있다." Paul Krugman, "Secular Stagnation, Coalmines, Bubbles and Larry Summers," Conscience of a Liberal, New York Times, November 16, 2013, http://krugman.blogs.nytimes. com/2013/11/16/secular-stagnation-coalmines-bubbles-and-larry-summers.

가지고도 더 이상 완전고용을 달성할 수 있는 비율로 성장할 수 없는 것 같다.

하지만 이 같은 불황의 관점은 이 책에서 주장한 것과 같지 않다. 첫째, 케인스 학파 경제학자들은 불황이 자본가들의 화폐축장의 산물로, '유효수요'의 영구적 부족이 초래되었기 때문이라고 생각한다. 폴 크루먼과 같은 부류의 학자들이 설명하지 않는 것은 왜 이런 축장이 갑자기 일어났고, 음(-)의 실질 이자율에도 불구하고 그런 축장이 끝나지 않는지이다. 금융부문과 중앙은행 정책에서 벗어나 실물경제에서 일어나는 일을 관찰해야하는 것 아닌가? 자본주의에서 이것의 의미는 자본의 이윤율에서 무엇이 일어났는지 조사하는 것이다.

폴 크루그먼은 성장의 점진적 둔화를 의미하는 케인스의 이론에서 추론해낸 제2차 세계대전 직후 시기의 신케인스 학파(neo-Keynesian) 경제학자 앨빈 한센(Alvin Hansen)의 주장을 되풀이하며, 1980년대 이후 자본주의의 '장기 정체'에 관해 얘기한다. 폴 크루그먼은 이런 장기 정체는 '인구 성장 둔화'가 유효 수요를 낮게 지속시키기 때문에 일어나거나 또는 1980년대부터 나타나서 '그 이후 변동은 있었지만 절대 사라지지 않은' '무역적자 지속' 때문에 일어나는 것 같다고 생각한다.[11] 첫 번째 설명은 자본주의 축적 운동 외부에 있는 외생적 자연 법칙을 고려하는 것이며, 두 번째 설명은 세계 경제로서 자본주의라기보다는 자본주의 경제국가들 간 대외 불균형과 불균형 발전을 가리키는 것이다. 원인으로 일컫는 두 가지 요소는 현대 자본주의의 근본적 작동의 어떤 결함도 사실이 아니라고 거부하며, 또한 신뢰를 주지 못하는 것 같다.

---

11 Paul Krugman, "Secular Stagnation, Coalmines, Bubbles and Larry Summers," November 16, 2013, *New York Times*, http://Krugman.blogs.nytimes.com/2013/11/16/secular-stagnation-coalmines-bubbles-and-larry-summers/?_r=3.

마틴 울프(Martin Wolf)도 역시 '정체' 주제를 다룬다.[12] 그에게 이런 새로운 불황의 원인은 투자를 꺼리는 자본가들의 '과잉 축장' 때문에 일어난 '세계 저축 과잉' 또는 '투자의 부족'이다. 그는 "세계 경제는 아주 낮은 이자율인데도 기업이 이용하길 바라는 것보다 더 많은 저축을 만들어 왔다. 이는 미국에서 뿐만 아니라 대부분 상당히 높은 소득을 가지고 있는 경제국들에서도 진실이다."라고 말했다. 그래서 장기불황의 문제는 이윤(저축)의 과잉이지 낮은 이윤율이 아니라는 것이다.

이것은 2000년대 초에 벤 버냉키가 만든 지루하고 낡은 주장이다. 그때 그는 미국과 영국의 '무역적자 지속'의 원인이 무역 흑자를 내는 아시아 국가들과 석유수출국기구 국가들의 '너무 많은 저축'이라고 주장했다. 따라서 빚잔치와 뒤이어 일어난 신용경색은 정말로 일본 또는 중국이 미국 재화에 충분히 돈을 지출하지 않은 문제로 된다! 이제 그것은 충분히 돈을 지출하지 않는 모든 사람의 문제로 된다. 그렇다면, 질문은 왜 사람들이 충분하게 돈을 지출하지 않는지이다.

소득 감소와 실업 때문에 심하게 악화된 평균 가계소득을 고려한다면 대답하기에 어려운 질문이 아니다. 그런데, 왜 미국이나 영국이나 유럽의 자본주의 기업들은 더 많이 투자하지 않는가? 마틴 울프는 대침체 전에 빚잔치를 벌이는 동안 증가한 '과잉 부채'때문인 것 같다고 생각한다. 그래서 위기는 '과잉 지출' 때문에 일어났고, 현재의 불황은 '과잉 저축' 때문에 일어났다.[13] 자본주의는 과잉지출과 과잉저축 사이를 왔다 갔다 하고 있다.

마틴 울프는 또 투자실패가 자본주의 기업문화의 변화 때문인 것 같다

12 Martin Wolf, "Why the Future Looks Sluggish," *Financial Times*, November 20, 2013.
13 Martin Wolf, "Why the Future Looks Sluggish."

고 생각한다. 자본주의 기업들은 더 이상 생산 자본에 투자하고 싶어하지 않으며, 주식매매 또는 금융자산 매입을 더 선호한다. 이는 위대한 자본주의 경제 체제가 '지대형' 경제가 되었다는 것이다. 다시 한 번, 결국 정의상 이윤 경제에서, 즉 사람들이 이윤을 벌기 위해서 투자하는 경제에서 자본의 이윤율에 관한 생각을 폴 크루그먼 또는 마틴 울프의 설명에서는 완전히 찾아볼 수가 없다.

케인스 학파 경제학자 블로거인 노아 스미스는 최근에 불황에서 빠져나올 방법을 생각해보았다.[14] 그에게 불황의 설명은 아직도 축소하고 있는 많은 부채와 '(이윤의?) 낮은 기대'와 '낮은 신뢰(무엇에서?)'[15]이다. 역시, 이윤율에서 무슨 일이 일어나는지 또는 왜 자본이 유휴하고 있는지에 관해 아무런 말이 없다. 충분히 이윤을 벌지 못하기에 그런 것 아닌가? 이윤율을 되살리는 유일한 방법은 여러 번의 침체를 통해서이다. 이런 침체는 생산적이지 못한 축적된 자본의 가치를 파괴하고 그리하여 (남아 있는 자본 가치와 비교하여) 이윤이 상승하고 자본축적의 과정이 재개되는 것을 가능하게 만든다. 1930년대 대불황 때와 같이 죽은 자본의 대량 파괴 없이는 자본주의는 이렇게 긴 침체에서 벗어날 수 없다. 1880년대와 1890년대 동안 자본주의는 여러 번의 커다란 침체를 겪고 나서야 지속적인 성장을

---

14 John Aziz, "On Depression, the Structure of Production and Fiscal Policy," Noahopionion, October 25, 2013, http://noahpinionblog.blogspost.co.uk/2013/10/on-depressions-structure-of-production.html.

15 "하락한 성장과 높아진 (비자발적) **실업률의 해법은 상대적으로 간단하다.** 결국 어떤 사람이 유휴자원을 완전히 사용하는 것을 시작할 것이다. 민간부문이 야성적 충동으로 침체를 극복한다면, 그렇게 시작하는 곳은 민간부문이 될 것이고, 또는 정부가 될 것이다." 아, 그렇다. '야성적 충동'이 회복될 것이다. 아니면 그렇게 될 것인가? 존 아지즈는 야성적 충동이 곧 회복되지 않는다는 것을 인식한다. 왜냐하면 "경제가 지금까지 그랬듯이 부채축소 압박과 낮은 기대와 낮은 신뢰 등등 때문에 낮은 이자율에도 불구하고 여전히 침체된 채로 있을 가능성이 아주 커 보이기 때문이다." Aziz, "On Depressions, the Structure of Production and Fiscal Policy."

재개했다. 이때의 상황은 지금과 비슷하다.

이윤율: 경제 건강의 지표

이는 자본주의가 여전히 몇 십 년 더 팽창할 여지를 가지고 있다는 것을 의미할까? 아니면 인간 사회가 앞으로 더 나아갈 생산양식으로서 유통 기한을 다했다는 것을 의미하는 것일까? 세계 자본의 이윤율을 살펴보면서 이 질문의 답을 다룰 수 있다. 이윤율은 자본주의 경제의 가장 좋은 지표이다. 이는 미래 투자와 침체의 가능성에 대해 의미 있는 예측 값을 제공한다. 세계 이윤율의 수준과 방향은 세계 자본주의 경제의 앞으로 발전에 대한 중요한 지표가 될 수 있다.

마르크스의 자본주의 모형은 자본 일반으로부터 시작한다. 이 추상수준에서 마르크스는 자본주의 운동 법칙을 발전 시켰고, 그리고 특히 자본주의 생산과정의 가장 중요한 법칙, 즉 이윤율 저하경향을 다루고 있다.

그러나 현실 세계에서는 많은 자본이 있고, 하나의 세계 자본주의 경제뿐만 아니라 많은 자본주의 국가들이 존재한다. 세계 자본의 이동으로부터 국가 및 지역의 시장을 지키고 보호하려고 설계된 노동·무역·자본 제한 때문에 하나의 세계 경제와 세계 이윤율 수립에 장벽이 있다. 우리는 현실적으로 세계 이윤율을 말할 수 있을까? 만약에 그럴 수 있다면 무엇을 알 수 있을까?

일찍이 1848년 마르크스는 자본주의가 지배적인 생산양식이 되고 세계를 지배할 것이라고 예측했다. 그는 모든 국가들과 그 국가들의 노동인구가 자본주의와 시장의 힘의 지배에 들어갈 것이라고 예상했다. 이는 두 가지를 의미하는 데, 첫째 소농과 비자본주의 부문이 자본주의 부문으로 통합되면서 일어나는 소농과 비자본주의 부문의 도시화와 산업화이고, 둘째 세계 자본주의와 국민국가 이해 간 갈등과 긴장이다.

자본의 세계화로 향한 가장 큰 움직임은 19세기 말에 선두 자본주의 국가들로부터 식민지로 자본 이동이 팽창함으로써 시작되었다. 마르크스는 이런 현대 제국주의의 새로운 시대는 자본주의 필요의 일환인데, 이윤율이 하락하고 있거나 하락 압력을 받고 있던 선두 자본주의 국가들이 이 이윤율을 유지하기 위해서였다고 설명했다. 해외 무역과 해외 투자는 이윤율 저하 법칙의 중요한 상쇄 요인이었다. 해외 무역과 해외 투자는 값싼 원료로 불변자본의 가치를 낮출 수 있었고, 자본주의를 위해 새로 생겨난 식민지 노동력을 착취하여 잉여가치를 늘릴 수 있었다. 이런 잉여가치는 제국주의 경제로 이전되어 이윤율을 높일 수 있었다.

19세기 말에 시작된 이런 세계화의 과정은 두 차례의 세계 전쟁으로 저지되었는데, 이 전쟁들은 주요 자본주의 경제국들에서 이윤율을 유지하기 위한 욕구 때문에 생겨난 제국주의 경쟁의 산물이었다. 그러나 1980년대 즈음부터 계속 주요 경제국들의 이윤율이 저점을 갱신하면서, 선두의 자본주의 국가들은 다시 고분고분하고 '초과 착취(super-exploitation)' 임금을 받아들일 수 있는 대규모 잠재 노동 예비군을 가진 국가들로 자본 이동을 재개함으로써 마르크스의 법칙을 상쇄하려고 했다. 세계 무역장벽을 낮추었고, 자본 이동의 국경 제한은 줄였고, 다국적 기업들은 회사 계정에 있는 자본을 이동시키기 시작했다.

자본주의 역사상 처음으로 21세기에 세계 이윤율이 의미 있다고 인식하기 시작했다. 우리는 이런 세계 이윤율을 측정할 수 있을까? 국가별 이윤율을 세계 이윤율로 통합을 시도한 몇몇 연구가 있었다. 밍키 리(Minqi Li)와 그의 동료들은 1870년까지 거슬러 올라가는 장기간의 이윤율을 개발했다. 이 연구에서 19세기를 위해서는 단지 영국, 미국, 일본의 이윤율을 통합했다. 1963년 이후 시기를 위해서는 독일, 프랑스, 이탈리아를 포함시켜서 G6를 만들었다. 여러 가지 중에서 이들은 세계 이윤율이 1970년부터 1983년까지 하락했고, 그러고 나서 1984년부터 2005년까지 상승했으며, 1997년에 꼭짓점에 도달했다고 밝혔다. 이는 세계 이윤율이 현재 하강국면에 있다는 것을 나타내는 신호일 수 있다고 이들은 제시했다.[16]

골드만삭스의 분석가 케빈 달리(Kevin Daly)와 벤 브로드벤트(Ben Broadbent)는 가장 큰 자본주의 10개국의 자료에 기초한 세계 이윤율을 개발했다. 국가들의 자료를 이용하면서 그들은 연구에서 자본이득을 제외한 자본의 순이익 수치를 이용했다. 이렇게 측정하여 그들은 세계 이윤율이 1982년부터 상승했는데, 그러나 이는 단지 1982년의 바닥과 비교하면 지난 10년간 호황의 꼭짓점보다 약간 상승한 것이라고 밝혔다. 흥미롭게도 이들은 또한 미국의 이윤율도 똑같은 궤도를 따르고 있으며, 1997년 꼭짓점에 도달했고 그 후에는 이를 넘어 서지 못했다고 밝혔다. 케빈 달리와 벤 브로드벤트는 또한 이른바 신흥경제국들의 이윤율 상승이 세계 이윤율의 핵심 동인이라고 밝혔다.[17]

더 최근에는 에스트반 마이토(Esteban Maito)가 14개국에 기초하여 세계 이윤율을 만들었다.[18] 그는 19세기 중반부터 거의 장기 하락이 있고, 그러나 또한 1980년대 중반부터 상대적인 안정 또는 회복이 있다고 밝혔

---

16 Minqi Li, Feng Xiao, and Andong Zhu, "Long Wave, Institutional Changes, and Historical Trends," *Journal of World Systems Research* 13, no.1 (2007), 33-54, http://gesd.free.fr/literal.pdf.

17 Kevin Daly and Ben Broadbent, "The Savings Glut, the Return on Capital and the Rise in Risk Aversion," Global economic paper, Goldman Sachs, May 27, 2009.

18 Esteban Maito, "The Historical Transience of Capital: The Downward Trend in the Rate of Profit since the 19th Century," Working Paper, University of Buenos Aires, Argentina, 2014.

다. 에스트반 마이토의 중국을 제외한 세계 이윤율은 1997년에 꼭짓점에 도달했으나 여전히 1960년대보다 낮은 수준에 있었고, 그 이후에는 하락한다.

우리는 역시 G7와 브릭스를 포함한 세계 이윤율을 측정할 수 있다. 세계 이윤율은 1963년 자료의 출발점부터 하락했고, 지난 50년 동안 1963년 수준으로 회복하지 못했다(그림 13.4를 보라). 이윤율은 1975년에 저점에 도달했고, 그러고 나서 상승하여 1990년대 중반에 꼭짓점에 도달했다. 그때 이후부터 세계 이윤율은 정체하거나 약간 하락했으며, 1990년대의 꼭짓점으로는 되돌아가지 못했다. 이 자료는 세계 자본주의 이윤율이 현재 하강국면에 있다고 확인시켜주는 것 같다. 이 추세는 마이토의 것과 비슷하다.

다른 결과는 1990년대 초 이후 G7 이윤율과 세계 이윤율 간 격차이다. 이는 비G7이 이윤율을 지속시키는데 점점 더 큰 역할을 해왔고, 이는 특

그림 13.4 세계 이윤율(1963=100)

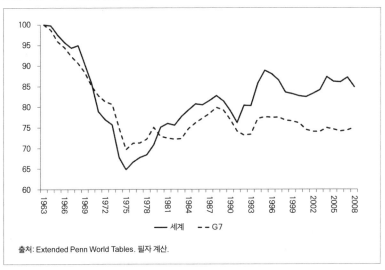

출처: Extended Penn World Tables. 필자 계산.

히 신흥경제국들이 이 시기 동안 세계 산출에서 차지하는 몫을 늘려왔기 때문임을 보여준다. G7 자본주의 경제국들은 1980년대 말 이후 이윤율 위기를 겪은 것으로 보이고 1990년대 중반 이후에는 확실히 그랬다는 것을 보여준다.

이런 결과가 함의하는 것은 무엇인가? 세계 이윤율은 대부분 분석가들이 한 국가 특히 미국의 이윤율을 관찰하면서 결론을 내린 것을 가리키고 있다. 이른바 신자유주의 시기 동안 이윤율은 상승했다. 마르크스의 이윤율 하락의 법칙은 일련의 상쇄요인을 포함한다. 이 상쇄요인들은 얼마동안 그 법칙을 지배할 수 있고 이윤율 상승의 조건을 만들 수 있다. 마르크스는 그런 이윤율 상승에 가장 가능성 있는 조건은 "잉여가치율 상승이 불변자본 요소의 가치 특히 고정자본 가치의 상당한 감소와 함께 일어날 때"[19]라고 말했다.

이는 정확하게 1982년부터 계속된 자본축적의 조건이다. 1974~75년과 1980~82년의 두 차례 심각한 경제침체로 불변자본의 가치가 상당히 감소했다. 동시에 그 침체들은 실업을 높였고, 임금(가변자본의 비용)을 지킬 수 있는 노동운동의 능력을 약화시켰다. 새로운 기술(과 첨단기술)이 많은 부문에 도입되면서 노동력의 생산성은 증가했고, 그러나 임금이 그만큼 상승되는 것은 허용되지 않았다. 미국 경제의 임금 몫은 폭락했다. 잉여가치율은 상승했다. 동시에 불변자본의 가치는 가변자본에 비해 하락했다.

마르크스가 주장하듯이, "그러나 실제 이윤율은 장기적으로 하락한다."[20] 이런 상쇄요인의 영향은 영원히 지속될 수 없으며, 결국 이윤율의 법칙은 이윤에 하락 압력을 가한다. 생산부문의 새로운 기술이 가져온

19 Karl Marx, *Capital*, vol. 3 (London : Penguin, 1992), chap. 14.
20 Karl Marx, *Capital*, vol. 3 Chap. 15, 367.

이점을 소진하면서 1997년에 이윤율은 꼭짓점에 도달했다. 1990년대 G7 국가들에서 이런 상쇄요인들의 효과가 점점 사라진 것으로 보인다. 그러나 세계 전체에서는 그렇지 않다.

세계화는 1990년대에 상쇄요인들이 지배하게 만드는 주요한 힘이었다. 세계화와 이윤율 간 관계는 두 가지 형태를 가진다. 첫 번째 형태는 국민국가 자본주의 경제가 해외 투자로부터 이윤율 상승을 얻을 수 있고, 따라서 국내의 이윤율 하락을 벌충할 수 있다. 더 중요한 것은 세계화가 국제 무역과 자본 이동의 거대한 성장을 의미한다는 것이다. 이는 특히 1990년대의 사례인데, G7 이윤율과 세계 이윤율 간 격차를 설명해준다.

자본주의는 20세기 종반에 진실로 세계화가 되었는데, 19세기 말 시기의 세계화와 비슷하지만 훨씬 강력하다. 이는 신흥 자본주의 경제국들에 자본주의 투자가 엄청나게 증가하여 자본주의 생산 양식에 소농과 비자본주의 노동을 엄청난 규모로 공급했고, 많은 공급이 이 지역들의 노동력 가치 미만의 비용(즉, 초과착취)으로 이루어졌기 때문이다.

신흥경제국들의 인구는 성숙 자본주의 경제국들보다 훨씬 빠르게 성장했다. 1970년대 중반부터 신흥경제국들은 선진 자본주의 경제국들보다 더 큰 규모의 산업 노동인구를 가졌다. 격차는 계속 커지고 있다. 세계 자본주의 경제의 가치와 잉여가치는 성숙 자본주의 경제국들 외부에서 점점 더 많이 창조되고 있다. 동시에 이런 세계 노동인구는 초과 착취되고 있다. 실업 상태나 불완전 취업 상태나 비경제활동 상태의 세계 산업 예비군의 규모는 고용된 노동력보다 약80% 더 크다.

이는 현재의 지배적인 자본주의 생산양식에서 사용되고 착취될 수 있는 노동력 공급의 큰 원천이 있는 한, 자본주의는 절대적인 한계에 도달하지 않았다는 것을 의미한다. 중국의 산업 노동인구는 2010년대 말 즈음 꼭짓점에 도달할 것 같지만 여전히 성장하고 있다. 인도의 노동인구는 훨씬 더 오래 성장할 것 같다. 여전히 세계에는 아직 완전하게 착취되지 않은 여러 지역이 있다.

자본가들은 영구히 가치 생산 추구 또는 더욱 구체적으로 잉여가치 생산 추구에 참여한다. 자본가들은 더 많은 인구를 자본주의 생산에 끌어들임으로써 세계적으로 그렇게 할 수 있다. 큰 쟁점은 세계의 노동력이 더 이상 충분하게 팽창할 수 없다면, 자본주의가 얼마나 더 오래 인간 노동력으로부터 가치 전유를 계속할 수 있을지이다.[21]

더욱 중요한 것은 더 많은 인구는 자본이 전유할 수 있는 더 많은 잠재 가치를 의미한다는 것이다. 하지만 노동인구의 규모를 확대하여 더 많은 가치와 잉여가치를 획득하는 것이 점점 더 어려워지고 있거나 많은 선진 자본주의 경제국들에서는 심지어 불가능하기도 하다.

대신에 이런 선진 자본주의 경제국들에서는 노동 강도 강화와 노동력을 절약하는 더 많은 기계화와 기술로(즉 상대적 잉여가치 증대로) 잉여가치를 늘리기 위해 노력해야 한다. 하지만 마르크스가 설명하듯이 이는 이윤율 저하 경향의 법칙이 작동하게 만들고, 가치의 더 많은 축적과 성장에 궁극적 장벽으로 작용한다.

---

21 영국의 우익 신문 『시티 에이엠*City AM*』은 다음과 같이 자본의 관점에서 이를 언급했다. "미국 학자 줄리언 사이먼(Julian Simon)이 지적한 것으로 유명한데, 상품이 아니라 사람이나 토지나 심지어 자본조차도 경제의 가장 중요한 자원이다. 재능 있고, 동기를 가지고 있고, 숙련되고, 교육받은 사람들이 없다면, 아무것도 가능하지 않다. 자본 그 자체는 노동의 생산물일 뿐이다. 인간의 창의력은 모든 것을 극복할 수 있다. 인구 감소를 꿈꾸었고, 이를 반영하여 모든 국가들이 과잉 인구 상태에 있다고 생각한 맬서스 학파 경제학자들은 틀렸다. 이는 인구 감소를 겪고 있는 국가들이 거대한 비용으로 다음 내용에서 항상 다시 배우고 있는 교훈이다. 세계의 모든 생산성 성장은 인구 감소의 심리적이고 실제적인 효과를 벌충하기에 좀처럼 충분하지 않다." Allister Heath, "Imagine of the Price of Food Had Gone Up as Fast as Homes," *City AM*, June 14, 2013, http://www.cityam.com/article/imagine-if-price-food-had-gone-fast-homes.

실로 유로존 남부의 위기는 이 국가들의 경제에 영구적인 손상을 만들고 있다. 이 국가들의 국내총생산이 줄어들고 있을 뿐만 아니라 노동인구의 대량 유출이 있다. 경제협력개발기구가 출판한 이민에 대한 새로운 수치에 따르면, 다른 유럽 국가들로 이동하는 그리스와 스페인 주민들의 숫자는 2007년 이후 두 배가 되었고, 2011년에 각각 3만 9,000명과 7만 2,000명에 달했다. 반대로 2011년과 2012년 사이에 독일로 유입되는 그리스 이민자들은 73% 증가했고, 스페인과 포르투갈 이민자들은 거의 50% 증가했고, 이탈리아 이민자들은 35% 증가했다.

조지 매그너스(George Magnus)는 2000년대 초 미국과 유럽의 최근 '총부양비'(즉, 총인구 대비 노동가능인구)는 10년 전 일본과 비슷하다고 지적했다.[22] 2016년경부터 중국의 총부양비의 감소가 빨라지기 시작했는데, 2050년까지 그럴 것이며, 그래서 중국은 미국보다 노인 1인당 더 적은 숫자의 노동자를 가질 것이다. 이는 역시 인도를 포함하는데, 비교해보면 인도는 대다수 신흥경제국과 개발도상국들을 대표한다. 인도의 총부양비는 하락할 것으로 예상되는데, 하지만 2050년경까지도 여전히 1990년대 서구 국가들의 총부양비와 같을 것이다. 1960년대부터 (일본은 약간 더 일찍부터) 계속 총부양비는 모든 나라에서 상승했고 다소 상승이 지속되었는데, 일본에서는 1990년경까지였고, 미국과 유럽에서는 2005~10년까지였다. 일본의 총부양비는 현재 노인 1인당 노동자 1.5명에 도달했고 이번 세기 중반에 1대 1까지 떨어질 것으로 예측된다. 미국과 유럽은 일본을 좇아갈 것으로 예측되지만 총부양비가 그렇게까지 떨어질 것 같지는 않다.

아직 손대지 않은 거대한 산업예비군이 있는데, 특히 아프리카에 있다.

---

22 George Magnus, *Demographics: From Dividend to Drag, American Women, and Abenomics* (London: UBS Investment Research, 2013).

세계 경제에 대한 최근 국제연합 계획이 보여주는데 향후 90년 동안 아프리카가 인구성장을 지배할 것으로 예상되며, 세계의 많은 선진 경제국들과 중국의 인구가 줄어들 것이기 때문이다.[23] 아프리카의 인구는 단지 90년 동안에 걸쳐 네 배 넘게 증가할 것으로 예상되며, 아시아의 인구는 계속 성장할 것이지만 지금부터 50년 즈음 뒤 꼭짓점에 도달할 것이고, 그 뒤에 감소하기 시작할 것이다. 유럽은 계속해서 줄어들 것이다. 남미의 인구는 2050년경까지만 증가할 것이고, 이때부터 점차 줄어들기 시작할 것이다. 북미는 느리지만 지속적으로 계속 성장할 것이며, 2070년 정도에 남미 전체 인구를 뛰어넘을 것이다.

중국의 인구는 곧 감소할 것으로 예상되는 반면에 인도는 앞으로 50년간 강하게 성장할 것이다. 인도네시아의 인구는 꾸준히 성장할 것으로 예상된다. 나이지리아의 인구는 이번 세기에 여덟 배로 폭증할 것으로 예상된다.

자본주의는 아시아와 남미와 중동의 인구 수억 명을 착취할 노동력으로 편입시킴으로써 앞으로 더 나아갈 수 있을까? 이는 성숙 자본주의 경제국들의 이윤율을 벌충하기 위한 전형적 방식이다. 존 스미스는 세계 산업 노동력의 거대한 증가를 보여주었는데, 현재 6억 명을 훨씬 넘는다.[24] 가장 중요한 것은 성숙 자본주의 국가들의 산업 노동력이 1억 5,000만 명 미만으로 줄어든 반면, 이른바 신흥경제국들의 산업 노동력이 현재 5억 명을 유지하고 있으며, 1980년대 초에 이미 제국주의 국가들의 산업 노동력을 뛰어 넘었다. 덧붙이면, 실업 상태, 불완전 취업 상태, 비활동 경제

---

23 UN world population prospects, 2015 Revision, http://esa.un.org/unpd/wpp/Pulbications/Files/Key_Findings_WPP_2015.pdf.

24 John Smith, *Imperialism and the Globalisation of Production*, Ph. D. thesis, University of Sheffield, July 2010.

인구 상태의 약 23억 명 성인 인구로 구성된 대규모 산업예비군이 있으며 역시 새로운 가치 생산을 위해 착취될 수 있다.

자본주의는 최종 단계에 있는가?

세계에서 그리고 아직 성장하고 있는 신흥경제국들에서 노동력을 착취할 더 많은 여지가 있음에도 불구하고 자본주의는 정말 유통 기한을 지난 것 같다. 자본주의의 미래는 단지 자본주의 축적에서 호황과 침체로 반복되고 심지어 규칙적으로 일어나는 위기 아닌가? 이는 그 이상이 아닌가? 즉 자본주의가 (규칙적으로 일어나는 위기를 겪는다 하더라도) 무한정 지속하지 못하고 사회구성체로서 한계에 도달할 수밖에 없는 따라서 파국을 맞이하여 새로운 체제로 대체될 수밖에 없는 최종 파국이 아닌가?

마르크스주의 위기 이론과 법칙은 그림 13.5와 같은 도식으로 나타낼 수 있는데, 자본주의가 호황과 침체의 순환으로 진행되는 것을 보여준다.

이와 같은 자본주의 발전 경로는 인간의 목숨과 시간을 엄청나게 낭비

그림 13.5 되풀이되는 위기 이론

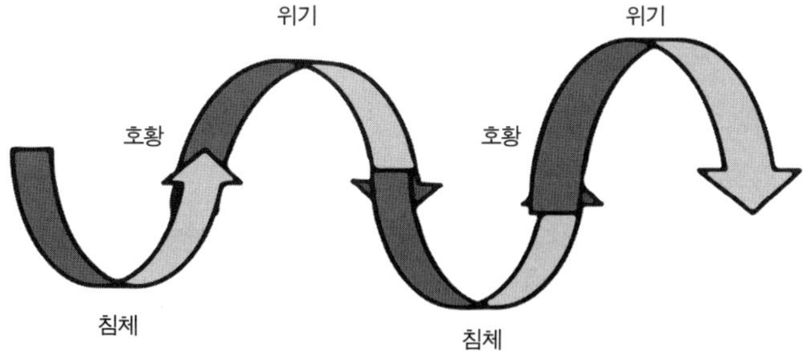

출처: 필자.

하는데, 왜냐하면 그것은 사회에 잠재 산출의 손실 또는 사용가치의 손실을 낳을 뿐만 아니라 고용의 손실과 수 억 명 노동인구와 그 가족들의 생계에 주기적으로 손실을 주기 때문이다. 그런 발전 경로는 사회 불평등과 불안정을 야기하고, 자주 전쟁이 일어나게 한다. 노동계급이 정치 권력을 장악해서 자본주의 체제를 다른 체제로 바꾸지 못하면, 자본주의는 출구를 찾는다고 이 그림은 보여준다. 완전히 내생적인 파국의 관점에서는 영원한 위기는 없다.

자본주의 위기의 파국 이론의 대안은 그림 13.6과 가깝다고 할 수 있다. 이 모형에서 자본주의 경제는 생산력이 발전하면서 여전히 진보하는 체제로서 번성하지만 결국 자본주의 축적의 모순이 거대해져서 인간 진보에 족쇄가 된다. 이는 더 이상 충분하게 노동시간을 줄이거나 사용가치를 늘리지 못한다. 그러면 자본주의는 파국으로 향하고 노동계급과 최종 대결을 하게 된다. 이는 사회주의냐 아니면 야만주의냐이다.

토마 피케티는 그의 책에서 야만주의를 제시하는 것 같다.[25] 자본주의 황금기에 대한 피케티의 관점은 자본주의 역사에서 아주 특별하면서 되풀이될 수 없는 현상이다. 수렴의 과정 때문에, 유럽의 자본주의 국가들과 일본은 자신들이 기술 개척자였다면 할 수 있었던 것보다 더 빠르게 성장했다. 인구 성장률 상승은 또한 총인구의 성장을 만들었고, 1인당 소득 성장을 훨씬 높게 만들었다. 다른 한편 높은 과세와 공산주의의 위협(피케티가 언급하지 않은 것)을 포함하는 제도적 요소는 자본의 순수익률을 낮게 유지하게 만들었고, 자본주의 역사에서 특이하게 총소득 성장이 자본의 순수익률을 뛰어넘게 만들었다. 자본주의 황금기 동안 모든 긍정적 발전은 그런 불평등의 역전으로부터 나왔다.

---

25 T. Piketty, *Capital in the 21st Century* (Cambridge, MA: Harvard, Belknap Press, 2014).

그림 13.6 파국 이론

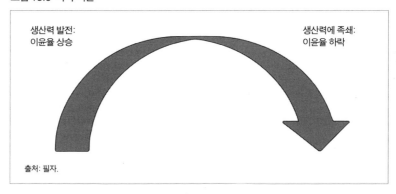

생산력 발전:
이윤율 상승

생산력에 족쇄:
이윤율 하락

출처: 필자.

피케티의 해석에서 이 특이한 포물선은 프랑스 혁명과 미국 독립 혁명 뿐만 아니라 산업혁명으로 시작되는데, 수렴 경제·인구 성장·양차 세계 대전 동안 역설적으로 촉발된 발전의 20세기에도 생명을 유지했다. 이 는 이제 끝나가고 있거나 또는 중국이 부자 국가들의 소득 수준으로 수 렴되면 실로 마지막 종착지에 다다를 것이다. 볼록한 곡선에서 다소 평 평한 선으로 돌아갈 가능성이 큰데, 이는 1인당 소득이 거의 오르지 않 거나 심지어는 정체한다는 것을 의미한다(그림 13.7을 보라. 피케티의 그림 2.4를 보 여준다.).

로베르트 쿠르즈(Robert Kurz)도 그 비슷한 주장을 했다.[26] 로베르트 쿠르 즈는 현대 자본주의가 최종 단계에 있다는 것을 나타내는 몇몇 주요 지 표를 강조한다. 첫째, 비생산 노동의 성장이다. 대부분의 노동력은 축적 을 위한 잉여가치를 제공하는 부문이 아니라 기존 자본의 유통 또는 자

---

26 Robert Kurz, "The Apotheosis of Money: The Structural Limits of Capital Valorization, Casino Capitalism and the Global Financial Crisis," 1995, Libcom.org, January 26, 2012, http://libcom.org/ibrary/apotheosis-money-structural-limits-capital-valorization-casino-capitalsm-global-financi.

그림 13.7 고대부터 2010년까지 1인당 세계 산출의 연간 성장률(%)

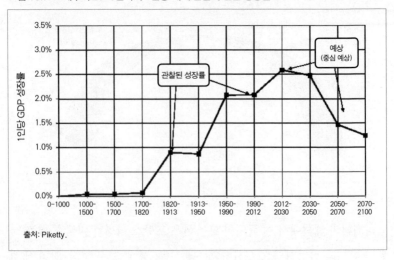

출처: Piketty.

본주의 국가를 보전하는 부문에서 점점 더 많이 고용하고 있다. 이는 자본주의가 생산력에서 진보하는 성격이 퇴보하고 있다고 잘 나타내는 지표이다.

　　로베르트 쿠르즈는 신흥경제국에서 가치를 생산하는 노동이 엄청나게 공급되어 성숙 자본주의 경제국들의 비생산적 성격의 증가를 벌충하기 위해 착취 될 수 있을 것이라고 확신하지 않는다.

　　로베르트 쿠르즈에게 자본주의 최종 단계의 다른 주요 지표는 국가 신용 또는 부채의 거대한 성장인데, 이는 자본의 축적을 위한 '새로운 정상'이 되었다. 국가 신용 형태의 가공자본과 금본위제 종말로 인한 화폐의 물리적 기초의 제거는 큰 징후이다. 화폐는 더 이상 신뢰할 만한 가치 저장소가 아닌데, 노동력으로부터 가치를 착취하기가 점점 더 어려워지고 있기 때문이다. 실제로 2007년에 끝내 붕괴한 금융화와 민간 신용의 피라미드는 예전에 진보했던 사회적 생산 양식의 부패한 성격을 보여준다.

물론 로베르트 쿠르즈는 비자본주의 지역으로 향한 자본주의 생산양식의 세계화와 세계 시장의 발전은 자본주의가 파국 또는 붕괴를 피할 수 있는 중요한 방법이다. 이는 강력한 상쇄요인이며, 자본주의가 역사적으로 성숙기 단계에 있다고 보여주는 또 하나의 징후이다. 그는 중국 또는 아시아가 그 지역의 기술과 노동력을 이용하여 자본주의의 생명에 새로운 장을 마련할 수 있을지 의심한다.

하지만 로베르트 쿠르즈는 1995년에 자신의 글에서 중국/인도/아시아가 새로운 자본주의 축적을 만들지 못하고 있다고 말할 수 있지 않느냐고 쓰고 있다. 로베르트 쿠르즈가 주장하듯이 '자본주의의 기반'은 정말 절대적 한계에 도달한 것인가? 로베르트 쿠르즈는 위기와 침체 후에 자본의 가치하락을 통해 자본주의가 스스로 회복할 수 있다는 것을 인식하지만 가장 파괴적인 과정을 겪은 후에도 자본주의가 신화 속 피닉스처럼 장기불황의 잿더미에서 여전히 일어설 수 있을지에 대해서는 두 가지 이유 때문에 의문을 표했다. 첫째, 자본주의는 더 이상 새로운 수준의 이윤율을 가져다주는 기술 진보를 적합하게 이용할 수 없으며, 둘째, 산업의 생산부문이 현재 너무 약하고 작아서 그렇게 할 수 없다는 것이다. 그래서 자본주의는 처음부터 정화된 지역에서 다시 시작할 수 없는 '걸어다니는 시체'이다. 사회는 사회주의로 나아가느냐 아니면 자본주의 이전의 야만주의로 돌아가느냐에 직면해있는데, 왜냐하면 사회가 현재의 형태를 지속할 수 없기 때문이다.

자본주의가 더 이상 기술을 성공적으로 이용할 수 없다는 생각은 데이비드 그레이버(David Graeber)가 도입한 주제다.[27] 그는 자본주의가 지난

---

27 David Graeber, "Of Flying Cars and the Rate of Profit," *Baffler* 19 (2012), http://www.thebaffler.com/salvos/of-flying-cars-and-the-declining-rate-of-profit.

50년 동안 기술진보의 희망과 가능성을 보여주는데 실패했다고 주장한다. 로봇 공장, 달 기지, 개인용 제트 팩, 가정용 로봇에 무엇이 있었는가 하며 묻는다. 반대로 평균 노동 가계의 여가시간은 늘지 않았다. 즉각적인 현실 적용을 요구하지 않으며 또 그런 적용으로 이어지지 않는 '블루 스카이(blue skies)' 연구가 사라지고 있는데, 대학들이 사회를 바꿀 수 있는 혁신 보다 기업이 이윤을 버는데 작은 개선이라도 제공하기 위해 싸우고 있기 때문이다. 관료주의가 지배한다. "역사상 어떤 인구도 문서작업에 그렇게 많은 시간을 보낸 적이 없다." 현대 자본주의는 기후 위기와 다른 환경 위기를 해결할 능력이나 암 치유법을 찾을 능력이 없다.

왜 자본주의는 실패 했는가? 왜냐하면 자본주의는 이윤을 위한 생산양식이고, 그레이버의 관점에서는 이윤율이 장기적으로, 최종적으로 하락하고 있기 때문이다. 그는 자본주의가 진보하는 사회구성체로서 스스로를 정당화하기 위해 만드는 세 가지 주장이 있다고 말한다. 첫째 자본주의는 과학 기술의 성장을 촉진하며, 둘째 전체 번영을 증진하며, 셋째 더욱 안전하고 민주적인 세계를 창조한다는 것이다. 하지만 자본주의는 점점 더 이 세 가지를 가져다주는데 실패하고 있다. 마리아나 마주카토(Mariana Mazzucato)가 이런 관점을 지지하고 있다. 그는 지난 30년간 첨단 기술 혁신의 진짜 이야기는 실리콘 밸리에서 위험을 감수하는 기업인들의 것이 아니고, 정부가 자금을 댄 사업들의 것이라고 보여주었다.[28]

로버트 고든(Robert J. Gordon)은 미국이 바로 그와 같은 최종 단계에 있다

---

28 "인터넷에서 나노테크까지 대부분의 근본적 진보는 정부가 자금을 대서 이루어졌고, 기업들이 게임 산업으로 이동하면서 딱 한번 수익이 분명하게 보였다. 아이폰 뒤에 있는 모든 근본적인 기술은 정부가 자금을 대서 이루어졌다… 애플은 처음에 중소기업진흥공단(Small Business Investment Corporation)으로부터 50만 달러를 받았다." Mariana Mazzucato, *The Entrepreneurial State: Debunking Private versus Public Sector Myths* (New York: Anthem Press, 2013).

고 주장한다.[29] 실로 그는 지난 250년간의 빠른 기술 진보는 끝났다고 도발적으로 말한다. 경제성장을 촉진하는 자본주의 축적의 능력이 흔들리고 있으며, 적어도 미국 경제에서 1인당 실질 국내총생산의 성장은 더욱 느려질 것인데, 미국 경제가 처음으로 세계적인 무대로 도약한 때인 남북 전쟁 이후 어떤 시기보다도 그럴 것이다. 로버트 고든은 여섯 가지 역풍이 미래의 혁신을 더디게 할 것이라고 주장한다. 성숙 자본주의 경제국들의 인구 고령화, 불평등 증가, 성숙 자본주의 경제국들의 경쟁 우위 부족의 증가, 교육에 대한 공공투자 파괴로 인한 교육의 후퇴, 환경 규제 증가, 과잉 부채이다. 그는 미국 실질 교육 성장이 예측 가능한 미래에 연평균 0.2%로 떨어질 수 있다고 결론지었는데, 과거의 2~3%와 비교된다. 이런 역풍이 그와 같은 경제성장 둔화를 정당화하는지에 관한 질문이 생겨난다.

로버트 고든은 1750년경부터 1950년까지 자본주의는 생산력(따라서 경제성장)을 상승으로 이끌었다고 제시한다. 이제는 자본주의가 더 이상 생산력을 발전시키지 못하는 하강의 소용돌이에 있다고 한다. 그는 그 시기 동안 영국과 미국의 경제성장률을 예로 들었다. 적어도 성숙한 경제국들에서 자본주의는 수명을 다했다.

그러나 로버트 고든의 주장은 공격을 받았다. 폴 크루그먼과 시카고 신고전학파 경제학자 존 코크레인(John Cochrane)은 그들의 '직감'으로는 로버트 고든이 기술의 미래에 대해 너무 비관적이라는데 동의했다.[30]

로버트 고든은 자신이 미국을 얘기한 것이지 '역풍'이 더욱 약할 수도

---

29 Robert J. Gordon, "Is US Economic Growth Over? Faltering Innovation Confronts Six Headwinds," NBER Working Paper 18315, August 2012.

30 Paul Krugman, "Is Growth Over?", *New York Times*, December 26, 2012, http://krugman,blogs.nytimes.com/2012/12/26/is-growth-over/.

있는 다른 경제국들을 얘기한 것은 아니라고 인정했고, "신흥경제국들에서 '따라잡기 성장'을 위한 여지가 많다"[31]는 데 동의했다. 그는 잠재 성장을 검토하고 있었지 실제의 실질 국내총생산이 아니었다. 하지만 그는 이런 조건에서 혁신의 부족을 예상하지 않고도 미국의 경제성장이 향후 몇 십 년 동안 둔화되기 시작하여 아주 작아질 것이라는 결론이 나온다고 주장한다.[32]

로버트 고든은 소득분배에서 상위 1%를 제외한 모든 인구의 삶의 실질 수준이 앞으로 몇 십 년 동안 전혀 성장하지 않을 것이고, 대다수 인구들이 겪을 이런 경험은 1973년부터 했던 것과 다르지 않을 것이라고 예측했다. 이 전체 기간에 걸쳐서 중위 실질가계소득은 실제로 해마다 고작 0.1% 상승했다. 기각될 수 없는 것은 미국과 다른 주요 자본주의 경제국들의 생산성 성장이 1970년대부터 둔화되어 왔다는 것이다. 즉, 신자유주의는 혁신에 실패했다는 것이다. 미국의 산출은 1990년대 말 짧은 닷컴 호황을 제외하면, 1972년부터 매년 고작 1.3% 정도 상승했다. 노동자 1인당 실질 산출 성장은 과거 20년 동안 매년 2.4%(고든의 기록)로 썩 좋지 않은 상태에서 2009년부터는 매년 고작 1%로 둔화되었다.

---

31 로버트 고든은 후속 논문에서 다음과 같이 말했다. "미국 경제성장의 미래에 관한 논쟁은 2012년 여름에 발표된 내 논문으로 불이 붙었다. 그 논쟁은 나의 예측으로 시작되었는데, 앞으로 분명하게 규정할 수 없는 어느 정도의 시간 동안 아마도 25~40년간 미국 소득 분배에서 하위 99%의 1인당 실질 가처분 소득의 성장은 연평균 0.2%일 것이며, 이는 2007년 전의 이번 세기 동안에 있었던 연평균 2.0%와 비교된다는 것이었다. 이 예측으로 전 세계에서 비평, 블로그 글, 논평 기사가 나오면서 논쟁에 봇물이 터졌다." Robert J. Gordon, "The Demise of US Economic Growth: Restatement, Rebuttal and Reflections," NBER Working Paper 19895, February 2014.

32 그는 "미래 경제성장의 둔화를 예측할 때 역풍들의 주요한 역할이 혁신에 관한 첫 논쟁에서 주목을 받지 못했다"며, "미래에 혁신이 '흔들릴 것'이라고 예측할 필요가 없는데, 왜냐하면 과거 120년 동안에 걸친 생산성 성장률의 둔화는 40년 전에 이미 일어났기 때문이다. 미래 예측에서는 앞으로 40년 동안 과거 40년과 같은 속도로 발전할 것이라고 가정하는데, 그러나 회의론을 위한 근거들이 이런 예측을 하는 데 제공된다."라고 맞받아쳤다. Gordon, "Demise of US Economic Growth."

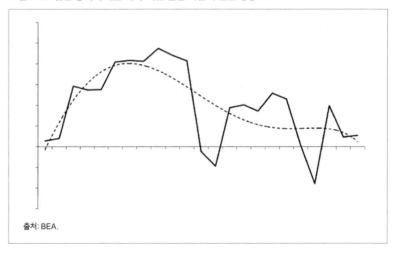

그림 13.8 첨단 장비에 대한 미국 기업 실질 지출의 연간 성장(%)

출처: BEA.

고든의 관점을 비판하는 많은 사람들은 이런 둔화는 일시적이며, 대침
체의 효과와 경기순환적인 약한 회복 때문에 일어나는 것이라고 주장한
다. 자본가들이 더 많이 투자하기 시작하면 생산성 성장은 이전 추세로
회복된다는 것이다. 이런 주장이 가지는 유일한 문제는 여전히 기업 투
자 성장이 이전의 추세로 많이 회복할 어떤 조짐을 거의 볼 수 없다는 것
이다.

2013년에 미국 기업 투자의 실질 지출은 3.8% 상승했는데, 대침체 이
전 비율의 절반에 지나지 않는다(그림 13.8을 보라). 특히 주목해야 할 것은 이
전의 연평균 10~20% 성장률을 가진 첨단기술 혁신 장비에 대한 지출이
아주 약하며, 현재 전체 실질 국내총생산보다 더 느린 속도로 성장하고
있다는 점이다.

장비와 소프트웨어의 첨단 기술 지출은 2000년 미국 국내총생산의
4.7% 비중에서 2013는 3.5%로 감소했다. 이 분야는 생산성을 촉진하는
데 핵심이다. 새로운 기술 투자에 이런 둔화가 일어나는 이유는 무엇인

가? 다른 투자에서 실현되고 기대되는 수익에 비해 단지 새로운 장비와 소프트웨어의 투자비용이 너무 높아서이다. 다시 말해 이윤율이 충분히 높지 않아서이다.

케네스 로고프(Kenneth Rogoff)는 로버트 고든의 예측을 거들었다.[33] 그는 자본주의가 '이전의 성공'을 지속하는 데 장애물이 있다는 것에 동의했다. 하지만 그는 기술 진보가 과거에 경제성장의 장애물을 이겨냈다고 생각하기 때문에[34] 자본주의는 이런 어려움들을 극복할 수 있다고 여전히 낙관했다.[35]

로봇과 인공지능과 노동력

기술과 혁신이 앞으로 몇 십 년 동안 더 나은 성장을 가져다주는 데 정말로 실패할 것인가? 데이비드 그레이버와 대조적으로 로봇과 인공지능의 발흥이 곧 시작될 것으로 예측되고, 이는 이른바 '제2차 기계 시대'[36] 또는 '로봇의 행진'에 기하급수적인 효과를 줄 것이다. 마르크스주의 이

33 Kenneth Rogoff, "Malthus, Marx and Modern Growth," Project Syndicate, March 4, 2014, http://www.project-syndicate.org/commentary/kenneth-rogoff-identifies-several-obstacles-to-keeping-living-standards-on-an-upward-trajectory.

34 어쨌든 "지금까지 현대 시대에 있었던 모든 예측, 즉 인류의 운명이 악화될 것이라는 예측은 토마스 맬서스부터 카를 마르크스까지 했었는데, 아주 잘못되었다고 밝혀졌다… 최근 몇 십 년간 소득에서 노동자의 몫이 당황스러울 정도로 하락했음에도 불구하고, 장기적인 그림은 여전히 자본주의가 노동자들의 궁핍화를 보여줄 것이라는 마르크스의 예측과 어긋난다. 전 세계 생활수준은 계속해서 올라가고 있다." Rogoff, "Malthus, Marx and Modern Growth."

35 "앞으로 나타나는 미래세대는 계속해서 자신의 부모세대보다 더 좋은 삶의 질을 누릴 수 있을까? 아직 기술 개척자에 도달하지 못한 발전도상국들에서는 아직 그렇다고 대답할 수 있을지 모르나, 어려움이 커지고 있다." Rogoff, Malthus, Marx and Modern Growth.

36 Erik Brynjolfsson and Andrew McAfee, *Race Against the Machine: How the Digital Revolution Is Accelerating Innovation* (Lexington, MA: Digital Frontier Press, 2011).

론에서 기본 주장들 가운데 하나는 더 많은 이윤을 벌기 위한 경쟁 압력 때문에 자본주의 생산자들이 전체 생산비용을 절약할 수 있는 새로운 기술을 찾을 수밖에 없다는 것이다. 새롭게 팽창하는 자본주의 경제국들이 새로운 기술을 사용하기보다 잉여가치를 창조하기 위해 싼 노동력의 거대한 공급을 이용하는 것도 가능할 수 있다(또는 이상적으로 중국과 동아시아처럼 새로운 기술과 싼 노동력의 결합). 하지만 더 많이 성숙한(그리고 노화된) 경제국에서 싼 노동력의 공급은 고갈되었으며, 서구의 자본가들은 단지 자신들의 자본을 신흥경제국들에 수출하거나(제국주의 또는 세계화), 노동생산성을 기하급수적으로 늘려줄 새로운 기술을 찾는 것을 통해 세계 시장에서 경쟁할 수 있다.

세계화는 주요 자본주의 경제국들에서 이윤율 하락의 '해법'으로서 1970년대 말에서 2000년대 초까지의 시기에 대한 이야기이다. 하지만 1990년대 종반 이윤율의 새로운 하락과 2001년과 2008~2009년의 침체는 그 해법을 위기에 빠뜨렸다. 실로 신흥경제국들의 임금이 빠르게 상승하고 있기 때문에 그런 국가들에서 공장을 짓고 사업을 확대하는 비용이 더 이상 싸지 않다고 주장되고 있다. 국제노동기구(International Labour Organization)의 노동의 세계(World of Work) 보고서에 따르면, 물가상승률을 조정한 중국의 평균 임금은 2000년부터 2010년까지 10년 동안 세 배 이상이 되었다.[37] 아시아 전체에서는 두 배가 되었다. 동유럽과 중앙아시아의 평균 임금은 거의 세 배가 되었다. 그러나 선진국들에서는 임금이 2000년 수준보다 아주 가까스로 높았다.

이 때문에 몇몇 사람들은 60년의 쇠퇴 후에 제조업이 선진 경제국들

---

37 International Labor Organization, World of Work Report, 2014, http://www.ilo.org/global/research/global-reports/world-of-work/2014/lang-en/index.htm.

로 되돌아가기 시작할 수 있다는 주장을 한다. 그러면 새로운 제조업 혁명을 통해 이윤율이 주요 자본주의 경제국들에서 다시 상승할 것이다. 그런 일의 많은 부분이 아시아보다 미국에 공장을 연 애플 같은 기업들에 의해 이루어졌다. 애플은 미국에서 이미 하고 있는 조립작업을 넘어서서 맥 컴퓨터의 일부를 생산하는데 1억 달러를 투자할 것이라고 말했다.[38] 지난 몇 년 동안 전자, 자동차, 의료기기를 포함하는 여러 산업분야의 기업들은 일자리를 해외로 내보낸 지 몇 십 년 만에 국내로 '들여오고 (reshoring)' 있다고 발표했다. 중국에 본부를 둔 컴퓨터 대기업 레노버는 노트북, 데스크톱, 태블릿 PC를 포함한 싱크패드(ThinkPad) 상표 컴퓨터를 미국에서 만들기 시작할 것이라고 발표했다.[39]

미국의 매체들은 이것이 정말로 너무나 희망적인 생각이라고 보도했다. 제너럴 일렉트릭은 온수기, 냉장고, 식기세척기, 뚜껑이 위에 달린 고효율 세탁기를 만드는데 미국 노동자들을 고용했지만, 계속해서 해외에서 일자리를 더 많이 늘리고 있다. 애플의 아이패드와 아이폰 상품은 애플 매출의 거의 70%에 달하는데, 계속해서 주로 폭스콘 같은 외주회사들과 계약하여 중국 같은 낮은 비용의 제조업 중심지에서 만들 것이다. 지난 몇 년 동안 미국 제조업은 성장했지만 여전히 침체가 시작된 2007년 12월보다 200만 개 일자리가 더 적다. 세계 제조업은 훨씬 빠르게 성장하고 있고 심지어 미국인이 소유한 기업 가운데 많은 기업도 미국 내에서 팽창하고 있다. 신흥경제국들의 임금 수준은 상승했을지 몰라도 선진

38 Edwin Chan and Nicola Leskie, "Apple to Return MAC Production to US in 2013," Reuters, December 7, 2012, http://uk.reuters.com/article/2012/12/07/us-apple-manufaturing-idUSBRE8B50R120121207.

39 Agam Shar, "Lenovo Hopes to Reach US Consumer Faster with Mad in US Computers," PC World, October 11, 2012, http://www.pcworld.com/article/2011590/lenovo-hopes-to-reach-us-customers-faster-with-made-in-usa-computers.html.

국들에서는 정체했으며, 그 격차는 여전히 엄청나다. 2010년 현재(자료를 이용할 수 있는 가장 최근 연도) 미국 제조업의 시간당 피용자 보수는 타이완의 약 네 배이며 필리핀의 약 20배이다.

몇몇 제조업이 미국으로 돌아온다고 해도 일자리를 제공하지 않을 것이다. 맥킨지의 새로운 연구는 이제 제조업은 세계 경제 산출의 20%를 차지하고 1995년부터 세계 생산성 성장의 37%를 차지한다고 밝혔다.[40] 하지만 제조업 투자가 '자본 편향'이기 때문에, 일자리는 창조하지 않으며, 임금 상승을 피하도록 설계되었다. 실제로 맥킨지에 따르면, 1995년에서 2005년 사이 선진국들의 제조업 고용은 24% 하락했다.

선진국들에서 이윤율 상승은 더 싼 노동력을 이용하여 임금을 낮추거나 동결하는 것보다는 오직 노동생산성 증대 또는 원료(에너지) 비용 감소에서 올 수 있다. 북미와 유럽 일부의 셰일 오일 및 가스 혁명이 앞으로 10년간(아마도) 에너지 비용을 줄이는 데 도움이 될 수도 있다. 하지만 전체 비용을 낮추는 것은 새로운 기술에 달려 있다.

이 때문에 로봇 논제가 대두된다. 이는 선진 자본주의 경제국들이 세계 제조업 시장에서 경쟁하기 위한 임박한 출구로서 떠오르고 있다. 제조업체들이 점점 더 로봇을 사용하면 비싼 노동력을 없앨 수 있게 되고 모든 것이 자본주의를 위해 좋을 것이다.

몇몇 저명한 산업들에서 거의 모든 종류 노동의 노동자들을 쫓아내고 있다. 예를 들어 어떤 첨단 제조업이 미국으로 되돌아온 이유 가운데 하나는 컴퓨터에서 가장 가치 있는 부품인 마더보드가 기본적으로 로봇에 의해 만들어지며, 그래서 값싼 아시아 노동력으로 이를 해외에서 생산할

---

40 J. Manyika et al., "Manufacturing the Future: The Next Era of Global Growth and Innovation," Mckinsey Global Institute Report, November 2012, http://www.mckinsey.com/insights/manufacturing/the_future_of_manufacturing.

이유가 되지 못하기 때문이다. 로봇이 의미하는 것은 노동 비용이 더 이상 그렇게 큰 문제가 되지 않으며, 그래서 자본가들이 큰 시장과 더 좋은 사회기반시설을 가진 선진국들에 공장 두는 것이 가능하다는 것이다. 심지어 중국 공장 노동자들이 받는 저임금으로도 새로운 기계 때문에 노동자들이 밀려나는 것을 막지 못했다. 2011년 폭스콘의 설립자 테리 구(Terry Gou)는 100만 대의 로봇을 구입해서 많은 노동력을 대체할 것이라고 발표했다.[41] 로봇은 페인트 뿌리기, 용접, 기본 조립 같은 일상적인 작업을 맡을 것이다.

이제 주류경제학은 이것이 노동을 위해서는 좋은 소식이 아니라고 주목하며, 기술의 자본 편향으로 노동분배율의 하락과 불평등 증가를 설명할 수 있다고 제시했다. 컴퓨터 기술자이면서 실리콘 밸리 소프트웨어 기업가인 마틴 포드(Martin Ford)는 그에 대해 이런 식으로 말한다. "시간이 흐름에 따라 기술이 진보하면서 산업의 자본 집약도는 높아지고, 노동 집약도는 낮아지게 된다. 그리고 기술은 새로운 산업을 창조할 수 있고 이런 산업들은 거의 언제나 자본 집약적이다."[42] 따라서 자본과 노동 사이의 투쟁은 강화된다.[43]

그래서 많은 것은 노동생산성으로 창조된 가치의 전유를 둘러싼 노동

---

41 다음을 보라 http://www.theguardian.com/world/2011/aug/01/foxconn-robots-replae-chinese-workers.

42 Ford, *The Lights in the Tunnel*.

43 폴 크루그먼은 다음과 같이 말한다. "기술 진보가 임금에 미치는 효과는 진보의 편향성에 좌우된다. 기술 진보가 자본 편향이라면 노동자들은 생산성 이득을 완전하게 공유하지 못하며, 만약 아주 강하게 자본 편향이라면, 노동자들은 실제로 더 궁색해질 수도 있다. 그래서 우파에 있는 많은 사람들이 기술에서 생겨난 이득이 항상 노동자들에게 떨어진다는 가정은 틀렸다. 반드시 그런 것은 아니다. 좌파의 어떤 사람들이(모두는 아님) 때때로 빠른 생산성 성장은 필수적으로 일자리 또는 임금을 파괴하는 것 같다고 가정하는 것도 틀렸다. 이는 모두 상황에 달려 있다." Krugman, "Technology and Wages," Conscience of a Liberal, *New York Times*, December 10, 2012, http://krugman.blogs.nytimes.com/?s=the+effect+of+technological+progress+.

과 자본 간 계급투쟁의 전개에 의존한다. 분명히 노동은 반노동조합법의 압력, 고용보호와 종신고용의 종말, 실업자와 불완전 취업자로 된 산업예비군의 증가, 제조업의 세계화 아래 최근 몇 십 년간 투쟁에서 패배했다.

국제노동기구의 보고서에 따르면, 16개 선진국들에서 노동이 국민소득에서 차지하는 몫이 1970년대 중반에 75%였지만, 경제위기 이후 몇 년 동안에 65%로 하락했다. 2008년과 2009년에 이 몫은 증가했지만, 단지 국민소득이 이 시기 동안 줄었기 때문이었고, 그 후 다시 하락 경로로 접어들었다. 임금이 지난 10년간 3배로 상승한 중국에서조차도 국민소득에서 노동자들이 차지한 몫은 줄어들었다.

선진국들에서 노동자의 전체 보수가 국민소득에서 차지하는 몫은 1980년대와 1990년대에 감소하지 않았는데, 그 이유는 건강보험, 연금, 국가보조금 같은 비임금 수당으로 벌충되었기 때문이다. 자본의 이런 추가 비용은 지난 10년간 무자비하게 줄어들었다.

자본 편향 기술이 경제 이론에서 새로운 것은 아니다. 마르크스는 이것이 자본주의 축적의 주요 특징 가운데 하나라고 자세하게 설명했다. 이는 주류경제학에서는 계속 무시했던 것이고 지금도 그런 것 같다. 마르크스는 다르게 말했다. 자본주의에서 투자는 단지 이윤을 얻기 위해 일어나지, 보통 말하듯이 산출 또는 생산성을 높이기 위해서가 아니다. 노동시간을 늘려서(즉 더 많은 노동자와 더 긴 노동시간) 또는 노동 강도를 높여서(속도와 효율성, 즉 시간과 움직임) 이윤을 충분하게 키울 수 없다면, 오직 기술 개선으로 노동생산성이 향상될 수 있다. 그래서 마르크스주의 용어로 자본의 유기적 구성(노동자 숫자와 비교한 기계와 공장의 규모)이 장기적으로 높아진다. 노동자들이 스스로 창조한 새로운 가치의 많은 부분을 자신들의 보수의 부분으로 지키기 위해 싸울 수 있다. 하지만 그런 임금 몫이 이윤율을 떨어지게 만들 만큼 증가하지 않는다면, 자본주의는 단지 성장을 위해 투자하게 될 뿐이다. 그래서 자본주의의 축적은 시간이 지남에 따라 노동분배율이 감소하거나 또는 마르크스가 말한 착취율(또는 잉여가치율)이 상승하는 것을 의미한다.

로봇이 자본주의를 구하고 동시에 케인스가 자본주의에서 이루어질 것이라고 믿었던 것처럼 노동자들이 여가를 즐기는 행복한 삶을 살 수 있을까? 글쎄, 분명하게 과거의 기술로는 그렇게 하지 못했다. 1970년대 예측, 즉 노동자들이 먹고 살기 위해 충분히 일할 수 있는지 보다 여가시간을 어떻게 보낼지 더 걱정을 할 수밖에 없을 것이라는 생각은 실현되지 않았다.

케인스는 자본주의 세계는 기술 때문에 넘쳐나는 물자와 양식과 하루 세 시간 노동을 달성할 수 있을 것이라고 예측했다.[44] 이는 사회주의의 꿈이지 자본주의의 꿈은 아니다. 1930년대 미국에서 직장을 가지고 있다면, 평균 노동주(working week)는 약 50시간이었다. 전일제 종신고용 노동자의 평균 노동주는 여전히 40시간을 넘는다(잔업을 포함). 실로 1980년도에 선진국들의 1년 평균 노동시간은 약 1,800시간이었다. 현재는 약 1,800시간으로 전혀 변화가 없다.

로봇이 도움을 줄 수 있을까? 기존 로봇은 예측 가능한 기준에 맞춰서 업무를 반복해서(무한정) 수행할 수 있게 한다. 자율적인 인공 지능 로봇은 이런 방법이 창고부터 요양시설까지 다양하고 전반적인 업무에 적용될 수 있게 할 것이다. 새로운 도구 사용이나 새로운 형태의 상품 조립을 배울 수 있는 유연한 조립용 로봇, 복잡한 창고에서 최적의 경로를 안전

---

44 "우리 손자들을 위한 경제의 가능성(Economic Possibilities for Our Grandchildren)", "인류가 탄생한 이래 처음으로 진정한 영구적인 문제에 직면하게 될 것이다. 이는 경제적인 걱정에서 해방된 인간이 자유를 어떻게 이용할지, 어떻게 여가를 보낼지인데, 과학과 복리가 인류를 위해 승리할 것이기 때문이고, 현명하고 동의할 수 있고 행복한 삶을 살게 해줄 것이다." J. Keynes, *Essays in Persuasion* (New York : Harcout Brace, 1931).

하게 선택하는 물류 로봇, 어떤 장소가 더럽고 무엇이 더러운 상황인지 배울 수 있는 청소 로봇이 전망할 수 있는 예들이다. 기업들한테 이는 더 많은 업무가 자동화된다는 것을 의미한다(따라서 예측할 수 있고 정확한 성과를 낸다). 소프트웨어를 배우는 것을 이용함으로써 로봇은 필요하다면 새로운 문제를 해결하기 위해 재교육을 받을 수도 있다.

그러나 한 연구에서는 "시기를 정확하게 특정하지 않았지만 아마도 10년 또는 20년 동안" 인간으로 채워진 현재 직무의 47%가 컴퓨터화된 노동력에 의해 수행될 수 있다고 보여준다.[45] 텔레마케터, 권리분석사, 수학 기술자, 시계 수리공, 보험 언더라이터들이 대체될 가능성이 가장 높은데, 그 연구에서는 미래에 이런 일을 로봇이 수행할 가능성이 99%라고 제시했다. 현금 인출기가 은행 직원들의 일자리를 줄였고, 자율주행 자동차가 택시 운전기사를 대체할 수 있는 것처럼 로봇은 많은 노동을 해방시킬 것이다.

로봇의 사용이 가속화되면서, 이 기술은 제조업 일자리의 수를 감소시키는 데 기여하고 있다. 모든 것을 감안할 때 주류경제학의 관점에서 이는 인간이 일하는 시간은 줄어들고 삶의 수준은 개선되는 것을 의미한다. 결국 질문이 생긴다. 지난 세기에 자본주의의 기술진보는 그런 일을 하지 못했는가?

음, 그렇다. 1930년대에 케인스는 세계가 사회 격차가 줄어드는 방향으로 움직이고 있다고 생각했다. 그러나 20세기 후반기의 세계화는 전례 없는 사회 불평등을 만들어냈다. 노동이 점점 더 사회적으로 되고, 생산과정이 국가 간에 대륙 간에 서로 침투하고 겹쳐지고, 부유한 엘리트

---

45 Carl Benedict Frey and Michael A. Osborne, "The Future of Employment," Oxford Martin School, Oxford, September 17, 2013, http://www.oxfordmartin.ox.ac.uk/downloads/academic/The_Future_of_Employment.pdf.

들의 힘과 부가 커지고, 그 나머지 사람들에게는 착취와 억압이 강화되었다. 사실상 모든 국가들에서 행해진 연구는 최근 몇 십 년 동안 노동자들의 일자리 불안과 일터에서 억압의 체감이 늘었다는 것을 보여준다.

로봇이라면 달라질 수 있을까? 마르크스 경제학에서는 아니라고 말하는데, 주요한 이유 두 가지가 있다. 첫째, 마르크스주의 경제학 이론은 거부할 수 없는 사실로부터 시작하는데, 오직 인간이 어떤 일을 하거나 노동을 수행할 때에만 물건이나 서비스가 생산된다. 자연에서 제공된 것 외에는 그렇다(심지어 이런 경우에도 노동으로 찾아야 하고 노동에 사용되어야한다). 그래서 중요한 것은 오직 노동만이 자본주의에서 가치를 생산할 수 있고 가치는 자본주의에 특유한 것이다. 살아 있는 노동은 물건을 창조하고 서비스를 제공한다(마르크스가 사용가치라 부르는 것). 하지만 가치는 자본주의 생산양식이 생산하는 물건의 실체이다. 자본(자본가)은 노동자가 생산한 생산수단을 통제하며, 노동자가 창조한 가치를 전유하기 위해 생산수단을 사용하게 할 뿐이다. 자본 자체로는 가치를 창조하지 않는다.

이제 기술, 소비 상품, 서비스의 전체 세계가 노동을 수행할 살아 있는 노동 없이 스스로를 재생산할 수 있고 로봇을 통해서 그렇게 할 수 있다면, 재화와 서비스는 생산되지만 가치(특히 이윤 또는 잉여가치)의 창조는 일어나지 않을 것이다. 마틴 포드는 "더 많은 기계가 스스로 움직이기 시작할수록, 평균 노동자들이 부가하는 가치는 감소하기 시작한다."[46] 그래서 자본주의의 축적은 로봇이 완전히 장악하기 훨씬 전에 멈출 것이다. 왜냐하면 수익성이 자본 편향 기술의 중압을 받아 사라질 것이기 때문이다.

마르크스가 말한 자본주의의 가장 중요한 운동 법칙, 즉 이윤율 저하

---

46 Ford, *The Lights in the Tunnel*.

경향이 작동할 것이다. 자본 편향 기술이 증가하면서 자본의 유기적 구성도 상승할 것이고 따라서 노동은 결국 이윤율(즉 모든 자본비용에 대한 잉여가치 비율)을 유지하기에 충분하지 않은 가치를 생산할 것이다. 우리는 자본주의에서는 절대로 로봇 사회에 도달하지 못하며, 노동하지 않는 여가 사회로 이를 수 없다. 위기와 사회 폭발(social explosions)이 그런 사회에 도달하기 훨씬 전에 방해할 것이다.

노동에게 분배되는 가치 몫의 감소로 이미 이런 모순이 드러나고 있다. 생산수단의 집중과 집적의 증가를 통해서 자본이 몇몇의 손아귀에 축적되고 있다. 이는 노동이 생산한 가치를 자본이 전유하고 99%에게 분배되는 몫을 최소로 만드는 것을 보장한다. 이는 완전 경쟁이 불완전하기 때문에 일어나는 독점이 아니라 소수가 생산수단을 소유하기 때문에 일어나는 독점이다. 이것이 자본주의의 순전한 기능이며, 자본주의의 전부이다.

노동분배율이 줄어들게 만드는 것은 독점기업을 가진 악덕 자본가에게 가는 지대 증가나 독점력이 아니라, 바로 자본주의다. 미국과 다른 주요 자본주의 경제국들의 자본주의 부문에서 노동분배율이 감소한 이유는 세계화와 해외의 값싼 노동력, 노동조합의 파괴, 더 큰 규모의 산업예비군 창조(실업과 불완전 취업), 복리후생비와 종신고용 보장의 종말로 된 자본 편향 증가와 기술 증가이다. 실로 이는 정확하게 마르크스의 '노동계급의 궁핍화'가 의미하는 것이다. 이는 자본주의에서 해결할 수 없는 모순이다.[47]

---

47 "민간부문이 어떻게 이 문제를 해결할 수 있을지 상상할 수 없다. 정부가 소비자들을 위해서 어떤 종류의 소득 제도를 제공하는 것 외에는 현실적 대안이 없다." Ford, *The Lights in the Tunnel*. 마틴 포드는 물론 사회주의가 아니라 단순히 손실된 임금을 '소비자들'에게 다시 되돌려주는 제도를 제안한다. 그런 제도는 사유 재산과 이윤에 위협을 줄 수도 있다.

기후 변화와 자본주의

우리가 살아 있는 노동이 아니라 로봇으로 된 자본주의 세상을 꿈꿀 수 있기 전에, 자본주의는 팽창하고 심지어는 생존하는 데 새로운 장벽이 놓여 있다. 이는 자본주의 스스로 만들어내는 것이다. 이는 온실가스로 인한 지구의 대기 온난화의 상승과 탐욕스러운 자본주의 생산 때문에 지구에 일어나는 심각한 훼손이다.

밍키 리는 지구 온난화 위기와 에너지 생산의 꼭짓점 때문에 자본주의가 붕괴 또는 파국을 피할 수 없을 것이라고 주장한다. 밍키 리는 로버트 고든과 같이 그리고 이매뉴얼 월러스틴(Immanuel Wallerstein)의 관점에 호응하면서, 그 결과 세계 경제성장은 2040년대 즈음 서서히 멈출 것이라고 예측한다. 자본주의는 이 시점을 넘어서서 생존할 수 없으며, 새로운 인간 사회구성체가 들어서야 하며 그렇지 않으면 완전한 혼란으로 빠질 수밖에 없다는 것이다.[48] 밍키 리의 예측은 사회주의 아니면 생태환경의 재앙이다. 리처드 스미스(Richard Smith)도 비슷한 결과가 나오는 재앙적인 경우를 제시했다.[49]

---

48 "경제, 사회, 지정학, 생태환경 등의 다중 요인들은 이제 기존 세계 체제, 즉 자본주의 세계 경제의 최후 종말로 향해 수렴되고 있다. 모두 발전된 단계에 진입했으며 많은 독자들이 자신의 생애 안에 이 종말이 일어나는 것을 목격하게 될 것이다." Minqi Li, *The Rise of China and the Demise of the World Economy* (New York: Monthly Review Press, 2009).

49 "나는 이 문제가 자본주의 재생산의 필요에 뿌리를 두고 있으며, 대기업들은 지구의 생명체를 파괴하고 있으며, 대기업들 스스로는 어떻게 할 수 없으며, 즉 현 상황을 바꿀 수 없거나 거의 바꿀 수 없으며, 우리가 자본주의 체제에 살고 있는 한 이런 파괴와 함께 하는 것 밖에 다른 선택이 없으며, 이는 브레이크를 밟는 대신에 속도를 높이는 것이며, 유일한 대안은 이런 세계 경제체제와 1%를 위한 1%의 국가 정부 모두를 뒤엎어서 그런 국가 정부들을 세계 경제 민주주의, 아래로부터 철저한 정치 민주주의, 생태사회주의 문명으로 바꾸는 것이라고 주장하려 한다." Richard Smith, "Beyond Growth or Beyond Capitalism," *Truthout*, January 15, 2014, http://www.truth-out.org/news/item/21215-beyond-growth-or-beyond-capitalism.

이들은 옳은가? 기후 변화에 관한 정부 간 협의체(International Panel for Climate Change, IPCC)는 지구의 기후 상태와 그 미래에 대한 예측의 포괄적 분석을 하는 데 협력할 수 있도록 기후 변화 분야에 있는 수백 명의 과학자들을 모았다. 이 협의체의 가장 최근 보고서는 석탄 연료 사용이 주되게 차지하는 인간 행동이 기후 변화의 주요 원인이라는 개연성의 추정치를 높였다. 20세기 중반부터 그 원인으로 '매우 높은 가능성' 또는 최소 95%인데, 2007년의 보고서에서는 '높은 가능성(90%)'이었고, 2001년의 보고서에서는 '가능성 있음(66%)'이었다.[50]

기후 변화에 관한 정부 간 협의체는 단기간에는 자연변동성(natural variability)의 영향을 받지만, 일반적으로 장기 기후변동에는 반영되지 않는다고 발표했다. 기후 변화가 인간 때문에 일어난다는 주장을 거부 하는 사람들이나 또는 기후 변화가 악화되고 있지 않다는 주장을 거부하는 사람들은 자신들의 주장을 위해 지난 15년간의 평균 대기 온도의 상승 둔화에 의존할 수 없다. 이 협의체는 계속해서 21세기 말까지 기온이 0.3~4.8℃(0.5~8.6℉) 상승할 것 같다고 말한다. 해수면은 21세기 말까지 26~82cm(10~32인치) 상승할 것 같고, 19세기 동안에는 이미 19cm 상승했다. 최악의 경우는 바다가 2100년에 98cm 더 높아질 수도 있다.

이 협의체는 이산화탄소 농도가 두 배로 증가하면 기온을 1.5~4.5℃ (2.7~8.1℉) 높이게 될 것이라고 예측하여, 2007년 보고서에서 추정한 기온 변화 범위의 저점을 2.0℃(3.6℉)에서 낮추었다. 그러나 새로운 범위는 2007년 전에 이 협의회가 다른 보고서들에서 발표한 것과 같다. 혹서, 홍수, 가뭄이 지구에서 더 많이 일어나게 되었고, 온실가스가 대기에 증가

---

50 IPCC, Fifth Assessment Report (AR5), October 2013, http://www.ipcc.ch/report/ar5/index.shtml.

하면서 빙하가 녹아서 해수면 상승이 일어나 해안과 낮은 섬이 잠길 수도 있다고 협의체는 발표했다.

이 협의체는 지난 15년 동안 기후 변화가 둔화한 원인은 아직 명확하지 않으나 기후 변화의 장기 추세가 있다는 것은 의심의 여지가 없다는 것과 15년이란 기간은 어떤 확실한 결론을 내리기에 너무나도 짧다고 인정했다. 기온 상승은 1951년 이후 10년마다 0.12℃에서 지난 15년 기간 동안에는 10년마다 0.05℃로 둔화되었다. 이는 기후과학을 믿지 못하는 기후 변화 회의론자들이 매달리는 점이다.[51] 이 보고서에서는 최근 온난화의 속도 둔화를 설명하면서 지난 15년 동안은 태평양의 엘니뇨(해수면 온난화) 때문에 심하게 따뜻했던 해였다는 사실에 치우쳐 있다고 언급했다. 이 보고서에서는 온난화의 둔화가 기후의 임의적 변동과 화산 분출로 재가 태양을 가린 영향, 태양 방출 열량의 주기적 감소 때문이라고 언급한다.

하지만 기후 변화 거부자들은 여전히 납득하지 못하고 있다. 조지아 공과대학교의 주디스 커리(Judith Curry)는 "글쎄, 기후에 관한 정부 간 협의체는 도전한 것이다. 만약 그 둔화가 15년 이상 계속된다면(음 이미 그렇다), 그들은 곤욕을 치를 것이다."고 했다.[52] 이 협의체의 의장인 라젠드라 파차우리(Rajendra Pachauri)는 새로운 추세의 징후가 되기 위해서는 온난화의 감소가 훨씬 길게 그러니까 30~40년간 지속되어야 한다고 반박했다.[53] 이 협의체의 보고서는 2016~35년 기온은 1986~2005년보다 높은

---

51 스토커(Stocker)는 "사람들은 항상 1998년을 선택한다. 그러나 그해는 아주 특별한 해인데, 왜냐하면 강한 엘니뇨가 이례적으로 덥게 만들었고, 그때부터 중간 규모의 여러 화산 폭발이 있었는데, 이는 기후를 시원하게 만들었다." IPCC, Fifth Assessment Report.

52 Judith Curry, "How People are Reacting to the UN's Climate Change Report," *Blaze*, September, 27, 2013, http://www.theblaze.com/stories/2013/09/27/how-are-climate-change-skeptics-reacting-to-the-u-n-s-climate-report/.

0.3~0.7℃(0.5~1.3℉)가 될 것 같다고 언급하며 온난화의 감소가 지속되지 않을 것이라고 예측했다.[54]

기후 변화 회의론자 또는 거부자는 기후 변화 분야 과학자 가운데 아주 적은 비율을 차지한다. 2만 9,083명의 저자가 서술했으며, 심사 통과되어, 1991~2011년에 출판된 과학 논문 1만 1,944건의 초록을 분석해보니 저자의 98.4%가 기후 변화의 원인이 인간 행동(인위적)이라는 데 동의하는 입장을 취하며, 1.2%는 그런 입장을 거부하며, 0.4%는 회의적이다.[55] 기후 변화를 위한 정부 간 협의체의 수고스러운 여러 보고서가 출판된 후에 이루어진 더 최근의 연구[56]는 오직 인간 행동으로만 설명할 수 있는 속도로 지구의 온난화가 진행되고 있다고 확인했다. 실로 이산화탄소의 대기농도는 450만년 만에 처음으로 400ppm(백만분율)을 넘어섰다.

기후 변화가 일어나고 있고 그것의 원인이 인간 행동이라는 증거가 점점 더 압도하고 있다. 기온 상승, 해수면 상승, 기상 이변 형성의 잠재적 재앙 효과는 특히 지구에 살고 있는 극빈층과 가장 취약한 사람들에게 엄청난 피해로 이어질 것이다. 하지만 인간이 천연자원 보호와 환경 및 공공의 건강에 대한 폭넓은 영향을 적절히 고려하여 계획한 방식으로 활동을 조직한다면 산업화와 인간 행동이 그런 효과를 만들지는 않을 것이

53 Alister Doyle and Simon Johnson, "Scientists More Convinced Mankind Is Main Cause of Warming," Reuters, September 27, 2013, http://uk.reuters.com/article/2013/09/27/uk-climate-ipcc-idUKBRE-98Q0A820130927.

54 다음을 보라. http://www.independent.co.uk/environment/climate-change/ipcc-report-the-financial-markets-are-the-only-hope-in-the-race-to-stop-global-warming-8843573.html.

55 John Cook et al., "Quantifying the Consensus on Anthropogenic Global Warming in the Scientific Literature," *Environmental Research Letters*, May 15, 2013, http://iopscience.iop.org/article/10.1088/1748-9326/8/2/024024/pdf.

56 IPCC, Fifth Assessment Report.

다. 그러나 자본주의에서 그것은 불가능한 것 같다.

마르크스와 엥겔스는 오래 전인 유럽 산업화의 이른 시기에 자본주의 생산양식이 환경과 생태에 주는 영향을 강조했다. 엥겔스가 지적하듯이 자본주의는 이윤을 위해 생산하지 인간의 필요를 위해 생산하지 않으며, 그래서 이윤을 위한 축적이 사회 전반에 미치는 영향을 고려하지 않는다.[57] 이런 이윤을 향한 욕구는 생태 재앙을 낳게 한다.[58]

마르크스 자본주의 생산이 자본에 주는 영향을 다음과 같이 요약했다. "자본주의 농업에서 일어나는 모든 진보는 노동자들을 착취하는 기술뿐만 아니라 토양을 착취하는 기술의 진보이다. 어떤 시기에 주어진 토양의 비옥함을 높이는 모든 진보는 그 비옥함의 영원한 원천을 파괴하는 쪽으로 나아가는 진보이다… 그러므로 자본주의 생산은 기술을 발전시키고, 여러 과정을 사회 전체로 결합하는데, 오직 모든 부의 근원인 토양과 노동자를 약화시킴으로써 그렇게 한다."[59]

기후 변화가 자본주의 축적의 결과라는 현대의 증거가 있다. 호세 타피아 그라나도스(Jose Tapia Granados)와 오스카 카펜테로(Òscar Carpintero)는 이산화탄소의 대기농도 증가율과 세계 경제성장률 사이에 경기순환적 상관관계가 있으며, 이는 세계 경제가 온실효과의 증가와 관련이 있고

---

57 "개별 자본가들이 즉각적인 이윤을 위해 생산과 교환에 참여하기 때문에 오직 가장 가능성 있으면서 가장 즉각적으로 나타나는 결과를 먼저 고려한다. 개별 제조업체 또는 상인이 제조품 또는 구매한 상품을 일반적인 목표 이윤을 남기면서 판매한다면, 이들은 만족하며, 그 후에 상품이 어떻게 되든 그 상품의 구매자에게 무슨 일이 일어나든지 신경 쓰지 않는다." F. Engels, *The Dialectics of Nature* (Moscow : Progress Publishers, 1976).

58 "산비탈의 숲을 불태워서 아주 큰 이윤을 가져다주는 커피나무 한 세대에 충분한 거름이 되는 재를 얻는 스페인인 농장주들이 무엇을 신경 쓰겠는가. 많은 열대 강우가 보호되지 않은 토양의 상층을 씻어내고 기반암만이 드러난다 해도 무엇을 신경 쓰겠는가!" Engels, *The Dialectics of Nature*.

59 Karl Marx, *Das Kapital, The Skeptical Reader Series* (Washington, DC : Regnery Publishing, 2009), 209.

그러므로 지구 온난화 과정과 관련이 있다는 강한 증거가 된다는 것을 보여주었다.[60]

호세 타피아 그라나도스는 이산화탄소의 대기농도 증가가 세계 경제 성장과 의미 있는 관계가 있다는 것을 보여주기 위해 세계경제, 화산활동, 엘니뇨 남방진동 등이 이산화탄소 수준에 미치는 영향의 다변량 분석을 사용했다. 국내총생산 성장 추세를 상회하는 성장이 일어나는 연도에는 이산화탄소 농도의 증가가 높아졌고, 국내총생산 성장 추세를 하회하는 성장이 일어나는 연도에는 이산화탄소 농도의 증가가 낮아졌다. 그래서 세계 이산화탄소 배출은 세계 경제의 절대적 성장과 강한 상관관계를 갖는 비율로 증가했다.

이는 당연히 1998년부터 있었던 지구 온난화의 둔화를 일부 설명할 수 있는데, 왜냐하면 세계 경제성장은 그때부터 둔화되었기 때문이다. 대침체의 결과로 이산화탄소 배출 추정치 성장의 커다란 하락이 2009년에 있었다. 자본주의 생산이 멈춘다면, 지구 온난화도 멈출 것이다. 물론 이것으로 지구 온난화의 이야기를 끝내지 못한다.[61]

---

60 Jose Tapia Granados and Òscar Carpintero, "Dynamics and Economic Aspects of Climate Change," *Combating Climate Change: An Agricultural Perspective*, edited by Manajit S. Kang and Surinder S. Banga (Boca Raton, FL: CRC Press, 2013).

61 호세 타피아 그라나도스는 다음과 같이 계속 말한다. "그러나 세계 경제가 2.25% 축소된 2009년에도 세계 이산화탄소 배출은 줄지 않았고, 단지 성장을 멈추었을 뿐이었고, 세계 경제가 약간 회복되었던 그 다음해에 다시 성장하기 시작했다. 이는 최근 시기에 세계 경제가 얼마나 화석 연료에 의존하고 있는지를 보여준다. 우리가 보여주었듯이 더 일찍 일어났던 1970년대 중반, 1980년대 초반, 1990년대 초반, 1990년대 종반의 세계 경제침체에서 이산화탄소 배출은 많은 나라들에서 감소했을 뿐만 아니라 세계 전체에서도 그랬다. 경제성장으로 세계 경제의 탄소 집중도(carbon intensity, 세계 국내총생산에 대한 세계 탄소 배출의 비율)가 줄어들 것이라는 생각은 세계 경제의 탄소 집중도가 최근 기간 동안 증가했다는 사실과 어긋난다. 대침체 후 2010년에 세계 국내총생산은 5.0% 성장했지만 탄소 배출은 더 빠르게 5.9% 성장했다. 더욱이 세계 이산화탄소 배출의 평균 성장은 2000~2011년에 매년 3.1%였는데, 1990~2000년에는 매년 1.0%였으며, 1980~1990년에는 매년 2.0%였다." Granados and Carpintero, "Dynamics and Economics Aspects of Climate Change."

이산화탄소 배출 증가의 대부분은 경제성장이 가장 빨랐던 신흥경제국들에서 비롯되었다. 중국은 2009년 세계 총 이산화탄소 배출의 24%를 차지하며, 미국의 17%와 유로존의 8%와 대비된다. 하지만 중국인 1명의 이산화탄소 배출량은 미국인 1명 배출량의 단지 1/3이며, 유럽인 1명 배출량의 4/5에도 못 미친다. 단위 산출량 당 이산화탄소 배출량을 계산하면, 중국은 상대적으로 낭비가 심한 신흥경제국이다. 하지만 중국은 여전히 소득이 높은 국가들보다 1인당 적은 이산화탄소를 배출 하는데, 중국인이 여전히 상대적으로 가난하기 때문이다. 신흥경제국들이 발전하면, 1인당 이산화탄소 배출량은 소득이 높은 국가들의 수준으로 높아지는 경향을 가질 것이고, 세계 평균도 높아질 것이다. 이는 1인당 세계 이산화탄소 배출량이 2000년에서 2009년 사이에 16% 높아진 이유인데, 이 시기에 신흥경제국들이 빠른 성장을 했기 때문이다.

유럽연합 기후행동위원회 위원장 코니 헤데가드(Connie Hedegaard)는 "의사가 당신에게 심각한 질병이 있다고 95% 확신한다면, 당신은 즉각 치유법을 찾기 시작할 것이다."라고 했다.[62] 그러나 해법은 무엇인가? 회의론자들은 '가난한 사람들을 위해' 더 많은 에너지를 공급하는 정책을 약화시키는 어떤 것도 해서는 안 된다고 말한다. 하지만 그들이 진정으로 의미하는 것은 화석 연료 회사들의 이윤을 제한하지 말자는 것이다. 그래서 이런 자본가 세계의 지도자들은 이산화탄소 배출량을 450ppm이라는 '안전한' 수준 미만으로 유지하는 에너지 정책을 채택하지 않을 것이다. 더 깨끗하고 더 값싼 에너지 공급을 위한 새로운 원천을 긴급하게 찾고 있다. 하지만 자본주의는 이를 실현하는 데 실패했다. 재생가능 에너지와 다른 저탄소 원천에 대한 투자는 지금껏 충분하지 않았고, 그

---

62 Doyle and Johnson, "Scientists More Convinced."

런 원천에 대한 기술적 이점은 실망스럽다. 육상풍은 이윤이 나지 않는 기술이다. 핵에너지는 비용이 저렴하기보다 오히려 더 높아지고 있는데, 핀란드와 프랑스에 짓고 있는 핵발전소에서 보여준다.

행동을 바꾸면 어떨까? 기후 변화에 관한 정부 간 협의체의 의장은 대규모의 화석연료 사용을 줄일 수 있는 유일한 방법은 탄소 배출에 '가격을 매기는 것'이라고 생각한다.[63] 하지만 가격을 매기는 신고전학파 경제학의 해법이 에너지 기업과 제조업체들의 행동을 변화시키는데 효과가 있을까? 각국 정부들이 에너지 사용이 그렇게 될 수 있도록 시장에 '개입' 할까? 탄소 가격 매기기를 추진하기로 고안된 유럽연합의 탄소배출권거래제도는 처참하게 실패했다.

몇몇 주류경제학자들의 다른 해법은 탄소세다. 담배 같이 나쁜 것에 과세하는 것은 약간의 효과가 있을지 모르지만, 담배에 높은 세금을 매기는 것은 역시 극빈자의 소득에 타격을 줄 것이다. 정말 필요한 것은 세계적으로 이용할 수 있는 자원을 적합하게 계획하는 것이며, 더불어 공공투자를 통해 효과가 있는 새로운 기술 개발을 추진하는 것(탄소 포집, 화석연료에 기초하지 않는 운송 등등과 같이 낮은 탄소 발자국을 지역에서 생산하는 것)과 화석연료에서 재생 에너지로 전환이다. 물론 그것은 탄소와 다른 가스의 배출의 문제뿐만 아니라 이미 훼손된 환경을 정화하는 문제이다. 이 모든 일은 에너지 산업 및 수송 산업을 공공 관리하고 공공 소유로 만들고, 환경을 공공재로서 사용될 수 있도록 여기에 공공 투자하는 것을 요구한다.

세계는 이미 기상이변(extreme weather)을 겪고 있다. 2014년 미국 캘리포니아에서 일어난 가뭄은 100년 동안 최악이었고, 미국 동해안(East Coast)

---

63 "전력회사들과 제조업체들로 하여금 화석연료 사용을 줄일 수 있도록 잘 강제할 수 있는 탄소 배출량에 가격을 매기는 것을 할 수 없다면, 엄청나게 피해를 주는 기온 상승을 피할 확률은 거의 없는 것 같다." IPCC, Fifth Assessment Report.

에는 살을 에는 기온과 함께 거대한 눈보라가 있었다. 지구의 반대편에서 오스트레일리아는 커다란 산불을 일으키는 강렬한 여름 무더위와 가뭄과 싸웠다. 영국과 유럽 등지에서는 심각한 겨울 홍수가 있었다.

현재 이것은 단지 우연, 즉 정상적인 기상 조건 현상에서 일어나는 이변일 수도 있고, 또는 지구가 기상순환에서 꼭짓점에 도달했을 수도 있고, 아니면 세계가 더워지면서 기후 변화가 계속 증가한 영향일 수도 있다. 사실 이것은 세 가지 경우가 모두 일어난 것일 수 있는데, 왜냐하면 첫 번째와 두 번째 원인은 즉각적이고 또는 순환적인 것으로 고려될 수 있고, 세 번째 원인(기후 변화)은 구조적인 것 또는 '궁극적'인 것으로 고려될 수 있기 때문이다. 분명한 사실이 있다. 국제연합에 따르면, 1997년부터 세계의 기온은 15년의 기록에서 최근 13년 동안 가장 기온이 높았다. 2012년 6월은 21세기의 세계 평균 기온보다 높은 기온을 연속해서 기록하고 있는 328째 달이었다. 2013년에 기상이변 때는 역사적인 기록들 몇 개가 함께 있었다. 유럽과 북미의 적설량은 평균보다 많았고 반면에 북극의 빙하는 1981~2010년 평균보다 4.5% 낮았다.

북반구의 기상이변은 북극해 빙하의 해빙과 관련된다. 1월에만 인도에서 기상 관련 사망이 1만 1,233건이 있었다고 보고되었다. 방글라데시는 1971년 독립 이후 가장 낮은 기온을 기록했다. 유럽은 2014년 여름에 기상이변이 있었다. 5월과 6월에 핀란드와 대부분 북부 국가들의 기온은 유럽에서 가장 높았고, 서유럽과 중부 유럽은 훨씬 시원하면서 지금까지의 5월 6월 가운데 가장 습했다.

매년 신흥경제국에 커다란 재앙이 있는데, 수천 명이 죽고 수십만 명이 집과 생계를 잃는다. 그러나 매체들은 단지 부유한 경제국들을 강타한 사건들만 다룬다. 가장 악명 높았던 허리케인 카트리나는 뉴올리언스의 제방을 깨부수었고, 집들을 물에 잠기게 했다. 미국의 연방정부와 지방정부들이 빠르고 효과 있게 대응하는 데 실패했을 뿐만 아니라 수년 전부터 그런 재난을 경고하는 목소리가 있었다는 것을 우리는 알고 있다. 연방정부와 지방정부들은 제방을 개선하기 위해 돈을 더 많이 지출하기보다, 실제 그런 사회기반시설에 대는 자금을 축소했다. 요컨대 그런 지출이 언덕 위의 저택(hilltop homes)에 사는 부자들에게는 의미가 없기 때문이다.

심지어 자본주의 고전학파 경제학자이면서 이른바 자유시장의 스승인 애덤 스미스도 민간부문이 사회기반시설에 지출할 수 없기 때문에, 공공지출이 필요하다고 인정했다.**64** 미국토목학회(American Society of Civil Engineers, ASCE)는 미국의 사회기반시설이 썩어가고 있다고 계속해서 항의를 해왔다. 미국 다리 다섯 개 가운데 한 개꼴로 "구조 결함"이 있다고 밝혔다. 지난 25년간 차와 트럭이 다닌 마일 수(the number of miles)가 두 배로 늘었지만, 고속도로의 길이는 고작 45% 늘었다. 전기의 수요는 25% 증가했지만 새로운 송전 시설의 건설은 30% 하락했다. 이런 악화는 새로운 사업으로 지킬 수도 있었던 일자리 87만 개를 없앴고, 반면에 재화를 이동시키는 비용은 상당히 상승했다. 미국토목학회는 잠재적인 일을 위해 이용할 수 있는 돈이 1,000억 달러가 있었다고 생각한다. 대신에 미국 의회는 2010년대 말까지 그런 지출을 35% 줄이는 계획을 정했다.

자본주의 체제가 앞으로 50년 안에 다른 체제로 바뀌지 않으면, 지구는 경제성장이 둔화되는 자연스러운 발전으로부터 오는 피해 때문에 고

---

64 『국부론』에서 애덤 스미스는 다음과 같이 말한다. "국가의 첫 번째 임무와 마지막 임무는 공공기관과 공공업무를 세우고 유지하는 것인데, 그러한 것들이 비록 위대한 사회로 가는 데 가장 높은 정도의 이점이 있을지라도, 그런 것들로부터 얻은 이득으로 어떤 개인이 치른 비용을 절대로 갚아주지는 않는다." 여기서 애덤 스미스가 의미하는 것은 "좋은 도로, 항해할 수 있는 수로, 항구, 교육"이다. Adam Smith, *The Wealth of Nations* (1776; New York: Barnes and Noble, 2004).

통을 겪을 것이고, 자연 재앙이 일반화될 것이고, 회복과 예방의 비용이 너무나 커져서 이윤 추구 생산양식을 다룰 수 없을 것이라는 증거가 압도하고 있다.[65]

위기 또는 파국?

이번 장에서는 세계 자본주의 경제가 2008~2009년의 대침체와 함께 시작된 장기불황에 빠져 있으며, 아마도 2018년 정도까지는 끝나지 않을 것이며, 오직 또 다른 큰 침체를 겪고 나서야 끝날 것이라고 주장했다. 또 자본주의는 케인스 학파에 기원을 둔 원인, 즉 이자율의 영구적 불변과 유효수요의 부족이나 또는 동전의 다른 면에 있는 과잉 저축과 지출 부족 때문에 일어난 영구적 정체(permanent stagnation)에 빠져 있지 않다는 것을 주장했다.

또 다른 침체가 일어나서 자본 가치가 더 많이 하락하여 주요 경제국들의 이윤율이 충분히 회복될 때, 장기불황은 끝나게 될 것이다. 어떤 주요 경제국에서 자본주의가 공동으로 소유하고 다수가 관리하는 계획경제로 바뀌지 않는다고 가정하거나 앞으로 10년간 재앙적인 세계대전이 새로 일어나지 않는다고 가정한다면 자본주의는 결국 회복할 것이다.

이는 자본주의가 영원히 호황과 침체의 행진을 할 것이라고 의미하지는 않는다. 자본이 지구 전체에서 잉여 노동력이 있는 새로운 지역을 통제 안에 끌어 들여 절대적 잉여가치를 착취하는 데는 한계가 있다. 점점

---

65 R. Smith, "Beyond Growth or Beyond Capitalism," Truthout, January 15, 2014, http://www.truth-out.org/news/item/21215-beyond-growth-or-byond-capitalism.

더 잉여가치의 확대는 새로운 기술을 이용한 상대적 잉여가치로만 있게 될 것이다. 그 새로운 기술은 로봇 혁명을 포함할 것이다. 자본은 지금 당장은 건드릴 수 없는 것으로 보이는 많은 일자리에 있는 노동자들을 대체하기 위해 인공지능을 이용할 것이다.

하지만 로봇 혁명은 노동생산성 발전과 자본의 이윤으로 더 많은 가치를 전유하는 것에 있는 자본주의의 모순을 악화시킬 것이다. 노동생산성의 발전은 자본이 이윤으로 더 많은 가치를 전유하는 것에 한계를 더 높이게 될 것이다.

더욱이 우리가 그 모순에 도달하기 전에 더 많은 가치를 위해 탐욕스레 돌진하는 자본은 아주 심각하게 지구를 파괴하여 우리는 다음 세대 동안에 생태환경 위기에 처하게 되어 이미 증가하고 있는 불평등이 더욱 커질 것이고, 토지와 물과 자원에 대한 심각한 투쟁을 불러일으킬 것이다.

향후 30년간 자본주의를 전망하는 데 맞는 도식은 무엇인가? 규칙적인 위기나 하나의 커다란 파국이 그 전체 이야기는 아니다. 자본주의를 위한 도식은 그림 13.9와 아주 닮았다. 자본주의 발전의 장기 하락 추세를 따라가면서 되풀이되는 위기 또는 경기 순환이 있을 것이다.

자본주의는 단순히 저절로 붕괴하지 않을 것이다. 위기와 심지어 파국도 내생적인데, 자본주의 생산양식 내에 있는 주요 모순, 즉 필요가 아니라 이윤을 위한 자본주의 축적 양식 내에 있는 주요 모순이기 때문이다. 하지만 또한 오래된 자본의 충분한 규모에서 가치 파괴가 일어나서(그리고 때때로 물리적으로 파괴되고), 이윤율이 상승하는 새로운 시기가 가능하게 될 때 '내생적으로' 자본주의는 회복되고 지속될 수 있다.

오직 인간의 의식 있는 행동, 특히 대다수 사람들(세계 노동계급)의 의식 있는 행동으로 자본주의를 새로운 사회구성체로 대체할 수 있다. 그런 의식 있는 행동 없이는 자본주의는 계속 비틀거리거나 아니면 사회는

그림 13.9 자본주의 장기추세와 경기 순환 운동의 결합

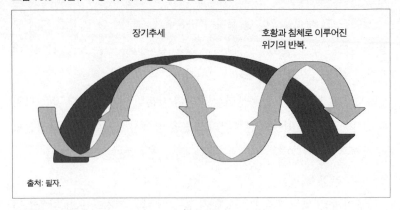

장기추세

호황과 침체로 이루어진
위기의 반복.

출처: 필자.

결국 야만주의로 빠져들 수 있다. 나에게 '야만주의'는 노동생산성과 삶
의 조건이 자본주의 이전 시대로 완전히 전락하는 것을 말한다. 로마 공
화정은 자유 소작 농업(free peasant farming)과 사적 소유 토지(land-owning
estates)의 노동으로 자금을 조달 받은 전쟁 기계에 기초하여 500년 동안
맹위를 떨쳤다. 그때 노예 소유제가 지배적 생산양식이었던 로마 제국
은 400년간에 걸쳐 서서히 몰락하여 유럽 세계는 야만주의로 빠졌다.
로마인의 기술(그들 이전의 그리스 인들의 혁신에서 얻음)은 거의 잊혀졌고, 사용되
지 않게 되었다. 이런 일이 다시 일어날 수 있으며, 세상일이 훨씬 빠르
게 돌아가는 세계에서는 훨씬 빠르게 일어날 수 있다.

부록 1

이윤율 측정

대침체와 같은 위기의 원인은 반드시 자본주의 운동의 핵심 법칙과 관련된다. 마르크스는 가장 중요한 자본주의 운동법칙이 이윤율 저하 경향의 법칙이라고 주장했다. 그래서 이 법칙은 반드시 마르크스주의 설명과 관련된다.[1]

마르크스는 자신의 이윤율 정의가 어떤 것인지 분명히 했는데, 한 경제의 일반 이윤율 또는 전체 이윤율은 노동력이 생산한 잉여가치를 '노동력 고용 비용+생산에 사용된 물리적 자산 또는 유형자산과 원료의 비용'으로 나눈 것이다. 그의 유명한 공식은 다음과 같다.

$$P = \frac{s}{c+u}$$ (P는 이윤율, s는 잉여가치, c는 불변자본(생산수단), u는 노동력 비용)

마르크스는 이윤율이 전체 경제에 적용된다는 것을 분명히 했다. 그것은 한 경제에서 생산된 총 잉여가치를 자본주의 생산에 지출된 전체 비

---

1 Karl Marx, *Capital*, vol. 3 (1895: London : Penguin, 1992), chapter 13.

용으로 나누어서 얻은 비율로 나타낸 일반 이윤율이다. 모든 잉여가치는 자본주의의 '생산' 부문에 고용된 노동력이 생산한다. 잉여가치의 일부는 또한 임금과 이윤의 형태로 비생산 부문으로 이전되며, 임금과 세금의 형태로 비자본주의 부문으로 이전된다.

그래서 이윤율은 총 잉여가치를 모든 부문의 총 노동력 가치와 자본주의 부문의 고정자산 및 유동자산의 비용으로 나눈 것이다. 이는 비자본주의 부문의 고정 자본과 유동자본은 이윤율 계산에서 분모로 들어가지 않는다는 것을 의미한다. 하지만 비자본주의 부분의 임금은 분모로 들어간다.

범주로서 이윤율은 경제의 자본주의 부문에 적용된다. 범주로서 임금은 비자본주의 부문에도 적용된다. 비자본주의 부문에서 측정된 가치는 조세를 통해 자본주의 부문에서 이전 된 것, 비자본주의 생산부문에서 자본주의 부문으로 일어난 매출, 부채 조달이다.

마르크스 식으로 이윤율을 측정하는 방법은 많이 있다.[2] 불변자본을 살펴보자. 이는 자본주의 생산부문의 고정자산과 생산과정에서 사용된 원료(유동자본)이다. 그러므로 이윤율을 측정할 때 반드시 가계의 주택 자산(집)과 정부와 다른 비영리 활동을 위한 자산은 제외해야 한다.

자본주의 경제는 생산부문과 비생산 부문으로 나뉜다. 생산부문(재화 생산, 운송, 통신)은 모든 가치와 잉여가치를 생산한다. 비생산 부문(상업거래, 부동산, 금융 서비스)은 그 가치의 일부를 전유한다.

그러면 마르크스의 이윤율 공식의 모든 요소를 구하기 위해 자본주의 경제 가운데 기업부문을 관찰할 수 있으며, 공공부문 노동자의 임금은

---

2 Gérard Duménil and Dominic Lévy, "The Crisis of the 21st Century: A Critical Review of Alternative Interpretations," 2012, http://www.jourdan.ens.fr/Lévy/dle2011e.pdf.

배제하게 된다. 이를 더 좁혀서 생산부문 내 비생산 노동자들의 임금(감독관, 마케팅 인력 등등)을 배제하게 된다. 불변자본을 현재비용 또는 역사적 비용으로 측정할 수 있다.[3] 세전 이윤 또는 세후 이윤을 측정할 수 있다.

내 관점으로는 가장 단순한 것이 가장 좋다. 이 책에 나온 이윤율 측정치의 대부분은 단순한 공식을 따른다. s=국민순생산(이는 감가상각비를 제외한 국내총생산)−u(피용자 보수), c=순고정자산(역사적 비용 또는 현재비용으로), u=피용자 보수, 즉 임금+복리수당으로 한다. 가치의 측정은 보통 전체 경제를 대상으로 하고 기업부문(이 부문만 할 경우 노동력 비용 또는 정부가 조세를 통해 민간부문으로부터 전유한 생산물을 배제하게 된다)만 하지 않는다. 가치의 측정은 또한 금융부문이 전유한 가치와 이윤을 포함하는데, 마르크스주의 관점에서 이 부문은 생산부문이 아니다. 불변자본의 측정은 오직 자본주의 부문만 대상으로 하며 그래서 가계의 주택 투자와 정부투자는 제외한다.

이런 다른 측정법이 문제가 되는가? 그런 것과 아닌 것

한편으로 마르크스주의 이윤율을 어떻게 측정하든지 문제가 되지 않는 것 같다. 모든 측정치를 보면, 우리가 가지고 있는 자료에서 어떤 시기에서든지 미국 경제(연간 세계 국내총생산의 25%를 가진 세계에서 가장 큰 자본주의 경제국이며 2위 경제국보다 두 배 크다)의 이윤율은 장기 하락 추세가 있다. 이는 자본의 유기적 구성의 상승 추세와 관련되고, 마르크스의 가장 중요한 자본주의 운동 법칙, 즉 자본의 유기적 구성이 상승하기 때문에 이윤율 저하경향

---

3 이는 앤드루 클라이먼, 미첼 후슨, 프레드 모슬리 사이에 벌어지고 있는 주요 논쟁이다. "The Crisis of the 21st Century"에서 뒤메닐과 레비의 논평을 보라.

이 나타난다는 법칙이 증거에 의해 확인된다는 것을 의미한다.

뒤메닐과 레비는 "2000년 이윤율이 아직도 1948년 값의 고작 절반이다. 결국 우리는 자본의 생산성 하락이 이윤율 하락의 주요 요인이며, 이윤 몫의 감소 또한 이런 추세에 기여했다는 것을 보여주었다."고 밝혔다.[4]

하지만 마르크스의 법칙을 위기의 원인으로 적용하는 것에 대해 말할 때 그것은 중요할 수 있다. 마르크스 이윤율을 측정한 사람들 가운데 대부분은 이윤율이 1982년 바닥에서 상승하여 1997년에 꼭짓점에 도달했고, 2002~2007년의 호황에서도 이를 넘지 못했다고 밝혔다.

사이먼 모훈(Simon Mohun)은 "미국 자본주의는 아주 긴 장기의 이윤율 하락과 아주 긴 장기의 이윤율 상승으로 특징지어지며, 위기는 주요 전환점과 관련된다."며 자신의 논지를 말했다.[5] 그가 말하는 전환점은 1945년의 이윤율 바닥, 1965년의 이윤율 꼭짓점, 1982년의 이윤율 바닥, 1997년의 이윤율 꼭짓점인 것 같다. 나와 비슷하다. 밍키 리, 펑 샤오(Feng Xiao), 안동 쭈(Andong Zhu)는 영국, 미국, 일본, 유로존의 이윤율의 변동과 이와 관련된 변수들을 검토했다.[6] 그들에 따르면 19세기 중반부터 평균 이윤율 변동과 축적률 변동에서 4개의 장기파동이 있었다. 그들은 미국 이윤율의 꼭짓점이 1997년이라고 밝혔다.

데이비드 코츠(David M. Kotz)는 순자산으로 계산한 비금융 기업부문의 세후 이윤율을 사용한다.[7] 데이비드 코츠는 미국 이윤율이 1997년까지

---

4 Duménil and Lévy, "The Crisis of the 21st Century."

5 Simon Mohun, "The Present Crisis in Historical Perspective," paper presented at Historical Materialism conference, November 2010.

6 Minqi Li, Feng Xiao, and Andong Zhu, "Long Waves, Institutional Changes and Historical Trends," *Journal of World Systems Research* 13(2007), 33-34, http://gesd. free.fr/lietal.pdf.

7 David Kotz, "Accumulation and Crisis in Contemporary US Economy," *Review of Radical Political Economics* 40, no. 2 (2008), 174-88.

빠르게 상승했다고 밝혔다. 그때 이윤율이 꼭짓점에 도달했고, 그 이후 가파르게 하락했다고 밝혔다.

안와르 샤이크는 지대, 이자, 세금을 제외한 기업 이윤을 사용한 이윤율 측정치를 사용하여 미국 이윤율이 1997년에 꼭짓점에 도달했다고 밝혔다.[8]

조르주 에코노마키스(George Economakis), 알렉시스 아나스타시아디스(Alexis Anastaisadis), 마리아 마르카키(Maria Markaki)는 국민순생산에 피용자 보수를 뺀 값을 미국 비금융 기업의 순고정 자본으로 나누어서 마르크스주의 이윤율을 측정했으며,[9] 이 값은 나의 넓은 측정치와 거의 비슷하다. 그들은 이윤율이 1946년 10.6%에서 상승하여 1966년 19%로 꼭짓점에 도달했고, 다시 하락하여 1983년에 9.6%가 되었고, 그러고 나서 상승하여 1997년 18.2%로 꼭짓점에 이르렀고, 그 후 하락하여 1997년의 꼭짓점보다 낮은 수준에 있다. 그들은 또한 금융부문을 등식에 넣었는데, 전환점이나 이윤율의 추세가 달라지지 않았다고 밝혔다.

에르도간 바키르(Erdogan Bakir)와 알 캠벨(Al Campbell)은 세후 이윤율이 1997년에 7.5%로 꼭짓점이었고, 그 뒤에 하락했고, 그 다음 꼭짓점은 2006년이었는데 여전히 1997년 이윤율보다 낮다고 밝혔다.[10]

이 모든 연구는 1946년 이후 미국 이윤율의 장기 하락뿐만 아니라 이윤율의 순환 운동이 있으며, 1965~66년에 꼭짓점이 있었고, 1965~66년에 바닥이 있고, 그 뒤에 1997년 꼭짓점이 있으며, 그 후로 이 꼭짓점을

---

8 A. Shaikh, "First Great Depression of the 21st Century," Socialist Register 47 (2011).

9 G. Economakis, A. Anastasiadis, and M. Markaki, "An Emprirical Investigation on the US Economic Performance from 1929 to 2008," *Critique: Journal of Socialist Theory* 38, no. 3 (2010), 465-87.

10 E. Bakir and A. Campbell, "Neoliberalism, the Rate of Profit and the Rate of Accumulation," *Science and Society* (July 2010).

넘지 못했다는 것도 확인해준다.

앤드루 클라이먼은 미국 이윤율을 몇 가지 방법으로 측정했다. 그는 금융부문 이윤율도 측정했다.[11] 순 고정자산의 역사적 비용으로 측정한 '자산소득'의 이윤율은 그가 옹호하는 것인데, 순환의 전환점은 보여주지는 않으나 '지속적인' 하락을 보여준다. 다른 사람들의 측정치는 1982년부터 이윤율의 상승이 있다고 보여주는데, 이는 현재비용으로 이윤율을 측정하고 역사적 비용으로 측정하지 않아서 이며, 마르크스의 이윤율은 역사적 비용으로 측정해야한다고 그는 주장한다. 하지만 나의 측정치에서는 역사적 비용을 사용하는데도, 1982년 후의 이윤율에서 상승을 보여준다.

---

11 Andrew Kliman, "The Persistent Fall in Profitability Underlying the Crisis," *Marxist Humanist Initiative*, March 2010.

부록 2
케인스주의의 실패

경제 이해에 대해 케인스의 훌륭한 기여가 두 가지 있다. 첫 번째 기여는 개별 소비자와 기업의 행동 또는 선호의 수준이 아니라 총계 수준의 경제 분석으로 되돌렸다는 것이다. 이는 자본주의 경제의 변동을 전체로서 살필 수 있으며, 이것이 단순히 무시되거나 기각될 수 없다는 의미다.

두 번째 기여는 자본주의 자유시장은 명확하지 않으며 그래서 공급과 수요는 일치하지 않는데, 적어도 거시수준에서는 그렇다는 것이다. 그래서 자본주의 생산양식은 완전고용보다 적은 상태에서 잠시 동안 균형을 이룰 수 있다는 것이다. 케인스는 이 발견이 세의 법칙, 즉 공급은 항상 수요와 같다는 다시 말해 판매자가 있는 곳에는 반드시 구매자가 있다는 오래된 경제 법칙을 논박했다고 생각했다. 이 법칙은 신고전학파 또는 오스트리아 학파에 의해 이런 저런 형태로 여전히 주장되고 있다. 케인스는 토머스 칼라일의 오래된 격언 "아무 앵무새한테라도 공급과 수요라는 말을 가르쳐보라. 그러면 그 새는 경제학자가 될 것이다"와 단절을 시도했다.

케인스에게 세의 법칙은 구성의 오류의 예였는데, 부분에서 참인 것이 전체에도 참이라는 잘못된 가정의 예였다. 거시경제학에서는 다른 조건이 불변일 때 수요와 공급이 일치한다는 가정은 적용되지 않는다. 저축의 역설은 구성의 오류에 대한 케인스의 전통적 예이다. 저축의 역설은 모든 사람들이 침체 시기 동안 돈을 더 많이 저축하려고 애쓰면 총 수요가 하락하고, 따라서 소비가 감소하여 인구 전체의 저축이 줄어든다는 것을 일컫는다. 저축의 역설은 개인들이 더 많이 저축을 하려고 하더라도 총 저축이 줄어들 수 있으며, 저축의 증가가 경제에 해로울 수 있다는 것이다.

이런 훌륭한 통찰이 지난 30년간 두 가지 이유 때문에 쭈그러졌다. 첫째, 케인스 경제학이 현대 자본주의를 설명하는 데 도움이 되지 않는다는 것이 주류경제학자들에게 분명해졌다. 케인스 이론은 높은 실업이 있다면 총 수요가 낮고 과잉공급이 있을 것이고 그래서 물가상승이 낮거나 없을 것이라고 의미한다. 따라서 감세와 정부지출로 수요를 증진하면 총 수요가 회복될 수 있고, 물가상승 없이도 실업이 줄어들 수 있다는 의미다. 그러나 일단 완전고용에 도달하면, 추가 자극책이 물가상승을 끌어올리기 시작할 수 있다. 이는 유명한 필립스 곡선으로 이어지는데, 경험적으로 이런 상충관계를 확인하려고 시도되었다. 불행하게도 1970년대의 경험으로 이 이론은 무너져 버렸는데, 이때 주요 경제국들은 스태그플레이션, 즉 높은 실업과 높은 물가상승을 함께 겪었기 때문이다.

국가 또는 중앙은행의 개입이 물가상승과 실업을 동시에 일으킨다고 주장하는 프리드리히 하이에크와 밀턴 프리드먼 같은 유의 신고전학파 경제학과 통화주의가 무대에 다시 등장했다. 이런 이론의 적용은 우연이 아니었는데, 왜냐하면 자본의 전략가들은 1970년대 후반에 자본의 이윤과 이윤율의 압박을 뒤집기 위해 복지국가와 노동에 대해 시작한 반혁명에 이론적 지지가 필요했기 때문이다.

이제 마르크스주의 경제학은 그 두 갈래의 경제학이 스태그플레이션을 설명하는데 헛다리 짚었다고 말할 수 있었던 것 같다. 자본주의 생산 양식의 이윤율 하락의 원인들을 살펴보았더라면, 왜 재정자극과 금융완화로 완전고용을 회복할 수 없었고 오로지 물가상승률을 높였는지 설명할 수 있었을 것이다. 스태그플레이션은 자본주의 위기에 더해진 케인스 정책 처방의 결과였는데, 1930년대와 달랐던 이유는 이때는 케인스 경기자극책이 없었던 위기였다.

이제 총계의 힘이 거부되었다.[1] 케인스 학파의 총계 계량경제학은 아무것도 설명하지 못하기 때문에 주류경제학은 미시경제 이론으로 되돌아갔다. 케인스가 주류경제학에 거시와 총계를 제공했지만, 미시수준에서 신고전학파 한계 효용과 일반 균형 이론과 절대 단절하지 못했다. 케인스는 경제과정을 설명하기 위한 기초로서 어떤 객관적인 노동가치설도 거부했다. 그는 개별 소비자의 선호로 시작하여, 공급과 수요의 균형이 생기기 전에 시장 청산이란 이상현상(anomalies)이 일어난다는 쪽으로 옮겨가는 신고전학파 '신념'을 고수했다. 그래서 어떤 이상현상도 시장 체제의 외생적 충격이며, 자본주의 생산과 소비 과정에 내생적이지 않다.

---

1 최고의 케인스 학파 경제학자 사이먼 렌 루이스(Simon Wren-Lewis)는 블로그에 다음과 같이 언급한다. "경험에 기초한 총계 모형. 오늘날 훌륭한 학술지에서 이와 같은 거시경제학 논문을 찾을 수 없다. 이와 같은 논문이 투고된다면, 거부되지 않을까 의심 한다. 왜 이런 형식의 거시 분석은 자취를 감추었는가?… 첫째, 그런 모형은 내적으로 정합적이라고 주장할 수 없다. 각 총계의 관계를 문헌으로 된 몇몇 이론적 논문에서 찾을 수 없다면, 이것들의 이론적 타당성이 서로 정합적이라고 믿을 근거가 없기 때문이다. 정합성을 보장해주는 유일한 길은 그 논문 안에 있는 이론과 관련될 뿐이다. 미시 기초 모형처럼 말이다. 이런 식의 모형 만들기가 사라진 두 번째 이유는 시계열 계량경제학에서 신념 상실이다." Simon Wren-Lewis, "Microfoundations-Is There an Alternative?," mainly macro (blog), March 13 2012, http://mainlymacro.blogspot.co.uk/2012/03/microfoundations-is-there-alternative.html.

그래서 케인스의 더욱 급진적인 통찰은 이제 유명한 투자-저축과 유동성 선호-화폐공급(IS-LM)모형으로 바뀌었는데, 여기서는 임금 경직성이나 시장체제에 다른 충격이 없다면, 실업 균형은 자본주의에서 일어나지 않는다고 주장한다. 다르게 말하면, 노동자가 임금 삭감에 저항하지 않고 정부가 개입하지 않으면, 시장 자본주의는 침체를 겪지 않는다는 것이다. 이는 케인스를 중앙은행들이 통화공급을 통제함으로써 '근린 부유화'[2]를 만든다고 주장하는 프리드먼식의 통화주의로 바꾸었다.

1990년대 경제성장 및 물가의 등락이 사라진 대완화기 동안 주류 케인스 경제학은 이른바 미시적 기초에서 현대적 모형 만들기 기법을 이용하여 경기 순환 또는 경기 변동을 설명하는데 집중했다. 필립스 곡선 같은 계량경제 분석은 버렸는데, 고용과 물가상승의 상관관계가 틀렸다고 밝혀졌기 때문이다. 이제 작업은 거시 자료 또는 총계 자료를 관찰하는 것이 아니라 경제 주체(소비자)의 행동 또는 선호 같은 전제로 시작하고 그런 후에 시장의 일반균형에 있을 수 있는 충격을 결합하고 그런 다음에 가능한 결과의 숫자와 확률을 살피는 모형을 고안하는 것이었다.

그리하여 동태확률일반균형(DSGE) 모형이 나타났다. 이 모형에서는 **균형**이 이루어지는데, 왜냐하면 공급과 수요가 이상적으로 일치한다는 전체로부터 모형이 시작되기 때문이고, 이 모형은 **동태적**인데, 왜냐하면 모형이 개인 또는 기업(경제주체들)의 행동 변화를 결합했기 때문이고, 이 모형은 **확률을 계산할 수 있는데**, 경제체제에 있는 충격(노동조합의 임금 압박, 정부 지출 조치)을 결과의 범위를 갖는 무작위(random)로 고려하기 하기 때문이며

---

2 벤 버냉키의 최근 용어를 사용함. 다음을 보라. "Monetary Policy and the Global Economy," speech, Department of Economics and STICERD Public Discussion in Association with the Bank of England, London school of Economics, London, March 25, 2013, http://www.fedralreserve.gov/newsevents/speech/bernanke20130325q.htm.

그 반대로 확인되지 않으면 그렇다.

이것이 대부분의 케인스 경제학자들이 자기 시간을 보내면서 하는 일이다. 경험적 증거는 잊어라. 거시 자료는 잊어라. 무엇이 일어날지 알려주는 길잡이를 제공하는 데 도움이 될 수 있는 '미시적' 기초(모형)를 찾아라. 케인스 경제학자들은 노벨상 수상자 로버트 루카스('불황의 문제는 해결되었다')가 발표했듯이 단지 경제 통계를 검토하는 것은 어떤 이론적 기반도 제공하지 않으며 따라서 그럴싸하게만 보이는 상관관계의 왜곡에 길을 열어준다는 신고전학파의 비판도 받아들인다. 확고한 미시이론을 가질 필요가 있다는 것이었다. 라스 실(Lars Syll)이 지적하듯이, 신고전학파 미시적 기초들은 현실 세계와 전혀 관련이 없다.[3]

이것이 바로 케인스 경제학이 빠져 버린 구멍이다. 그리고 그것은 역시 **구멍**일 뿐인데 동태확률일반균형 모형이 어떤 것을 설명할 때도 무용지물이라고 밝혀졌기 때문이다. 이 모형은 대침체를 예측하거나 설명하는 데 실패했고, 그 뒤에 이어진 약한 회복과 장기불황을 설명하지 못한다. 그 이유를 아는 것은 어렵지 않다. 그 모형에는 투자와 이윤을 충격으로 전혀 고려하지 않는다. 모든 것은 소비자 선호로 시작하는데, 소비자는 신고전학파 세계처럼 왕이며, 케인스 총계 수요는 단지 소비로 환원된다.[4]

동태확률일반균형 모형이 일반균형 개념에 굴복한 것은 거시 수준

---

3 라스 실은 "이른바 미시적 기초는 개인의 선호와 기호를 최적화 하는 '깊은' 구조적 불변 파라미터에 초점을 맞추면서 루카스의 비판과 함께 한다… 이는 탄탄한 경험적 기초 또는 방법론적 기초가 없는 헛된 희망이다"며 "거시경제학이 미시적 기초를 가져야 한다는 거의 종교와 비슷한 주장은 지금껏 그 존재론적 타당성 또는 인식론적 타당성은 보여주지 못하면서 복잡한 경제를 초인적인 지식과 예측 능력과 미래를 내다보는 합리적 기대를 가진 모두를 아우르는 대표 행위자에 기초하여 나타내려고 시도하는 전체 계획의 취약성을 보지 못하게 한다."고 덧붙였다. Lars Syll, "The State of Microfoundations and Macroeconomics," Lars P. Syll blog. March 16. 2012, http://Larspsyll.wordpress.com/?s=Microfoundations+allegedly+goes+around+the+Lucas+critique+.

에서 케인스의 유효수요 부족과 대조된다. 에드워드 글레이저(Edward Glaeser)가 말하듯이 "원리에서조차도 일반 균형으로 이어지는 시장 체계가 없다. 또한 일반균형이 존재한다고 하면 이는 독특한 경우이라고 가정할 어떤 기초도 없거니와 일반 균형이 독특한 경우라고 해도 필수적으로 안정적이라고 가정할 아무런 기초가 없다."[5]

1970년대 후 케인스 경제학자들이 계량경제학을 버렸듯이, 대침체를 겪은 후 몇몇 주요 케인스 경제학자들조차도 동태확률일반균형 모형을 버리기 시작했다. 동태확률일반균형 모형의 실패로 몇몇 케인스 경제학자들은 시장이 총계 차원에서 '청산'되지 않는다는 전제로부터 거시 및 경험적 분석으로 되돌아갔다.[6] 래리 서머스도 그 중 한 명이다.[7] 이제 래리 서머스는 클린턴 행정부의 자문 위원이었을 때 실천하지 못한 것을 말하고 다닌다. 그는 금융 시장에 대한 규제 및 건전성 관리(regulatory and prudential controls)를 반대했고, 세계를 장외파생상품을 위해 안전한 곳으

4　신고전학파 총계 생산 함수의 원로 로버트 솔로(Robert Solow)는 다음과 같이 동태확률일반균형 모형에 대해 논평했다. "현대 경제는 소비자, 노동자, 기업가, 은행가, 그 외 다른 사람들로 구성되어 있는데, 이들은 다르면서 때로로 충돌하는 욕망, 정보, 기대, 능력, 신념, 행동 규칙을 가지고 있다… 이 모든 것을 무시하는 것은 비본질적인 것들을 제쳐두는 단순한 추상으로서 인정될 수 없다. 이는 실마리들을 마음대로 숨기는 것에 더 가까운데, 그런 실마리들이 단지 소중히 간직하는 선입관에 방해가 되기 때문이다. 친구들은 '현대 거시'의 많은 노력이 한없이 낙천적인 가정으로부터 중요한 간극의 흐름을 만들고 있다고 나를 상기시킨다… [하지만] 그것은 단순한 경우, 극단적 경우, 그리고 표면상 관련 없는 특별한 경우로 이어져 있기 때문에 이야기는 타당성과 신뢰성을 잃는다. 이것이 내 반론의 핵심인데, 관찰된 경제가 단일하고 일관성 있고 미래를 내다보는 지성의 욕구를 그대로 나타내는 것이 아닌 것처럼 어떤 현실적인 마찰을 추가하는 것이 현대 거시를 그럴듯하게 만들지 않는다." *Journal of Economic Perspectives* 22, no. 1 (2008), 243-49, Lars Syll. "The State of Microfoundations and Macroeconomics"에서 인용.

5　Edward Glaeser, "Does Economic Inequality Cause Crises?", *New York Times*, December 14, 2010.

6　Robert J. Gordon, "Is Modern Macro or 1978 Macro More Relevant?", 2009년 상파울루에서 열린 경제사상사 국제학술대회에서 발표된 발표문. http://economics.weinberg.northwestern.edu/robert-gorden/GRU_Combined_090909.pdf.

로 만들기 위해 연준 의장 앨런 그린스펀과 자신의 정치 후원자인 전임 재무장관 로버트 루빈(Robert Rubin)과 함께 상품선물거래위원회(Commodity Futures Trading Commission)의장 브룩슬리 본(Brooksley Born)을 비방했다.[8]

실제로는 케인스 경제학은 신고전학파 동태확률일반균형 모형 함정에 빠졌는데, 케인스 경제학이 신고전학파 가치 이론을 받아들이고, 본질적으로는 총계 분석에서도 이윤의 역할을 기각했고, 자본주의 시장은 청산되어서 어떤 형태의 균형이 정상으로 나타날 것이며, 그 균형이 신자유주의 시기의 대안정기이든 자본주의 생산과정에 내재한 순탄함이든 그렇게 될 것이라는 타당성 없는 신념에 기대고 있기 때문이다. 케인스 경제학은 1970년대 스태그플레이션과 2008년 대침체를 설명하는 데 실패했다. 이는 케인스 경제학에서 내놓은 금융완화와 재정자극을 현재 장기불황의 출구로서 의심스럽게 만든다.

---

7 클린턴 대통령과 오바마 대통령의 자문위원이었고 하버드대 교수였던 래리 서머스는 "4년 동안 이번 금융위기로 되돌아보고 더욱 집중하여 몰두했더니, 동태확률 일반균형 모형의 어떤 한 가지 측면도 덧없는 생각으로서 의미도 없는 것 같다."며 불평했고, "거시는 어딘가 다른 곳에서 결정된 추세와 관련된 주기적 변동에 관한 것인가 아니면 더 나은 정책으로는 막을 수 없는 방식으로 수년 동안 수백만 명의 사람들을 실업으로 내모는 끔찍한 사건에 관한 것인가? 우리가 두 번째 방식으로 생각하지 않으면, 인간 삶의 개선에 개입할 주요한 기회를 놓치게 된다. 그리고 동태확률일반균형 모형에 또 하나의 마찰을 집어넣는다고 해서 인간의 삶을 개선하지 못한다."고 비판했다. Larry Summers, Axel Weber, Mervyn King, Ben Bernanke, and Olivier Blanchard, "'I Do Not Believe the Long Run Can Be Ceded to the Avatars of Austerity' Weblogging," Brad DeLong's Grasping Reality, March 25, 2013, http://delong.typepad.com/sdj/2013/03/mervyn-king-ben-bernake-olivier-blanchard-lawrence-summers-axel-weber.html.

8 래리 서머스는 오바마 대통령에게 "저는 큰 정부와 관련된 정책에 관해 건강한 회의론을 가지고 있고 의도하지 않은 결과를 낳을 가능성을 인식하고 있기 때문에 은행의 소유권을 정부가 가지면 안 됩니다."고 자문했다. John Cassidy, "Is Larry Summers the New Henry Kissinger?", *New Yorker*, May 18, 2010, http://www.newyorker.com/rational-irrationality/is-larry-summers-the-new-henry-kissinger.

참고문헌

Akerlof, George. 2013. "The Cat in the Tree and Further Observations." *IMF Direct*, May 1.

Angrist, Joshua, and Jorn-Steffen Pischke. 2010. "The Credibility Revolution in Empirical Economics: How Better Research Design Is Taking the Con Out of Econometrics." *Journal of Economic Perspectives* 24: 3-30.

Aziz, J. 2013. "On Depressions, the Structure of Production and Fiscal Policy," *Noahpinion*, October 25. http://noahpinionblog.blogspot.co.uk/2013/10/on-depressions-structure-of-production.html.

Bakir, E., and A. Campbell. 2010. "Neoliberalism, the Rate of Profit and the Rate of Accumulation." *Science and Society*, July.

Bank of England. *Financial Stability Report*. 2014. (London: Bank of England).

Bastiat, F. 2013. *The Law: Selected Essays on Political Economy*. Irvington-on-Hudson, NY: Foundation for Economic Education.

Basu, Deepankar, and Panayiotis T. Manolakis. 2013. "Is There a Tendency for the Rate of Profit to Fall? Econometric Evidence for the US Economy, 1948-2007." *Review of Radical Political Economics* 45 (1): 76-95.

Bates, T., K. Kahle, and R. Stulz. 2009. "Why Do US Firms Hold so Much More Cash Than They Used To?" *Journal of Finance* 64: 1985-2021.

Bayes, Thomas, and Richard Price. 1764. "An Essay towards Solving a Problem in the Doctrine of Chance. By the Late Rev. Mr. Bayes, Communicated by Mr. Price, in a Letter to John Canton, A. M. F. R. S. *Philosophical Transactions of the Royal Society of London* 53: 370-418. doi: 10.1098/rstl.1763.0053.

Beales, H. L., and R. S. Lambert. 1934. *Memoirs of the Unemployed*. London: Victor Gollancz.

Bernanke, Ben S. 2004. *Essays on the Great Depression*. Princeton, NJ: Princeton University Press.

————. 2007. "The Subprime Mortgage Market"(speech). Federal Reserve Bank of Chicago's 43rd Annual Conference on Bank Structure and Competition, Chicago, Illinois, May 17.

————. 2013. "Monetary Policy and the Global Economy"(speech). Department of Economics and STICERD Public Discussion in Association with the Bank of England, London School of Economics, London, March 25, http://www.federalreserve.gov/newsevents/speech/bernanke20130325a.htm.

————. 2014. "The Federal Reserve Looking Back, Looking Forward"(speech). Annual Meeting of the American Economic Association, Philadelphia, PA, January 3.

Blanchard, Olivier, Ben Bernanke, Stanley Fischer, Kenneth Rogoff, and Lawrence H. Summers. 2013. "Economic Forum: Policy Responses to Crises"(panel). IMF Economic Forum video, 1:32:55. November 8. http://www.imf.org/external/mmedia/view.aspx?vid=2821294542001.

Blanchard, Olivier, C. Rhee, and L. Summers. 1993. "The Stock Market, Profit, and Investment." *Quarterly Journal of Economics* 108: 115-36.

Bleaney, M. 1976. *Underconsumption Theories: A History and Critical Analysis*. London: Lawrence and Wishart.

Bonner, B. 2010. "Economic Instability as a Result of Extreme Imbecility." *Daily Reckoning*, February 12. http://dailyreckoning.com/economic-instability-a-result-of-extreme-imbecility/.

Bordo, Michael, and Christopher Meissner. 2012. "Does Inequality Lead to a

Financial Crisis?" NBER Working Paper 17896.

Borio, C. 2012. "The Financial Cycle and Macroeconomics: What Have We Learnt?" BIS Working Paper 395.

Borio, C., and P. White. 2002. "Asset Prices, Financial and Monetary Stability: Exploring the Nexus." BIS Working Paper 114.

Bourne, Ryan. 2012. "Estonia: A Case Study." Report, Center for Policy Studies.

British Academy. 2009. "The Global Financial Crisis-Why Didn't Anybody Notice." *British Academy Review* 14: 8-10.

Broadbent, Ben. 2012. "Costly Capital and the Risk of Rare Disasters" (speech). Bank of England, London, May 28.

Brooks, Mick. 2012. "The Crisis of Capitalism and the Euro." *Karl-Marx.net*, May 27. http://www.karlmarx.net/topics/europe/thecrisisofcapitalismandtheeuro.

———. 2013. *Capitalist Crisis: Theory and Practice*. London: Expedia.

Brynjolfsson, E., and Andrew McAfee. 2011. *Race against the Machine: How the Digital Revolution Is Accelerating Innovation*. Lexington, MA: Digital Frontier Press.

Buckley, George. 2013. "UK Economy Grew in 2012-Reaction." *Telegraph*, February 27. http://www.telegraph.co.uk/finance/economics/9896971/UK-economy-grew-in-2012-reaction.html.

Burke, Michael. 2013. "The Cash Hoard of Western Companies." *Socialist Economic Bulletin*, October 21.

Carchedi, Guglielmo. 2010. "Zombie Capitalism and the Origin of Crises." *International Socialism* 125.

———. 2011. *Behind the Crisis*. Leiden: Brill.

Carchedi, Guglielmo, and Michael Roberts. 2013. "The Long Roots of the Present Crisis: Keynesians, Austerians, and Marx's Law." *World Review of Political Economy* 4: 86-115.

Carchedi, Guglielmo, and Michael Roberts. 2014. "Old and New Misconceptions of Marx's Law." *Critique: Journal of Socialist Theory* 41: 571-94.

Cassidy, J. 2010. "Interview with Eugene Fama." *New Yorker*, January 13. http://

www.newyorker.com/news/john-cassidy/interview-with-eugene-fama.

———. 2010. "Is Larry Summers the New Henry Kissinger?" *New Yorker*, May 18. http://www.newyorker.com/rational-irrationality/is-larry-summers-the-new-henry-kissinger.

Cecchetti, Stephen G., M. S. Mohanty, and Fabrizio Zampolli. 2011. "The Real Effects of Debt." Paper presented at Achieving Maximum Long-Run Growth symposium, Federal Reserve Bank, Kansas City, KS, August 25-27.

Chan, Edwin, and Nicola Leskie. 2012. "Apple to Return MAC Production to US in 2013,"Reuters, December 7, 2012, http://uk.reuters.com/article/2012/12/07/us-apple-manufacturing-idUSBRE8B50R120121207

Chernow, R. 1998. *Titan*. New York: Vintage Books.

China Copyright and Media. 2013. "CCP Central Committee Resolution Concerning Some Major Issues in Comprehensively Deepening Reform." *China Copyright and Media*, November 12. https://chinacopyrightandmedia. wordpress.com/2013/11/15/ccp-central-committee-resolution-concerning-some-major-issues-in-comprehensively-deepening-reform/.China.org. 2013. "Third Plenum." http://wiki.china.org.cn/wiki/index.php/Third_Plenum.

Cochrane, J. 2012. "Two Views of Debt and Stagnation." *Grumpy Economist*, September 20. http://johnhcochrane.blogspot.com/2012/09/two-viewsof-debt-and-stagnation.html.

Coibion, Olivier, Yuriy Gorodnichenko, and Dmitri Koustas. 2013. "Amerisclerosis? The Puzzling Rise of US Unemployment Persistence." *Brookings Papers on Economic Activity* 47 (2): 193-260. http://www.brookings.edu/~/media/Projects/BPEA/Fall%202013/2013b%20coibion%20unemployment%20persistence.pdf.

Cowan, T. 2011. "The Deflation of 1873-1896." *Marginal Revolution*, August 28. http://marginalrevolution.com/marginalrevolution/2011/08/the-deflation-of-1873-1896.html.

Crafts, Nicholas F. R. 1983. "British Economic Growth 1700-1831." *Economic History Review* 36 (2): 177-99.

Davies, J., and T. Shorrocks. 2014. *Credit Suisse Global Wealth Report*. Credit Suisse.

Dobbs, Richard, Susan Lund, Jonathan Woetzel, and Mina Mutafchieva. 2015. "Debt and (Not Much) Deleveraging." McKinsey Global Institute, February. http://www. mckinsey.com/insights/economic_studies/debt_and_not_much_deleveraging.

Duménil, Gérard, and Dominique Lévy. 1994. *The US Economy since the Civil War: Sources and Construction of the Series*. Paris: EconomiX PSE.

———. 2012. "The Crisis of the Early 21st Century: Marxian Perspectives." http://www.jourdan.ens.fr/Lévy/dle2012f.pdf.

Economakis, George, Alexis Anastasiadis, and Maria Markaki. 2010. "An Empirical Investigation on the US Economic Performance from 1929 to 2008." *Critique: Journal of Socialist Theory* 38 (3): 465–87.

Eggertsson, Gauti, and Neil Melhotra. 2014. "A Model of Secular Stagnation." NBER Working Paper 20574.

Engels, Friedrich. 1877. *Socialism*. Part 3 of *Anti-Dühring*. Leipzig: Vorwärts.

———. 1976. *The Dialectics of Nature*. Moscow: Progress Publishers.

European Commission. 2014. *European Economic Forecast: Winter 2014*. Brussels: European Commission. http://ec.europa.eu/economy_finance/publications/european_economy/2014/pdf/ee2_en.pdf.

Fackler, James S., and Randall E. Parker. (1994) 2011. "Accounting for the Great Depression: A Historical Decomposition." In *The Seminal Works of the Great Depression*, vol. 2, edited by Randall E. Parker. Cheltenham, UK: Edward Elgar.

Fan, Joseph, Randall Morck, and Bernard Yeung. 2011. "Capitalizing China." NBER Working Paper 17687. Cambridge, MA: National Bureau of Economic Research. http://www.nber.org/papers/w17687.

Farmer, R. 2010. *Expectations, Employment and Prices*. Oxford: Oxford University Press.

Feinstein, C. H., and John C. Odling-Smee. 1982. *British Economic Growth, 1856–1973*. Stanford, CA: Stanford University Press.

Fels, R. 1959. *American Business Cycles, 1865–.1897*. Chapel Hill: University of

North Carolina Press.

Fisher, I. 1933. "The Debt Deflation History of Great Depressions." *Econometrica* 1
(4): 337-57.

Ford, Martin. 2009. *The Lights in the Tunnel: Automation, Accelerating Technology
and the Economy of the Future.* Acculant.

Freeman, A. 2009. "What Makes the US Rate of Profit Fall?" Working Paper,
University of Greenwich.

Friedman, Milton, and Anna Schwartz. 1971. *A Monetary History of the United
States 1867-1960.* Princeton, NJ: Princeton University Press.

FSB (Financial Stability Board). 2011. *Defining and Measuring the Shadow Banking
System.* Basel, Switzerland: Financial Stability Board.

Galbraith, J. 2012. *Inequality and Instability.* Oxford: Oxford University Press.

Garrison, Roger W. 1999. "*The Great Depression Revisited* (Review)." *Independent
Reviews*, March 22.

Gaulard, Mylene. 2010. "Baisse du taux de profit et croissance chinoise." http://gesd.
free.fr/m6gaulard.pdf.

Giffen, R. 1886. *Essays in Finance*, 2 vols. London: George Bell and Sons.

Glaeser, Edward. 2010. "Does Economic Inequality Cause Crises?" Rappaport
Institute, December 14. http://www.hks.harvard.edu/centers/rappaport/
events-and-news/op-eds/does-economic-inequality-cause-crises.

Glasner, David, and Thomas Cooley. 1997. "Crisis of 1873." In *Business Cycles and
Depressions: An Encyclopedia*, edited by David Glasner, 132-33. New York:
Garland.

Goldstein, J. 1985. "Kondratieff Waves as War Cycles." *International Studies
Quarterly* 29: 411-44.

Gordon, R. J. 2009. "Is Modern Macro or 1978 Macro More Relevant?" Paper
presented at International Colloquium on the History of Economic Thought, Sao
Paulo, September 12. http://economics.weinberg.northwestern. edu/robert-
gordon/GRU_Combined_090909.pdf.

———. 2012. "Is US Economic Growth Over? Faltering Innovation Confronts Six

Headwinds." NBER Working Paper 18315. Cambridge, MA: National Bureau of Economic Research.

———. 2014. "The Demise of US Economic Growth: Restatement, Rebuttal and Reflections." NBER Working Paper 19895. Cambridge, MA: National Bureau of Economic Research.

Graeber, David. 2012. "Of Flying Cars and the Rate of Profit." *Baffler* 19, http://www.thebaffler.com/salvos/of-flying-cars-and-the-declining-rate-of-profit.

Granados, JoséTapia. 2012. "Statistical Evidence of Falling Profits as a Cause of Recessions: Short Note." *Review of Radical Political Economics* 44: 484–93.

———. 2013. "Does Investment Call the Tune? Empirical Evidence and Endogenous Theories of the Business Cycle." *Research in Political Economy* 28: 229–40.

Granados, JoséTapia, and Óscar Carpintero. 2013. "Dynamics and Economic Aspects of Climate Change." In *Combating Climate Change: An Agricultural Perspective*, edited by Manajit S. Kang and Surinder S. Banga, 29–58. Boca Raton, FL: CRC Press.

Greenspan, Alan. n.d. "Testimony to Congress." http://www.ft.com/cms/s/0/aee9e3a2-a11f-11dd-82fd-000077b07658.html?siteedition=uk#axzz3SVATArZd.

———. 2010. "The Crisis." *Brookings Papers on Economic Activity*, Spring: 201–61. http://www.brookings.edu/~/media/projects/bpea/spring-2010/2010a_bpea_greenspan.pdf.

Grim, R. 2009. "How the Federal Reserve Bought the Economics Profession." *Huffington Post*, October 23.

Grossman, H., 1992. *The Law of Accumulation and Capitalist Breakdown*. London: Pluto Press.

Haldane, Andrew, Simon Brennan, and Vasileios Madouros. 2010. "What Is the Contribution of the Financial Sector? Miracle or Mirage?" In *The Future of Finance: The LSE Report*, edited by Adair Turner, 87–120. London: London School of Economics.

Harman, Chris. 2007. "The Rate of Profit and the World Today." *International Socialism* 115. http://isj.org.uk/the-rate-of-profit-and-the-world-today/.

Heath, Allister. 2013. "Imagine if the Price of Food Had Gone Up as Fast as Homes." *City AM*, June 14. http://www.cityam.com/article/imagine-if-price-food-had-gone-fast-homes.

Hoover, Herbert. 1952. *The Great Depression*. Vol. 3 of *The Memoirs of Herbert Hoover*. Herbert Hoover Presidential Library and Museum.

Howard, M. C., and J. E. King. 2014. *History of Marxian Economics*, vol. 1, *1883-.1929*. Princeton, NJ: Princeton University Press.

ILO (International Labour Organization). 2011. *Income Inequality: The Cause of the Great Recession?* Geneva: International Labour Organization.

IMF (International Monetary Fund). 2012. "Dealing with Household Debt." In *World Economic Outlook: Growth Resuming, Dangers Remain*, 89-124. Washington, DC: International Monetary Fund.

————. 2013. *World Economic Outlook: Hopes, Realities, Risks*. Washington, DC: International Monetary Fund.

————. 2014. *Global Financial Stability Report April 2014: Navigating Monetary Policy Challenges and Managing Risks*. Washington, DC: International Monetary Fund.

IPCC (Intergovernmental Panel on Climate Change). 2013. *Fifth Assessment Report*, October. Intergovernmental Panel on Climate Change.

Izquierdo, Sergio Cámara. 2010. "Short and Long-Term Dynamics of the US Profit Rate (1946-2009)." Paper presented at the First International Conference in Political Economy, University of Crete, Greece, September 10-12.

Jordà, Òscar, Moritz Schularick, and Alan M. Taylor. 2013. "Sovereigns versus Banks: Crises, Causes and Consequences." CEPR Working Paper. Washington, DC: Center for Economic Policy and Research.

Kalecki, M. 1943. "Political Aspects of Full Employment." *Political Quarterly* 14 (4): 322-30.

Kalogerakos, Themistoklis. 2013. "Technology, Distribution, and Long-Run Profit Rate Dynamics in the US Manufacturing Sector, 1948-2011: Evidence from a Vector Error Correction Model (VECM)." MA thesis, Lund University.

Keen, Steve. 2001. "The Minsky Thesis: Keynesian or Marxian?" In *Financial Keynesianism and Market Instability: The Economic Legacy of Hyman Minsky*, vol. 1, edited by R. Bellofiore and P. Ferri, 106-20. Cheltenham, UK: Edward Elgar.

Kennedy, Paul. 1989. *The Rise and Fall of the Great Powers*. London: Fontana Press.

Keynes, John Maynard. 1971. *A Treatise on Money*. London: Palgrave MacMillan.

———. 1931. *Essays in Persuasion*. New York: Harcourt Brace.

———. 1978. *Collected Writings*, vol. 13. Cambridge: Cambridge University Press.

Kliman, Andrew. 2007. *Reclaiming Marx's Capital*. New York: Lexington Books.

——— 2010. *The Persistent Fall in Profitability Underlying the Crisis: New Temporal Evidence*. Marxist Humanist Initiative.

——— 2011. *The Failure of Capitalist Production*. London: Pluto Press.

Kondratiev, Nikolai. (1925) 1984. *The Long Wave Cycle*. New York: E. P. Dutton.

Kotz, David M. 2008. "Contradictions of Economic Growth in the Neoliberal Era: Accumulation and Crisis in Contemporary US Economy." *Review of Radical Political Economics* 40 (2): 74-88.

Krugman, Paul. 1998. "Japan's Trap." http://web.mit.edu/krugman/www/japtrap. html.

———. 2011. "Debt Is Mostly Money We Owe to Ourselves." *New York Times*, December 28. http://krugman.blogs.nytimes.com/2011/12/28/debt-is-mostly-money-we-owe-to-ourselves/?_r=0.

———. 2012. "Technology and Wages." *New York Times*, December 10. ttp://krugman.blogs.nytimes.com/2012/12/10/technology-and-wages-the-analytics-wonkish/.

———. 2012. "Human versus Physical Capital." *New York Times*, December 11. http://krugman.blogs.nytimes.com/2012/12/11/human-versus-physical-capital/.

———. 2013. *End This Depression Now!* New York: Norton.

———. 2013. "The Japan Story." *New York Times*, February 5. http://krugman.blogs.nytimes.com/2013/02/05/the-japan-story/.

———. 2013. "Secular Stagnation, Coalmines, Bubbles and Larry Summers." *New York Times*, November 16. http://krugman.blogs.nytimes.com/2013/11/16/

secular-stagnation-coalmines-bubbles-and-larry-summers.

———. 2014. "The State of the Euro." *New York Times*, January 1. http://krugman. blogs.nytimes.com/2014/01/01/the-state-of-the-euro-in-one-graph/.

Kuhn, R. 2007. *Henryk Grossman and the Recovery of Marxism*. Chicago: University of Illinois Press.

Kumhof, Michael, and Romain Ranciere. 2010. "Leveraging Inequality." *Finance and Development* 47 (4): 28-31.

Kurz, Robert. (1995) 2012. "The Apotheosis of Money: The Structural Limits of Capital Valorization, Casino Capitalism and the Global Financial Crisis." *Libcom. org*, January 26. http://libcom.org/library/apotheosis-money-structural-limits-capital-valorization-casino-capitalism-global-financi.

Landes, D. 1969. *The Unbound Prometheus*. Cambridge: University of Cambridge Press.

Lansley, Stewart. 2013. "Wage Led Growth Is an Economic Imperative." *New Left Project*, September 2. http://www.newleftproject.org/index.php/site/article_comments/wage_led_growth_is_an_economic_imperative.

Levy, David, Martin Farnham, and Samira Ryan. 2008. "Where Profits Come From: Answering the Critical Question That Few Ever Ask." Mount Kisco, NY: Report, Jerome Levy Forecasting Center.

Lewis, A. C. 1967. *The Deceleration of British Growth 1871-.1913*. Development Research Project, Woodrow Wilson School, Princeton University.

Li, Minqi. 2009. *The Rise of China and the Demise of the World Economy*. New York: Monthly Review Press.

Li, Minqi, Feng Xiao, and Andong Zhu. 2007. "Long Waves, Institutional Changes, and Historical Trends." *Journal of World Systems Research* 13: 33-54. http://gesd.free.fr/lietal.pdf.

Lucchino, Paolo, and Salvatore Morelli. 2012. "Inequality, Debt and Growth." Report, Resolution Foundation.

Magnus, George. 2013. *Demographics: From Dividend to Drag, American Women, and Abenomics*. London: UBS Investment Research.

Maito, Esteban Ezequiel. 2014. "The Historical Transience of Capital: The Downward Trend in the Rate of Profit since XIX Century." Working Paper, University of Buenos Aires, Argentina. http://gesd.free.fr/maito14.pdf.

Mandel, E. 1995. *Long Waves in Capitalist Development*. New York: Random House.

Manyika, James, Jeff Sinclair, Richard Dobbs, Gernot Strube, Louis Rassey, Jan Mischke, Jaana Remes, et al. 2012. *Manufacturing the Future: The Next Era of Global Growth and Innovation*. Report, McKinsey Global Institute. http://www.mckinsey.com/insights/manufacturing/the_future_of_manufacturing.

Marquetti, Adalmir. 2012. "Extended Penn World Tables." Duncan Foley homepage, March 25. https://sites.google.com/a/newschool.edu/duncan-foley-homepage/home/EPWT.

Marx, Karl. 1858. *Grundrisse Notebook VII*. London: Allen Lane, October 1973.

———. 1865. *Value Price and Profit*. London: Wildside Press, 2008.

———. 1867. *Capital*, vol. 1. London: Penguin, 2004.

———. 1868. "Marx to Kugelman in Hanover." Letter, July 11. https://www.marxists.org/archive/marx/works/1868/letters/68_07_11-abs.htm.

———. 1873. *Letters to Engels*. London: New Park Publications, 1983.

———. 1885. *Capital*, vol. 2. London: Penguin, 1992.

———. 1895. *Capital*, vol. 3. London: Penguin, 1992.

———. 1990. *Collected Works*. London: Lawrence and Wishart.

———. 2009. *Das Kapital*. The Skeptical Reader Series. Washington, DC: Regnery Publishing.

Mason, R. S. 1989. *Robert Giffen and the Giffen Paradox*. Lanham, MD: Rowman and Littlefield.

Mattick, Paul. 1974. *Economic Crisis and Crisis Theory*. London: Merlin Press.

———. 2011. *Business as Usual*. London: Reaktion Books.

Mazzucato, Mariana. 2013. *The Entrepreneurial State: Debunking Private versus Public Sector Myths*. London: Anthem Press.

McGregor, James. 2012. *No Ancient Wisdom, No Followers: The Challenges of*

Chinese Authoritarian Capitalism. Westport CT: Prospecta Press.

Milanović, B. 2012. "Global Inequality by the Numbers." World Bank Policy Research Working Paper. Washington, DC: World Bank.

Minsky, Hyman P. 1992. "The Financial Instability Hypothesis." Levy Economics Institute Working Paper 74. Annondale, NY: Bard College.

Mitchell, W. 1913. *Business Cycles.* Berkeley: University of California Press.

Mohun, S. 2010. "The Present Crisis in Historical Perspective." Paper presented at Historical Materialism Conference, November. London.

Montier, J. 2012. "What Goes Up Must Come Down." GMO White Paper. London.

Murphy, R. P. 2011. "My Reply to Krugman on Austrian Business-Cycle Theory." *Mises Institute,* January 24. https://mises.org/library/my-reply-krugman-austrian-business-cycle-theory.

Musson, A. E. 1959. "The Great Depression in Britain 1873-96: A Reappraisal." *Journal of Economic History* 19: 199-228.

NBER (National Bureau of Economic Research). 2012. "US Business Cycle Expansions and Contractions." April 23. Cambridge, MA. http://www.nber.org/cycles/cyclesmain.html.

OECD (Organisation for Economic Co-operation and Development). 2011. *Special Focus: Inequality in Emerging Economies.* Paris: OECD.

――――. 2013. *OECD Skills Outlook.* Paris: OECD.

Ostry, Jonathan D., Andrew Berg, and Charalambos G. Tsangarides. 2014. "Redistribution, Debt and Growth." IMF Staff Discussion Note 14/02, February.

Panitch, Leo, and Sam Gindin. 2014. *The Making of Global Capitalism: The Political Economy of the American Empire.* New York: Verso Books.

Papell, David H., and Ruxandra Prodan. 2011. "The Statistical Behavior of GDP after Financial Crises and Severe Recessions." University of Houston Research Paper. http://papers.ssrn.com/sol3/papers.cfm?abstract_id=1933988.

Parker, Randall E. 2002. *Reflections on the Great Depression.* Northampton, MA: Edward Elgar.

Phelps-Brown, E. H., and P. E. Hart. 1952. "The Share of Wages in National Income."

Economic Journal 62 (246): 253-77.

Pigou, A. 1927. *Industrial Fluctuations*. London: Macmillan.

Piketty, T. 2014. *Capital in the 21st Century*. Cambridge, MA: Harvard Belknap Press.

Popper, Karl. (1934) 2002. *The Logic of Scientific Discovery*. New York: Routledge.

Rajan, R. 2010. *Faultlines*. Princeton, NJ: Princeton University Press.

Reich, Robert B. 2011. *Aftershock*. New York: Vintage.

Reinhart, Carmen M., and Kenneth S. Rogoff. 2009. *This Time Is Different: Eight Centuries of Financial Folly*. Princeton, NJ: Princeton University Press.

Roberts, Brandon, Deborah Povich, and Mark Mather. 2012-13. "Low-Income Working Families: The Growing Economic Gap." Policy Brief, Working Poor Families Project. http://www.workingpoorfamilies.org/wp-content/uploads/2013/01/Winter-2012_2013-WPFP-Data-Brief.pdf.

Roberts, Michael. 2009. *The Great Recession*. London: Lulu.

———. 2011. "The Crisis of Neoliberalism and Gerard Dumenil." Michael Roberts blog, March 3. https://thenextrecession.wordpress.com/2011/03/03/the-crisis-of-neoliberalism-and-gerard-dumenil/.

———. 2011. "Measuring the Rate of Profit, Profit Cycles and the Next Recession." Paper prepared for the Association of Heterodox Economics, November. https://thenextrecession.files.wordpress.com/2011/11/the-profit-cycle-and-economic-recession.pdf.

———. 2011. "Review of *The Failure of Capitalist Production*." Michael Roberts blog, December 8. http://thenextrecession.wordpress.com/2011/12/08/andrew-kliman-and-the-failure-of-capitalist-production/.

———. 2012. "Eurozone Debt, Monetary Union and Argentina." Michael Roberts blog, May 10. http://thenextrecession.wordpress.com/2012/05/10/eurozone-debtmonetary-union-and-argentina/

———. 2012. "China's Transition: New Leaders, Old Policies." Michael Roberts blog, November 16. http://thenextrecession.wordpress.com/2012/11/16/chinas-transition-new-leaders-old-policies/.

———. 2013. "Revising the two RRs." Michael Roberts blog, April 17. http://

thenextrecession.wordpress.com/2013/04/17/revising-the-two-rrs/.

———. 2013. "The Cat Is Stuck Up a Tree." Michael Roberts blog, May 10. https://thenextrecession.wordpress.com/2013/05/10/the-cat-is-stuck-upa-tree-how-did-it-get-there-and-how-do-you-get-it-down/.

———. 2014. "Argentina, Paul Krugman and the Great Recession." Michael Roberts blog, February 3. http://thenextrecession.wordpress.com/2014/02/03/argentina-paul-krugman-and-the-great-recession/.

Roberts, Michael, and Mick Brooks. 2011. *It's Time to Take Over the Banks*. Fire Brigades Union pamphlet, November.

Roche, Cullen. 2013. "Budget Deficits Contribute to Corporate Profits, but Don' Matter, Right?" *Pragmatic Capitalism*, October 16. http://www.pragcap.com/budget-deficits-contribute-to-corporate-profits-but-dont-matter-right/.

Rogoff, K. 2014. "Malthus, Marx and Modern Growth." *Project Syndicate*, March 4. http://www.project-syndicate.org/commentary/kenneth-rogoff-identifies-several-obstacles-to-keeping-living-standards-on-an-upward-trajectory.

Romer, Christina D. 1999. "Changes in Business Cycles: Evidence and Explanations." *Journal of Economic Perspectives* 13: 23-4.

Ross, John. 2013. "China Has Overtaken the US." *Key Trends in Globalisation*, September 9. http://ablog.typepad.com/keytrendsinglobalisation/2013/09/china-has-overtaken-the-us.html.

———. 2013. "Investment will Boost China' Economy." *Key Trends in Globalisation*, November 15. http://ablog.typepad.com/keytrendsinglobalisation/2012/10/investment-will-boost-chinas-economy.html.

Rothbard, M. 1969. *Economic Depressions: Causes and Cures*. Lansing, MI: Ludwig von Mises Institute.

Roubini, Nouriel. 2011. "Full Analysis: The Instability of Inequality." *Econo-Monitor*, October 17. http://www.economonitor.com/nouriel/2011/10/17/full-analysis-the-instability-of-inequality/.

Roxburgh, Charles, Susan Lund, Toos Daruvala, James Manyika, Richard Dobbs, Ramon Forn, and Karen Croxson. 2012. "Debt and Deleveraging: Uneven

Progress on the Path to Growth." Report, McKinsey Global Institute, January.

Rozworski, Michal. 2013. "Canada' Profitability Puzzle." *Political Eh-conomy*, December 3. http://politicalehconomy.wordpress.com/2013/12/03/canadas-profitability-puzzle/.

Saez, Emmanuel, and Gabriel Zucman. 2014. "Wealth Inequality in the US since 1913: Evidence from Capitalized Income Tax Data." NBER Working Paper 20625. Cambridge, MA: National Bureau of Economic Research.

Schumpeter, Joseph. 1939. *Business Cycles: A Theoretical, Historical and Statistical Analysis of the Capitalist Process*. New York: McGraw-Hill.

Selgin George A. 1997. *Less Than Zero: The Case for Falling Price Levels in a Growing Economy*. London: Institute of Economic Affairs.

Shafik, Nemat. 2012. "Convergence, Crisis and Capacity Building in Emerging Europe." *IMF Direct*, July 27. http://blog-imfdirect.imf.org/2012/07/27/convergence-crisis-and-capacity-building-in-emerging-europe/.

Shaikh, Anwar. 1992. "The Falling Rate of Profit as the Cause of Long Waves." In *New Findings in Long Wave Research*, edited by A. Kleinknecht, Ernest Mandel, and Immanuel Wallerstein, 174–5. London: Macmillan. http://gesd.free.fr/shaikh92w.pdf.

———. 2011. "First Great Depression of the 21st Century." *Socialist Register* 47.

Shilling, G. 2010. *The Age of Deleveraging*. New York: Wiley.

Short, D. 2014. *Advisor Perspectives*. http://www.advisorperspectives.com/dshort/.

Silver, N. 2012. *The Signal and the Noise: Why Most Predictions Fail—ut Some Don't*. New York: Penguin Press.

Skidelsky, R. 1995. *John Maynard Keynes: The Economist as Savior, 1920-937*. New York: Penguin.

Smith, Adam. (1776) 2004. *The Wealth of Nations*. New York: Barnes and Noble.

Smith, John. 2010. "Imperialism and the Globalisation of Production." PhD thesis, University of Sheffield.

Smith, John. 2011. "Imperialism and the Law of Value." *Global Discourse* 2. https://globaldiscourse.files.wordpress.com/2011/05/john-smith.pdf.

Smith, Noah. 2013. "The Koizumi Years: A Macroeconomic Puzzle." *Noahpinion*, February 9. http://noahpinionblog.blogspot.co.uk/2013/02/the-koizumi-years-macroeconomic-puzzle.html.

———. 2013. "Is the Business Cycle a Cycle?" *Noahpinion*, February 15. http://noahpinionblog.blogspot.co.uk/2013/02/is-business-cycle-cycle.html.

Smith, Richard. 2014. "Beyond Growth or Beyond Capitalism." *Truthout*, January 15. http://www.truth-out.org/news/item/21215-beyond-growth-or-beyond-capitalism.

Societe Generale. 2013. "On Our Minds Today: UK SMEs Still in the Doldrums." *Societe Generale*, October 30.

Solow, Robert. 2008. "The State of Macroeconomics." *Journal of Economic Perspectives* 22 (1): 243-9.

Stamp, Josiah. 1931. *Criticism and Other Addresses*. London: E. Benn.

Stanford, J. 2013. "Good Time to Rethink Corporate Tax Cuts." *Progressive Economics*, November 14. http://www.progressive-economics.ca/2013/11/14/good-time-to-rethink-corporate-tax-cuts/.

Stiglitz, Joseph E. 2012. *The Price of Inequality: How Today's Divided Society Endangers Our Future*. New York: Norton.

———. 2013. "The Lessons of the North Atlantic Crisis for Economic Theory and Policy." *IMF Direct*, May 3. http://blog-imfdirect.imf.org/2013/05/03/the-lessons-of-the-north-atlantic-crisis-for-economic-theory-and-policy/.

Stockhammer, Engelbert. 2013. "Rising Inequality as a Cause of the Present Crisis." *Cambridge Journal of Economics* 39. doi: 10.1093/cje/bet052.

Summers, Lawrence H., Axel Weber, Mervyn King, Ben Bernanke, and Olivier Blanchard. 2013. "'I Do Not Believe the Long Run Can Be Ceded to the Avatars of Austerity'Weblogging." *Brad DeLong's Grasping Reality*, March 25. http://delong.typepad.com/sdj/2013/03/mervyn-king-ben-bernanke-olivier-blanchard-lawrence-summers-axel-weber.html.

Syll, Lars P. 2012. "The State of Microfoundations and Macroeconomics—Robert Solow Says It All." Lars P. Syll blog, March 16. https://larspsyll.wordpress.

com/2012/03/16/the-state-of-microfoundations-and-macroeconomics-robert-solow-says-it-all/

Szamosszegi, Andrew, and Cole Kyle. 2011. "An Analysis of State-Owned Enterprises and State Capitalism in China." US-China Economic and Security Review Commission. http://origin.www.uscc.gov/sites/default/files/Research/10_26_11_CapitalTradeSOEStudy.pdf.

Taibi, Matt. 2009. "The Great American Bubble Machine." *Rolling Stone* 1082, July 9.

———. 2010. *Griftopia*. New York: Spiegel and Grau.

Taleb, Nassim Nicholas. 2007. *The Black Swan: The Impact of the Highly Improbable*. New York: Penguin.

Tapia, JoséA. 2015. "Money and Say' Law: On the Macroeconomic Models of Kalecki, Keen, and Marx." *Real-World Economics Review* 70: 110-0. http://www.paecon.net/PAEReview/issue70/Tapia70.pdf.

Tapia, JoséA., and Rolando Astarita. 2011. *La Gran Recesion y el capitalismo del siglo XXI*. Madrid: Catarata.

Thompson, Earl A., and Jonathan Treussard. 2002. "The Tulipmania: Fact or Artifact?" UCLA Working Paper.

Tinbergen, J. 1939. *Statistical Testing of Business-Cycle Theories*, vol. 2. Geneva: League of Nations.

Tylecote, A. 1993. *The Long Wave in the World Economy*. London: Routledge.

UNCTAD (United Nations Conference on Trade and Development). 2013. *World Investment Report 2013—Global Value Chains: Investment and Trade for Development*. New York: United Nations.

US Bureau of Labor Statistics. 2011. "International Comparison of Hourly Compensation Costs." Washington, DC.

Vernon, J. R. 1994. "World War II Fiscal Policies and the End of the Great Depression." *Journal of Economic History* 54 (4): 850-8.

Vistesen, Claus. March 25. "The Big Disconnect between Leverage and Spreads." *Seeking Alpha*, March 25. http://seekingalpha.com/article/2107013-the-big-disconnect-between-leverage-and-spreads.

Wells, David Ames. 1890. *Recent Economic Changes and Their Effect on Production and Distribution of Wealth and Well-Being of Society.* New York: Appleton.

Werner, Alejandro. 2013. "After a Golden Decade Can Latin America Keep Its Luster?" *EconoMonitor*, May 7. http://www.economonitor.com/blog/2013/05/after-a-golden-decade-can-latin-america-keep-its-luster/.

White, William. 2009. "Modern Macroeconomics Is on the Wrong Track." *Finance & Development* 46 (4): 15-8.

Winters, B. 2013. "Banker Bashing." *City AM*, February 6.

Wolf, Martin. 2012. "Lunch with the FT." *Financial Times*.

———. 2013. "Japan Can Put People before Profits." *Financial Times*, February 5.

———. 2013. "Why the Future Looks Sluggish." *Financial Times*, November 20.

World Bank and the Development Research Center of the State Council, P. R. China. 2013. *China 2030: Building a Modern, Harmonious, and Creative Society.* Washington, DC: World Bank. doi:10.1596/978-0-8213-9545-5.

Wren-Lewis, Simon. 2012. "Microfoundations—Is There an Alternative?" *Mainly Macro*, March 13. http://mainlymacro.blogspot.co.uk/2012/03/microfoundations-is-there-alternative.html.

Zhang Yu and Zhao Feng. 2006. "Rate of Profit in China." http://www.seruc.com/bgl/paper%202006/Zhao-Zhang.pdf.

찾아보기